大/学/公/共/课/系/列/教/材

U0646205

大学体育与健康教程

DAXUE
TIYU YU JIANKANG
JIAOCHENG

温　搏

刘景宗　林伟贤

主　编

副主编

北京师范大学出版集团
BEIJING NORMAL UNIVERSITY PUBLISHING GROUP
北京师范大学出版社

图书在版编目（CIP）数据

大学体育与健康教程 / 温搏主编. —北京：北京师范大学出版社，2025.8
ISBN 978-7-303-29885-3

Ⅰ.①大…　Ⅱ.①温…　Ⅲ.①体育－高等学校－教材　②健康教育－
高等学校－教材　Ⅳ.①G807.4　②G647.9

中国国家版本馆 CIP 数据核字（2024）第 061904 号

DAXUE TIYU YU JIANKANG JIAOCHENG

出版发行：北京师范大学出版社 https：//www.bnupg.com
　　　　　北京市西城区新街口外大街 12-3 号
　　　　　邮政编码：100088

印　　　刷：保定市中画美凯印刷有限公司
经　　　销：全国新华书店
开　　　本：787 mm×1092 mm　1/16
印　　　张：27.25
字　　　数：540 千字
版　　　次：2024 年 8 月第 1 版
印　　　次：2025 年 8 月第 2 次印刷
定　　　价：65.00 元

策划编辑：王婧凝　　　　　　　　责任编辑：王婧凝
美术编辑：焦　丽　李向昕　　　　装帧设计：焦　丽　李向昕
责任校对：王志远　　　　　　　　责任印制：赵　龙

《大学体育与健康教程》编委会

主　编：温　搏

副主编：刘景宗　林伟贤

编　委：（按姓氏笔画排列）

王　硕　　王浩杰　　王丽蓉　　卢光保

白　雪　　刘景宗　　杜晓兵　　沈财利

张　引　　张家明　　陈日兴　　陈喜福

陈静越　　林伟贤　　林宏恩　　赵　悦

娄源龙　　高圣灏　　郭姜丰　　温　搏

魏泽军

前　言

　　党的二十大报告指出，教育是全面建设社会主义现代化国家的基础性、战略性支撑；要全面贯彻党的教育方针，落实立德树人根本任务，培养德智体美劳全面发展的社会主义建设者和接班人；加快建设高质量教育体系，发展素质教育；广泛开展全民健身活动，加强青少年体育工作，促进群众体育和竞技体育全面发展，加快建设体育强国。那么，新时代中国高校究竟需要什么样的体育精神来促进学生的全面发展？这是每个人都应该思考的问题。

　　2023年1月12日，全国教育工作会议在北京召开。会议强调，要以习近平新时代中国特色社会主义思想为指导，紧紧围绕深入学习贯彻党的二十大精神这条主线，以扎实推动教育强国建设为目标，以全面提高人才自主培养质量为重点，加快建设高质量教育体系，办好人民满意的教育；加快建立健全促进学生身心健康、全面发展的长效机制。在深入贯彻党的二十大精神、落实全国教育工作会议部署中，学校体育教育作为教育事业的重要组成部分，对整个教育与体育事业的发展有着独特的价值和作用，是推进教育强国、体育强国建设的基础。坚持走中国式现代化的学校体育高质量发展之路，加快推进学校体育领域重大理论和实践问题研究，坚持核心素养导向的基础教育课程改革已成为共识。

　　体育在新时代中国高校教育中究竟应该占据什么样的地位，如何才能寻找到中国式现代化的学校体育高质量发展路径呢？我们既要对体育的育人价值进行充分肯定，又不能无限地拔高体育在高校中的应有功能，而是一定要将体育的运动属性与文化属性并重。基于此，本教材分为"基础篇""思政篇""健康篇""传统体育篇""现代体育篇""时尚体育篇"六部分内容。教材以党的二十大精神为指引，具有系统性、实用性、科学性等特点，并且内容丰富，图文清晰，有利于学生更加直观地学习各项运动的技战术，提高运动技能。

在编写本教材的过程中，我们参考和借鉴了一些专家和学者的研究成果，在此向他们表示衷心的感谢。教材中若有疏漏之处，恳请广大读者批评与指正，以便今后进一步完善和提高。

目　录

传统体育篇

现代体育篇

时尚体育篇

基础篇

第一章　大学体育概述

第一章　大学体育概述

第一节　大学体育的时代使命与价值定位

在中国式现代化进程中，中国青年肩负国家高质量转型发展的重任，将在未来知识发展和先进科学技术领域崭露头角，若没有好的身体素质，则难以承载知识与智慧的发展。大学体育是高等教育人才培养的重要组成部分，是实现高等教育培养德智体美劳全面发展的人的重要现实途径，在高等教育体系中占有重要地位。

一、大学体育的时代使命：培养德智体美劳全面发展的社会主义建设者和接班人

2020 年全国两会期间，全国政协委员、中国篮球协会主席姚明在题为《体教融合不能忽视人格塑造》的大会发言中，提出"没有体育的教育是不完整的，离开教育的体育是不牢固的"。培养什么人，是高等教育的首要问题。大学体育作为高等教育的重要组成部分，是新时代我国大学培养全面发展人才的手段之一，已经发展为中国特色社会主义教育即"五育并举"中的一育，地位举足轻重。

大学体育是高等教育人才培养的重要组成部分，是我国高等院校高质量发展的强有力支撑，大学体育建设应贯彻学校体育"四位一体"的新理念、新目标，融入新时代我国高校人才培养战略目标的历史背景，充分发挥大学体育培养人才的重要作用，为培养德智体美劳全面发展的社会主义建设者和接班人作出贡献。

毛泽东在《体育之研究》中指出，体育具有"强筋骨、增知识、调感情、强意志"的作用；梁启超认为培养"尚武精神"对人格塑造和民族发展具有重要价值；北京大学老校长蔡元培倡导"完全人格，首在体育"。凡此种种，均表现出体育是培养文明与体魄并存的中国青年的手段之一。新时代背景下，习近平总书记对体育育人价值的深刻论述主要体现在 4 个方面。

（1）习近平总书记在清华大学考察时指出："我们要建设的世界一流大学是中国特色社会主义的一流大学，我国社会主义教育就是要培养德智体美劳全面发展的社会主义建设者和接班人。"从建设中国特色社会主义一流大学和全面推进中国特色社会主义教育"五育并举"的高度来看，体育是培养德智体美劳全面发展的人的重要一环，是实现人的全面发展的应有之义。

（2）习近平总书记在清华大学考察时指出："当代中国青年是与新时代同向同行、共同前进的一代，生逢盛世，肩负重任。"在中华民族伟大复兴的关键时刻，中国青年肩负着创新科技与发展智慧的千斤重担，身体是中国青年负重前行的革命本钱，若没有一个强壮的身体，则难以承载中华民族伟大复兴的历史重任。

（3）面对世界百年未有之大变局，推进我国高等教育实现高质量发展具有重要的战略意义。大学体育是国民教育体系中体育培养的最后一站，是建立中国青年终身体育意识和行为的关键成长阶段。夯实大学体育发展基础，能够为人民追求幸福生活提供实践路径和实现方式，在实现"两个一百年"奋斗目标的新征程中，体育融入日常生活必将成为人民幸福的来源，成为人民追求幸福生活的基础性工程。

（4）习近平总书记在清华大学考察时指出："坚持把立德树人作为根本任务，着力培养担当民族复兴大任的时代新人。"大学体育是实现立德树人根本任务的主要途径之一，体育运动蕴含的规则意识、竞争意识等价值，对于中国青年"健全人格、锤炼意志"乃至德育培养具有积极的作用，体育的"具身德育"功能对于实现立德树人根本任务具有独特育人优势。与此同时，大学体育课程思政目标与学校体育"四位一体"新目标同向同行，大学体育对于我国青年精神层面的培养在于锤炼意志品质，提升品德修养，发挥大学体育铸魂育人的独特优势，为推动落实教育立德树人根本任务作出独特贡献。

二、"五育并举"理念下大学体育的价值定位

（一）体育的职责在于身体养护与体魄强健

基于"五育"体系参照的体育定位，必然应遵循德智体美劳五方面的逻辑并列关系及对各育特性的仔细甄别，据此"体"仅与身体、体质维度关联，其职责也相应表现为促进身体发育及追求体魄强健，这与赫伯特·斯宾塞及近代知识分子对体育的界定保持一致。但需注意，"五育"参照下的体育定位又明显区别于当下主流的体育认知。当前教育界普遍认为体育不仅具备养身、健身特性，同时还蕴含丰富的人文、精神价值，并尤为凸显体育的"育化"功能。之所以出现这一错位，很大程度上是源于人们忽略了运动与体育的关联已发生转变的事实，即从早期认为运动是体育的构成和影响因素，转变为当下基于运动本位构建体育的多维价值。该现象已引起部分学者的担忧，并指出当下超越"体"之固有维度的取义方式不仅会催生体育定位的理论困境，还可能引发"五育"体系的逻辑失衡。

（二）体育为其他各育提供体质准备与生理基础

这一定位主要基于"身体"载体的先决意义及体育的健康职责而提出。第一，"体"为承载知识、技能与道德品行之必要寓所，若缺失身体这一重要载体，与之关涉的各项教育要素均无从体现，故"体育实为五育之基"；第二，学生的课业学习须以健康体魄及饱满精神作为前置条件，而这些均可借助足量的身体活动予以实现，即通过科学锻炼促进新陈代谢以维持机体平衡，这也是运动作为健康教育优选举措的依据所在。同时也应指出，健康的影响因素众多，包括个人生活与行为方式、医疗卫生服务保障、生产与生活环境等，而体育锻炼仅是与生命需要、生活方式、环境等相联系和互动的隐性因素，其在多数情境下对于健康的促进作用比较有限。由于学校体育无法承担健康的全部责任，故其保驾护航的功用亦有所限定，须注意五育的协调与平衡，尤其应谨防过重的智育任务对体育健康促进效果的抵消或损害。

（三）体育与其他各育互相渗透与交织

时下倡导的"五育并举"与"五育融合"是基于"五育交互关系"而展开的。尽管五育各有所指，但彼此之间千丝万缕的联系使任何一方均无法被孤立或割裂对待，这在体育与其他各育的关系上亦有明确体现。体育与其他各育的交互关系曾为苏联体育学界高度重视并予以系统讨论，如在体育与智育关系上，苏联学者认为智力的增长和发展要求相适应的身体发展；在体育与德育关系上，他们认为体育是实现道德教育的重要手段；在体育与美育关系上，他们认为体育通过对人身心的塑造以呈现美的形态和树立美的标准；在体育与劳动教育关系上，他们认为体育可以促进劳动过程技艺的提高。揭示体育对于各育的助益作用一方面可凸显与放大体育的育人效度，促其不断提升在学校教育中的地位与影响；另一方面则有助于扩展体育的论域边界，使之导出更为丰富而多元的价值意蕴。

第二节　大学体育的目标与任务

大学体育是培养学生终身体育的重要阶段，是高等教育的重要组成部分，是全面贯彻落实党的教育方针，培养竞技体育后备人才，实现体育强国战略的重要落脚点。体育既包含"更快、更高、更强——更团结"的挑战精神，又包含"公开、公平、公正"的体育竞技精神，与社会主义核心价值观相契合。大学生可以通过体育运动促进与他人之间的情感传递，展现出阳光开朗、积极进取、奋勇直前的人生态度，这对促进大学生全面发展、构建和谐校园、加强社会主义精神文明建设具有重要意义。

一、大学体育的目标

大学体育的目标是通过合理的体育教育和具有经常性、科学性的体育锻炼，有效地增强学生体质，增进学生健康，促进学生的身心全面发展，帮助学生建立科学的体育意识和终身体育观念，提高体育能力，养成自觉锻炼身体的习惯，使之成为体魄强健、全面发展的高素质人才。

二、大学体育的任务

（一）增强学生体质，增进学生身心健康

增强学生体质，增进学生身心健康，是大学体育教育的首要任务。大学生正处于青年期，机体的同化作用和异化作用基本平衡，生长发育日趋完善和稳定，生理机能和适应能力均发展到较高水平，这是生命活动最旺盛的时期，也是身心发展的关键时期。在这个时期开展体育教育，可以促进学生的身体形态结构、生理机能和心理的正常发育和完善，全面发展他们的身体素质和人体的基本能力，提高他们对环境的适应能力和对疾病的抵抗力，使其以强健的体魄和充沛的精力完成当前的学业，迎接未来的工作。

（二）培养学生体育运动的能力和终身体育意识

健康非一日之功。若要增强学生体质、促进学生身心健康，就必须培养他们的运动能力，让他们掌握一两项运动技能，由此才能提高他们的体育素养，进而树立终身体育意识。只有让他们学习、掌握体育的基本知识、技术和技能，掌握科学锻炼身体的方法，养成自觉地、经常地锻炼身体的良好习惯，持之以恒，才能使他们受益终身。

（三）培养学生良好的思想品德和健康的心理素质

我国是社会主义现代化国家，培养学生良好的思想品德和健康的心理素质是高等教育的一项重要内容，它贯穿学校教育的全过程。作为高等教育重要组成部分的大学体育，也必须根据体育自身的规律和特点，以丰富多彩的内容和形式对学生实施思想品德教育。

体育教育可以培养学生勇敢顽强、艰苦奋斗、遵纪守法、团结协作的高尚品质；塑造学生拼搏进取、开拓创新等适应现代社会发展的心理素质；提高学生的审美、鉴赏、表达和创造能力；使学生养成文明的行为方式和树立良好的体育作风，自觉建立起科学、文明、健康的生活方式，从而使学生的综合素质得到全面发展。

（四）培养学生的体育文化素养

体育文化，是通过体育运动而形成并集中体现出人类的力量、智慧与进取心等积极意识的总和，是体育运动的最高级产物。学校体育教育在潜移默化地培养和教育学生，从体育的竞争精神中充分调动、培养学生的竞争意识和竞争能力。体育的超越自我、超越极限的精神能培养学生的自信心、自强心及自我意识，塑造学生的个性，使学生在今后的工作和学习中不断进取，超越自我。体育的公平竞争精神，能培养学生忠实、坦诚、率直的品格，从而养成良好的社会行为习惯。体育运动成绩的反馈，能

培养学生不屈不挠、勇于进取的优秀心理品质。集体项目的团结协作意识，能增强学生的凝聚力和集体意识，培养学生的集体主义和爱国主义精神。运动场上的无畏拼搏，能培养学生不惧风险、勇于探索的开创精神。体育运动中的友谊，能培养学生的美好情感，建立良好的人际关系，通过尊重教师、尊重对手、尊重裁判而表现出优秀的品德和人格。体育教育对学生进行体育文化素养的培育，正是学校体育教育功能的根本所在。

（五）挖掘大学生的体育潜能，为国家培养高水平的体育人才

挖掘大学生的体育潜能，开展课余体育训练，提高其运动技术水平，为国家培养高水平的体育人才，是大学体育教育的任务之一，对我国体育强国建设具有积极的推动作用。要对具有一定专项运动才能的学生进行有计划、有组织的课余运动训练，不断提高他们的专项运动技术水平。这样不仅能为大学培养体育骨干，带动学校大众体育活动的开展，丰富校园文化生活，还能为国家培养竞技体育的后备人才。

第三节　实现大学体育目标的基本要求

在大学生活中，体育活动扮演着至关重要的角色，不仅可以促进身体健康，还可以培养团队精神、领导能力以及坚韧不拔的品质。然而，在追求体育目标的过程中，必须平衡好学业和体育、个人与团队、课内与课外活动的关系。为了实现大学体育目标，需要处理好文化学习与体育活动的关系、学校体育活动开展得运动训练队活动的关系、体育课教学与课外体育活动的关系（见图 1-1）。只有在这些基本要求得到妥善处理的前提下，大学生才能更好地融入大学体育生活，收获丰富的体育与学习经验，为身心发展打下坚实的基础。

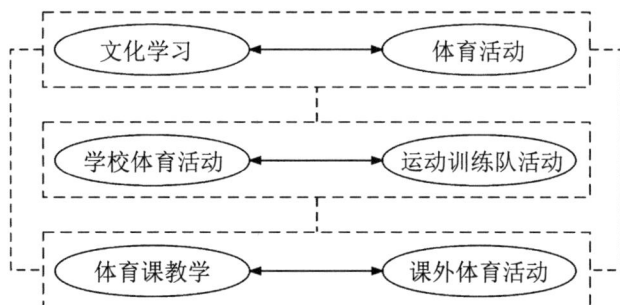

图 1-1　实现大学体育目标的基本要求结构

一、处理好文化学习与体育活动的关系

学生在大学期间学好本专业的文化知识是毋庸置疑的。事实证明，学生坚持体育活动可以有充沛的体力和饱满的精神，往往在学习中能取得事半功倍的效果。因此，

处理好文化学习与体育活动的关系，从长远来看，是培养合格人才的一项战略措施。

二、处理好学校体育活动与运动训练队活动的关系

学校体育活动的主要目的在于提高全体学生的身体素质。因此，其着眼点是面向全体学生，通过有计划的体育教育和课外体育锻炼，全面增强学生体质。实践证明，学校体育活动开展得好，各专业都会涌现出一批运动技术水平较高的学生苗子，经过重点训练，他们的运动水平就会提高得更快；这部分学生运动水平的提高，又能进一步指导和推动群众性体育活动的开展。这也正是许多学校在实践中总结出的经验：学校体育活动开展得好，学校体育代表队就有雄厚的基础；学校体育代表队的水平提高了，又可以带动或促进学校体育活动的开展。

三、处理好体育课教学与课外体育活动的关系

学校体育的教学目标是通过体育的各种组织形式共同完成的。体育课教学是按照体育教学大纲的要求，在教师的指导下，充分调动学生的积极性，向学生传授体育知识、增强学生体质，并对学生进行思想品德教育。因此，安排好体育课的教学是实现学校体育教学目标的重要一环。但是，仅靠每周的两节体育课是远远不够的，还必须积极开展课外体育活动，使学生有机会运用体育课中所学到的知识进行体育锻炼，全面增强身体素质，这样才能把学生培养成为德智体美劳全面发展的高素质人才。

‣‣ 本章小结与思考

1. 大学体育的时代使命是什么？

2. 简要概述一下大学体育的目标与任务。

3. 如何才能实现大学体育的目标？

思政篇

第二章　中国式现代化进程中大学体育与健康课程的育人价值
　　　　及实现路径

第二章 中国式现代化进程中大学体育与健康课程的育人价值及实现路径

第一节 新时代背景下习近平总书记关于体育的重要讲话

从"文明其精神，野蛮其体魄"到"发展体育运动，增强人民体质"，再到建设体育强国，其本质内涵一脉相承。从党的十九大明确提出"广泛开展全民健身活动，加快推进体育强国建设"的目标，到2019年9月发布的《体育强国建设纲要》对体育强国的战略任务进行安排，再到"十四五"规划和2035年远景目标纲要明确提出到2035年建成体育强国，体育已成为中华民族伟大复兴的标志性事业。

习近平总书记多次强调，体育是社会发展和人类进步的重要标志，是综合国力和国家软实力的重要体现。体育强则中国强，国运兴则体育兴。站在新时代的历史坐标上，体育强国梦和中国梦息息相关。从"体育大国"到"体育强国"，虽只有一字之差，却是综合国力提升和社会文明程度提升的重要体现。

一、体育承载着国家强盛、民族振兴的梦想

当前，中国现代足球普及程度和竞技水平与足球强国相比差距较大。2017年6月14日，习近平总书记会见国际足联主席因凡蒂诺时说："建设体育大国和体育强国，是中国人民实现'两个一百年'奋斗目标的重要组成部分。"这不仅表明中国政府高度重视发展足球运动，还表明中国发展足球运动的真谛不仅在于竞技，更在于增强人民体质，培养人们爱国主义、集体主义、顽强拼搏的精神。

体育强则国强！2017年8月27日，习近平总书记会见全国体育先进单位和先进个人代表等时说："加快建设体育强国，就要把握体育强国梦与中国梦息息相关的定位，把体育事业融入实现'两个一百年'奋斗目标大格局中去谋划，深化体育改革，更新体育理念，推动群众体育、竞技体育、体育产业协调发展。"习近平总书记始终从中华民

族伟大复兴和人民群众对美好生活的向往的高度引领体育事业健康有序发展，为体育强国建设指明了道路方向。

2019年8月30日，习近平总书记会见国际篮联主席穆拉托时说："体育既是国家强盛应有之义，也是人民健康幸福生活的重要组成部分。"

2020年9月22日，习近平总书记在教育文化卫生体育领域专家代表座谈会上说："体育是提高人民健康水平的重要途径，是满足人民群众对美好生活向往、促进人的全面发展的重要手段，是促进经济社会发展的重要动力，是展示国家文化软实力的重要平台。"近年来，我国公共体育服务体系不断完善，群众运动观与健康观不断增强，亿万人民的健身热情不断被激发，体育运动正在为健康中国铸就牢固基石，昂扬向上的体育精神更为新时代增添了无限活力。

2021年1月18日至20日，习近平总书记在北京、河北考察并主持召开北京2022年冬奥会和冬残奥会筹办工作汇报会时说："建设体育强国，是全面建设社会主义现代化国家的一个重要目标。"把新时代体育工作方向和体育强国目标上升为社会主义文化新辉煌的重要内容，成为中华民族复兴伟业自信自强的重要标志，为繁荣新时代体育指明了方向，提供了重要遵循。

2022年4月8日，习近平总书记在北京冬奥会、冬残奥会总结表彰大会上说："北京冬奥会、冬残奥会的成功不仅在于赛事的成功，更在于通过筹办举办冬奥会、冬残奥会带动了各方面建设，为经济社会发展带来了深远的积极影响。我们坚持冬奥成果人民共享，通过推广普及冰雪运动带动全民健身走向纵深，通过产业发展助力脱贫攻坚，通过提升公共服务水平改善人民生活品质，让人民身心更健康、就业更充分、生活更美好，实现共同参与、共同尽力、共同享有。"2022年10月16日，习近平总书记在中国共产党第二十次全国代表大会开幕会上作报告："促进群众体育和竞技体育全面发展，加快建设体育强国。"以习近平同志为核心的党中央站在实现中华民族伟大复兴的战略全局，高度重视发展体育事业，体育事业在国家总体布局和战略布局中的重要地位更加突出、发展路径更加清晰。全国体育系统锐意进取、顽强拼搏，坚定不移走中国特色社会主义体育发展道路，开启了体育强国建设的新征程。

二、坚持竞技体育和群众体育一体推进

2017年8月27日，习近平总书记会见全国体育先进单位和先进个人代表等时说："把群众性体育纳入全运会，组织人民群众广泛参与，就更好起到了举办全运会的作用。"在习近平总书记的推动下，中国将竞技体育与群众体育并重，将全民健身上升为国家战略，推动全民健身和全民健康深度融合。

2021年1月18日至20日，习近平总书记在北京、河北考察并主持召开北京2022年冬奥会和冬残奥会筹办工作汇报会时说："体育强国的基础在于群众体育。要通过举办北京冬奥会、冬残奥会，推动我国冰雪运动跨越式发展，补缺项、强弱项，逐步解

决竞技体育强、群众体育弱和'夏强冬弱''冰强雪弱'的问题，推动新时代体育事业高质量发展。"习近平总书记将竞技体育与群众体育紧密联系在一起，突出点明了体育强国建设的基础在于群众体育。

2022 年 1 月 4 日，习近平总书记在北京考察 2022 年冬奥会、冬残奥会筹办备赛工作时说："当今世界，科技在竞技体育中的作用越来越突出。建设体育强国，必须实现高水平的体育科技自立自强。要综合多学科、跨学科的力量，统筹推进技术研发和技术转化，为我国竞技体育实现更大突破提供有力支撑。"高水平体育科技自立自强是建设体育强国的必由之路，这是习近平总书记在深刻研判世界竞技体育发展规律和国际科技竞争大势后做出的重大战略部署，为新时代中国特色体育强国建设指明了前进方向，提供了根本遵循。

2022 年 1 月 25 日，习近平总书记会见国际奥委会主席巴赫时说："早在申办时，我就提出，中国这次办奥的最大目的，就是带动 3 亿人参与冰雪运动。经过不懈努力，这一愿景已经成功实现。"2022 年 4 月 8 日，习近平总书记在北京冬奥会、冬残奥会总结表彰大会上说："要继续推动冰雪运动普及发展，强化战略规划布局，建设利用好冰雪场地设施，发展冰雪产业，丰富群众冰雪赛事活动，把群众冰雪运动热情保持下去。"北京冬奥会的举办带动了中国冰雪体育产业、冰雪经济的发展，激发了中国民众对冰雪运动的热情，是坚持竞技体育和群众体育一体推进的现实举措，推动了中国体育事业发展，对在全球传播奥林匹克精神发挥了重要作用。

三、建设体育强国、健康中国，最根本的是增强人民体质、保障人民健康

2013 年 8 月 31 日，习近平总书记会见全国体育先进单位和先进个人代表等时说："全民健身是全体人民增强体魄、健康生活的基础和保障，人民身体健康是全面建成小康社会的重要内涵，是每一个人成长和实现幸福生活的重要基础。"习近平总书记将全民健身作为实现幸福生活的重要基础，为开展全民健身活动开辟了新篇章。

2014 年 8 月 15 日，习近平总书记看望南京青奥会中国体育代表团时说："少年强、青年强则中国强。少年强、青年强是多方面的，既包括思想品德、学习成绩、创新能力、动手能力，也包括身体健康、体魄强壮、体育精神。希望通过你们在这届青奥会上的精彩表现，带动全国广大青少年都积极投身体育锻炼，既把学习搞得好好的，又把身体搞得棒棒的，做到德智体美全面发展，将来成为祖国建设的栋梁之材。"青少年是国家的未来和民族的希望，促进青少年健康是建设体育强国、健康中国的重要内容。党的十八大以来，以习近平同志为核心的党中央高度重视青少年体育工作，亲切关怀青少年和儿童的健康成长，不断出台相关政策法规，引导广大青少年积极参与体育健身，强健体魄、砥砺意志，凝聚和焕发青春力量。青少年体育事业不断开创新局面，迎来新发展。

2016 年 8 月 25 日，习近平总书记会见第 31 届奥运会中国体育代表团时说："'发

展体育运动，增强人民体质'是我国体育工作的根本任务。"2017 年 8 月 27 日，习近平总书记会见全国体育先进单位和先进个人代表等时说："加快建设体育强国，就要坚持以人民为中心的思想，把人民作为发展体育事业的主体，把满足人民健身需求、促进人的全面发展作为体育工作的出发点和落脚点，落实全民健身国家战略，不断提高人民健康水平。"2020 年 9 月 22 日，习近平总书记在教育文化卫生体育领域专家代表座谈会上说："要紧紧围绕满足人民群众需求，统筹建设全民健身场地设施，构建更高水平的全民健身公共服务体系。"2022 年 1 月 4 日，习近平总书记在北京考察 2022 年冬奥会、冬残奥会筹办备赛工作时说："这些年，在各方面共同努力下，越来越多的人爱上了冰雪运动，提前实现了'带动 3 亿人参与冰雪运动'的目标。建设体育强国、健康中国，最根本的是增强人民体质、保障人民健康。这是全面建设社会主义现代化国家的一个重要方面。"体育强则中国强，体育承载着国家强盛、民族振兴的梦想。落实"发展体育运动，增强人民体质"的根本任务，就是要不忘体育初心，全面贯彻落实全民健身国家战略，推动人的全面发展，推进建设体育强国。

四、为中华民族伟大复兴提供凝心聚气的强大精神力量

2017 年 8 月 27 日，习近平总书记会见全国体育先进单位和先进个人代表等时说："加快建设体育强国，就要弘扬中华体育精神，弘扬体育道德风尚，坚定自信，奋力拼搏，提高竞技体育综合实力，更好发挥举国体制作用，把竞技体育搞得更好、更快、更高、更强，提高为国争光能力，让体育为社会提供强大正能量。"2019 年 2 月 1 日，习近平总书记考察北京冬奥会、冬残奥会筹办工作时说："体育强则国家强，国家强则体育强。发展体育事业不仅是实现中国梦的重要内容，还能为中华民族伟大复兴提供凝心聚气的强大精神力量。我们要弘扬中华体育精神，弘扬体育道德风尚，推动群众体育、竞技体育、体育产业协调发展，加快建设体育强国。"从北京奥运精神到北京冬奥精神，从女排精神到中华体育精神，广大体育工作者一次次实现运动成绩和精神文明双丰收，汇聚起海内外中华儿女万众一心、接续奋斗的磅礴力量。实现体育强国目标，就要把弘扬中华体育精神同坚定文化自信结合起来，不断开创新时代体育事业新局面，激励中华儿女向着实现中华民族伟大复兴的中国梦奋勇前进。

2019 年 6 月 18 日，习近平总书记在给北京体育大学 2016 级研究生冠军班全体学生的回信中讲道："新时代的中国，更需要使命在肩、奋斗有我的精神。希望你们继续带头拼、加油干，为建设体育强国多作贡献，为社会传递更多正能量。"习近平总书记的亲切回信既是对北京体育大学历史贡献的高度肯定，也是对所有体育工作者应承担更多使命责任的新期许。

2019 年 9 月 30 日，习近平总书记会见中国女排代表时说："实现体育强国目标，要大力弘扬新时代的女排精神，把体育健身同人民健康结合起来，把弘扬中华体育精神同坚定文化自信结合起来，坚持举国体制和市场机制相结合，不忘初心，持之以恒，

努力开创新时代我国体育事业新局面。"习近平总书记高度重视体育事业发展，在他心中，体育承载着国家强盛、民族振兴的梦想。

2022年4月8日，习近平总书记在北京冬奥会、冬残奥会总结表彰大会上说："要在全社会广泛弘扬奉献、友爱、互助、进步的志愿精神，更好发挥志愿服务的积极作用，促进社会文明进步。要弘扬奥林匹克精神，发挥奥林匹克促进人类和平发展的重要作用，为人类文明进步贡献更多中国智慧和中国力量。""我国广大运动员、教练员以实际行动落实拿道德金牌、风格金牌、干净金牌的要求，诠释了奥林匹克精神和中华体育精神，实现了运动成绩和精神文明双丰收，为党和人民赢得了荣誉！""北京冬奥会、冬残奥会是中国人民爱国热情的激扬展示。海内外中华儿女热情关注、大力支持这场在中国举办的冬奥盛会，纷纷为冬奥健儿加油喝彩、为伟大祖国加油喝彩。""胸怀大局、自信开放、迎难而上、追求卓越、共创未来"的北京冬奥精神，是中华民族宝贵的精神财富，是激励全党全国各族人民在新时代更好坚持和发展中国特色社会主义、实现中华民族伟大复兴的强大精神动力。

第二节　大学体育与健康课程思政建设的育人价值

一、锤炼意志品质，促进品格内化

学生对于运动技能的学习和掌握需要大量反复的身体练习，甚至还需承受较大的运动负荷，尤其是面对户外体育训练时，更需要消耗大量体能和磨炼自己的意志。运动实践教学过程本身就极大地锤炼了学生吃苦耐劳、顽强拼搏、永不放弃的意志品质，在潜移默化中培养学生不畏艰难、自信自强和集体互助的内在品格。

二、强化行为规范，加强道德修养

大学体育可以规范学生行为，增强学生的道德观念。大学体育课堂教学常规要求包含课前队列队形练习、课堂组织管理、课后及时归还体育器材等，重视强调学生组织纪律性和行为约束，从而使学生形成良好的体育道德规范。而且，在各种大学体育活动、体育游戏、体育竞赛中都有明确的价值取向和规则要求，这种特殊的规则效应在润物细无声中培养学生的竞争意识、角色意识和合作精神，引导学生遵守纪律、尊重裁判、学会自我约束、遵守社会道德规范。

三、塑造健全人格，成就幸福人生

健康、全面人格的形成主要依赖于积极的生活体验。大学体育不仅给学生带来健康和快乐，同时给予他们积极的生活和情感体验。体育运动能够满足学生本能的运动需要，释放其身体能量，使其身心愉悦。学生在体育运动中的成功表现及创造发挥，可以给他们自己带来自信心、成就感和自我实现感，尤其是集体运动项目，能够提升学生的人际交往和社会适应能力，增强他们的安全感和归属感。体育运动还可以改善学生的形体、外貌及气质，提升个体的自我评价。以上这些积极的生活和情感体验有助于学生塑造健全的人格，从而为其将来的幸福人生打下坚实的基础。

四、促进心理健康，增强调节能力

当代大学生普遍面临学业和就业双重压力。各种大学体育活动的有效开展对于大学生调节心理、生活压力具有促进作用。体育运动有利于让学生宣泄和转移消极情绪，缓解心理压力，降低焦虑水平，有助于学生保持健康、积极向上的情绪情感状态。适度的体育运动和锻炼能促使人体释放、分泌内啡肽和多巴胺，使人直接感受到愉悦的情绪、放松的心态，让人充满活力与自信，变得乐观与开朗，从而促进学生心理向着更加阳光、健康的方向发展。

第三节　大学体育与健康课程思政建设的实现路径

一、凸显体育课程思政建设的目标导向

体育教学目标在体育教学中起着核心指导作用，规定了体育教学预期的学习效果，引领着体育教师与学生的发展方向。落实大学体育课程思政建设，要求体育教师在课程教学目标设计上围绕立德树人目标，凸显思想政治教育价值引领。

设立以德育情感目标为先导、技能目标为主导、兼顾认知目标这种新的体育教学目标模式，既是一种体育教学改革尝试，又是课程思政在全程育人形势下的必然选择。大学体育课程思政建设目标要具体、实在、接地气，有些教师则制定了诸如爱护体育场地设施、及时归还体育器材、训练不偷懒耍滑、练习不怕苦累、比赛遵守规则、在集体性体育活动中学会与他人合作相处等课程思政建设目标，这些目标明确具体，便于实际操作。

二、充分挖掘提炼体育课程的思政元素

体育教学内容的选择是体育教学设计的核心问题。体育教学内容不仅回答了教师"教什么"，而且还回答了"如何教"的问题。体育教学的设计、实施与评价都是围绕体育教学内容的安排而展开的。不同类型的体育教学内容具有不同的特点，甚至同一类型的教学内容涉及的运动项目不同，特点也不一样，学生在教学活动中自然也会有不同的身体和情感体验。大学体育教师在教学过程中为将思政元素很好地融入渗透到体

育教学内容中，就必然要求寻找这两者之间的有效"融点"，有的放矢地精心设计大学体育思政教学内容。

其一，大学体育教师要善于从不同类型的体育教学内容挖掘和提炼出思政元素，从学生的实际出发有针对性地实施思想政治教育。比如，在耐力跑、负重跑、障碍跑、越野跑等田径项目的教学中，教师应重视学生意志品质的磨炼，使学生学会忍耐和坚持；在球类运动和集体运动项目的教学过程中，可以加强对学生的爱国主义和集体主义教育，培养学生的团队精神和合作意识，教会学生克服个人主义和自我主义。其二，大学体育教师可以利用我国优秀的传统体育文化以及在体育领域内有影响力的典型案例和先进事迹进行思想政治教育，激发学生的爱国之情、报国之志。例如，北京冬奥会振奋了民族精神。团结、拼搏、奋斗是中华民族屹立于世界民族之林的精神支柱，"中华之魂"在北京冬奥会中得到了完美的体现和强化。全国人民以主人翁姿态投身北京冬奥会，有人直接参与赛事服务，有人自愿配合保障工作，更多人则以热烈期盼和真诚喝彩为各国运动员加油助威。国际奥委会一致决议把奥林匹克杯授予全体中国人民，代表了世界对中国的认可、褒奖和感谢。

三、创新体育课程中的思政教育方法

创新思政教育方法和优化教学组织形式是实现大学体育课程思政建设目标的关键环节，也是实施体育教学改革的重要环节。教学改革改到深处是课程，改到痛处是教师，教师的专业水平和教学水平直接影响课堂教学质量和效果，同样的教学内容，不同的教师运用不同的教学方法和组织形式，教学效果会截然不同。大学体育的思政教育方法有其自身的独特性，如果把一般的思政教育方法运用到体育教学中，就显得有些生搬硬套、流于形式，从而难以发挥体育的思想政治教育功能。

大学体育开展思政教育的常见方法有语言感染法、榜样示范法、表扬法、激励法、批评法等，但这些方法的教学效果却不甚理想。因此，一是要创造性运用教学方法。教师可采用诸如创设情境法、诱导启迪法、巧捉时机法、因势利导法、困难设置法、团队协作法等一系列既贴合学生实际又行之有效的方法。比如，在一节大学体育篮球课的教学设计中，授课教师在准备部分安排学生跑操，然后巧妙运用诱导启迪法和巧捉时机法导入中国特色社会主义核心价值观，强调学生要做到团结互助、诚信友善。教学设计也包括思政教育资源的联合开发，不仅有利于完善课程思政教学方法体系，也有助于为不同课程提供有关思政元素的教学内容支撑。二是建立课程思政建设机制。针对专业课，需建立贯彻落实课程思政理念的专业课程改革机制，引导专业课教师对所授课程的价值定位、教学内容、教学效果等进行重新审视，主动发掘和融入思政元素，从各个层面提升专业课教师推动课程思政建设的积极性。

四、建立科学合理的课程思政评价系统

课程活动评价的目的是增进课程实施本身的实效性，课程思政有围绕教师、学生、

教育内容及教学方式等方面，采取特色化的指标进行评价，这就要求以评价机制优化为契机，深化高等教育领域的综合改革，探索建立科学合理的课程思政评价系统。

一要合理确定评价主体。评价主体既包括校内的教育教学主体（如教师和管理者），也应当包括校外主体（如第三方评价机构），各主体独立评价自身在专业课中践行课程思政的效果，然后在协商的基础之上形成综合性评价，并及时对评价结果进行逆向原因研析。

二要科学设定评价维度。在实施课程思政评价的过程中，针对不同的评价主体，要体现出不同的评价维度和评价视角，以保证评价的科学性和全面性。在组织领导维度，应当将课程思政建设情况纳入高校办学质量评估考核的重要指标，列入高校党建与思想政治工作质量评价体系；在专业课教师维度，主要对学生在专业学习过程中所表现出来的情感、态度、价值观及其对学科专业价值的认知、学科专业的伦理操守等方面进行评价。

三要系统开展评价活动。课程思政的评价与学生思想变化及个人发展的评价紧密联系，是一项系统性工作。推进课程思政的最终落脚点在于提升大学生的思想政治素养和坚定大学生的理想信念。思想政治素养的提升是一个循序渐进的过程，需树立发展性的评价原则，在评价原则上应更为注重定性评价而非定量评价，更为注重过程评价而非结果评价。

▸▸ 本章小结与思考

1. 大学体育与健康课程思政的育人价值包含哪些方面？
2. 如何才能实现大学体育与健康课程的思政建设？

健康篇

第三章　体育运动促进健康

第一节　深刻理解体育的育人价值

体育强则中国强，国运兴则体育兴。体育是综合国力的重要组成部分，是社会文明的重要标志。它从单一原始的身体运动发展到具有综合性、广泛性和竞技性等特征的现代体育，可以说是伴随着人类社会的发展而发展的。它受社会经济发展的制约，又反作用于社会的政治和经济。大学生是未来社会发展的主力军，更是国家未来的建设者和栋梁，是最宝贵的人力资源，他们的体质健康，攸关人力资源质量、社会未来走向，更深刻影响体育强国梦、中华民族伟大复兴中国梦的实现进程。高校体育不仅能增强大学生体质，还可以帮助大学生锤炼意志品质、增强大学生的规范意识、塑造大学生阳光向上的心态、更好地促进大学生的社会化进程，让大学生在体育运动中不仅获得健康的体魄，更能实现全面发展。

一、培育中国式现代化体育精神的目标

（一）提升思想境界，培养高尚情操

信息时代的到来让当代大学生受到多种文化的冲击，大量的信息既让学生们丰富了知识面，同时也容易让他们受到一些负面信息的影响。中国式现代化体育精神可以表现为两个层面：一个层面是竞技体育层面的体育精神，另一个层面就是体育文化意义上所指的精神。培育中国式现代化体育精神能够使学生形成科学的世界观、人生观、价值观，发扬积极进取、艰苦奋斗的精神，既可以提升思想境界，也可以培养高尚情操。

（二）发扬平等观念，培养体育精神

体育活动无国界之分。培养体育精神是整个人类社会一致的理想及目标，且会随着人类社会的进步持续发扬光大。培养体育精神要重视平等、正义、团结、协作的价

值观念，帮助大学生养成平等竞争、团结协作的素养。

（三）养成诚信品格，提高人格涵养

诚信是做人之本。诚信在中国具有深厚的文化内涵，是社会主义核心价值观的重要内容，更是培养体育精神的基石。同时，培养体育精神对塑造学生诚信品格具有重要意义。体育活动训练能够帮助同学们增强诚信意识，形成合理的做事原则。基于诚信，同学们既能获取物质方面的成果，也可以提高人格涵养。

（四）促进身心健康，增强顽强奋斗精神

很多大学生忽略运动的重要性，身体素质持续降低，身体各项健康指标开始逐渐下降，心理健康问题越来越明显。培养体育精神可以调动学生奋力拼搏、积极进取的精神，学生可以在体育训练中持续提升身体素质，促使身心良好发展，增强顽强奋斗的运动精神。

二、培育民族体育精神

民族精神是一个民族基于一定的自然环境，在长期的共同生活和共同的社会实践中形成和发展起来的，为民族大多数成员所认同和接受的思想品格、价值取向和道德规范，具有稳定性和发展性、历史性和时代性相统一的特征。一方面，民族精神深深地根植在民众的肥沃土壤中，根深蒂固地渗透在民众的思维方式和行为方式中，一旦形成，便能够像基因一样流淌于民族的血液中，代代相传；另一方面，民族精神像一条奔流不息的长河，能够随着历史的发展而发展，不断吸收新的文化元素，不断升华。

体育精神是体育战线在弘扬和培育民族精神的过程中发展和成熟起来的。中国体育健儿在国际赛事上不畏艰难、顽强拼搏、努力进取的表现，被称作"奥运精神""体育精神"，这是中国式现代化的体育精神。2021 年，在东京奥运会男子百米半决赛上，"中国飞人"苏炳添以 9 秒 83 创下亚洲纪录，刷新个人最好成绩，成功晋级决赛，打破了世界对亚洲人在百米赛场的生理认知。中国女子排球队扎扎实实、勤学苦练、无所畏惧、顽强拼搏、同甘共苦、团结战斗、刻苦钻研、勇攀高峰。她们在世界排球赛中，凭着顽强战斗、勇敢拼搏的精神，五次蝉联世界冠军，为国争光，为人民建功。她们的这种精神给予全国人民巨大的鼓舞，国务院以及国家体育运动委员会、共青团中央、中华全国青年联合会、中华全国学生联合会和中华全国妇女联合会号召全国人民向女排学习。体育精神所带来的强大的精神能量和极高的教育价值，使人们受到了强烈的震撼、激励、鼓舞、教育和启迪。这种精神，一旦人们对它有了理性认识，便自觉地接受它的影响，把它作为一种教育因素，实现身体、心理、精神三方面的均衡发展。

新时代背景下，我国的体育综合实力得到了明显的提升，在国际各种大型比赛中成绩突出，为国家和人民争得了荣誉。2008 年北京奥运会上，中华体育健儿为祖国赢得了 51 枚金牌，创造了奥运会主办国金牌总数第一的优异成绩；2012 年伦敦奥运会，中国以 38 枚金牌、88 枚奖牌居金牌榜、奖牌榜第二位；2016 年里约热内卢奥运会，中国共获得了 26 块金牌，居奖牌榜第三位；2020 年东京奥运会，中国获得了 38 枚金牌、32 枚银牌和 18 枚铜牌，共获得 88 枚奖牌，位居奖牌榜第二。是什么力量使我国的体育事业得到如此快的发展？无疑是体育的精神力量。在中华健儿争先夺标的征程中，孕育出了"冲出亚洲、走向世界""奋勇拼搏""打出风格、赛出水平""人生能有几回搏""女排精神"等体育精神。这种中国式现代化体育精神，是一代又一代体育人在不懈奋斗中发展和成熟起来的。这种体育精神，与中华民族的发展息息相关，与中华民族精神紧密相连，它与中华民族精神从根本上说是一致的。

三、培养体育品德

品德是指一个人的道德特征和道德标志，与个性、个体心理、人格发展息息相关。体育品德蕴含于品德之中，同样具备品德之内涵。体育品德是指在体育运动中应当遵循的行为规范以及形成的价值追求和精神风貌，对维护社会规范、树立良好的社会风尚具有积极作用。

（一）培养为国争光、报效祖国的爱国精神

在古代，体育与军事战争的关系密不可分。虽然随着时代的变迁，体育与军事在形式和直接目的上逐渐分化，但爱国主义的精神内核依旧被保留其中，并通过学校体育教育的手段内化于人。爱国主义是中华民族的民族心、民族魂，是中华民族最重要的精神财富。现代社会体育竞赛具有全民性、国际性。在比赛场上，运动员的爱国精神不仅表现为奋力拼搏、勇摘金牌的优异成绩，更表现于在颁奖仪式中看着国旗在国歌声中升起时的激动，如中国女排在 2019 年女排世界杯中，取得"十一连胜"的优异战绩成功卫冕世界杯，为中华人民共和国成立七十周年献礼，用行动和成绩表达了为国争光、报效祖国的崇高品格。

（二）培养克己忍耐、坚持不懈的意志毅力

克己忍耐、坚持不懈的体育品德是个人内涵修养的核心内容之一。人们在体育运动中要不断提高自身的竞技能力和竞赛水平，须经过日复一日的持久训练，才能换来体育水平的提升与自身的蜕变。练习过程中遇到的挫折与坎坷最能磨炼人的意志毅力，最能培养不达目标不放弃的坚韧和锲而不舍的意志。最终，人们会在体育训练和运动竞赛中磨去稚嫩和冲动，获得理性判断，提高自信心。

（三）培养勇于挑战、超越自我的进取精神

勇于挑战、超越自我是一种人生态度。体育运动能让人勇于面对困难、挑战困难进而达成目标，并在这个过程中，不断提升自我能力、技能。超越自我意味着不断突破极限，发掘内在潜力，实现个人成长与价值的最大化。这种进取精神，能让人达到更高的人生境界。正如奥运格言"更高、更快、更强——更团结"，这不仅是奥运精髓，也是人类精益求精、不断奋进的座右铭，鞭策无数运动健儿不断追求日升日高的体育成绩，呼吁着人们勇于挑战、超越自我。

（四）培养团结互助、和谐融洽的集体精神

团结互助、和谐融洽是体育运动取得优异成绩的基本保证，尤其是团体项目竞赛，营造和谐的人际交往氛围，可以有效增强团队核心凝聚力。运动增强人的团队意识，体现在成员主动寻求协作，建立责任共担机制。如团结协作、顽强拼搏的女排精神代代相传，极大地激发了中国人的自豪、自尊和自信，为我们在新征程上奋进提供了强大的精神力量。女排精神的意义已经远远超越了体育范畴的意蕴，其深刻的内涵和意义不断鼓励着人们为梦想而战。团结互助、和谐融洽为团队建设注入凝聚力、号召力和战斗力，激发和调动每个人积极性、主动性、创造性，提升团队的总体力量，从而实现个人与团体的效益共赢。

（五）培养遵守规则、服从裁判的纪律意识

遵守规则、服从裁判是体育品德的道德底线，是人们参加体育运动竞赛的行为规范和准则。在体育运动竞赛中，运动员代表要庄严宣誓遵守规则、服从裁判，运动员取得优异成绩离不开遵守规则、服从裁判、尊重对手、正确对待胜负。随着体育经济市场化、社会化，体育竞赛与体育市场的发展都必须遵守规则、服从管理。体育市场主体的契约精神是领域内所有参与者之间的一种约定俗成的、休戚与共的精神盟约，包括指向"强健身体"和"愉悦精神"的体育价值契约，以自由、拼搏、竞争、平等为主要内涵的体育精神契约，以"公平竞争""诚信比赛"以及以具体的体育运动规则为主要内容的体育规则契约。

四、培养自主自律、和谐发展的体育能力

体育运动自律是个体身体、心理及精神平衡发展的重要保障。自律是自我发展的基础，是完善自我的基本要求。人的全面发展以及追求身体、心理及精神的和谐与平衡，体现了人是身体、心理和精神三个层面的统一体，其中善于驾驭自己的身体是前提。体质的增强，形体的修塑，能使人充满自信和成就感。随着自我效能感的逐步提升，人也会产生满足、喜悦、平和的精神状态。

美国心理学家马斯洛把人生的需要依次由低到高分成生理需要、安全需要、社交需要、尊重需要和自我实现需要五个层次，每一层次的完美实现，都离不开个体长期自律行为的自我约束和积极向上的力量的督促。大学生在科学训练理念指导下，通过突破舒适区可以在运动过程和结果中获得成就感，释放和提升内在潜能，磨砺自我养成体育运动自律。

五、培养领导力和团队精神

（一）领导力

当一项任务需要多人来完成的时候，就需要目标一致、步调一致，以最有效和经

济的方法完成任务；为了达到目标一致、步调一致，就需要领导力。领导力就是指通过组织、指挥和充分利用主、客观条件，以顺利完成任务、达成团队目标的促进力量。简单地讲，领导力就是在领导过程中形成、发展并服务于领导过程的能力和效力的总称。它是重要的组织资源和核心竞争力，在很大程度上决定着团队目标能否达成和达成的程度。

（二）体育运动与领导力的培养

体育运动大体可分为竞技运动和休闲运动，其分类的标准在于运动活动的目的。以取胜为最重要目的的体育运动就是竞技运动，而以休闲娱乐为目的的体育运动就是休闲运动。

竞技运动的目的性很强，通常比赛的胜负代表着某些团体的荣誉或利益，所以参加竞技运动的队员都是经过严格选拔出来的，他们不仅具备了良好的运动技战术水平，也同时具备了良好的社会心理品质，其中就包括领导力和团队精神。因此，竞技运动中所需要的领导力和团队精神更多是靠选拔而不是靠培养出来的。

休闲运动的方式相对于其他社会群体行为方式而言，其形式更简洁、规则性更强、参与性更强。所谓形式简洁是指活动的形式不需要特意进行设计或者开发，它仅由现有的运动活动方式组成，尽管有时需要根据活动人群和场地等外在条件进行适当的调整，但其基本活动方式是相对固定的。规则性更强是指活动具有比较明确和严格的规则，尽管不像竞技体育中的规则那么严格和正式，但休闲运动中的规则同样维护着活动的公平和可操作性，是活动得以顺利进行的保障。参与性强则体现在参与活动的人都具有较强的参与性，每个人都可以为活动出谋划策、表达意见等，相对而言就比竞技体育的参与性要强，因为在竞技体育中，更多时候队员需要的是按照既定战术进行比赛。也就是说，休闲运动是一种开放性的社会活动，休闲运动的这些特性决定了参与活动的人们的思想和行为更加直观和易于表现，活动中的每个成员所扮演的角色更加明确，团队和成员们的行为结果更加可见。如此看来，休闲运动才是培养人们领导力和团队精神的最好活动。比如在一个定向越野的比赛中，参与者的决策的对与错很快就能得到检验；在做决策的过程中，多人的决策思路也必须很快集中并付诸实施，这就体现了一种领导力。有研究表明，参与户外休闲运动的人们在运动结束后的自我成就感要比参与其他普通运动项目的人强，成员间的相互亲近和依赖性也更强。休闲运动最能体现出一个人行事更多的是用脑还是用情感，也就是最能区分一个人是理性化还是情绪化，人们的行为差异呈现得直观快捷，且易观察。

（三）团队精神

团队是由团队成员和管理层组成的一个共同体，它通过合理组织充分利用每一个成员的知识和技能，使之协同工作，形成合力，从而有效地解决问题，达成目标。成员间的协同配合是团队的生命，也是团队精神和团队凝聚力赖以形成的最终要素。团队精神具体体现在团队成员有着共同的目标，每个成员都具有大局意识，成员间知识与能力的自觉互补，成员间彼此信任和依赖，有共同的规范和方法，而共同目标是这些要素中最重要的要素。其中，大局意识就是要求每一个团队成员都要敢于担当和自我奉献；成员间知识的互补则是构建一个团队时必不可少的，团队成员间的信任与依赖就像分子间的吸引力一样，能够使团队变得坚强而有力；共同的规范和方法，一方面是指团队内部要有完成任务的方法和基本路线，另一方面是指团队在完成任务的过程中还要遵守团队所处环境的规范。

（四）体育运动与团队精神的培养

大学体育课堂的氛围偏向于休闲体育运动，根据运动项目的特征组成适当的团队，成员间厘清自己的角色和权力，明确运动最终要达成的目标，同时掌握规范和方法。在这样的背景下，完成运动任务会使每个人都能得到最大的满足感。运动过程并不带有任何功利性，这就使得每个成员的自我角色认同感要强于竞技体育运动，因为在休闲运动中每个成员的任务都相对简单和具体。但是，竞争关系是保持团队活力和培育团队精神的重要因素。在休闲运动中虽然没有激烈的竞争，但在活动设计过程中要充分考虑这一因素，使活动具有竞争性，比如在不同的组别或队别之间设置比赛，或者加大任务的难度并规定完成任务的时间等。这可以使得参与休闲运动的人之间或者人与任务本身形成竞争关系，从而可以营造培养团队精神的理想氛围。

休闲运动活动更具有游戏性，成员的角色可以进行调整，这不仅使他们有了担当不同角色的体会，而且促使他们换位思考，理解他人。成员间的换位思考是培育团队精神的重要因素，在构建团队的过程中，这一点是最重要但也是最不容易实现的。换位思考需深入角色行为的细节，只有真正担任不同角色，成员才能真正体会到各角色的行为细节——这在休闲运动中是较容易实现的。相反，在其他许多活动形式中，如竞技体育运动，这似乎很难实现。比如一个足球队的前锋很难与守门员进行角色换位，同样一个篮球中锋也很难与一名后卫进行角色换位。

第二节　重视体育促进健康的作用

一、身心健康的概念及标准

（一）身心健康的概念

健康是指一个人在身体、精神、社会适应能力及道德行为等方方面面都处于良好的状态，健康是人的基本权利，也是人一生的第一财富。

人类的健康观念是随着社会的发展和生活水平的提高而不断变化的。古往今来，由于受到历史、地理、文化、社会等因素的影响，人们对健康这一概念有着不同的解释。过去，人们片面地把健康理解为"健康就是没有疾病"；也有人认为"能吃能睡就是健康"；还有人认为"身体虚弱，精神面貌不好就不健康"等。现代健康观认为，健康不再单单指身体层面的强健，健康已经成为一个多维的概念，它所包含的内容也涉及身体、心理、社会适应能力和道德等方面。

世界卫生组织对于健康的概念有过多次阐述。1948年，世界卫生组织指出，健康不仅是没有疾病和不虚弱，而且是身体、心理和社会功能三方面的良好状态。1989年，世界卫生组织进一步深化了健康的概念，提出健康包括躯体健康、心理健康、社会适应良好和道德健康四个方面，首次将道德健康纳入健康的内容，形成了四维健康观。健康观念的发展变化，说明了人类对健康的重视程度和生活质量都在不断提高。

躯体健康（生理健康）是指躯体结构和功能正常，具有生活自理能力。心理健康是指个体能够正确地认识自己通过调整自己的心态，使心理处于良好状态以适应外界的变化。社会适应良好，是指对社会生活的各种变化，都能以良好的思想和行为去适应。道德健康，是指能够按照社会规范的准则和要求来支配行为，能为人们的幸福作贡献。

（二）身心健康的标准

世界卫生组织提出衡量身心健康的八大标准，即"五快"（衡量身体健康）和"三良好"（衡量心理健康）。

(1)食得快。进食时有很好的食欲，不挑食、不偏食，能快速吃完一餐饭，没有难以下咽的感觉；吃完后感到饱足，没有过饱感或不饱的不满足感，这说明口腔和内脏功能正常。

(2)便得快。一旦有便意时，能很快排泄大小便，且感觉轻松自如，在精神上有一种良好的感觉，说明肠胃功能良好。

(3)睡得快。上床能很快入睡，且睡得深；醒后精神饱满，头脑清醒。

(4)说得快。语言表达正确，说话流利。这表示头脑清醒，思维敏捷，中气充足，心肺功能正常。

(5)走得快。行动自如、转变敏捷，说明精力充沛旺盛。

(6)良好的个性。性格温和，意志坚强，感情丰富，具有坦荡的胸怀与达观的心态。

(7)良好的处事能力。看问题客观现实，具有自我控制能力，适应复杂的社会环境，对事物的变迁能始终保持良好的情绪，能保持社会外部环境与机体内部环境的平衡。

(8)良好的人际关系。待人接物能大度和善，不过分计较；能助人为乐，与人为善。

二、大学生的身心健康特点

（一）大学生身体形态发育特点

身体形态是指体格、体型和身体姿态等状况。体格指标包括人的身高、坐高、体重、胸围、肩宽等；体型指标包括人体的整体指数与比例；身体姿态是指人坐、立、行走等的姿势。

人的生长发育过程有两次"生长高峰"：第一次是在胎儿期到出生后一年，第二次是在青春期。大学生的年龄一般都在18～22岁，经历了身体发育的两次高峰期，但还处于青春期的发育后期到基本发育成熟之间，身体形态还在发展，只是速度相对慢些。

男性和女性的体型存在着显著差异。人在生长发育的第二次高峰期结束时，四肢发育快于躯干，坐高、肩宽、骨盆宽与身高的比相对较大，表现为肩窄、骨盆窄、躯干短、下肢长的瘦长体型，男性尤为明显。从青春期的发育后期到基本发育成熟，人体各种围度、宽度指标迅速增长，分别形成男性肩宽、骨盆窄、下肢较细；女性上体窄、骨盆宽、体脂率较高的体型。在这一时期，进行全面的身体锻炼，能使体格健壮，体型匀称。

（二）大学生身体机能发育特点

1. 神经系统

大学生神经过程中的兴奋与抑制发展趋于均衡，灵活性提高，机能逐步完善。神经细胞物质代谢旺盛，抽象思维能力不断提高，两个信号系统的关系更加协调和完善，分析综合能力显著提高。

2. 运动系统

大学生骨骼中水分减少，无机盐增多，骨密质增厚，骨骼更加粗壮和坚固，承受能力增大。性激素的作用使肌肉纤维增粗，肌肉的横断面明显增加，肌肉发达，肌力增大。但骨骼发育一般在20～25岁完成，肌肉要到30岁左右才发育完成。大学期间是骨骼和肌肉发育的一个很重要的阶段。

3. 呼吸系统

大学生呼吸肌增强，呼吸深度加大，呼吸频率减慢。胸腔增大，肺活量增大，最大吸氧量和负氧能力逐步提高。

4. 心血管系统

心血管系统是人体最晚发育成熟的系统。大学生心肌纤维弹性较好，大学阶段是心血管系统发展很重要的阶段。

（三）大学生身体素质发展及运动能力特点

身体素质包括力量、耐力、速度、灵敏、柔韧等。大学生的身体形态虽缓慢生长，但基本趋于稳定；身体各部分的长度、宽度、围度的增长基本完成，各部分的受力及运动负荷接近或达到最佳水平，为身体形态均衡发展提供了物质前提。大学生的身体素质存在明显的性别差异，尤其在性成熟期，这种差异更为明显：男生的力量、耐力、速度、灵敏等4项素质优于女生；女生柔韧素质和协调能力优于男生，由于重心比男生低，因而女生平衡能力也优于男生。

运动能力是基本的活动能力，是身体素质和运动技能相结合表现出来的一种综合能力。大学生的身体形态、机能、身体素质发展特点，决定其运动能力的发展；同时大学阶段也是运动能力发展的最佳时期。重视心肺功能的锻炼，加强耐力的训练，增强心肺功能，有利于提高大学生的运动能力。

（四）大学生心理健康状况

大学生在脱离家庭后，参与了一些社会活动，充满了对社会和人生的向往，但还不完全具备应对各种社会事务的能力。因此，心理上容易存在愿望与现实、自卑与自信、独立与依赖等矛盾。如果这些矛盾处理不好，就会影响大学生的情绪与心理健康。

大学体育不仅是发展大学生体能素质的需要，而且也是大学生发展心理、实现自我的需要。根据大学生的心理特点，通过多种体育手段、方法、形式和途径，进行体育锻炼和体育欣赏，不仅可以锻炼身体、培养意志、陶冶情操、发展情感、增长才智，而且还可以培养集体主义观念，加强组织纪律性，创造良好的人际交往氛围，借以提高心理调节与平衡能力。通过参与体育活动并经受磨炼，大学生可以及时排除心理状态中不健康因素的困扰，走出逆境，增强信心，轻松活泼地学习和生活；同时，通过自身中枢神经系统的良性调节，还能够在适应不断变化的内外环境的过程中，使个体与环境和谐统一，真正实现自身的身心健康。

三、体育运动对大学生身心健康的影响及途径

生命在于运动。经常运动可以促进身体健康，可以增强人体各器官系统的功能，提高机能的适应能力，使人的体质在运动中不断增强，提高人体的免疫力；但不正确的运动方式方法会对人体造成伤害。

（一）体育运动对人体机能的影响

人体是由神经系统、运动系统、呼吸系统、循环系统、消化系统等组成的，而人体的运动是由人体各器官协调配合完成的。体育运动增强了人体各组织、器官的负荷，使机体发生变化，这些变化通过新陈代谢对人体机能的发展起着重要作用。

1. 体育锻炼对神经系统的影响

神经系统是人体机能的调节系统，人体的各种活动都需要在神经系统的控制、调节下进行，而人体的各种活动，又反过来使神经系统得到锻炼。经常进行体育锻炼的人，其神经系统对外界刺激的反应更准确、更快，运动可使分析综合功能及协调反应能力增强，还可以提高神经细胞抗疲劳的能力，有助于神经系统及全身器官组织功能的改善和提高，从而使人能保持长时间的大脑清醒、思维敏捷，提高学习、工作效率。特别是轻松、休闲的运动，可以缓和神经系统紧张，起到放松、镇定的作用。

2. 体育锻炼对运动系统的影响

人体所进行的各种运动都是在神经系统的支配下，进行肌肉的收缩和放松，牵动骨骼去完成的。运动系统由骨骼、关节、肌肉组成，正常成年人全身共有 206 块骨头。经常进行体育锻炼能加快血液的循环，加快体内新陈代谢，给运动器官提供充足的营养物质，促进骨骼的发育，防止骨质疏松，使骨骼增长。此外，还可增强韧带和肌肉的弹性，使关节周围的关节囊、韧带和肌腱增厚，伸展能力、肌肉力量增大，关节的活动幅度灵活性提高，并能更好地防止关节脱位、韧带拉伤和撕裂等关节软组织损伤的发生。

人体肌肉共有 600 多块，约占体重的 44.25%（女性约为 35%）。肌肉收缩产生的力量，对人体的劳动和运动极为重要。通过体育锻炼，肌肉收缩能力增强，肌肉内蛋白质等营养物质增多，能使肌肉纤维变粗，肌肉横断面积增大，肌肉变得粗壮、收缩力增大，能防止肌肉萎缩。经常参加体育锻炼，肌肉内的脂肪在肌肉收缩时会产生摩擦，消耗能量，可以减少多余脂肪，既健美体形又可以提高运动能力。

3. 体育锻炼对呼吸系统的影响

人体不断地从外界环境中吸取氧气，又不断向外界环境呼出二氧化碳，以此来维持人体的生命运动。人体的呼吸系统主要包括呼吸道和肺。通过长期的体育锻炼，特别是耐力性项目的练习，可以使呼吸肌力量增强，胸围、胸腔容积扩大，呼吸差增大，提高呼吸功能，增大肺的通气量，从而增加肺活量，减少呼吸系统患病的可能。

4. 体育锻炼对循环系统的影响

人体通过心脏有节律地收缩，向全身供给血液，把氧气和营养物质输送到人体各组织细胞中去，同时又把组织、细胞在新陈代谢过程中产生的二氧化碳和废物排出体外，维持人体正常的生理功能。在体育锻炼的作用下，体内血液循环加快，营养物质增加，心肌毛细血管大量增生，供血量增加，心肌纤维变粗，心壁增厚，心容量增大，心脏变得丰满壮实，比一般人的心脏肥厚，医学上称之为"运动性心脏肥大"，能适应长时间的大负荷工作。经常参加体育锻炼，会使血管壁弹性增强，血压正常或较低，可以延缓血管弹性降低或硬化的进程，还可以使血液中的红细胞和白细胞增多，提高运输氧气的能力和增强身体抵抗疾病的能力。

5. 体育锻炼对消化系统的影响

体育锻炼能使神经系统功能得到改善，消化器官的功能得到加强，使食物更好地被消化和吸收。同时，体育锻炼能增强腹肌和盆腔肌的功能，使腹腔内的消化器官保持正常的位置，并能强化消化道内平滑肌的作用，防止内脏下垂和便秘等疾病的发生。

（二）体育运动对心理健康的影响

健康不仅仅是指身体没有疾病、伤残或不适的状态，随着社会的进步和科学技术的发展，人们已经认识到健康还包括心理健康、社会适应良好和道德健康。从广义上讲，心理健康是指一种高效而满意的持续的心理状态。从狭义上讲，心理健康是指人的基本心理活动的过程内容完整、协调一致，即知、情、意、行、人格完整协调，能适应社会。

1. 体育锻炼与心理健康的关系

心理健康与身体健康息息相关。如果长期处于不良情绪中，人会身心疲惫，而体育锻炼除了可以增强体质外，还可以促进心理健康。体育锻炼使人头脑灵活、思维活跃、反应敏捷，可以让人产生积极情绪，能提高人的心理承受能力和应变能力，有利于人应对各种精神压力，保持身心健康。

2. 体育锻炼对心理健康的积极作用

(1)促进大脑的开发和利用，提高智力。大脑的重量占人体体重的 2% 左右，但大脑消耗的能量却占全身消耗能量的 20%。体育运动可以使大脑得到充分的锻炼，提高人的记忆能力和抽象思维能力，可以使神经系统的兴奋和抑制过程更加集中，对外界刺激的反应更加迅速、准确。人在学习过程中，大脑皮层的有关区域处于高度兴奋状态，随着学习时间的延长会产生疲劳，导致学习效率下降。此时若参加体育运动，体力劳动与脑力劳动进行合理交替，会使运动神经中枢兴奋，使与文化学习有关的区域的脑细胞得到休息，这样就能消除脑力劳动所产生的疲劳，提高学习效率。

(2)控制和调节情绪，使人快乐。丰富多彩的体育活动能让人宣泄不良情绪，只要参加一项能加快心跳和呼吸频率的有氧运动，坚持每周 3 次，每次 30 分钟，就能使人感到愉快、精神放松，并且能够减少焦虑，强化身体应对压力的机能。

(3)培养坚强的意志品质，增强自信心。勇敢、顽强、敢于拼搏是现代人所具备的意志品质。人们参与体育活动就是不断克服困难、战胜自己的过程，因此，体育锻炼可以培养人的毅力，帮助人们不断克服各种胆怯的心理，产生勇敢无畏的精神，能够改善人的身体外形，提高自信心。

(4)改善人际关系，促进社会和谐。体育活动的集体性、公开性、竞争性使人与人之间不断地沟通和交流，拉近了人与人之间的距离，产生了默契。特别是集体项目需要每个人都融入集体中发扬团队精神，这能使人心情舒畅、精神振奋，增强社会交往能力，培养人的团结合作和适应能力。

(5)消除疲劳，治疗心理疾病。疲劳是一种综合性症状，表现为困倦、不适、烦躁或乏力等不良感觉。当感到疲劳时，积极地参与体育锻炼，不仅能改善身体素质，还可获得身心舒适感，从而减轻疲劳，摆脱不良情绪。当今，体育运动已被公认为一种有效的心理治疗方法。

不同的运动项目，对人的心理有着不同的影响。有针对性地选择和参加体育锻炼，可以起到事半功倍的效果。如果要使体育锻炼达到转变心理的目的，则应该根据自身情况选择自己喜欢的运动，每次锻炼时间保持在 30 分钟左右，运动强度中等，运动量应从小到大、循序渐进，3 个月为一个周期，进行两个周期以上才能见效。

（三）大学生体育运动的基本途径

1. 体育课

体育课作为大学生体育教育最主要的组织形式，是高等学校教学计划所规定的必修课程之一。由于体育课是按照教育计划和体育教学大纲而组织的专门的教育过程，因而是实现大学体育目标的基本途径。

（1）体育课的指导思想

健康第一的思想。中共中央、国务院印发的《关于深化教育改革全面推进素质教育的决定》，明确指出："健康体魄是青少年为祖国和人民服务的基本前提，是中华民族旺盛生命力的体现。学校教育要树立健康第一的指导思想。"学校体育教育更应该树立健康第一的指导思想。

全面素质教育的思想。学会生存、学会健康是学会学习、学会工作、学会生活、学会创造的基础，科学有效的体育与健康课程的教学促使学生素质全面提高。

终身体育的思想。终身教育、终身学习、终身体育是21世纪教育和人的发展总趋势。要重视把运动、体育、健康置于人的生命的全过程之中。

面向全体学生的思想。作为现代教育计划的基本组成部分的体育与健康课程，必须面对全体学生，促使每一位大学生都能主动发展，实现人人享有体育、人人享有健康的目标。

因材施教的思想。应以人为本，重视个性，创造良好的氛围，展示学生的个性，发展学生的天赋，挖掘学生的潜能。

整体化的课程建设。建立"教师为主导，学生为主体；课内课外相结合；理论与实践相结合，生理心理相结合，观赏参与相结合；运动是手段，体育是过程，健康是目标；教书育人，全面培养，学以致用，终身受益"的整体化的课程建设指导思想。

（2）体育课的性质和任务

体育课是培养21世纪合格人才现代教学计划的基本组成部分，是高等学校的基础课程之一，它是大学体育工作的中心环节，也是完成高等教育和大学体育工作任务的重要途径。体育课的基本概念是按照国家规定的教育目标组织有关体育的多因素、多层次、多维度的动态复合型教育过程。体育课一般分为以下两种。

第一，理论课。系统介绍体育知识，有体育概述、体育科学原理、卫生与健康、世界大型运动会、部分运动项目的规则和裁判法等。

第二，实践课。以运动场为课堂，学习和掌握体育基本知识与技术以及锻炼身体的方法，提高身体素质，提高基本活动能力。

体育课旨在通过合理的体育教育过程和科学的体育锻炼行为过程，促使学生增强体育意识，树立现代健康观念，不断提高体育能力，培养健康的行为方式，养成坚持参加体育锻炼和重视身心健康的习惯，同时受到良好的思想品德教育，成为体魄强健、身心健康的社会主义事业的建设者和接班人。体育课的基本任务首先是增强体质，增进健康，全面提高学生的素质和对环境的适应能力，促进其身心全面发展；其次是促使学生掌握体育的基本理论知识，形成良好的体育意识，建立正确的体育观念，在全面学习体育运动技术的过程中，掌握适用的基本技能，为养成终身进行体育锻炼的良好习惯打下坚实的基础；再次是促使学生掌握现代健康理论知识，形成正确的健康观念和意识，通过掌握和运用科学的体育技能，促进身心健康；最后是培养学生爱国主义和集体主义的思想品德，树立正确的体育观念，形成勇敢顽强、善于拼搏、团结进取、开拓创新的精神面貌。

(3)体育课的设置与类型

由国务院批准颁发的《学校体育工作条例》明确规定，普通高等学校的一、二年级必须开设体育课，三年级以上开设体育选修课。为了进一步提高体育课的地位，《中华人民共和国体育法》又把"学校必须开设体育课，并将体育课列为考核学生学业成绩的科目"作为法律条文，要求教育行政部门和学校必须认真执行。《全国普通高等学校体育课程教学指导纲要》规定，普通高等学校一、二年级必须开设体育课程。修满规定学分、达到基本要求是学生毕业获得学位的必要条件之一。

根据教育的总目标和体育学科及现代课程的自身规律，有针对性地开设以下几种类型的体育课。

必修基础课。使学生形成正确的体育意识和现代健康观念；掌握体育和健康的基本知识、技术和技能；全面提高学生身体素质，改善身体形态机能，增进身心健康。既要重视与中学体育和健康课程的衔接，又应该注意为下一阶段的学习奠定坚实的基础。

必修选项课。在基础教学的基础上，根据学生个人的喜好、特长和身心发展水平以某一类(组)运动和身体练习项目为主要内容组织系统教学，通过学习和掌握该项目的相应知识、技术和技能，增加对参与体育活动的兴趣和培养终身坚持体育锻炼的习惯及健康生活的行为方式，进一步增强体质、增进健康，并获得体质与健康的自我评价能力。

选修课。在一、二年级必修课程的基础上，根据实际情况(体育运动设施、气候地域、师资队伍、传统、爱好和习惯、学生身心发展水平等)开设若干门以某一类(组)或某几类(组)身体练习项目为主要内容的课程。进一步培养学生自觉参加体育活动，注重健康行为方式的意识和能力，为终身坚持体育锻炼打下坚实的基础，并在此过程中增强体质，增进身心健康。

训练课。面向部分身体素质较好并有一定运动专长的学生开设的专门课程，是贯彻执行"普及与提高相结合"的重要措施，肩负着提高运动技术水平、创造优异成绩、参与校际和国际交往、为校为国争光的使命。

保健课。面向个别身体异常和少数病弱学生开设的必修课和选修课(高年级)。根据学生实际选择有针对性的内容组织教学，其目的在于增强体质，帮助学生恢复健康，调节生理功能和矫正某些身体缺陷，促使其形成正确的体育与健康意识，提高体育活动能力，注重康复保健，增进身心健康。

2. 课余体育活动

高校的课余体育活动是体育课程的延续和补充，是大学体育教育过程中不可分割的环节，它为实现大学体育的目的提供了又一重要途径。课外体育活动的目的在于增强学生体质，培养学生自觉锻炼身体的习惯，同时可以陶冶学生情操、丰富学生文化活动、发展学生个性，对于完成体育课程教学任务具有潜移默化的作用。

中国各高校都十分重视根据本校的实际状况和传统特点，因人、因时、因地制宜地开展多种多样的课余体育活动。这对巩固和提升体育课程教学效果、增强学生体质、提高文化学习质量、丰富校园文化生活、增强集体凝聚力等都能起到良好的促进作用。

（1）早操锻炼。早操应视为每天从事有效脑力劳动的准备活动，它可以消除抑制、兴奋神经、加强条件反射、活跃生理机能，促使机体以良好的状态开始一天的学习生活。早操应以多样化的内容与形式满足大学生们的个体需求，如轻音乐相伴的健身跑、新推广的集体广播操、太极拳、健美操以及各种身体素质的锻炼等。实行定点辅导、分班召集，既有统一的要求，也有相当的自由度，实效会更好。许多高校把加强早操锻炼作为推进校风、学风建设的抓手，是有远见卓识之举，值得借鉴。

（2）课间操活动。课间操是积极性的休息。课间在教室周围进行3～5分钟的轻微运动，适时转移大脑的优势兴奋中枢，可以为下一堂课注入更充沛的精力。

（3）课余体育锻炼。课余体育锻炼是大学生们结束一天课程之后有目标、有计划、有组织地进行身体训练的具体实践。一般有以教学班为单位的课外辅导、以达到《学生体质健康标准》为中心的素质测验、以学生单项运动协会为中心的小型多样的运动竞赛、健美操、太极拳等。

（4）运动会。全校性的运动会或各单项体育比赛都会把各高校的体育教育推到该年度的高潮，运动会给全校师生提供公平竞争的机会，促使师生在拼搏中找寻个人的成功，在竞争中增强集体的凝聚力。每一次学校运动会的成功，都是全校的一场盛事，会给学校带来新的活力。

（5）课余运动训练。大学课余运动训练是利用课余时间，对部分身体素质较好并有某项运动专长的学生进行系统训练的一种专门教育过程。它是大学体育的一种主要组织形式，也是认真贯彻执行普及和提高相结合的重要措施。它一方面肩负着提高运动技术水平、创造优异成绩、参与校际和国际交往、为校为国争光的光荣使命；另一方面又承担着指导普及和促进大学生体育运动蓬勃开展的艰巨任务。大学课余运动训练有着目标的双重性、对象的广泛性、时间的课余性、运动项目的专门性与训练手段的多样性等优点，并且拥有高科技支撑、多学科融合以及体能和智能融合的优势。具有中国特色的大学课余运动训练发展空间是十分广阔的。

（6）室外健身活动。国内外的实践和研究表明，室外健身活动具有陶冶情操、强身健体、消除疲劳等效能，深受青少年和广大人民群众喜爱，具有不可替代性。其活动特点决定了它对青少年的教育意义，因而已经成为学校教育的内容和终身体育不可缺少的部分。

四、维护大学生身心健康的行动指南

维护身心健康的内涵是多元的。威胁身心健康的因素十分复杂，既有内因，也有外因，既有即刻的，也有潜在的。维护身心健康主要取决于个人。这里我们提出如下维护身心健康的策略，以便大家在生活实践中运用。

（一）培养良好的生活习惯

生活有序，特别要把握好学习与休息、脑力劳动与体力劳动的节律。保证充足良好的睡眠，倡导养成早睡早起的好习惯，建立积极的生活目标和培养健康的人格。

（二）保证合理的饮食搭配

强调饮食卫生，保持营养均衡，适量饮食，不偏食、挑食、贪食。合理搭配食物，选择多样化的食物。养成饮水习惯，平时多喝水。

（三）积极参加体育锻炼

坚持长期锻炼，保证适宜的运动量，一般把握在每周体育锻炼不少于 3 次，每次不少于半小时。尽量选择在空气新鲜、视野开阔、不喧闹的环境里锻炼。

（四）保持乐观情绪

善于精神调节，保持平和心态，淡泊名利，知足常乐，情绪稳定，善于沟通，保持和谐的人际关系，创造愉快的氛围。

第三节　树立终身体育思想

终身体育思想主要来源于终身教育观念和注重个体的文化观念，终身教育的思想已成为很多国家实行教育改革的一个指导方针。体育是终身教育不可缺少的重要组成内容，终身体育着重解决的是学生在校期间的体育教育能否使其终身受益的问题。终身体育思想的核心在于使体育教育贯穿于人的一生，使学前体育、学校体育和社会体育等教育层次构成终身体育的教育全过程。因此，学校体育是终身体育的基础阶段。

一、高校体育在终身体育中的重要作用

高校是培养人才的基地，体育教育是培养人才的基础。合格的人才除具有高尚的思想道德和渊博的专业知识外，还必须具有健康的体魄。人才是知识的载体，而人才需要健康作为物质基础。体育可以有效地改善和提高人体的健康状况，保持身体健康必然要坚持规律性的体育锻炼。但终身体育行为的形成还需要养成锻炼的习惯、了解

相关的人体知识和掌握一定的健身方法，这些都是高校体育教育和教学的重要内容。可见，高校体育教育是学生终身体育习惯养成的一个最重要、最关键的阶段。

高校是学生接受教育的重要阵地，其教育内容对学生的影响深远。高校体育教育应当不失时机地加强学生主体意识的培养，利用锻炼身体的过程，提高其独立锻炼身体的能力，强化终身体育观念，使其掌握锻炼身体的知识与正确方法，使高校成为养成终身体育行为习惯的实践场所。在终身体育中，高校体育特别是体育教学能为学生终身进行体育锻炼做好智能储备，并提高其身心素质。可见，高校体育教育在终身体育中具有重要意义。

二、终身体育教育的措施

（一）终身体育思想的培养

世界新技术革命的挑战和激烈的人才竞争，要求人才必须有强健的体魄和充沛的精力。大学生应树立终身体育的意识，并从根本上认识到终身体育不仅是个人生存、享受和发展的需要，而且也是社会发展的需要。

（二）终身体育兴趣的培养

在大学生中进行终身体育教育，首先要激发学生参与体育活动的热情，培养学生对体育的兴趣和爱好。另外，在强调提高兴趣的同时，还应注重学习创造性和学习主动性的培养，使学生积极主动地体验体育运动的乐趣，养成锻炼的习惯，自觉地坚持体育锻炼。

（三）终身体育习惯的培养

终身体育习惯是经过反复练习形成的、自觉维持锻炼的自动化行为模式。如果人们经过体育实践之后，能形成终身体育锻炼的习惯，那么初始体育动机就会强化为稳定的终身体育动机。高校体育应使学生及早养成终身体育锻炼的习惯，奠定学生终身体育的基础。

（四）终身体育能力的培养

终身体育教育应重视对学生能力的培养，在体育课中以传授知识技能为主，以掌握科学锻炼方法、知识为目标，重点加强对学生各种能力的开发，使学生今后在不同生活条件下普及自觉锻炼，真正实现终身体育的长久目标。

（五）加强高校体育与健康教育的结合，提高终身体育的质量

终身体育内容不仅限于体育，还应包含健康教育的思想、理论和方法。应加强学校体育与健康教育的结合，将身体锻炼、运动技能及健康理论融为一体，进行体育健康教学，使学生掌握多方面有关健康、健身的知识与方法，并积极投身于健身活动中，成为身心健全的人，提高学生终身体育的质量。

▸▸ 本章小结与思考

1. 体育的育人价值体现在哪些方面？
2. 体育锻炼对健康有什么促进作用？
3. 高校体育对终身体育有什么作用？

第四章 科学健身的知识和方法

第一节 体育锻炼概述

一、体育锻炼的概念

体育锻炼又称身体锻炼，是人们运用各种身体练习方法，并结合自然力和卫生因素以发展身体、增强体质、增进健康、陶冶情操、丰富文化生活、完善人体为目的的身体活动。

随着科技的创新和社会文明的飞跃发展，人们逐步从繁重的体力劳动中解放出来。然而社会的进步也带来了多种"现代文明病"，如肥胖、心脑血管疾病、糖尿病等。自古以来，人们就一直在苦苦探求预防疾病、抵抗衰老、延长寿命的奥秘，时至今日，人们更加认识到健康的可贵，注重提高生活的质量，于是各种体育锻炼被越来越多的现代人接受。

二、体育锻炼的特点

（一）以增强体质、增进健康为目的

注重健身实效，提高人体各器官系统的功能水平，而不是单纯去追求运动成绩或技艺的精湛。

（二）具有全民普遍性

不论男女老少、何种职业，都可以进行适当的锻炼。

（三）内容和方法的个性化

人们可以根据自身需求和喜好，有针对性地选择不同的锻炼内容和方法。

（四）组织形式的灵活化

锻炼人数可多可少，可以在统一规定的时间内进行体育锻炼，也可以分散安排锻

炼；可以组织比赛，也可以用游戏的形式进行。

总之，只要体育锻炼以健康为目的、以遵循人的身心发展规律为原则，其形式便不受任何约束和限制。值得我们注意的是，尽管体力劳动也具备体育锻炼的一些特征，对锻炼身体有一定的促进作用，但是体力劳动不能代替体育锻炼。因为很多体力劳动都是在某种特定姿势下进行大量重复动作，容易引起局部肌肉疲劳，长此以往，很可能形成局部劳损或职业病，从而影响身体健康。所以，体力劳动是代替不了体育锻炼对人体健康的促进作用的。

三、体育锻炼的注意事项

（一）春季体育锻炼注意事项

春季气温开始回升，是人们进行户外健身活动的好时节，科学、适度的户外活动可以为一年的体育锻炼和身体健康打下良好的基础。但是经过寒冷的冬季，身体各器官的功能包括肌肉功能都处在一个较低的水平上，肌肉和韧带也都比较僵硬，因此春季进行体育运动应主要以恢复人体机能为目的，不能盲目追求运动量。在初春乍暖还寒的气温条件下，如果活动量过大、出汗过多，人体一旦被冷空气侵袭又没有及时采取保暖措施，很容易受凉感冒或诱发各种呼吸道疾病。在锻炼前，一定要进行充分的准备活动，让肌肉和韧带充分放松，防止因为运动量的突然加大而造成肌肉和韧带损伤。运动方式则选择节奏比较慢而且运动量不大的运动为宜。

（二）夏季体育锻炼注意事项

第一，预防中暑。夏季高温，运动时人容易中暑，此时体温突然急剧升高，又没法通过流汗散热，头痛、头晕、心神不定等随之而来，如果湿度较高则更容易发生中暑。所以，在夏季运动一定要从短时间、低运动量开始，让身体慢慢适应炎热的天气，避免长时间在烈日下运动，并及时补充水分。

第二，注意饮食。剧烈运动后应尽量避免立即食用过多的冷饮，否则会使机体骤然内冷外热而失去平衡，影响健康。出汗后大量喝水也对身体不利，会加重心脏负担，稀释胃液影响消化，从而引发多种疾病。

第三，精选时段。夏季运动应避免阳光强烈的中午及下午时段，当室外温度超过30℃，湿度大于60％时不适合进行室外运动。

第四，注意护肤。夏季的高温气候和烈日对皮肤有害，要在经常清洁皮肤的同时注意减少对皮肤的刺激，还应适当选用防晒护肤品，减轻烈日暴晒的不利影响。当然，更要尽量避免在烈日下进行运动和其他活动。

第五，选择适宜运动。夏季户外温度较高，许多运动项目不太适宜进行，可顺时而变，避免剧烈的户外活动。游泳是最好的夏季运动之一，锻炼的同时还有降温作用，但刚出大量汗后不宜马上游泳。

第六，科学降温。锻炼后全身各组织器官新陈代谢增加，皮肤中的毛细血管大量扩张以利余热散发，此时如果马上洗澡或吹风，会使毛细血管马上收缩，汗腺遇冷关闭，使人感到热不可耐，并易引发伤风感冒等。夏天运动时不管是在室内还是户外，都容易造成身体脱水、脱盐和体能的大量消耗，所以运动爱好者应准备防暑降温饮料或运动饮料。

（三）秋季体育锻炼注意事项

秋季是一年中最适合运动的季节，在秋季人的运动量最大、运动频率最高、运动时间最长。正因如此，更要注意预防运动伤害。如果在剧烈运动之后马上停下来，通常会感到头晕、心脏难受、眼前发黑、脸色苍白、双手发凉，严重的甚至会晕倒。因此，在秋季运动应量力而行，做好运动前的准备活动以及运动后的调整活动，每次以运动后不感到疲劳为标准。

（四）冬季体育锻炼注意事项

第一，防止感冒。防止感冒的根本措施是经常从事体育运动，以提高身体抵抗力和御寒能力。另外，"常欲小劳，但莫大疲"也是预防感冒的重要措施。体育锻炼运动量过大时，易造成过度疲劳，降低机体的抵抗力，易患感冒。

第二，防止运动损伤。冬季，人体在寒冷的刺激下，会反射性地引起肌肉和血管收缩，从而使肌肉和韧带的弹性降低，关节的活动幅度减小。同时，由于血管收缩，代谢缓慢，必然也会引起体温降低。体温降低之后，肌肉中的脂肪呈凝胶状，大大增加了肌肉的黏滞性，在这种情况下进行剧烈的运动，常会引起肌肉、肌腱和韧带拉伤。因此，在进行剧烈活动之前，要做好充分的准备活动，才能有效地预防运动损伤。

第三，防止冻伤。冻伤是机体某一部分组织在寒冷刺激下，反射性引起血管收缩，导致组织缺血、缺氧、营养不良，造成神经和肌肉组织损伤而引起的。冻伤一般发生在手、脚、耳和鼻尖等部位。预防冻伤应做好下列几项工作：一是冬练要持之以恒，以提高机体的耐寒能力；二是衣服鞋袜要合适，避免过小过紧影响血液循环，同时要保持干燥；三是在清晨或气温较低时锻炼，要戴好防寒用具，待运动至身体发热后再摘下。

（五）不同时段体育锻炼的注意事项

1. 清晨

刚刚起床的时候，睡意还没有完全消散，注意力并不集中，一旦空腹进行体育锻炼很容易造成低血糖性晕倒。在运动前应充分做好准备活动，适当摄入提供热量的食物。

晨练不宜过早。早上的气温一般很低，并不适宜进行锻炼，太阳升起一段时间后气温开始回升，才是锻炼的最佳时机。一些地区早晨的雾气较重，在大雾条件下，空气中的杂质不容易消散，吸入后会影响身体健康，因此可以先在室内做一些不太消耗体力的活动，在太阳出来、雾气消散之后再进行锻炼。晨练时应尽量选择阳光可以直射的地方，会使人体感到温暖。晨练过后，应在心跳恢复正常之后再洗澡，如果过早洗澡，会造成体表毛细血管扩张，从而影响到心、脑以及其他重要器官的正常血液供应，易发生危险。

2. 傍晚

一天的学习工作结束后，适当运动可以调节身体机能，促进健康，但应注意不要过度运动，太过疲惫会影响睡眠。如果选择室内运动，若室内空气质量不高，容易出现胸憋、气闷、脸色发白等表现。因此，傍晚运动时间不宜太长，且间隔一段时间要到户外透透气。

第二节　体育锻炼的原则、内容和方法

一、体育锻炼的原则

体育锻炼的原则是身体锻炼基本规律的反映，也是锻炼者安排锻炼计划、选择锻炼内容、运用锻炼方法所要遵循的原则。为了达到体育锻炼的目的，提高锻炼的效果，在锻炼中我们应遵循以下五条基本原则。

（一）自觉积极性原则

自觉积极性原则是指锻炼时要有明确的健身目标，懂得"生命在于运动"的道理，树立锻炼有益于学习、工作和生活的正确理念。把个人的切身需要和身体锻炼的功效与民族体质、人口质量以及国家的兴旺发达结合起来，这样就能更好地激发自己锻炼的热情。在这个基础上，还应认真选择适宜的身体锻炼的内容和方法，以及安排适宜的运动负荷，这样人们在进行锻炼后才能获得精神上的满足，才会对这项体育活动表现出极大的主动性和自觉性。总之，体育锻炼的效果、信心和兴趣是相辅相成的，应密切结合才能使人自觉积极地进行体育锻炼。

定期检测锻炼效果的信息反馈，可以使自己经常看到锻炼的结果和进步，增强自信心，有助于不断巩固和提高自觉锻炼的积极性。

（二）实际出发原则

实际出发原则是指根据体育锻炼的目的、内容、方法以及自身的条件状况，选择适宜的运动负荷。运动负荷大小由负荷量和负荷强度组成。负荷量可以通过练习动作的次数、组数、时间、距离和负荷重量等特征表现出来，负荷强度可以通过练习动作的速度、难度、练习的密度、练习间歇时间的长短、单次负重的大小、投掷的距离、跳跃的高度和长度等表现出来。量和强度要处理适当，强度越大，量就要相应减少，要做到适量，以练习者能承受并有一定的疲劳感为限。

（三）持之以恒原则

锻炼效应具有不稳定性，当锻炼的系统性和连续性遭到破坏而出现间断或停顿时，已获得的全锻炼效应（机能水平提高、运动素质的发展、运动技能的形成与巩固等）就会逐渐消退以至完全丧失，使体质逐渐下降。所以应当贯彻持之以恒原则，并注意以下两点。

1. 坚持安排合理的锻炼间隔时间

锻炼间隔时间长，锻炼的效果就不明显，因此每次锻炼间隔安排要合理。显然，要有长期计划、短期安排，计划安排要根据身体适应运动负荷的能力而定。

2. 锻炼要有恒心

坚持锻炼可使健身益心之效显著，并让人对锻炼逐渐产生兴趣，从而养成自主锻炼的习惯。

（四）循序渐进原则

循序渐进原则是指体育锻炼必须根据人体身心发展规律和个人的实际情况，在锻炼的内容、方法和运动负荷等方面逐步深化和提高，使机体功能不断得到改善和提升。进行体育锻炼不能急于求成。坚持循序渐进原则要做到以下几点。

1. 选择合理的锻炼内容

在锻炼内容上，根据自己的身体状况合理选择，体质不同，锻炼起点也不同。体质较好的人，可选择比较剧烈的运动；体质较弱的人，开始锻炼时可选择比较和缓的运动。患慢性疾病的人，可选择保健体育运动，当体质逐渐变好时，锻炼内容也可逐步由和缓变为较剧烈的运动。

2. 运动量逐步加大

身体对运动量的承受能力有个缓慢的适应过程，锻炼时运动量要由小到大，逐步增加。刚开始锻炼时，时间要短，运动量不要过大，待身体适应后再逐步加大。如果运动量长期停留在一个水平上，身体的反应就会越来越小。身体机能的提高是按照刺激—适应—再刺激—再适应的规律有节奏地上升的，运动量也应随着这种节奏来安排。病后或中断锻炼后再进行锻炼，尤其要注意循序渐进，以免发生意外。

3. 每次锻炼要循序渐进

每次锻炼前要做准备活动，锻炼后要做整理活动，如长跑前先进行 5～10 分钟慢跑，长跑后也不要马上停下来。

（五）全面锻炼原则

全面锻炼原则是指体育锻炼应全面发展身体的各个部位和各个器官的机能，提高身体素质和基本活动能力，从而达到身心全面和谐地发展。

人体是在大脑皮层调节下的有机统一的整体，人体各部位、各器官系统的机能。各种身体素质和基本活动能力之间是相互联系、相互制约的。身体素质是人体在运动过程中所表现出来的力量、速度、耐力、柔韧和灵敏等机能能力，它们是通过肌肉活动表现出来的，同时反映着内脏器官的机能、肌肉工作时的供能情况以及运动器官与内脏器官活动的配合协调状况。

对于处于生长发育关键时期的青少年来说，全面发展尤为重要。各个运动项目对身体发展都有其独特的锻炼作用，但同时也有一定的侧重性。大学生可结合自己的兴趣爱好选择一两个运动项目作为每天必练的主要项目，同时加强其他项目的锻炼以弥补主项的不足。全面锻炼的过程中，还应注意心理素质的发展，如群体意识、个性的发展等。

二、体育锻炼的内容

（一）体育锻炼的内容分类

体育锻炼的内容极为丰富，根据锻炼目的的不同，主要分为以下几类。

1. 健身运动

健身运动是指为增进健康、增强体质、预防疾病而进行的体育锻炼。这类内容主要是促进身体的正常发育、身体各部分的协调发展、各器官系统机能的增强，提高身体素质和身体的基本活动能力，如走、跑、跳、游泳、舞蹈、体操及各种球类运动等。

2. 健美运动

健美运动是指在健康的基础上通过特殊的方式为创造美的体形、姿态、风度、气质而进行的体育锻炼。这类内容不仅可以增进健康，还可以培养审美能力和身体的表现能力，如举重、哑铃操、韵律操等。

3. 娱乐性体育

娱乐性体育是指为了调节精神、丰富文化生活而进行的体育活动。这类活动能使人身心愉快，既锻炼了身体，又陶冶了情操，如活动性游戏、踢毽子、钓鱼、郊游、爬山等。

4. 格斗性体育

格斗性体育是指以掌握和运用格斗的攻防技术（包括军事技术）而从事的体育锻炼。这类内容既能强身，又能达到自卫的目的，如擒拿、散手、短兵、拳击、射击等。

5. 康复体育

康复体育又称体育疗法，面向体弱或患病者，目的是祛病健身和恢复机体特定功能。这类活动一般应在医生的指导下进行，主要内容有健步走、慢跑、太极拳、健身及各类医疗体操等。

（二）体育锻炼内容的选择

体育锻炼内容的选择必须从锻炼者的年龄、性别、身体条件、职业特点、运动基础和兴趣爱好等实际情况出发，注意锻炼者所处的地域特点，体现体育锻炼的实效性与安全性。

1. 根据年龄选择体育锻炼内容

年龄阶段不同，人体的机能也不同。少儿时期，人体正处于生长发育阶段，促进身体的全面发展是锻炼的首要目的。由于少儿的骨骼硬度小、韧性大，所以不宜进行负重练习；由于心肺功能不够完善，所以不要过分从事剧烈运动，少进行憋气性动作练习和静力性练习。青壮年时期，人体各系统的功能均达到高峰期，运动适应性强，能承受较大的练习强度，可选择一些对抗性强、跑动较剧烈的运动项目，如球类运动、爬山比赛等，以增加练习者体育锻炼的兴趣。中老年时期，人体各组织器官逐渐老化，运动器官机能减弱，关节韧带的灵活性差，不宜完成幅度过大、用力过猛的动作，可选择一些活动量相对平稳的运动项目，如健步走、慢跑、太极拳等，以避免运动损伤的发生。

2. 根据性别选择体育锻炼内容

男女身体结构有着明显的差异。男性肌肉发达，其肌肉总重量约占体重的44.25%，而女性的肌肉比例只在35%左右，故男性能承受的运动负荷要比女性大，适于完成力量、速度、跳跃等练习动作；女性则适于完成平衡、柔韧等练习动作。因此，男性可多选择举重、拳击等运动项目，女性可多选择健美操、体育舞蹈、瑜伽等柔韧性运动项目。

3. 根据身体健康状况选择体育锻炼内容

练习者身体的健康状况是选取锻炼内容的主要依据。锻炼前应通过体质监测、医学诊断和病史调查等方法来了解锻炼者的健康状况。对从事康复体育锻炼的人来说，运动量不要过大，其参与锻炼的主要目的是恢复身体机能，或是为保持身体机能不致过分下降。对有特殊慢性疾病的人来说，要有针对性地选择适合自己的体育锻炼项目。体重超过正常标准者可选择长跑、长距离游泳、健美运动及专为肥胖症设计的运动处方，以达到减肥的目的；体重偏瘦者可选择举重、健美、体操等项目以使身体健壮、丰满起来。

4. 根据锻炼者的职业特点选择体育锻炼内容

由于社会分工不同，不同职业者劳动的性质差别较大，因此要根据不同职业者的劳动特点选择相适应的体育锻炼内容。比如，脑力劳动者在工作时经常要维持弯腰伏案的姿势，颈部前倾，脑供血受阻，易出现颈、背、腰部肌肉的酸痛；由于经常要低头含胸，易出现呼吸机能降低；久坐肌肉缺乏活动，导致体力出现下降等。针对这些特点，脑力劳动者应以动作舒展的户外运动锻炼为主。不同特点的体力劳动者，锻炼的内容也应具有特异性。其主要特点是：对劳动中负担较重的部位和肌群的锻炼应以舒展和放松练习为主；对劳动中负担较轻或基本无负担的部位和肌群，可适当加入活动强度，注重身体各部位的协调发展及身心系统的整体发展。

5. 注意锻炼者所处地域特点

我国幅员辽阔，不同地区的地理气候条件、体育区域特色等均有不同，锻炼中要因地制宜，从各地的实际情况出发，有针对性地安排练习内容。我国居民多在室外进行身体锻炼，因此受季节气候的制约较大，要依据自然环境的变化，调整和变更锻炼计划和锻炼内容。

三、体育锻炼的基本方法

在体育锻炼时我们不仅要遵循体育锻炼的基本原则，还应掌握正确的锻炼方法，以达到体育锻炼的目的。

（一）重复锻炼法

在运动锻炼的过程中，按一定要求重复同一练习，各次（组）练习之间的休息时间安排相对充分，从而增强体质的锻炼方法叫重复锻炼法。此方法的关键是一次练习后，间歇时间应当充分，这样可以有效提高锻炼者的无氧、有氧混合代谢能力，提高各种技术应用的熟练性与机体的耐久性。重复次数的多少不同，对身体的作用也不同，重复次数越多，身体对运动反应的负荷量就越大。如果重复次数不断增加，可能使身体承受的负荷超过极限，乃至破坏身体的正常状态而造成损害。重复练习可分为单一重复练习、连续重复练习和间歇重复练习三种。

1. 单一重复练习

单一重复练习是每练习一次动作就休息一次，然后再练习。这种方法适用于动作的初学阶段，便于集中注意力，并能消耗较少的体力。

2. 连续重复练习

连续重复练习是连续重复某动作两次以上之后再进行休息，然后再连续反复练习的方法。这种方法的特点是练习持续的时间较长或连续重复练习的次数较多，因而具有较大的练习密度和运动负荷。

3. 间歇重复练习

间歇重复练习是练习后安排相对固定的间歇时间，再重复进行练习的方法。这种方法的特点是对练习间歇施以适当控制，以加强对身体锻炼的影响。它对提高心肺功能，发展与速度、耐力和力量相关的身体素质，提升身体的负荷能力，培养意志品质等都有较好的作用。

运用重复锻炼法的关键是掌握好运动负荷的有效价值范围，并据此调节重复的次数。通常认为普通大学生的负荷心率在 130～170 次/分的范围内较为适宜；心率低于130 次/分则健身效果不明显，应增加重复次数；超过 170 次/分则需减少重复次数，或安排足够的间歇时间。

运用重复锻炼法时要注意根据项目的不同特点和自身不同体质状况，随时加以调整，以免机械呆板，使锻炼者产生厌倦情绪。

（二）间歇锻炼法

反复进行锻炼的方法叫作间歇锻炼法。该方法的关键是对间歇时间严格控制，要求每次练习的时间较长、负荷强度适中。此方法可使锻炼者的心脏功能明显增强，通过调节负荷强度，可使机体各机能产生与锻炼项目相匹配的适应性变化，提高有氧代谢供能能力，增强体质。

人们认为体质增强的过程是在运动中实现的，其实体质内部增强的过程主要是在间歇中实现的，是在休息过程中获得了超量恢复，间歇对增强体质的作用并不亚于运动本身。同重复锻炼方法一样，间歇的时间也要依据负荷的有效价值去调节。一般说来，当负荷反应（心率）指标低于有效价值标准时应缩短间歇时间，而高于有效价值标准时可延长间歇时间。实践中，一般心率恢复至 130 次/分左右时，就应再次开始锻炼。间歇时不要静止休息，而应边活动边休息，如慢速走步、放松手脚、伸伸腰或做深而慢的呼吸等。总之，通过适当的间歇，可以把负荷量调节到负荷有效价值范围内（心率在 120～140 次/分）以追求良好的锻炼效果。

（三）连续锻炼法

在锻炼的过程中，为了保持运动负荷的有效价值而不间断地连续进行运动的方法叫连续锻炼法。此方法要求负荷强度较低、负荷时间较长且无间断地连续进行运动。从增强体质的角度出发，不仅要讲究间歇，还要讲究连续，连续、间歇、重复都是在整个锻炼过程中实现的。连续、间歇、重复等各因素各有其独特的作用，连续的作用在于使负荷量维持在一定的水平上，使身体充分地获得锻炼。

连续锻炼时间的长短，同样要根据运动负荷的有效价值范围而确定。通常认为在 140 次/分左右的心率下连续锻炼 20～30 分钟，可使身体的各个部位都长时间地获得血液和氧的充分供应，能有效地发展有氧代谢能力，发展耐力素质。

（四）循环锻炼法

循环锻炼法是在练习前设立几个不同的练习点（或称作业站），锻炼者按照既定顺序和路线，依次完成每个练习点的练习任务。即一个点上的练习一经完成，锻炼者就迅速转移到下一个点，下一个锻炼者依次跟上。锻炼者完成了各个点上的练习，就算完成了一次循环。其结构因素有：每点的练习内容、每点的运动负荷、练习点的安排顺序、练习点之间的间歇、每遍循环之间的间歇、练习的点数与循环练习的组数。

循环锻炼法对技术的要求不高，且各项目都采用比较轻度的负荷练习，因此练起来简单有趣，可有效地提高不同层次和水平锻炼者的运动情绪和积极性；可以合理地增加练习密度；可以随时根据情况加以调整，做到区别对待；可以防止身体局部负担过重，延缓疲劳的产生，有利于综合锻炼，从而达到身体全面发展的效果。

（五）变换锻炼法

通过不断变换运动负荷、练习内容、练习形式以及条件，以提高锻炼者的积极性、适应性及应变能力的方法称作变换锻炼法。此方法可以有效地调节生理负荷，提高兴奋度、强化锻炼意识，克服疲劳和厌倦情绪，以达到增强锻炼效果的目的。如刚参加锻炼时，可多做些诱导性练习和辅助性练习，随着锻炼水平的提高，应加大练习的难度，如用越野跑代替在田径场的长跑等。锻炼条件的变化，可使锻炼者的大脑皮层不断产生新异的刺激，提高兴奋度，激发锻炼的兴趣，从而提高身体对负荷的承受能力，增强锻炼效果。另外，不断地对锻炼的内容、时间、动作速度等提出新的要求，也可有效地调节生理负荷，使身体不断产生适应性变化，达到更好地锻炼身体的目的。

（六）负重锻炼法

负重锻炼法是使用杠铃、哑铃、沙袋等重物来锻炼身体、增强体质的方法，既适用于普通人日常锻炼身体，又适用于运动员进行身体训练，还适用于身体疾病患者的康复。

一般来说，为增强体质而进行负重锻炼，应该采用在最大摄氧量和最大心排血量以下的负荷，过大的负荷可能给心血管和呼吸系统带来不良的影响。为了保证这种锻炼方法对身体的良好作用，在运动负荷有效价值范围内可以多次重复或连续进行。

第三节 大学生体质健康测试

一、体质的基本概念

（一）体质的概念

体质是人体的质量，它是在遗传性和获得性基础上表现出来的人体形态结构、生理功能和心理因素的综合的、相对稳定的特征。

（二）体质与健康的关系

体质是健康的物质基础，健康是体质的外在表现，二者是紧密联系、不可分割的。体质与健康是一种"特质"与"状态"之间的关系，同样是健康的人，体质可能千差万别。作为"特质"的体质是相对稳定的，不易改变的；作为"状态"的健康是相对不稳定的，易改变的。根据平衡健康观对健康的定义，健康是一种动态平衡，维持这种动态平衡的能力就是体质。

二、大学生体质健康管理法规性文件

（一）《国家学生体质健康标准》测试是体质健康管理重要组成部分

2002年，教育部、国家体育总局联合下发《学生体质健康标准（试行方案）》和《〈学生体质健康标准（试行方案）〉实施办法》。2007年，教育部、国家体育总局在总结试行工作的基础上，正式实行《国家学生体质健康标准》（简称《标准》）和《国家学生体质健康标准》实施办法（简称《标准》实施办法）。2014年4月，教育部制定了《学生体质健康监测评价办法》（简称《监测评价办法》），进一步补充和完善了体质健康管理工作，7月再次修订了《标准》。目前，《标准》《标准》实施办法、《监测评价办法》这三份文件是我国大学生体质健康管理的法规性文件。

（二）《国家学生体质健康标准》测试实施办法

目前，《标准》测试范围广，要求在校生人人体测，并将《标准》测试成绩作为学生毕业、升学的重要依据，同时也作为学生评选三好学生、奖学金的基础条件。各级政府还将本地各级各类学校实施《标准》情况纳入教育督导内容和评估指标体系，并作为对各级各类学校进行评优、表彰的基本依据，教育部每年都汇总各地上报数据进行综合分析并反馈学生体质健康状况。

《标准》从身体形态、身体机能、身体素质和运动能力等方面综合评定学生的体质健康水平，是促进学生体质健康发展、激励学生积极进行身体锻炼的教育手段，是学生体质健康的个体评价标准。

三、大学生体质健康测试内容与方法

在实施《标准》的过程中，掌握各项目正确的测试方法是所有体育教师和测评人员迫切需要了解的内容。测试工作必然和所使用的测试仪器有一定的关系，现在测试器材多种多样，有全手工操作的，也有电子仪器。手工操作与电子仪器的操作流程不完全相同，如使用带有 IC 卡的测试仪器就可以减少测试人员的记录和计算工作。但无论使用何种仪器，对测试人员的基本的操作要求是一致的，本节结合高校实际情况，根据《国家学生体质健康标准解读》选取大学生日常接触、测试较多的《标准》中的项目，介绍基本的测试方法及其操作要求。对于不同的测试器材，可参考相应测试器材的说明书。

（一）身高

1. 测试目的

测试学生身高，与体重测试相配合，评定学生的身体匀称度，评价学生生长发育的水平及营养状况。

2. 场地器材

身高测量计。使用前应校对 0 点，以钢尺测量基准板平面至立柱前面红色刻线的高度是否为 10.0 厘米，误差不得大于 0.1 厘米。同时应检查立柱是否垂直，连接处是否紧密，有无晃动，零件有无松脱等情况并及时加以纠正。

3. 测试方法

受试者赤足，以立正姿势站在身高测量计的底板上（上肢自然下垂，足跟并拢，足尖分开成 60°）。足跟、骶骨部及两肩胛区与立柱相接触，躯干自然挺直，头部正直，耳屏上缘与眼眶下缘成水平位。测试人员站在受试者右侧，将水平压板轻轻沿立柱下滑，轻压于受试者头顶。测试人员读数时双眼应与压板水平面等高进行读数，记录员复述后进行记录。测试结果以厘米为单位，精确到小数点后一位。测试误差不得超过0.5 厘米。

4. 注意事项

(1)身高测量计应选择平坦靠墙的地方放置，立柱的刻度尺应面向光源。

(2)严格掌握"三点靠立柱""两点呈水平"的测量姿势要求，测试人员读数时两眼一定与压板等高，两眼高于压板时要下蹲，低于压板时脚下应垫高。

(3)水平压板与头部接触时，松紧要适度，头发蓬松者要压实，头顶的发辫、发结要放开，饰物要取下。

(4)读数完毕，立即将水平压板轻轻推向安全高度，以防碰坏。

(5)测量身高前，受试者应避免进行剧烈体育活动和体力劳动。

（二）**体重**

1. 测试目的

测试学生的体重，与身高测试相配合，评定学生的身体匀称度，评价学生生长发育的水平及营养状况。

2. 场地器材

杠杆秤或电子体重计。使用前需检验其准确度和灵敏度。准确度要求误差不超过 0.1%，即每百千克误差小于 0.1 千克。检验方法：以备用的 10 千克、20 千克、30 千克标准砝码(或用等重标定重物代替)分别进行称量，检查指标读数与标准码误差是否在允许范围。灵敏度的检验方法是：置 100 克重砝码，观察刻度尺变化，如果刻度抬高了 3 毫米或游标向远端移动 0.1 千克而刻度尺保持水平位时，则达到要求。

3. 测试方法

测试时，杠杆秤应放在平坦地面上，调整 0 点至刻度尺水平位。受试者赤足，男性受试者身着短裤；女性受试者身着短裤、短袖衫，站在秤台中央。测试人员放置适当砝码并移动游标至刻度尺平衡。读数以千克为单位，精确到小数点后一位。记录员复诵后将读数记录。测试误差不超过 0.1 千克。

4. 注意事项

(1)测量体重前受试者不得进行剧烈体育活动或体力劳动。

(2)受试者站在秤台中央，上下杠杆秤动作要轻。

(3)每次使用杠杆秤时均需校正。测试人员每次读数前都应校对砝码标重以避免差错。

（三）**肺活量**

1. 测试目的

测试学生的肺通气功能。

2. 场地器材

电子肺活量计。

3. 测试方法

房间通风良好，使用干燥的一次性口嘴。肺活量计主机放置平稳桌面上，检查电源线及接口是否牢固，按工作键液晶屏显示"0"即表示机器进入工作状态，预热 5 分钟后测试为佳。

首先告知受试者不必紧张，以中等速度和力度尽全力吹气效果最好。令被测试者面对仪器站立，手持吹气口嘴，面对肺活量计站立试吹 1～2 次，检查仪表有无反应，口嘴或鼻处是否漏气；学会深吸气(避免耸肩提气，应该像闻花似的慢吸气)。受试者进行一两次较平日深一些的呼吸动作后，更深地吸一口气，屏住气向口嘴处慢慢呼出至不能再呼为止，防止此时从口嘴处吸气，测试中不得中途二次吸气。吹气完毕后，液晶屏上最终显示的数字即为肺活量毫升值。每位受试者测三次，每次间隔 15 秒，记录三次数值，选取最大值作为测试结果。以毫升为单位，不保留小数。

4. 注意事项

(1)电子肺活量计的计量部位的通畅和干燥是仪器准确的关键，吹气筒的导管必须在上方，以免口水或杂物堵住气道。

(2)每测试 10 人及测试完毕后用干棉球及时清理和擦干气筒内部。严禁用水、酒精等任何液体冲洗气筒内部。

(3)导气管存放时不能弯折。

(4)定期校对仪器。

(四)50 米跑

1. 测试目的

测试学生速度、灵敏素质及神经系统灵活性的发展水平。

2. 场地器材

50 米直线跑道若干条，地面平坦，地质不限，跑道线要清楚。发令旗一面，口哨一个，秒表若干块(一道一表)。秒表使用前，应用标准秒表校正，每分钟误差不得超过 0.2 秒。标准秒表选定，以北京时间为准，每小时误差不超过 0.3 秒。

3. 测试方法

受试者至少两人一组测试。站立起跑，受试者听到"跑"的口令后起跑。发令员在发出口令同时要摆动发令旗。计时员视旗动开表计时，受试者躯干部到达终点线的垂直面停表。以秒为单位记录测试成绩，精确到小数点后一位，小数点后第二位数按"非0进1"原则进位，如 10.11 秒读成 10.2 秒记录之。

4. 注意事项

(1)受试者测试最好穿运动鞋，不得穿钉鞋、皮鞋、塑料凉鞋。

(2)发现有抢跑者，要当即召回重跑。

(3)如遇风时一律顺风跑。

(五)800 米或 1000 米跑

1. 测试目的

测试学生耐力素质的发展水平，特别是心血管呼吸系统的机能及肌肉耐力。

2. 场地器材

400 米、300 米、200 米田径场跑道，地质不限，也可使用其他不规则场地，但必须丈量准确，地面平坦。秒表若干块，使用前需要校正，要求同 50 米跑测试。

3. 测试方法

受试者至少两人一组进行测试，站立式起跑。当听到"跑"的口令后起跑。计时员看到旗动开表计时，当受试者的躯干部到达终点线垂直面时停表。以分、秒为单位记录测试成绩，不计小数。

4. 注意事项

(1)测试人员应向受试者报告剩余往返圈数，以免跑错距离。

(2)受试者测试最好穿运动鞋，不得穿钉鞋、皮鞋、塑料凉鞋。

(3)发现有抢跑者，要当即召回重跑。

（六）立定跳远

1. 测试目的

测试学生下肢爆发力及身体协调能力的发展水平。

2. 场地器材

沙坑、丈量尺。沙面应与地面平齐，如无沙坑，可在土质松软的平地上进行。起跳线至沙坑近端不得少于 30 厘米。起跳地面要平坦，不得有坑凹。

3. 测试方法

受试者两脚自然分开站立，站在起跳线后，脚尖不得踩线（最好用线绳做起跳线）。两脚原地同时起跳，不得有垫步或连跳动作。丈量起跳线后缘至最近着地点后垂直距离。每人试跳三次，记录成绩最好的一次。以厘米为单位，不计小数。

4. 注意事项

(1)发现犯规时，此次成绩无效。三次试跳均无成绩者，应允许再跳，直至取得成绩为止。

(2)可以赤足，但不得穿钉鞋、皮鞋、塑料凉鞋参加测试。

（七）掷实心球

1. 测试目的

测试学生的上肢爆发力。

2. 场地器材

长度在 30 米以上的平整场地一块，地质不限，在场地一端画一条直线作为起掷线。实心球若干，小学 3～6 年级测试球重为 1 千克，初中、高中、大学各年级测试球重为 2 千克。

3. 测试方法

测试时受试者站在起掷线后，两脚前后或左右开立，身体面对投掷方向，双手举球至头上方稍后仰，原地用力把球投向前方掷出。如两脚前后开立投掷，当球出手的同时后脚可向前迈出一步，但不得踩线。每人投掷三次，记录其中成绩最好的一次。记录以米为单位，取一位小数。丈量起掷线后缘至球着地点后缘之间的垂直距离。为了准确丈量成绩，应有专人负责观察实心球的着地点。

（八）握力

1. 测试目的

测试学生上肢肌肉力量的发展水平。

2. 场地器材

电子握力计或弹簧式握力计。

3. 测试方法

受试者两脚自然分开成直立姿势，两臂自然下垂。一手持握力计全力紧握（此时握力计不能接触受试者的衣服和身体），记下握力计指针的刻度（或握力器所显示的数字）。用有力（利）手握两次。取最大值，以千克为单位，保留1位小数。

4. 注意事项

保持手臂自然下垂姿势，手心向内，不能触及衣服和身体。

（九）引体向上

1. 测试目的

测试学生的上肢肌肉力量的发展水平。

2. 场地器材

高单杠或高横杠，杠粗以手能握住为准。

3. 测试方法

受试者跳起双手正握杠，两手与肩同宽成直臂悬垂。静止后，两臂同时用力引体（身体不能有附加动作），上拉到下颏超过横杠上缘为完成一次。记录引体次数。

4. 注意事项

（1）受试者应双手正握单杠，待身体静止后开始测试。

（2）引体向上时，身体不得做大的摆动，也不得借助其他附加动作撑起。

（3）两次引体向上的间隔时间超过10秒即停止测试。

（十）坐位体前屈

1. 测试目的

测量学生在静止状态下的躯干、腰、髋等关节可能达到的活动幅度，主要反映这些部位的关节、韧带和肌肉的伸展性和弹性及学生身体柔韧素质的发展水平。

2. 场地器材

坐位体前屈测试计。

3. 测试方法

受试者两腿伸直，两脚平蹬测试纵板坐在平地上，两脚分开10～15厘米，上体前屈，两臂向前伸直，用两手中指尖逐渐向前推动游标，直到不能前推为止。测试计的脚蹬纵板内沿平面为0点，向内为负值，向前为正值。记录以厘米为单位，保留一位小数。测试两次，取最好成绩。

4. 注意事项

(1)身体前屈，两臂向前推游标时两腿不能弯曲。

(2)受试者应匀速向前推动游标，不得突然发力。

(十一)仰卧起坐

1. 测试目的

测试学生的腹肌耐力。

2. 场地器材

垫子若干块(或代用品)，铺放平坦。

3. 测试方法

受试者仰卧于垫上，两腿稍分开，屈膝成 90°左右，两手指交叉贴于脑后。另一同伴压住其踝关节，以固定下肢。受试者坐起时两肘触及或超过双膝为完成一次。仰卧时两肩胛必须触垫。测试人员发出"开始"口令的同时开表计时，记录 1 分钟内完成次数。1 分钟到时，受试者虽已坐起但肘关节未达到双膝者不计该次数，精确到个位。

4. 注意事项

(1)如发现受试者借用肘部撑垫或臀部起落的力量起坐，该次不计数。

(2)测试过程中，观测人员应向受试者报数。

(3)受试者双脚必须放于垫上。

四、大学生体质健康水平检测

体质与健康的测量与评价指标的选择，必须能体现体质与健康的内涵。下面介绍一些在大学生体质健康水平检测中经常使用的指标，以及这些指标的临床意义、评价标准和方法。

(一)常用的生理检查指标

1. 心率

心率是指每分钟心脏搏动的次数。安静时一般成人心率为 60～80 次/分。临床上安静时心率超过 90 次/分称心动过速，60 次/分以下称心动过缓。经过比较，系统的体育锻炼或劳动锻炼的人，安静时的心率可明显减慢，有些训练水平较高的运动员可达到 50 次/分。

2. 血压

血压是指血液在血管内流动时对动脉血管壁产生的侧压力，也称动脉血压。心室收缩时血液大量射入血管，主动脉压力急剧升高，这时的压力称为收缩压；心室舒张时压力降低称为舒张压；收缩压与舒张压之差称脉压。血压在一定程度上反映心肌收缩力量的大小和血管弹性。

血压的测量一般取坐位，以右上肢为准。测量时受试者右臂自然前伸，平放在桌面上，使血压计零位与受试者心脏和右臂袖带处于同一水平面上。先将袖带捆扎于受试者上臂，肘窝暴露，将听诊器的听诊头放在肘动脉上，开始充气加压使水银柱上升，直到听不到肘动脉搏动声，再打气升高 20～30 毫米汞柱，然后慢慢放气减压，第一次听到搏动声时的压力为最高血压（收缩压），继续放气减压到完全听不到搏动声的瞬间为最低血压（舒张压）。我国成年人安静时收缩压为 90～139 毫米汞柱，舒张压为 60～89 毫米汞柱，脉压为 30～40 毫米汞柱。世界卫生组织和国际高血压疾病学会于 1993 年作出规定：凡舒张压超过 90 毫米汞柱或收缩压大于 140 毫米汞柱，即视为血压高，如两次非同一时间测定的血压均较高，则可能患有高血压病。

3. 呼吸

机体在新陈代谢过程中，需要不断地从外界环境中摄取氧气并呼出二氧化碳，这种机体与环境之间的气体交换过程称为呼吸。正常成人呼吸频率为 16～20 次/分，但呼吸频率可随活动、情绪、疾病等因素而改变。

4. 肺活量

肺活量是指一个人全力吸气后所呼出的最大气量。肺活量是一种常用的反映呼吸机能的指标，它和身高、体重、胸围呈正相关。一般情况下，体重和胸围大的人，肺活量也大。测量肺活量时，受试者取站立姿势，手握肺活量计的吹气嘴，做最大吸气后对准肺活量计的吹气嘴做最大的呼气，直到不能再呼气为止。测试者按指示器或显示器读数，每人可测量 3 次，每次间隔时间为 15 秒，选最大值记录，精确到十位，误差不得超过 200 毫升。肺活量反映的是静态气量，与呼吸的深度有关。正常成年人的肺活量平均值，男性为 3500～4000 毫升，女性为 2500～3500 毫升。

5. 最大吸氧量

最大吸氧量是指运动中每分钟由人体呼吸系统吸入并由循环系统运输到肌肉而被肌肉所利用的最大氧量。它是评定人体运动时有氧工作能力的重要指标。优秀的男、女耐力项目运动员最大吸氧量分别可达 61 升/分和 41 升/分，一般男性最高值可达 7.41 升/分，女性可达 4.31 升/分。

6. 心电图

在每个心动周期中，由窦房结产生的兴奋依次传向心房和心室。这种兴奋的产生和传播时所伴随的生物电变化，可通过周围组织传到全身，使身体各部位在每一个心动周期中都发生有规律的电位变化。用引导电极置于肢体或躯体的一定部位记录出来的心电变化的波形，叫作心电图。典型的心电图是由一组波形及各波形之间的间期组成的。

7. 连续心电图监测

连续心电图监测是用有线或遥感心电接收仪将心电图传送到中心台，通过贮存全面记录的方式。用电脑进行自动分析。它的目的、方法与动态心电图相似，其优点在于可以随时发现心律失常，立即给予处理。

8. 脑电图

脑电图是通过精密的电子仪器将脑自身微弱的生物电放大记录成为一种曲线图，以帮助诊断疾病的一种现代辅助检查方法。它对被检查者没有任何创伤。

9. 肌电图

肌电图同脑电图一样，也是记录人体自身生物活动的曲线图。电极安放方法有两种：一种是表面电极，放在皮肤表面；另一种是针电极，插入肌肉内。其中，后者较为常用。

10. 肺功能检测

肺的功能主要是气体交换，即吸入氧气、呼出二氧化碳。用仪器测定肺的通气与气能力即为肺功能检测。

（二）常用的身体形态指标

身体形态是指人体外部的形状特征，它反映了人体的生长发育水平、体质水平以及营养状况。反映身体形态发育的指标有身高、坐高、胸围、臂围、腰围、腿围、肩宽、骨盆宽和体脂率等，其中身高、体重和胸围在体质测量中为基本指标，其他指标则可根据需要和具体条件加以选用。

1. 身高

身高是指人站立时头顶正中线上最高点到地面的最大垂直距离。它是反映人体骨骼的发育状况和人体纵向发育水平的重要指标。人的身高在重力的作用下，一天内的变动在 1.5 厘米左右，清晨起床时最高，夜晚最低。因此，测量身高的时间最好在上午 10 时。

2. 体重

体重是人体横向发育的指标。它反映人体骨骼、肌肉、脂肪及内脏器官重量的综合情况和肌肉发育程度。体重大小受年龄、性别、身高、季节、生活条件、体育锻炼、疾病等因素的影响。目前，全世界都使用身体质量指数（Body Mass Index，BMI）来衡量一个人的体重是否标准。本书第二十五章将对 BMI 进行详细介绍。

3. 胸围和呼吸差

胸围是人体宽度和围度最有代表性的测量指标。它可反映胸廓的大小和胸部、背部肌肉的发育情况。

呼吸差是深吸气胸围与深呼气胸围的差值，它也可以反映人体生长发育状况和呼吸肌力量的大小。测量时，受试者在平静胸围的基础上，做最大的吸气，于深吸气末时记下深吸气胸围，接着再做深呼气，于深呼气末时记下胸围的最小值。在测量过程中，带尺要贴住皮肤，随深吸气和深呼气时的胸廓放松和收紧带尺，并保持住带尺的位置。受试者吸气时不要耸肩，呼气时不要弓背、弯腰。一般人的呼吸差为 6～8 厘米，常锻炼者可达 8～10 厘米，运动员可达 12～15 厘米。游泳和长跑对呼吸差影响较明显。呼吸差大小可反映呼吸系统机能，呼吸差越大，呼吸机能越好。

4. 坐高

坐高是反映人体形态结构与发育水平的指标之一。它是指人体取正位坐姿时头和躯干的长度，主要反映人体躯干生长发育状况以及躯干和下肢的比例关系。测量仪器为标准身高坐高计。测量时，被测者端坐在身高坐高计底板上，头正，躯干挺直紧靠立柱。测量单位为厘米，精确到小数点后一位，测量误差不得超过 0.5 厘米。

5. 体脂率

体重包括脂肪重量和非脂肪重量(内脏、肌肉、骨骼等)。体脂率是脂肪重量占总体重的比率，是反映身体脂肪含量的一个指标；较单纯的体重值，对评判肥胖程度更有意义。过少的体脂(女＜20％，男＜15％)会影响正常的机能能力，过多的体脂(女＞25％，男＞18％)被证实是多种疾病(特别是心脑血管疾病)的主要危险因素之一。保持适当的体脂率是拥有健康的必要条件。

(三) 大学生如何进行心理健康自测

第一，从形式上来看，最简单的自测是观察自己是否睡眠时间够，睡眠质量好，胃口好，生活得有情趣、有爱好，喜欢与人交流也可以独处等，面对过大的压力、挫折可以产生短期应激，之后仍然可以继续前行。第二，可联系学校的心理健康咨询中心进行心理健康测试，也可以借助网络量表进行心理健康测评。

▸ 本章小结与思考

1. 体育锻炼具有哪些特点？

2. 体育锻炼的基本原则与方法是什么？

3. 大学生体质健康水平检测包括哪些常见指标？

第五章 科学锻炼与合理营养

第一节 营养对体育锻炼的作用

身体的生长发育，以及各种生命活动和体育活动的进行，都依赖于体内的物质代谢过程。因此，身体必须不断地从外界摄取新的构成细胞的物质，这些物质主要是从食物中摄取的。在体育锻炼的过程中，身体需要消耗更多的能量来满足肌肉活动的需要。为了满足身体对能量的需求，人们必须摄取充足的营养，营养是保证身体生命延续的重要条件。

营养对体育锻炼的效果有着很大的影响。体育锻炼造成的能量消耗，要在运动结束后通过合理的膳食得到补充。如果缺乏营养保证，消耗的能量得不到补充，身体就会处于一种"亏损"状态，久而久之，会使锻炼者的生理机能及运动能力下降，出现乏力甚至疾病状态。在这种情况下，要想提高锻炼效果是一件很困难的事情。

合理的营养与体育锻炼是维持和促进身体健康的两个重要条件。以科学、合理的营养为物质基础，以体育锻炼为手段，用锻炼的消耗过程换取锻炼后的超量恢复过程，可以使身体积聚更多的能源物质，提高各器官的机能，使健康水平再上新台阶。

第二节 营养素与人体健康

营养素包括蛋白质、脂肪、糖类、维生素、矿物质和水六大类。营养素与健康有着密切的关系。

一、蛋白质

（一）蛋白质在人体内的主要作用

蛋白质是人的生命活动中最重要的物质，它在人体内的主要作用是：构成身体组织，促进生长发育；构成酶和激素，调节酸碱平衡；增强身体的免疫能力；供给热能等。身体一旦缺乏蛋白质，就会影响身体的生长发育，出现肌肉萎缩、贫血、抵抗力下降、内分泌紊乱、易疲劳、伤口难以愈合等现象。

（二）蛋白质的来源与日常需要量

日常膳食中的肉、蛋、奶等是动物性蛋白质的主要来源，豆类是植物性蛋白质的主要来源，米、面等谷类食物含蛋白质较少。一般认为，动物性蛋白质及植物性蛋白质在食物中各占 50％比较合适。

二、脂肪

（一）脂肪在人体内的主要作用

脂肪在人体内的主要作用是构成细胞膜及一些重要组织，参与代谢，供给能量，保护内脏，隔热保温，促进脂溶性维生素的吸收。

（二）脂肪的来源与日常需要量

动物性脂肪来源于各种动物油、奶油等，植物性脂肪主要来源于各种植物油和植物的果实。另外，核桃、花生等也可为机体提供较丰富的脂肪成分。就我国目前的生活水平来看，普通膳食即可满足人们对脂肪的需求。

三、糖类

（一）糖类在人体内的主要作用

糖类在人体内的主要作用是供给热能，人体所需能量的 60％是由糖类供应的。除此之外，糖类还可以构成组织并参与其他物质的代谢。

机体缺糖会使血糖下降，影响大脑的机能，使其兴奋性下降，还会使人四肢无力，动作的协调性下降，甚至晕厥。

（二）糖类的来源与日常需要量

糖类的来源比较广泛，如米、面等。人们还可以从糖果及含糖饮料中摄取糖类物质。一般来讲，日常膳食即可满足人们对糖类的需求，不必另外大量补充。

四、维生素

维生素是调节人体机能、维持人体生命不可缺少的一类营养素。它们在体内的贮存量很少，必须经常从食物中获得。维生素的种类很多，按其性质可以分为脂溶性维生素与水溶性维生素两大类，前者包括维生素 A、维生素 D、维生素 E、维生素 K 等，后者包括维生素 B、维生素 C 等。各种维生素在体内不构成组织，也不供给能量，它们有各自的功用，总的来说是调节物质、能量代谢，保证生理机能。

（一）维生素 A

维生素 A 的主要功能是维持正常的视力和维持组织结构的完整性。如果缺乏维生素 A，视力及暗适应能力就会下降。维生素 A 最好的来源是动物肝脏、鱼类、乳制品等。

（二）维生素 D

维生素 D 对身体的钙磷代谢和骨骼的生长发育极为重要。缺乏时，钙的吸收会受到影响。维生素 D 的主要来源是动物肝脏及瘦肉、鱼肝油、蛋黄、乳制品。

（三）维生素 E

维生素 E 可增强身体对缺氧的耐受力，减少组织细胞的耗氧量，扩张血管，改善血液循环，增强心脏的功能。如果维生素 E 与维生素 C 结合使用，能缓和及预防动脉硬化。维生素 E 主要来源于动物性食品，小麦胚芽、玉米以及绿叶蔬菜中也含有较丰富的维生素 E。

（四）维生素 B

维生素 B 可以在糖类的代谢中发挥重要作用，促进肝糖原、肌糖原的产生。充足的维生素 B 可有效地缓解身体疲劳。维生素 B 广泛地存在于五谷杂粮中。

（五）维生素 C

维生素 C 能加快体内的氧化还原过程，使身体得到更多的能量来维持运动，减缓疲劳，促进体力恢复，并能促进伤口愈合，增强身体的抗病能力。维生素 C 广泛地存在于蔬菜和水果中。

五、矿物质

矿物质是构成人体组织、调节生理机能的重要物质。人体内较多的矿物质元素有钙、镁、钾、钠、磷等，其他如铁、氟、锌等含量很少，称为微量元素。人体在物质代谢的过程中，每天都有一定量的矿物质通过各种途径排出体外，因此，必须从食物中补充矿物质。矿物质在食物中的分布极广，正常膳食一般都能满足身体对矿物质的需要。人体最易缺乏的矿物质是钙和铁。

（一）钙和磷

钙在人体内的主要作用是构成骨骼与牙齿，参与凝血过程等。含钙较多的食物有乳制品、豆制品、海产品、芝麻、山楂等。钙和磷在人体内的关系非常密切，二者在血液中必须达到一定的浓度水平才能共同完成其生理机能，所以在补充钙的同时，还要注意从富含蛋白质的食品中摄入磷。

（二）铁

铁在人体内的主要作用是合成血红蛋白和肌红蛋白，参与血红蛋白和血红素的合成，有助于红细胞的生成和成熟。含铁较多的食物有动物肝脏、动物血液，其他食物如蛋黄、肉类、豆制品、红糖等，也含有比较丰富的铁。

六、水

水在人体内的主要作用是参与全身所有的物质代谢，完成机体内的物质运输，调节体温。人体内的水分必须保持恒定，不能储存多余的水，也不能缺水。缺水若不及时补充，将影响正常的生理机能。大量出汗后，在补充水分的同时，也要补充适量的盐分。

第三节　合理制订营养处方

一、运动前的营养

（一）运动前的食物选择

运动前应以高糖类、低脂肪的食物为主，这些食物容易消化，又能提供糖类来作为运动时的能量来源。如果运动时间为 60～90 分钟，可以选择升糖指数较低的食物，这些食物缓慢地被消化成糖类，能够长时间地供应糖类给运动中的肌肉使用。如果运动时间少于 60 分钟，可以选择升糖指数高的食物，这些食物很快就被消化，能够迅速地提供糖类。

高纤维的食物比较容易造成胃肠不适，因为它们需要比较长的时间才能被消化。油腻和辛辣的食物可能会对胃肠造成刺激，导致运动中出现不适感。因此，在运动前应避免食用这些食物。

（二）运动前的最佳进食时间

进食的时机随着运动时间的变化和食物的种类而有所不同。通常建议在运动前 2～3 小时内进食，这样可以确保食物有足够的时间在胃中消化，并为接下来的运动提供稳定的能量供应。过早进食可能导致运动时食物还未完全消化，引发胃部不适；过晚进食则可能因食物尚未被吸收，无法为运动提供所需的能量。遵循这一进食时间原则，将能更好地支持运动表现，减少运动中可能出现的不适感。

食物的消化速度是影响进食时间的重要因素。一般来说，易于消化的食物（如碳水化合物类食物）可以在较短时间内为身体提供能量，而高脂肪或高蛋白的食物则需要更长时间来消化。因此，如果计划进行高强度的运动，建议选择易于消化的碳水化合物类食物，并在运动前 1～2 小时进食。

运动强度越大，身体对能量的需求就越高。对于高强度运动，如长跑、游泳或举重等，建议在运动前 2～3 小时进食，以确保身体有足够的能量储备。对于低强度运动，如散步、瑜伽或普拉提等，可以在运动前 1 小时内进食。

每个人的胃肠消化能力和对食物的耐受情况都不同。有些人可能需要在运动前更长的时间内进食，以确保食物充分消化；有些人则可以在运动前较短时间内进食而不会产生不适感。因此，需要根据个人情况灵活调整进食时间。

二、运动后的营养

（一）糖类的补充

糖原是运动时的主要能量来源之一，存在于肌肉和肝脏中。肌肉中的糖原只能供给肌肉细胞使用，而肝脏中的糖原可分解为葡萄糖释放到血液中，供给肌肉以及身体其他器官所用。体内糖原存量不足以应付运动所需，是造成疲劳、运动能力降低、运动无法持续的原因之一。运动后体内的糖原存量显著降低，若没有糖原的补充，下次运动时的表现会受到糖原不足的影响。

研究显示，在运动后的 2 小时内，身体合成糖原的效率最高，2 小时后则恢复到平常的水平，因此如果在运动后迅速补充糖类，就可以利用这段自然的高效率时段迅速地补充体内消耗的糖原。如果下次运动是在 10～12 小时之内，在这段高效率时段补充糖类则特别重要，因为如果错过这个时段，即使在后续的时间补充了足够的糖类，身体也可能没有足够的时间完全补充消耗的糖原，使得体内的糖原存量一次比一次低，运动后身体越来越容易感觉疲劳。若是下一次运动在 24～48 小时之后，即使未在这段时间补充糖类，接下来只要着重于摄取高糖类的食物，仍然有足够的时间补充所有消耗掉的糖原。

建议在运动后 15～30 分钟之内进食 50～100 克糖类（大约每千克体重需要补充 1 克糖类），然后每 2 小时再补充 50～100 克糖类。正餐以及其他运动期间的饮食也应该以摄取富含糖类的食物为主。

（二）肌肉和组织的营养恢复

即使是没有身体接触的运动也会造成肌肉纤维和结缔组织的伤害，而有身体接触的运动，如篮球、足球等则会造成更多的肌肉和组织损伤。运动后迅速地补充蛋白质有助于修复受伤的肌肉和组织，受伤的肌肉合成和储存糖原的效率也会提高。因此进行身体接触性的运动或是比赛后受伤的运动员，需要补充更多的糖类，更需要把握运动后 2 小时的高效率时段有效地补充体内消耗掉的糖原。

三、运动与补水

（一）运动与补充水分的重要性

剧烈的运动使身体大量流汗，体内水分及电解质随汗液流失。若运动前和运动中不补充水分而运动中又大量出汗，就很容易发生脱水现象。体内缺水主要表现为尿量和体液减少。大约占体重 1% 的水分流失会使运动时的体温和心率明显上升。脱水量约占体重的 2%～4% 为轻度脱水，主要是细胞外液减少，身体会丧失调节能力，若没有补充流汗所失去的水分，体温可能会持续上升，进而导致体力的丧失。脱水量占体重的 4%～6% 时，则肌力及耐力减少，同时引起热痉挛，令长时间活动能力下降 20%～

30％，亦会影响体内无氧代谢的供能过程。水分流失占体重的 6％ 以上时，则有严重热痉挛、热衰竭、中暑、昏迷甚至死亡的可能。所以，必须防止脱水或降低已有脱水程度，立即补充水分就能改善运动能力。

（二）补充水分的原则和途径

运动中水分的补充应以保持水分的平衡为原则。调整体内水分及电解质平衡的唯一途径是喝水或饮料。长时间进行耐力锻炼的人在热环境下脱水时间越长，对运动能力的影响就越严重，因此在脱水之前就应补充水分，千万不要等到口渴才喝水，因为当口渴时身体已处于脱水状态了。在水分吸收方面，运动时喝低温的水对降低体温的效果优于运动前摄取等量水的效果，纯水或低渗透压饮料的胃排空速率高于高渗透压的饮料。因此，在热环境下剧烈运动时，补充水分的重要性大于补充糖类及电解质。

（三）不同运动阶段的补水方法

1. 运动前的正确喝水方法

在耐力性运动前 2 小时最好饮用 600 毫升左右的水。

2. 运动中的正确喝水方法

在运动及比赛期间每隔 15～20 分钟喝 200～300 毫升的水。

3. 运动后的正确喝水方法

在运动后的恢复期补充水分和运动前的准备同样重要，即使在运动中休息时正常地补充水分，体内水分依然会以汗水的形式大量流失，肌肉糖原浓度可能也会降低一些，身体会感到虚弱、衰竭，此时正是恢复过程开始的时候。运动后越早开始恢复过程越好，此时正确补充水分有助于体力的恢复。可在饮料中添加葡萄糖聚合物及麦芽糊精，以增加糖类，补充肌肉糖原含量，促使恢复期缩短。

第四节　合理制订运动处方

一、运动处方的定义、特点和种类

运动处方是指针对个人的身体状况而采用的一种科学的、定量化的体育锻炼方法，这种方法因类似医生给病人开的处方而得名，目前世界上较为流行。运动处方的特点因人而异，对症下药，可提高人们体育锻炼的科学化程度，避免运动时受到伤害，更好地达到健身和防治疾病的目的。运动处方的种类繁多，对象广泛。以强壮身体、增进健康、增强体质为目的的，称为健身运动处方；以中老年人为对象的，称为预防性运动处方；以某些慢性病、急性病和创伤康复期患者为对象的，称为治疗性运动处方；针对竞技运动的，称为竞技性运动处方。了解运动处方能够使我们的锻炼更加科学和有效。

二、运动处方的内容

（一）运动种类的选择

在运动处方中，为锻炼者提供最适宜的运动项目，可以说是其最终的目标。从运动生理学中氧的代谢程度来看，健康有效的运动项目可分为三类，即有氧运动、无氧运动和柔韧运动，见表5-1。

表5-1 有氧运动、无氧运动和柔韧运动项目示例

有氧运动	无氧运动	柔韧运动
步行 慢跑 自行车 网球 排球 高尔夫球	短距离全力跑 举重 拔河 跳跃项目 投掷 肌力训练 潜泳	瑜伽 普拉提 艺术体操 健美操

（二）运动强度

运动强度是单位时间内的运动量，而运动量是运动强度和运动时间的乘积：运动强度＝运动量÷运动时间。

运动量也称运动负荷，是由强度、频率、时间、数量及运动项目的特点等因素构成的。它们相互联系和制约，改变其中任何因素，都会直接影响运动量的大小。按心率确定运动强度的方法有年龄减算法：180－年龄＝运动适宜心率（次/分）。

（三）运动时间

运动时间指每次持续运动的时间。由于运动时间和运动强度的乘积决定运动量，因此，即使等量的运动量，也因运动目的不同而有运动强度和运动时间不同的运动处方。

1. 必要的运动时间

一次必要的运动时间是根据运动强度、运动频率、运动目的、年龄及身体条件的不同而确定的，不能一概而论。一般可在持续有氧运动20～60分钟范围内，按运动强度及身体条件决定必要的运动时间。

2. 时间与强度的配合

每次运动时间和运动强度的配合，可明显地改变运动量。一般来说，健康的成年人宜采用中等强度、长时间的运动；体力弱而时间充裕的人可采用小强度、较长时间的运动；体力好但时间不充裕者，可采用大强度、短时间的运动。

（四）运动频率

运动频率指每周的锻炼次数。研究发现，当每周锻炼多于3次时，最大摄氧量的

增加逐渐趋于平缓；当锻炼次数多于 5 次时，最大摄氧量的提升效果很有限；每周锻炼少于 2 次时，最大摄氧量通常不发生改变。由此可见，每周锻炼 3～5 次是最适宜的频率。作为一般的健身保健方法，坚持每天锻炼一次当然更好。

三、制订运动处方的程序

（一）一般体检

1. 了解运动的目的和对运动的期望。

2. 询问病史，如既往史、家族史。

3. 了解运动史，如运动爱好、现在的运动情况等。

4. 了解社会环境条件，如职业、工作与劳动、生活环境，经济、营养等条件，周围能够利用的运动设施，有无指导人员等。

（二）临床检查（包括人体测量及体脂测定）

1. 对现在的健康状况进行评价。

2. 判断能否进行运动。

3. 检查是否有潜在性疾病或危险因素，以预防事故发生。

总之，医学检查的基本目的在于掌握个人的身体健康状况，为制订运动处方提供必要的信息。

（三）运动负荷试验

运动负荷试验是制订运动处方的基本依据之一。运动负荷试验的方法有很多，可根据检查的目的、被测者的特点来选择适合的方法。

（四）制订运动处方，安排锻炼计划

通过以上检查的结果，可以依据此人的健康状况、体力水平及运动能力的限度等具体情况制订运动处方。运动处方中主要是制订运动强度、保证安全的单次必要运动量（运动时间）以及每周的运动频率等内容。一般先按照制订的运动处方试行锻炼，如有不适合的地方，可进行适当调整，待合适后坚持锻炼 3～6 个月，再做运动负荷试验，重新制订中长期的运动处方，以不断提高锻炼效果。

▶▶ 本章小结与思考

1. 营养与体育具有什么样的关系？

2. 营养素对人体健康有哪些影响？

3. 如何制订营养处方与运动处方？

第六章　运动防护与急救

第一节　运动损伤的分类及产生原因

一、运动损伤的分类

（一）按照受伤的组织结构分类

按照受伤的组织结构，运动损伤可以分为皮肤损伤、肌肉损伤、关节损伤、滑囊损伤、骨损伤、神经损伤和内脏器官损伤等。

（二）按照皮肤或黏膜的损伤情况分类

按照皮肤或黏膜的损伤情况，运动损伤可以分为开放性损伤和闭合性损伤。

开放性损伤是指伤处皮肤或黏膜的完整性遭到破坏，有伤口与外界相通，如擦伤、刺伤、开放性骨折等。

闭合性损伤是指伤处皮肤、黏膜仍保持完整，无伤口与外界相通，如肌肉拉伤、关节扭伤、腱鞘炎、闭合性骨折等。

（三）按照伤情的轻重分类

按照伤情的轻重，运动损伤可以分为轻度损伤、中度损伤、重度损伤。

轻度损伤是指受伤后仍能按原计划进行训练的损伤。

中度损伤是指受伤后不能按原计划进行训练，患处需要停止或减少活动的损伤。

重度损伤是指受伤后完全不能进行训练的损伤。

（四）按照病程分类

按照病程，运动损伤可以分为急性损伤和慢性损伤。

急性损伤是指一瞬间遭受直接暴力或间接暴力造成的损伤，特点是发病急，病程较短。

慢性损伤是指由多次细微损伤积累而成的劳损，或由于急性损伤处理不当转化而来的陈旧性扭伤，特点是发病缓慢，病程较长。

二、运动损伤产生的原因

（一）内部原因

1. 身体条件

(1)年龄。青少年时期，骨骼发育尚未成熟，因此青少年的骨骼对外力的抵抗能力较差，易发生骨折。年龄较大的人脊柱和关节的柔韧性降低，也容易产生运动损伤。

(2)性别。女性雌激素的分泌具有周期性，若月经紊乱，会造成雌激素分泌减少，这是造成女性疲劳骨折的原因之一。

(3)体格。体内脂肪多、体重重的人，肌肉不够发达，身体的灵活性也较差，容易产生运动损伤。

(4)其他。在身体状况不良(贫血、感冒、痛经、睡眠不足等)的情况下参加体育运动，容易产生运动损伤。

2. 心理素质

在冲撞性较强的运动，如足球比赛中，如果注意力不集中，产生运动损伤的可能性会增加。情绪不稳定、急于求成，或在运动中因恐慌、害羞而犹豫不决的人，容易产生运动损伤。

（二）外部原因

1. 运动项目不合适

不顾自身的条件选择不适宜的运动项目，会使运动损伤的发生率提高。例如，年龄大的人选择参加足球运动，或试图采用蛙跳增强腿部肌肉的力量，容易出现膝关节损伤。因此体育锻炼要谨慎，要注意选择适合自己身体条件的运动项目。

2. 过度训练

运动时间过长、运动量过大、运动频率过高等极易导致过度训练，过度训练是导致运动损伤的主要原因之一。过度训练的症状表现：静息心率加快、血压升高、睡眠不佳(失眠、多梦、易惊醒等)、食欲下降、体重减轻、无训练的欲望、心情烦躁、易怒、记忆力下降等。过度训练如果不及时纠正，就会使人体的免疫机能下降，增加慢性疲劳的发病率。

（三）环境因素

环境因素包括自然环境和人工环境两个方面。

1. 自然环境

在室外运动时，雨后路滑、光线不足、气温过高或过低等，容易引发运动损伤。

2. 人工环境

锻炼者使用劣质器械，锻炼服装和鞋子不合适，缺乏必要的防护器具(如护膝、护踝、护腿等），运动场地不平坦，器械安装不牢固，器械的高低、大小与轻重不符合锻炼者的年龄、性别和训练水平等特点，都会导致运动损伤。

三、运动损伤的预防策略

一般来说，要在体育锻炼中预防运动损伤，应做好以下几个方面的工作。

（一）从思想上重视运动损伤的预防

体育锻炼者要从思想上重视运动损伤的预防，并遵守体育锻炼的一般原则。同时，要加强身体的全面锻炼，提高机体对运动的适应能力。

（二）调节身体，处于良好的运动状态

1. 锻炼前应做好准备活动

做好准备活动不但能使血液循环加快，肌肉的应激性提高，关节的柔韧性增强，也能减轻紧张感和压力感，这在很大程度上可以预防运动损伤的发生。

2. 锻炼后应注意放松

放松是指在锻炼后通过一定的方法使体温、心率、呼吸等恢复到锻炼前的正常水平。从预防运动损伤的角度来看，放松活动与锻炼前的准备活动一样重要。根据不同的运动项目有针对性地进行放松，可以防止锻炼后出现肌肉酸痛的现象。

3. 加强自我保护

锻炼者除了要认真做好准备活动和放松活动外，还要了解初步处理锻炼后肌肉酸痛、关节不适的方法。在锻炼过程中，锻炼者应密切注意自己的身体反应，以便及早发现运动损伤的早期症状。

（三）创造安全的锻炼环境

锻炼者在锻炼前应对体育器具、设备、场地等进行严格的安全检查。例如参加网球运动时，球拍的重量、拍柄的粗细应该适合锻炼者个人的情况；锻炼者在锻炼过程中不宜佩戴项链、耳环等饰品；锻炼者应根据运动项目、脚的大小、足弓的高低选择一双合适的鞋子。

（四）科学锻炼

科学锻炼包括五大要素，即全面性、渐进性、个别性、反复性、意识性，前三个要素对预防运动损伤较为重要。全面性是指锻炼者应对体能进行全面的训练，不能反复练习某一特定的动作。渐进性是指锻炼者应逐步提高运动强度和增加锻炼时间，以防机体不适应而导致运动损伤。个别性是指锻炼必须因人而异，性别、年龄、体格不同，运动量和运动方法也应不同。

（五）加强对易伤部位的训练

加强对易伤部位的训练，是一种预防运动损伤的好方法。例如，预防腰部损伤应加强对腰肌和腹肌的训练，提高腰肌和腹肌的力量，并增强其协调性。

第二节　常见的运动性病症及处理办法

一、延迟性肌肉酸痛

（一）产生原因和临床表现

延迟性肌肉酸痛是运动时肌肉活动量过大，引起局部肌纤维及结缔组织的细微损伤，以及部分肌纤维的痉挛所致。这种酸痛不是发生在运动结束后的即刻，而是发生在运动结束后的 1～2 天，因此称为延迟性肌肉酸痛。这种酸痛现象只是局部肌纤维的细微损伤和痉挛，不影响整块肌肉的运动功能，酸痛后经过肌肉内部对细微损伤的修复，肌肉组织会变得更加强壮，以后承受相同负荷将不易再发生酸痛。

一般在运动后的 24 时之内出现肌肉僵硬、酸痛和自觉酸痛部位肿胀，有压痛，多发生于双下肢主要伸、屈肌群，严重者肌肉会发生疼痛，且以肌腹为主；肌肉远端和肌肉肌腱移行处症状一般较轻，24～48 小时酸痛达到高峰，之后可自行缓解，5～7 天酸痛消失。

（二）处置和预防

处置：对酸痛部位进行热敷或按摩，还可配合做一些伸展练习，也可口服维生素 C以缓解症状，另外针灸、电疗等也有一定作用。

预防：锻炼时，要充分做好准备活动，把握运动强度及运动负荷的递进性原则，根据自身的身体状况安排运动负荷，尽量避免局部肌肉负担过重。锻炼后，要对主要的工作肌肉进行推拿按摩。

二、运动中腹痛

（一）产生原因和临床表现

运动中腹痛多数在中长跑时发生。主要因为准备活动不充分，开始时运动过于剧烈或跑得过快，内脏器官功能尚未达到运动状态，致使脏腑功能失调，引起腹痛；也有的因运动前吃得过饱、饮水过多以及腹部受凉，引起胃肠痉挛而出现腹痛。少数因运动时间过长或运动过于剧烈，使下腔静脉压力上升，引起血液回流受阻，或者因肝脾淤血，膈肌运动异常，致使两肋部胀痛而出现腹痛。

（二）处置和预防

处置：如果没有器质性病变迹象，一般可采用减慢跑速、加深呼吸、按摩疼痛部位或弯腰跑等方法处理，疼痛常可减轻或消失；如疼痛仍不减轻，甚至加重，就应停止运动，并口服十滴水或揉按内关、足三里、大肠俞等穴位。如仍不见效，应到医院做进一步检查。

预防：饭后1小时方可进行运动，但要做好准备活动，运动负荷要循序渐进，并注意呼吸节奏；夏季运动后要适当补充盐分；对于各种慢性疾病引起的腹痛应及时就医检查，病愈之前，应在医生和体育教师指导下进行锻炼。

三、运动性贫血

（一）产生原因和临床表现

血液中红细胞与血红蛋白数量低于正常值，称为贫血。单纯因运动负荷过大，导致血液中红细胞和血红蛋白数量的减少，即称为运动性贫血。其发病的主要原因：运动时肌肉对蛋白质和铁的需要量增加，一旦得不到满足即可能引起运动性贫血；剧烈运动时血流加速，易引起红细胞破裂，而骨髓生成补偿不足，造成短暂性红细胞减少，从而导致运动性贫血。

运动性贫血发病缓慢，其临床表现有头晕、恶心、呕吐、气喘、体力下降、运动后心悸、心率加快、脸色苍白等。

（二）处置和预防

处置：在运动中（后）出现头晕、无力、恶心等现象时，应适当减小运动负荷，必要时暂停运动，并补充富含蛋白质和铁的食物，对贫血的治疗有明显效果。

预防：遵循循序渐进和个别对待原则，避免长时间剧烈运动，合理调整膳食。运动时经常有头晕现象出现，应及时就医诊治。

四、运动性昏厥

（一）产生原因和临床表现

在运动中，因脑部突然血液供给不足而发生的暂时性知觉丧失现象，叫作运动性昏厥。其产生的原因：剧烈运动或长时间运动使大量血液积聚在下肢，回心血量减少，或者是剧烈运动后引起低血糖。

运动性昏厥表现为全身无力、头昏、耳鸣、眼前发黑、面色苍白、突然昏倒失去知觉、手足发凉、脉搏慢而弱、血压降低、呼吸缓慢等。

（二）处置和预防

处置：若患者意识清醒，应让患者平卧，脚部略高于头部，松解衣领，自患者小腿向大腿作重推摩和全身揉捏。患者症状有所缓解后，可补充适当的水分、糖分。若患者意识丧失，应让患者平卧，脚部略高于头部以改善脑部的供血供氧，再指掐人中、合谷等穴位。患者口内有异物时应及时清理，将患者头部转向一侧，使其呼吸畅通。必要时给氨水闻嗅。在患者知觉未恢复之前不能给任何饮料或服药，及时送往医院查明原因后，可给予相应对症治疗。此外，在运动中一旦出现昏厥的前期症状，即应由同伴帮助下慢走一段时间并进行深呼吸，然后平卧片刻，待身体逐渐恢复。

预防：平时要坚持体育锻炼，以增强体质；久蹲后不要突然起立；不要带病进行剧烈运动；疾跑后不要立即停止；不要在饥饿的情况下参加剧烈运动。

五、肌肉痉挛

（一）产生原因和临床表现

在体育锻炼时，肌肉受到寒冷的强烈刺激，可能发生肌肉痉挛，这种情况常在游泳或冬季户外锻炼时发生。准备活动不够，或肌肉猛力收缩，或收缩与放松不协调，均可能导致肌肉痉挛，也有的肌肉痉挛是因情绪过分紧张所致。肌肉痉挛时，肌肉突然变得僵硬，疼痛难忍，而且一时不易缓解。

（二）处置和预防

处置：对痉挛部位的肌肉做牵引。例如，腓肠肌痉挛时，立即伸直膝关节，并配合按摩，采用揉、捏、叩、打等手法，以及点压委中、承山、涌泉等穴位，以促使痉挛缓解和消失。

预防：运动前做好准备活动，对容易发生痉挛的部位，事先应做适当按摩。夏季进行长时间运动时要注意补充盐分；冬季锻炼时要注意保暖；游泳下水前应先用冷水淋浴，游泳时不要在水中停留过长时间；疲劳和饥饿时，不要进行剧烈运动。

六、运动中暑

（一）产生原因和临床表现

在高温环境中长时间体育锻炼易发生中暑，尤其在气温高、通风不良、头部缺乏保护而被烈日直接照射的情况下，最容易发病。中暑早期表现为头晕、头痛、呕吐，随后逐步发展为体温升高，皮肤灼热干燥，严重者可出现精神失常、虚脱、抽搐、心律失常、血压下降，甚至出现昏迷而危及生命。

（二）处置和预防

处置：首先将患者扶送到阴凉通风处休息，同时采取降温消暑手段，如解开衣领、冷敷额部做头部降温，喝些清凉饮料并补充生理盐水或葡萄糖等。对于严重患者，经临时处理后，应迅速送医院进一步治疗。

预防：在高温炎热季节锻炼时，应适当减小运动负荷，缩短锻炼时间；避免在烈日下长时间锻炼。夏天在室外锻炼时，应戴白色帽子，穿宽松、轻薄的衣服；在室内锻炼时，应保持通风，并饮用低糖含盐的饮料。

七、低血糖症

正常人的血糖维持在一定的水平。根据最新血糖标准，空腹血糖正常值为 4.4～

6.1毫摩/升。当空腹血糖低于 2.8 毫摩/升时，身体出现的一系列症状，称为低血糖症。运动时肌肉收缩要消耗能量，而能量主要来源于体内糖的氧化，因而运动过程伴随着体内糖的消耗。长时间剧烈运动时，葡萄糖被大量消耗会导致低血糖症，此病多发生于长跑、超长跑、长距离滑冰、滑雪及自行车等运动比赛过程中或结束后。

（一）产生原因和临床表现

运动中发生低血糖症，主要是由于长时间剧烈运动时体内血糖大量消耗和减少，调节糖代谢的机制紊乱。赛前饥饿、情绪过分紧张或身体不适，都是引起该病的重要原因。患者会感到饥饿、疲乏，并伴有头晕、心悸、面色苍白、出冷汗等症状。较重者可出现神志模糊、语言不清、四肢发抖、心律失常、神志改变，甚至出现惊厥、昏迷等症状。检查时，脉搏快而弱，血压或无明显变化，或血压在昏倒前升高而昏倒后降低，呼吸短促，瞳孔扩大。若验血，则血糖明显降低。

（二）处置和预防

处置：使病员平卧，注意保暖。若神志清醒，可给其喝浓糖水或姜糖水，并吃少量食品，一般短时间后即可恢复。若昏迷，可针刺或用手指掐点人中、百会、涌泉、合谷等穴位，并迅速请医生处理，这时如能静脉注射 50％的葡萄糖溶液 50～100 毫升，提高血糖浓度，将使病情好转。

预防：平时没有锻炼基础，或患病未愈，或空腹饥饿时，不宜参加长时间的剧烈运动(如万米跑、马拉松赛跑、长距离滑冰等)。举行马拉松赛跑时应准备一些含糖的饮料，供运动员途中饮用。

第三节　常见的运动损伤的急救与治疗

运动损伤多见于年轻人群及体育专业人群。专业人群发生运动损伤的概率最高，只要具备运动损伤的急救条件，一般情况下能进行合理的急救。非专业人群热爱运动，积极参与各项体育活动，却常常因缺乏一定的运动训练卫生知识和出现运动损伤后的应急措施，给伤者造成不必要的痛苦，严重者甚至导致终身遗憾。这就要求运动损伤发生时，能进行迅速而及时的急救处理，救护伤者生命，减轻伤者痛苦，预防并发症，同时为下一步治疗创造良好条件。

一、创伤出血

血液从破裂的血管流出，叫作出血。对有出血的伤员，尤其是大动脉出血的，都必须在急救的早期立即止血。止血的手段方法很多，在没有药物和医疗器械的条件下，现场急救的常用方法有两种。

（一）抬高伤肢法

将受伤肢体抬高，使出血的部位高于心脏，从而使出血部位的血压降低，达到减少出血的目的。此法用于四肢毛细血管及小静脉出血等，即对小血管出血有效，一般常和绷带加压包扎法并用，还可配合冷敷。对较大血管出血，只能作为一种辅助性止血方法。

（二）压迫止血法

此方法可分为直接压迫伤口止血法（加压包扎法）和间接指压法（压迫止血点止血法）两种。

1. 直接压迫伤口止血法（加压包扎法）

一是用绷带加压包扎伤口止血。可先在伤口上敷以无菌敷料，再用绷带稍加压力包扎起来，此法适用于小动脉、静脉和毛细血管出血。二是指压止血。用指腹或掌根直接压迫伤口，此法简便易行，但违背无菌操作原则，易引起伤口感染。因此，不是十分紧急的情况下，不应轻易使用。

2. 间接指压法（压迫止血点止血法）

用手指指腹压在出血动脉近心端相应的骨面上，暂时止住该动脉管的血流。间接指压法简单易行，止血迅速，但因手指容易疲劳不能持久，只能用作临时止血，随后改用其他的止血方法。

二、关节脱位

关节脱位即脱臼，是指外力作用使关节面之间失去正常的连接关系。

（一）原因

运动中发生的关节脱位大多是由于间接外力所致。如摔倒时手撑地，可引起肘关节脱位或肩关节脱位。

（二）征象

(1)受伤关节剧烈疼痛，并有明显压痛和肿胀。

(2)关节功能丧失，受伤关节完全不能活动。

(3)畸形。关节脱位后，整个肢体常呈现一种特殊的姿态。由于关节正常位置的改变，正常关节隆起处塌陷，而凹陷处则隆起突出，与健侧肢体比较，有的伤肢有变长或缩短的现象。

(4)用X线检查可观察脱位的情况及有无骨折。

（三）急救

1. 一般处理

一旦发生脱位，应帮助其坐下或躺下，嘱咐病人保持安静、不要活动，更不可揉搓关节脱位的部位。对于任何脱臼的病患，一定要检查是否有其他伤处，测量远端脉搏及检查感觉功能，并禁止进食，因为可能需要全身麻醉治疗。若摸不到脉搏，则表示肢体已无足够的血流供应，必须立即送医就诊。

如果距离医院较远，或不具备 6 小时内送达医院的条件，则必须进行必要的急救处理，以防止神经血管压迫时间过长造成不可逆损伤。此时应立即用夹板和绷带在脱位所形成的姿势下固定伤肢，还可使用冰敷减少病患疼痛及肿胀。之后让伤员保持安静，并尽快送往医院处理。固定脱位部位是减轻疼痛的最佳方法，可用杂志、厚报纸或纸板托住脱位关节，减少疼痛。

2. 常见关节脱位时的固定方法

肩关节脱位可取三角巾两条，分别将顶角向底边对折，再对折一次成为宽带。把患者肘部弯成直角，再用一条三角巾把前臂和肘部托起，挂在颈上，于肩上缚结，另一条绕过伤肢上臂，于肩侧腋下缚结。

肘关节脱位则用铁丝夹板弯成合适的角度，置于肘后，用绷带缠住，再用悬臂带挂起前臂。若无铁丝夹板，则用普通夹板代替。脱臼部位在髋部，则应立即让病人躺在软卧上送往医院。

三、骨折

骨的完整性遭到破坏的损伤，叫作骨折。骨折可分为闭合性骨折与开放性骨折两种。前者皮肤完整，骨折端不与外界相通，治疗较易；后者骨折端穿破皮肤，直接与外界相通，容易发生感染，治疗较难。运动中发生的骨折多为闭合性骨折，它是严重的损伤之一。

（一）原因

由暴力因素、强烈的肌肉收缩、长期疲劳等原因造成。如足球运动中，运动员的胫骨受到对方足踢而发生胫骨骨折。再如跑步中的骨折，通常是日积月累的累积效应所导致的疲劳性骨折。

（二）征象

(1)骨擦感。

(2)疼痛。

(3)肿胀及皮下淤血。

(4)功能丧失。

(5)畸形。

(6)压痛。骨折处有明显压痛，有时在远离骨折处轻轻捶击，骨折处也出现疼痛。

（三）急救

任何骨折的处理都需要专业医师的参与，但为了防止损伤加重，人们应该事先了解入院前如何紧急处理伤处。

1. 一般处理

(1)如有休克，应先抗休克，后处理骨折；如有伤口出血，应先止血，包扎伤口，再固定骨折处。

(2)如果失血情况严重，马上用消毒绷带或干净的布压住受伤部位止血，随意搬运、乱动均会刺破局部血管导致出血，或使已经止血的骨折断端再出血。

(3)有部分骨折患者需要手术，因此不要让患者吃任何东西，也不要喝水。

(4)使用冰块冷敷，可以缓解骨折处的疼痛和肿胀。

(5)对开放性骨折，不可用手回纳，以免引起骨髓炎。应用消毒纱布对伤口做初步包扎止血后，再用平木板固定送医院处理。

2. 骨折时的临时固定

骨折时，用夹板、绷带把折断的部位固定、包扎起来，使伤部不再活动，称为临时固定。这是骨折的急救方法，其目的是减轻疼痛、避免再操作和便于转送。其要求如下。

(1)固定前不要无故移动伤肢，以免因不必要的移动而增加伤员的痉挛和伤情。对于大腿、小腿和脊柱骨折，应就地固定。

(2)固定时不要试图整复，如果畸形很厉害，可顺伤肢长轴方向稍加牵引。

(3)夹板的长度和宽度要与骨折的肢体相称，其长度必须超过骨折部位的上、下两个关节。如果没有夹板，可就地取材(如树枝、木棍、球棒等)或把伤肢固定在伤员的躯干或健肢上。夹板与皮肤之间应垫上软物，如棉垫、纱布等。

(4)固定的松紧要合适、牢靠。过松则失去固定的作用，过紧会压迫神经和血管。四肢骨折固定时，应露出指(趾)尖，以便观察血液循环情况。如发现指(趾)尖苍白、发凉、麻木、疼痛、浮肿和呈青紫色征象时，应松开夹板，重新固定。

(5)露出伤口的骨片，不要放回伤口内，以免把感染带入深部组织，也不可任意去除。

(6)固定后伤肢要注意保暖。

(7)昏迷者应俯卧，头转向一侧，以免呕吐时将呕吐物吸入肺内。

四、软组织损伤

运动系统主要由骨骼、肌肉、韧带组织构成，通常肌肉的末端为很厚的带状结构，即肌腱附着在骨头上。关节是骨头与骨头连接在一起的地方，韧带是为关节提供支持的强壮组织。韧带轻度损伤可使关节不稳定或活动度增加，重度损伤则导致关节内骨头不能维持正常位置造成脱位。摔倒、运动中受伤，以及通常的扭曲、翻转都可能造成运动系统不同组织的损伤，通常把运动系统骨头以外的肌肉韧带等统称为软组织。

(一) 征象

软组织损伤后局部会出现疼痛、肿胀、组织内出血、压痛和运动功能障碍等症状。

疼痛程度因人而异，与伤后出血程度、深浅部位及伤情轻重有关。

（二）处理原则和方法

（1）受伤24小时内，应局部冷敷、加压包扎、抬高伤肢并休息，以促使局部血液循环加快，组织间隙的渗出液尽快吸收，从而减轻疼痛。不能使用局部揉搓等重手法，可外敷消肿药物。疼痛较重者，可内服止痛剂。

（2）受伤48小时后，肿胀已基本消退，可进行温热疗法，包括各种理疗和按摩以促进肿胀吸收。

（三）常见软组织损伤

1.擦伤

擦伤是外伤中最轻、最常见的一种，约占运动创伤的16％。较小的擦伤用碘伏涂抹，不须包扎，暴露于空气中即可痊愈。擦伤面积较大、创面有异物污染，则需用生理盐水或凉开水冲洗伤口。伤口可用过氧化氢溶液、伤口周围用2.5％的碘酊和75％的酒精沿着伤口周围从内至外做圆形消毒，然后用凡士林纱布块覆盖，或涂上消炎软膏或消炎粉后再用无菌敷料覆盖并包扎。若伤口较深、污染较重时，应注射破伤风抗毒素，并用抗生素药物治疗。感染的伤口应每日或隔日换药。

2.切伤与刺伤

此类伤口往往较深、较小，如果伤口污染较重，除了进行伤口的止血、消炎、包扎外，还要注射破伤风抗毒素。

3.撕裂伤

撕裂伤中以头部面部皮肤伤为多见，例如篮球运动中，眉弓被对方肘部碰撞而引起眉际皮肤撕裂等。若撕裂的伤口较小，经消毒处理后，贴上创可贴即可；如果撕裂伤口较大，则须止血、缝合创口。若伤情和伤口污染较重时，应注射破伤风抗毒素。

4.闭合性软组织损伤

常见的闭合性软组织损伤有关节韧带扭伤，肌肉、肌腱拉伤，以及挫伤等。最常见的挫伤部位是大腿与小腿前部。肌肉拉伤是指在外力的直接或间接作用下，使肌肉猛烈主动收缩或被动过度拉长时所引起的肌肉损伤。肌肉拉伤在体育运动中发生率较高。根据软组织损伤的病理发展过程，大致可按早、中、后三个时期进行针对性的处置。

（1）早期。指伤后的48小时以内，组织断裂出血，局部出现红、肿、热、痛、功能障碍等临床症状。治疗原则是止血、消肿、镇痛和减轻炎症。首先冷敷，加压包扎，并抬高伤肢，24小时后拆除包扎，视其伤情再作处理。

（2）中期。指伤后24～48小时以后，此时皮下出血，炎症反应及肿胀逐渐消退，但伤部仍有瘀血和肿胀，组织正在修复。此期的治疗目标是如何尽快地使出血与渗出液吸收。可进行热敷、按摩、理疗，促使毛细血管扩张，加快血液循环。药物治疗可用中草药外敷和内服等。

（3）后期。损伤基本修复，肿胀、疼痛等局部症状和体征均已消除，但功能尚未完全恢复。运动时仍有疼痛感，个别病案出现粘连、关节及受伤部位僵硬、活动度降低等情况。此时应增强和恢复肌肉、关节的功能。如有瘢痕硬结和粘连，应设法使之软化、松解。以按摩、理疗、功能锻炼为主，适当辅以药物治疗。

五、运动性休克

休克是一种人体受到强烈有害因素作用而发生的急性有效血液循环功能不全而引起的综合征。其机理在于血液循环中血量不足，全身组织、器官缺氧，功能发生障碍。

（一）原因

运动过程中造成休克的原因是多方面的：一是损伤引起的剧烈疼痛所致，如脊髓损伤、骨折等；二是出血所致，如损失引起肝脾破裂大出血，使循环血液量急剧降低，出现休克。

（二）征象

病人一般表现为虚弱，表情淡漠，反应迟钝，面色苍白或发绀，四肢发冷，脉搏细而无力、尿量减少，体温下降和血压下降。休克严重时可昏迷，甚至死亡。休克早期可有烦躁不安、呻吟、表情紧张、脉搏稍快、呼吸表浅而急促等症状，此时血压可正常或略高，此期较短易被忽略。

（三）急救

应使病人安静平卧或头低脚高卧位（呼吸困难时不宜采用），注意保暖和保持呼吸道通畅。可给服热水及饮料，昏迷患者头应侧偏，并将舌牵出口外，必要时可给氧或进行人工呼吸。可针刺或点揉骨关、足三里、合谷、人中等穴位。如有骨折等外伤的剧痛而引起的休克，应进行必要的急救固定；如有伤处出血，应采取恰当的方法止血；疑有内脏出血，应迅速送医院抢救。疼痛剧烈时应给以镇静止痛药剂。

休克是一种严重而危险的病理状态，因此在急救的同时，应迅速请医生来处理或尽快送往医院。

六、脑震荡

脑震荡是指头部遭受暴力作用后所引起的意识和机能的一时性障碍，是急性颅脑损伤中较轻的一种闭合性损伤。

（一）征象

损伤后出现短暂意识障碍。一般意识障碍都较轻，有一时性意识丧失（昏迷）或神志恍惚。意识障碍的时间长短不一，短则几秒钟，长则几分钟乃至30分钟不等。意识清醒后患者不能回忆受伤经过和情况，但能清楚地回忆受伤以前的事情，这种情况被称为"逆行性健忘"。常伴随有头痛、头晕，在伤后数日内较明显，若情绪紧张、活动头部或变换体位时症状加重，以后逐渐减轻至消失。

（二）处理

1. 首先应进行急救

立即令伤员平卧，安静休息，注意伤员身体保暖，不可随意搬动伤员或让其坐起或站起。头部可用冷水毛巾冷敷。若伤员昏迷，可用手指掐点人中、内关等穴或给嗅闻氨水，以促使伤员苏醒。

2. 伤后应监护 24 小时

如发现伤者出现昏迷时间超过 5 分钟，同时耳、口、鼻出血或有淡黄色液体流出；双眼瞳孔大小不等或变形，眼球出现青紫；清醒后头痛剧烈、呕吐频繁或呈喷射状呕吐，颈项强直且出现两次昏迷现象等，通常提示存在严重的颅脑损伤，应立即送医院处理。

▸▸ 本章小结与思考

1. 常见的运动损伤有哪些？具体是什么原因导致的？

2. 常见的运动性病症有哪些？如何进行处理？

3. 常见的运动性损伤有哪些？如何进行急救？

传统体育篇

第七章　武术运动

第一节　武术运动概述

一、武术运动的特点

（一）技击性

武术是中华民族历史文化的重要组成部分，是我国独具民族风格的传统体育项目，是把踢、打、摔、拿、击、劈、刺等攻防动作作为主要内容，以功法、套路和搏斗为主要运动形式，集健身、自卫、娱乐、艺术欣赏、陶冶情操等多种功能于一体的民族体育运动。武术动作的攻防技击性是它的本质特征，无论功法、套路或搏斗运动，其动作都具有鲜明的攻防含义。例如，散打、短兵等搏斗运动的技术与实用技击术基本是一致的，集中体现了武术攻防格斗的特点，只是从体育的观念出发，比赛中以不伤害对方为原则，限制了禁击部位和使用保护器具。又如，作为中国武术特有表现形式的套路运动，虽然拳种不同，风格各异，有的还具有地方特色，但无论何种套路，其共同特点都是以攻防动作构成套路的主要内容。虽然套路中不少动作的技术规格与技击原型不同，或因连接贯串及演练技巧的需要，穿插了一些不具备攻防意义的动作，但通过一招一式表现攻与防的内在意义与精神，仍然是套路运动的技术核心。

（二）文化性

技击本色构成了我们认识中国武术的重要基础，与技击本色同样引人注目的则是中国武术所融会并体现的文化性。这种特性是中华民族文化内涵的展现与缩影。中国武术不仅承载着丰富的文化特性，还通过武术这一载体和纽带，展现了个体及群体的意识行为。这包括与武术紧密相连的组织形式和方法，以及传播手段和实践过程。此外，中国武术蕴含着重要的文化功能、社会价值、思想意义和历史影响。

（三）整体性

武术的整体性主要体现在内外合一、形神兼备的运动特色上。内，指的是心、神、意、气的运行；外，指的是手、眼、身、法、步的外在形体活动。许多拳种和流派，都十分强调内外合一、身心统一。例如长拳讲求"精、气、神"，太极拳强调"以心使身、以意催力"，南拳强调"内练心神意气胆、外练手眼身腰马"。这一特点充分反映了武术在长期的历史演进中深受哲学、中医等中华优秀传统文化的渗透和影响，形成了独具特色的运动形式。

（四）适应性

武术的内容、练习形式丰富多样。不同类别的武术项目，其练习方法、动作特点、技术要求、运动形式和身体负荷不尽相同，适应不同年龄、性别、职业、体质的人群的各种需要，人们可以根据自己的条件和喜好进行选择。同时，武术不受外在环境的限制，对器材、场地的要求较低。这种广泛的适应性，为民众从事武术运动创造了有利的条件。

二、武术运动的功能

（一）增强体质，健体防身

武术运动的动作丰富多样，涵盖了多种增强体质的练习内容。系统地进行武术训练，对人体速度、力量、灵巧、耐力、柔韧等身体素质要求较高，人体各部位均能参加运动，使人的身心都得到全面锻炼。实践证明，武术运动对外能强筋骨，壮体魄；对内能通经脉，调精神。武术运动讲究调息行气和意念活动，对调节内环境的平衡，调养气血，改善人体机能，强身健体十分有益。

武术套路运动和搏斗运动都是以技击作为中心内容的。通过武术锻炼，不仅能够达到增强体质的目的，而且能够学会攻防格斗技术，特别是武术功力训练，更能发挥技击的实效性。武术的搏斗运动，通过攻防技术练习中拳打、脚踢、快摔等动作的运用，互相扬长避短，攻彼弱点，避彼锋芒，讲究得机、得时、得势，从而提高判断力和应变能力。这无疑能提高人们克敌制胜和防身自卫的能力，具有实际意义和作用。

（二）锤炼意志，健全人格

习练武术具有锤炼意志、健全人格的作用。练习基本功，要在基础上提升，"冬练三九，夏练三伏"，需要有恒心、坚持不懈的意志品质。练习套路运动，要在枯燥中取得突破，培养刻苦耐劳、砥砺精进、永不自满的品质。遇到强敌，要在恐惧中磨砺，锻炼勇敢无畏、坚韧不屈的战斗意志。经过长期锻炼，可以培养勤奋、刻苦、果敢、顽强、虚心好学、勇于进取的良好习性和意志品德。

"未曾习武先学礼，未曾习武先习德"，立德树人的理念始终贯穿在武术的教育、教学中，武德被列为习武教武的先决条件。在中国几千年绵延的历史中，一贯重礼仪、尚道德，武术则包含了尊师重道、讲礼守信、见义勇为、自强不息等深刻广泛的道德内容。攻防技术和人生修行结合起来，是中国武术传统道德观念的体现。在社会的发展中，武德的标准和规范也会发展变化，尚武而崇德不仅能很好地陶冶情操，还会大大有益于社会精神文明建设。

（三）娱乐观赏，丰富生活

武术具有很高的娱乐观赏价值，无论是套路表演还是攻防对抗，历来为人们喜闻乐见。观看武术的练习、比赛都会给人们带来美的享受，人们在观赏中品读气与力的统一、刚与柔的变化、动与静的转换、攻与防的结合，从而获得美的教育和观赏的乐趣，丰富个人生活。

（四）交流技艺，促进友谊

武术运动内涵丰富，技理相通，入门之后会有"艺无止境"之感。群众性的武术活动，成为人们切磋技艺、交流思想、增进友谊的手段。随着武术在世界广泛传播，还可促进与国外武术爱好者的沟通与交流。许多国家的武术爱好者喜爱武术套路，也喜爱武术散打，他们通过练武了解中国文化，探求中华文明。武术通过体育竞技、文化交流等途径，在与世界各国人民友好交往中发挥着越来越大的作用。

三、武术的内容与分类

武术的内容丰富，流派众多，目前通常按其运动形式的分类方法将武术内容分为套路运动、搏斗运动、功法运动三类。

（一）套路运动

套路运动是以技击动作为素材，遵照攻守进退、动静疾徐、刚柔虚实等运动变化规律编成的整套练习形式。套路运动按照演练形式的不同分为单练、对练和集体演练三种类型。其中，单练又包括拳术和器械两类内容，对练包括徒手对练、器械对练、徒手与器械对练三类内容。

1. 单练

单练是指单人演练的套路。

(1)拳术：徒手演练的套路运动称为拳术。拳术又包含许多不同的种类，称为拳种。主要的拳种有长拳、太极拳、南拳、形意拳、八卦掌、八极拳、通背拳、劈挂拳、翻子拳、地躺拳、象形拳等。下面主要介绍长拳、太极拳和南拳。

长拳：长拳是以手型、手法、步型、步法、腿法、平衡以及蹿蹦跳跃、闪展腾挪、起伏转折等动作与技术组成的拳术。其运动特点是姿势舒展、动作灵活、快速有力、节奏鲜明。

太极拳：太极拳是一种柔和、缓慢、连贯、圆活的拳术，它以掤、捋、挤、按、采、挒、肘、靠八种手法，以及进、退、顾、盼、定五种步法为基本运动方法(亦称太极十三势)。太极拳在国内外广为流行，以健身修性为主，同时也是竞技武术的比赛项目。

南拳：南拳是流行于我国南方各省地方拳种的总称。南拳的拳种和流派颇多，各自又有不同的特点。其一般特点为拳势刚烈、步法稳固、动作紧削、腿法较少、身居中央、八面进退，常鼓劲而使肌肉隆起，以发声吐气而助长发力。

(2)器械：器械套路种类繁多，分为短器械、长器械、双器械、软器械四类。短器械主要有刀、剑、匕首等；长器械主要有棍、枪、大刀等；双器械主要有双刀、双剑、双钩、双枪、双鞭等；软器械主要有三节棍、九节鞭、绳标、流星锤等。下面主要介绍剑术、刀术、枪术、棍术。

剑术：剑术是以刺、点、撩、截、崩、挑等剑法，配合步型、步法等构成的套路。其技术特点是轻灵洒脱、身法矫健、刚柔相济、富有韵律。

刀术：刀术是以缠头裹脑和劈、砍、斩、撩、扎等刀法，配合步型、步法、跳跃等构成的套路。其技术特点是快速勇猛、激烈奔腾、紧密缠身、雄健剽悍。

枪术：枪术是以拦、拿、扎为主，以及崩、点、劈、挑等枪法，配合步型、步法、身法等构成的套路。其技术特点是走势开展、力贯枪尖、上下翻飞、变幻莫测。

棍术：棍术是以劈、扫、抡、戳、撩、挑等棍法，配合步型、步法、跳跃等构成的套路。其技术特点是勇猛泼辣、横打一片、密集如雨、梢把并用。

2. 对练

对练是两个人或两个人以上，按照预定的动作程序进行的攻防格斗的套路。其中包括徒手对练、器械对练、徒手与器械对练。

(1)徒手对练：徒手对练是运用踢、打、摔、拿等技击方法，按照进攻、防守、还击的运动规律编成的拳术对练套路。常见的有对打拳、对擒拿、南拳对练、形意拳对练等。

(2)器械对练：器械对练是以器械的劈、砍、击、刺、格、挡、架、截等攻防技击方法组成的对练套路。主要有短器械对练、长器械对练、长与短对练、单与双对练、单与软对练、双与软对练等诸多形式。常见的有单刀进枪、三节棍进棍、双匕首进枪、双打棍、对刺剑、对劈刀等。

(3)徒手与器械对练：徒手与器械对练是一方徒手，另一方持器械，双方进行攻防对练的套路。常见的有空手夺刀、空手夺棍、空手进双枪等。

3. 集体演练

集体进行的徒手的或器械的，或徒手与器械结合的套路练习称为集体演练。竞赛中通常要求 6 人以上，队形整齐，动作协调一致，可以变换队形，还可以进行配乐。

（二）搏斗运动

搏斗运动是两人在一定条件下，按照一定的规则进行斗智较力的对抗练习形式，包括散打、太极推手和短兵三项。

1. 散打

散打是两人按照一定的规则，使用踢、打、摔等技术制胜对方的竞技项目。

2. 太极推手

太极推手是两人按照一定的规则，使用掤、捋、挤、按、采、挒、肘、靠等手法，双方粘连粘随，通过肌肉感觉来判断对方的用劲，然后借劲发力将对方推出，以决胜负的竞技项目。

3. 短兵

短兵是两人手持一种用藤、皮、棉制作的短棒似的器械，在约 5.33 米直径的圆形场地内，按照一定的规则使用劈、砍、刺、崩、点、斩等方法以决胜负的竞技项目。

（三）功法运动

功法运动是以单个动作和简单组合动作为主进行重复性练习，以达到强身健体、防身自卫之目的的运动。功法运动是套路练习和攻防格斗的基础，但也有个别拳种流派没有套路，只有功法运动。在武术发展的历史长河中，武术先贤们依靠自身勤劳智慧创造了数以千计的功法运动，按对身体功用价值大致分为外功、内功、柔功、轻功等。

1. 外功

外功又称"硬功""硬气功"，指习武者通过专门的训练方法和手段，使身体具备超乎常人的击打、抗击打能力，能够硬踢硬打或者使身体接受超强外力。例如，排打功、铁砂掌、金刚腿等。

2. 内功

内功又称"内养功""养生功"，指习武者通过专门的训练方法和手段，对人体的精、气、神及身体各系统进行修炼，达到"内壮外勇"的锻炼效果。例如，浑圆桩、活步功、坐功、卧功、腹式呼吸法等。

3. 柔功

柔功又称"软功"，指习武者通过专门的训练方法和手段，提高关节的活动幅度和肌肉、韧带的伸展长度。例如，压肩、压腿、溜腿、涮腰、吻靴等。

4. 轻功

轻功，指习武者通过专门的练习方法和手段，提高自身的灵活性，用以躲避对方进攻，或提高演练的水平。例如，八卦掌的走砖、梅花桩的走桩等。

第二节　武术运动基本功

一、身形、手形和步形

（一）身形

身形的基本要求是头正、顶平、颈直、沉肩、挺胸、背直、塌腰、收腹、敛臀。

（二）手形

拳：四指并拢卷握，拇指紧扣食指和中指的第二指节，拳面要平，拳握紧（图7-1）。

掌：四指并拢伸直，拇指弯曲紧扣于虎口处（图7-2）。

勾：五指第一指节捏拢在一起，屈腕（图7-3）。

  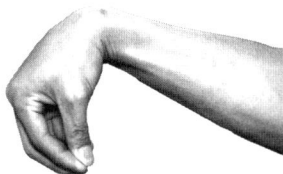

图7-1　拳　　　　　　　图7-2　掌　　　　　　　图7-3　勾

（三）步形

弓步（图7-4）：左脚向前一大步（本人脚长的4～5倍），两脚全掌着地，膝与脚尖垂直，左腿弓为左弓步，右腿弓为右弓步。

要求与要点：前腿弓、后腿绷（且脚尖内扣）；挺胸、塌腰、沉髋；前脚尖同后脚跟成一直线。

马步（图7-5）：两脚平行开立（约为本人脚长的3倍），两腿屈膝半蹲，大腿接近水平，全脚着地，身体重心落于两腿之间。

要求与要点：挺胸、塌腰、展髋、裹膝、脚跟向外蹬。

图7-4　弓步　　　　　　　　　　图7-5　马步

虚步（图7-6）：两脚前后开立，重心落在后腿上，屈膝半蹲，脚尖外展45°。

前脚向前伸出，膝关节微屈，脚尖稍内扣，虚点地面；左脚在前为左虚步，右脚在前为右虚步。

要求与要点：挺胸、塌腰，虚实分明。

图7-6 虚步

仆步（图7-7）：一腿屈膝全蹲，脚尖稍外展，另一腿伸直平铺地面、脚尖内扣，两脚全掌着地。仆左腿为左仆步，仆右腿为右仆步。

要求与要点：挺胸、塌腰、沉髋。

歇步（图7-8）：两腿交叉靠拢全蹲，前脚全脚掌着地，脚尖外展，后脚前脚掌着地，膝部贴于前脚外侧，臀部坐于后腿接近脚跟处。左脚在前为左歇步，右脚在前为右歇步。

要求与要点：挺胸、塌腰、两脚靠拢并贴紧。

图7-7 仆步　　　　　　　　图7-8 歇步

二、腿功与腰功

（一）腿功

正压腿（图7-9）：面对肋木或一定高度物体并步站立，左腿提起，脚跟搁在肋木上，脚尖勾起，踝关节屈紧。两手扶按膝上，两腿伸直，立腰收髋，上体前屈并向前向下做压振动作。练习时两腿交替进行，逐渐加大振幅，逐步提高腿的高度。

侧压腿(图7-10)：侧对肋木，左腿举起，脚跟搁在肋木上，脚尖勾起，踝关节屈紧。右臂屈肘上举，左掌附于右胸前。练习方法同正压腿，只是上体向侧做压振动作。

图 7-9　正压腿　　　　　　　　　　图 7-10　侧压腿

后压腿(图7-11)：背对肋木，两手叉腰或扶一定高度的物体。一腿支撑，另一腿向后举起，脚背搁在肋木上，脚面绷直，上体后屈并做压振动作。练习时左右腿交替进行。

图 7-11　后压腿

正踢腿(图7-12)：从直立两手立掌侧平举开始，左脚向前上半步，左腿支撑，右脚尖勾起，向前额处用力踢；两眼向前平视，左右腿交替练习。

要求与要点：挺胸、直腰、收髋，用力收腹。勾起勾落踢腿过腰后，要加速，要有寸劲。

图 7-12 正踢腿

侧踢腿（图 7-13）：预备姿势同正踢腿，左脚向前上半步，脚尖外展，右脚跟稍提起，身体略左转，右臂前伸，左臂后举，随即右脚脚尖勾紧向右耳侧踢起，同时左臂屈肘上举亮掌，右臂屈肘立掌于左胸前或垂于裆前，两眼向前平视。

要求与要点：挺胸、立腰、开髋、侧身，用力收腹。左右腿交替练习。

外摆腿（图 7-14）：预备姿势与正踢腿相同。左脚向左前方上半步，右脚尖勾紧，向左侧踢起，经面前向右侧上方外摆，直腿落在左腿旁。

要求与要点：挺胸、塌腰、松髋、展髋，外摆幅度要大并成扇形。左右腿交替练习。

图 7-13 侧踢腿

图 7-14 外摆腿

弹腿（图 7-15）：从直立两手叉腰开始，一腿屈膝提起，大腿与腰平，脚尖绷直；提膝接近水平时，迅速猛力挺膝向前平踢弹击，力达脚尖，大小腿成一直线。

要求与要点：挺胸立腰，脚面绷直，收髋，弹击要有寸劲。左右腿交替练习。

侧踹腿（图 7-16）：预备姿势同弹腿。两腿左右交叉，左腿在前，稍屈膝，随即左腿伸直支撑，右腿屈膝提起，右脚内扣，脚跟用力向右侧上方踹出，高与肩平，上体向左侧倒，目视右侧方。

要求与要点：挺膝、开髋、用力踹，脚外侧朝上，力达脚跟部，有爆发力。左右腿交替练习。

图 7-15　弹腿　　　　　　　　　　　　图 7-16　侧踹腿

（二）腰功

前俯腰（图 7-17）：直立，两手手指交叉，直臂上举，手心朝上。上体前俯，两手尽量贴地，然后两手松开，抱住两脚跟腱逐渐使胸部贴近腿部，持续一定时间再起立。练习时注意，向前折体后双腿一定要伸直。

图 7-17　前俯腰

甩腰（图 7-18）：开步站立，两臂上举，以腰、髋关节为轴，上体做前后屈和甩腰动作，两臂也跟着甩动，两腿伸直。练习时注意，前后甩腰要快速，动作紧凑而有弹性。

图 7-18　甩腰

第三节 二十四式太极拳

太极拳运动是融哲理、医理、拳理于一身的独特运动方式。它的动作舒展圆活、轻灵沉着、速度均匀、连绵不断，并且结合"气宜鼓荡""以身行气""以气运身"的意识活动与呼吸运动，把肌肉运动与呼吸以及意念的调整有机地结合起来，从而对人体的生理、心理机能产生积极调节作用。

二十四式太极拳也叫简化太极拳，是1956年国家体育运动委员会(简称国家体委，现国家体育总局)组织太极拳专家从杨氏太极拳架中择取二十多个不同姿势动作编串而成的。由于其动作舒展、结构简单，所以在练习形式上也是十分多样的，既可以单人练习，又可以集体练习，是初学者较为理想的太极拳入门套路。

一、二十四式太极拳的基本身形要求

（一）对头部的要求

太极拳运动对头部的要求是"头顶悬""虚领顶劲"，要求练习者头要向上顶，不能用僵劲。除少数侧身或需要微微前倾的招式以外，其余的招式都要尽可能地保持头部的自然状态，转身时不要歪头，下蹲时不要低头；颈部要自然竖立，不要梗直；眼要平视，运动时眼随手转，定势时目光应视前方，拳论曰："眼随手转，光兼四射。"口要轻闭，齿轻合，舌轻顶上颚；用鼻呼吸，要求匀绵深长，如感觉呼吸不畅，可张口徐徐吐气；下巴微向里收；面部表情自然放松。

（二）对躯干的要求

太极拳运动对躯干的要求是立身中正、含胸拔背、松腰敛臀，使躯干带动四肢运动，保证动作的完整性。

立身中正即躯干取自然的正确姿势，不前栽、不后仰、不左歪、不右斜，使身体上至百会，下贯长强，这也是拳家们说的"中正安舒"之体。在太极拳运动中要特别注意保持身体中轴线中正不偏。头顶中平不偏为正，脊柱正直无倾为中，尾闾正好位于头顶中间与脊柱中轴的垂直线上，这个垂直线又恰好落在两脚的中心上，这就是身形中正的准则。保持身形中正，一方面，可以使我们各关节松沉、身体灵活无滞碍，这对人体健康十分有益；另一方面，在太极拳推手中，若能保持身形中正，则自己的重心不易被对手控制，更能发挥太极拳以柔克刚、四两拨千斤的神奇功效。

含胸拔背指在太极拳练习过程中，胸部始终处于一种自然正直的状态。含胸既不是过分扣胸，也不是固定不变的一种姿势，应当根据动作的要求做到舒松自然。在太极拳练习中，背部肌肉随着两臂伸展动作尽量地舒展，使整个背部略成浅度弧形，在这个前提下，注意胸部肌肉要自然松弛，不可使其紧张，这样胸就有了"含"的意思，背也有了"拔"的形式。

在太极拳的练习过程中，身体要做到中正安舒，不偏不倚，腰腹部起着重要的作用。"刻刻留心在腰间"，在太极拳运动中，腰居中央，做动作时就要有意识地以腰带动身体大关节，大关节带动小关节，将劲力传递到身体末端。太极拳练习中对腹部的要求是"松静"和"气沉丹田"，即立身端正，有意识地引导气息送入腹部脐下。长期锻炼，腹部有一种充实感，自然会产生"腹内松静气腾然"的景象，这是太极内劲修炼的关键。

太极拳对于臀部的要求是"敛臀"或"收臀"，是腰部松沉直竖和尾闾中正后的自然收进的姿势，这是为了避免臀部凸出而破坏身体的自然形态。所以在太极拳练习过程中，要有意识地使臀部自然下垂，不可左右扭动。在松腰正脊的要求下，臀部肌肉要有意识地收敛，以维持躯干的正直，不仅有利于降低重心，保持身体的平衡，而且对于推手时发力形成主宰于腰的整劲，都会起到积极的作用。

（三）对上肢的要求

太极拳运动对上肢的要求是沉肩坠肘、转腕旋臂、舒指坐腕。

肩：沉肩坠肘是太极拳重要的法则之一。沉肩是舒展肩部的肌肉和韧带的一个动作。这样在太极拳练习过程中，两臂由于肩关节的松沉和肘的下坠会产生内劲感。一般来讲，太极拳每一个动作不仅要两肩松沉，还要有些微向前合抱的意思，便于做到含胸拔背。

肘：在太极拳练习过程中，肘关节始终要微屈，肘尖垂向下方，并具有下坠劲，不可向左右抬起，即便是"白鹤亮翅"这样的动作，肘关节也应是下坠的。从技击上讲，坠肘可防止两肋暴露太多，减少进攻面；从健身方面讲，两肘上抬容易造成气息上浮，影响练习过程中的沉气。

舒指坐腕：太极拳在运动过程中，十分强调内劲。劲力到达腕部时，腕部不可僵硬，坐腕可使得内劲由脊背而过肩肘，最后顺达于指尖，体现出"柔中带刚"的特点。若出掌时腕部软弱无力，内劲就很难到达手上。

舒指是劲力"其根在脚，发于腿，主宰于腰，行于手指，由脚而腿而腰，总须完整一气"的最后路径。出掌结束时，手指应有微张的意念，初练应有意识地引导，做到"力达指尖"。

（四）对下肢的要求

太极拳运动对于下肢的要求是开胯圆裆、屈膝松踝、五趾抓地、足心含空。

开胯圆裆，就像骑在马背上，胯向两边打开，裆既要向两边撑开，又不能丢掉夹合之力。髋关节是调整腰腿动作的关键，髋关节不松开，动作就不灵活，腰腿也就很难协调。在圆裆基础上松胯，可使裆部的缝隙加大，髋关节活动因而得到扩大，这样就灵活了腿的弧线运动，使内劲上升到腰脊，有利于做到"肩与胯合"。

腿部支撑全身活动的重量，而以膝关节负担力量较大，因此膝关节必须有力而又灵活。膝关节松活,动作正确,才能将身体重量沉到脚下,减轻膝关节负担。许多太极拳初练者膝关节有疼痛感,一方面是由于动作姿势太低,另一方面也与错误动作有关。错误动作大多是"跪膝",即膝关节超出与脚尖的垂直线,向前跪出的现象。所以,练习时要严格规范膝关节动作。

在做脚部动作时,脚踝要有意识地放松,将全身之力散布在脚掌。脚掌各个关节不可用力,五趾平铺于地面并微抓地,足心含空。

二、二十四式太极拳动作说明及要点

(一)起势

1. 身体自然直立,两脚开立,与肩同宽,脚尖向前;两臂自然下垂,两手放在大腿外侧;眼向前平视。

要点:头颈正直,下巴微回收,不要故意挺胸或收腹,精神要集中(起势由立正姿势开始,然后左脚向左分开,成开立步)。

2. 两臂慢慢向前平举,两手高与肩平,与肩同宽,手心向下。

3. 上体保持正直,两腿屈膝下蹲;同时两掌轻轻下按,两肘下垂与两膝相对;眼平视前方。

要点:两肩下沉,两肘松垂,手指自然微屈,屈膝松腰,臀部不可凸出,身体重心落于两腿中间,两臂下落和身体下蹲的动作要协调一致(图7-19)。

图7-19 起势

(二)左右野马分鬃

1. 上体微向右转,身体重心移至右腿,同时右臂收在胸前平屈,手心向下,左手经体前向右下画弧放在右手下,手心向上,两手心相对成抱球状,左脚随即收到右脚内侧,脚尖点地,眼看右手(图7-20之1~2)。

2. 上体微向左转,左脚向左前方迈出,右脚跟后蹬,右腿自然伸直,成左弓步;同时上体继续向左转,左右手随转体慢慢分别向左上、右下分开,左手高与眼平(手心斜向上),肘微屈;右手落在右胯旁,肘也微屈,手心向下,指尖向前;眼看左手(图7-20之3~5)。

3. 上体渐渐后坐，身体重心移至右腿，左脚尖翘起，微向外撇（45°～60°），随后脚掌慢慢踏实，左腿慢慢前弓，身体左转，身体重心再移至左腿；同时左手翻转向下，左臂收在胸前平屈，右手向左上画弧放在左手下方，两手心相对成抱球状；右脚随即收到左脚内侧，脚尖点地；眼看左手（图7-20之6～8）。

4. 右腿向右前方迈出，左腿自然伸直，成右弓步，同时上体右转，左右手随转体分别慢慢向左下、右上分开，右手高与眼平（手心斜向上），肘微屈；左手落在左胯旁，肘也微屈，手心向下，指尖向前；眼看右手。（图7-20之9～10）。

5. 与3同，只是左右相反（图7-20之11～13）。

6. 与4同，只是左右相反（图7-20之14～15）。

图7-20　左右野马分鬃

要点：上体不可前俯后仰，胸部必须宽松舒展，两臂分开时要保持弧形，身体转动时要以腰为轴，弓步动作与分手的速度要均匀一致。做弓步时，迈出的脚先是脚跟着地，然后脚掌慢慢踏实，脚尖向前，膝盖不要超过脚尖；后腿自然伸直；前后脚夹角成45°~60°（需要时后脚脚跟可以后蹬调整）。野马分鬃式的弓步，前后脚的脚跟要分在中轴线（以动作行进的中线为纵轴，其两侧的垂直距离为横轴）两侧，它们之间的横向距离应该保持在10~30厘米。

（三）白鹤亮翅

1. 上体微向左转，左手翻掌向下，左臂平屈胸前，右手向左上画弧，手心转向上，与左手成抱球状（图7-21之1）。

2. 右脚跟进半步，上体后坐，身体重心移至右腿，上体先向右转，面向右前方，两手随转体慢慢向右上、左下分开。左脚稍向前移，脚尖点地成左虚步，同时上体再微向左转，面向前方。右手上提停于右额前，手心向左后方；左手落于左胯前，手心向下，指尖向前，眼平视前方（图7-21之2~3）。

要点：完成姿势胸部不要挺出，两臂上下都要保持半圆形，左膝要微屈；身体重心后移和右手上提、左手下按要协调一致。

图 7-21　白鹤亮翅

（四）左右搂膝拗步

1. 右手从体前下落，由下向后上方画弧至右肩外侧，肘微屈，左手与耳同高，手心斜向上，左手由左下向上，向右下方画弧至右胸前，手心斜向下；同时上体先微向左再向右转，左脚收至右脚内侧，脚尖点地，眼看右手（图7-22之1~3）。

2. 上体左转，左脚向前（偏左）迈出成左弓步，同时右手屈回由耳侧向前推出，高与鼻尖平，左手向下由左膝前搂过落于左胯旁，指尖向前，眼看右手手指（图7-22之4~5）。

3. 右腿慢慢屈膝，上体后坐，身体重心移至右腿，左脚尖翘起微向外撇；随后脚掌慢慢踏实，左腿前弓，身体左转，身体重心移至左腿；右脚收到左脚内侧，脚尖点地，同时左手向外翻掌由左后向上画弧至左肩外侧，肘微屈，手与耳同高，手心斜向上；右手随转体向上、向左下画弧落于左胸前，手心斜向下，眼看左手(图7-22之6～8)。

4. 与2同，只是左右相反(图7-22之9～10)。

5. 与3同，只是左右相反(图7-22之11～13)。

6. 与2同(图7-22之14～15)。

要点：前手推出时，身体不可前俯后仰，要松腰松胯。推掌时要沉肩垂肘、坐腕舒掌，同时须与松腰、弓腿上下协调一致，搂膝拗步成弓步时，两脚跟的横向距离保持约30厘米。

图 7-22 左右搂膝拗步

（五）手挥琵琶

右脚跟进半步，上体后坐，身体重心转至右腿上，上体半面向右转，左脚略提起稍向前移，变成左虚步，然后脚跟着地，脚尖翘起，膝部微屈，同时左手由左下向上挑举，高与鼻尖平，掌心向右，臂微屈，右手收回放在左臂肘部里侧，掌心向左；眼看左手食指(图 7-23)。

要点：身体要平稳自然，沉肩垂肘，胸部放松。左手上起时不要直向上挑，要由左向上、向前，微带弧形。右脚跟进时，脚掌先着地，再全脚踏实。身体重心后移和左手上起、右手回收要协调一致。

图 7-23　手挥琵琶

（六）左右倒卷肱

1. 上体右转，右手翻掌(手心向上)经腹前由下向后上方画弧平举，臂微屈，左手随即翻掌向上；眼随向右转体动作先向右看，再转向前方看左手(图 7-24 之 1～2)。

2. 右臂屈肘折向前，右手由耳侧向前推出，手心向前，左臂屈肘后撤，手心向上，撤至左肋外侧，同时左腿轻轻提起向后(偏左)退一步，脚掌先着地，然后全脚慢慢踏实，身体重心移至左腿成右虚步，右脚随转体以脚掌为轴扭正；眼看右手(图 7-24 之 3～4)。

3. 上体微向左转，同时左手随转体向后上方画弧平举，手心向上，右手随即翻掌，掌心向上；眼随转体先向左看，再转向前方看右手(图 7-24 之 5)。

4. 与 2 同，只是左右相反(图 7-24 之 6～7)。

5. 与 3 同，只是左右相反(图 7-24 之 8)。

6. 与 2 同(图 7-24 之 9～10)。

7. 与 3 同(图 7-24 之 11)。

8. 与 2 同，只是左右相反(图 7-24 之 12～13)。

要点：前推的手不要伸直，后撤的手也不可直向回抽，随转体仍走弧线。前推肘，要转腰松胯，两手的速度要一致，避免僵硬。退步时，脚掌先着地，再慢慢全脚踏实，同时，前脚随转体以脚掌为轴扭正。退左脚略向左后斜，退右脚略向右后斜，避免使双脚落在一条直线上。后退时，眼随转体先向左右看，然后再转看前手。最后退右脚时，脚尖外撇的角度略大些，便于接做左揽雀尾的动作。

图 7-24　左右倒卷肱

（七）左揽雀尾

1. 上体微向右转，同时右手随转体向后上方画弧平举，手心向上，左手放松，手心向下，眼看左手（图 7-25 之 1）。

2. 身体继续向右转，左手自然下落逐渐翻掌经腹前画弧至右肋前，手心向上；右臂屈肘，手心转向下，收至右胸前，两手相对成抱球状，同时身体重心落在右腿，左脚收到右脚内侧，脚尖点地；眼看右手（图 7-25 之 2～3）。

3. 上体微向左转，左脚向左前方迈出，上体继续向左转，右腿自然蹬直，左腿屈膝，成左弓步；同时左臂向左前方推出（即左臂平屈成弓形，用前臂外侧和手背向前方推出），高与肩平，手心向后；右手向右下落放于胯右侧，手心向下，指尖向前；眼看左前臂（图 7-25 之 4～5）。

要点：掤出时，两臂前后均保持弧形，分手、松腰、弓腿三者必须协调一致，揽雀尾弓步时，两脚跟横向距离不超过 10 厘米。

4. 身体微向左转，左手随即前伸翻掌向下，右手翻掌向上，经腹前向上、向前伸至左前臂下方；然后两手下捋，即上体向右转，两手经腹前向右后上方画弧，直至右手手心向上，高与肩齐，左臂平屈于胸前，手心向后，同时身体重心移至右腿，眼看右手(图 7-25 之 6～7)。

要点：下捋时，上体不可前倾，臀部不要凸出，两臂下捋须随腰旋转，仍画弧线，左脚全掌着地。

5. 上体微向左转，右臂屈肘折回，右手附于左手腕里侧(相距约 5 厘米)，上体继续向左转，双手同时向前慢慢挤出，左手心向后，右手心向前，左前臂要保持半圆，同时身体重心逐渐前移成左弓步；眼看左手腕部(图 7-25 之 8～9)。

要点：向前挤时，上体要正直，挤的动作要与松腰、弓腿相一致。

6. 左手翻掌，手心向下，右手经左腕上方向前、向右伸出，高与左手齐，手心向下，两手左右分开，宽与肩同；然后右腿屈膝，上体慢慢后坐，身体重心移至右腿，左脚尖翘起，同时两手屈肘回收至腹前，手心均向前下方，眼向前平视(图 7-25 之 10～12)。

7. 上式不停，身体重心慢慢前移，同时两手向前、向上按出，掌心向前；左腿前弓成左弓步；眼平视前方(图 7-25 之 13)。

要点：向前按时，两手须画曲线，手腕部高与肩平，两肘微屈。

图 7-25　左揽雀尾

10　　　　　11　　　　　12　　　　　13

图 7-25（续）

（八）右揽雀尾

1. 上体后坐并向右转，身体重心移至右腿，左脚尖里扣；右手向右平行画弧至右侧，然后由右下经腹前向左上画弧至左肋前，手心向上；左臂平屈胸前，左手掌向下与右手成抱球状；同时身体重心再移至左腿，右脚收至左脚内侧，脚尖点地；眼看左手（图 7-26）。

2. 与左揽雀尾 3 同，只是左右相反。

3. 与左揽雀尾 4 同，只是左右相反。

4. 与左揽雀尾 5 同，只是左右相反。

5. 与左揽雀尾 6 同，只是左右相反。

6. 与左揽雀尾 7 同，只是左右相反。

图 7-26　左揽雀尾

（九）单鞭

1. 上体后坐，身体重心逐渐移至左腿，右脚尖里扣；同时上体左转，两手（左高右低）向左弧形运转，直至左臂平举，伸于身体左侧，手心向左，右手经腹前运至左肋前，手心向后上方，眼看左手（图 7-27 之 1~2）。

2. 身体重心再渐渐移至右腿，上体右转，左脚向右脚靠拢，脚尖点地，同时右手向右上方画弧（手心由里转向外），至右侧时变勾手，臂与肩平；左手向下经腹前向右上画弧停于右肩前，手心向里；眼看左手（图 7-27 之 3~4）。

3. 上体微向左转，左脚向左前侧迈出，右脚跟后蹬，成左弓步；在身体重心移向左腿的同时，左掌随上体的继续左转慢慢翻转向前推出，手心向前，手指与眼齐平，臂微屈；眼看左手(图 7-27 之 5～6)。

要点：上体保持正直，松腰。完成时，右臂肘部稍下垂，左肘与左膝上下相对，两肩下沉。左手向外翻掌前推时，要随转体边翻边推出，不要翻掌太快或最后突然翻掌。全部过渡动作，上下要协调一致。

图 7-27 单鞭

（十）云手

1. 身体重心移至右腿，身体渐向右转，左脚脚尖里扣；左手经腹前向右上画弧至右肩前，手心斜向后，同时右手变掌，手心向右前；眼看左手(图 7-28 之 1～4)。

2. 上体慢慢左转，身体重心随之逐渐左移，左手由脸前向左侧运转，手心渐渐转向左方，右手由右下经腹前向左上画弧，至左肩前，手心斜向后，同时右脚靠近左脚，成小开立步(两脚距离 10～20 厘米)；眼看右手(图 7-28 之 5～6)。

3. 上体再向右转，同时左手经腹前向右上画弧至右肩前，手心斜向后，右手向右侧运转，手心翻转向右；随之左腿向左横跨一步；眼看左手(图 7-28 之 7～8)。

4. 与 2 同(图 7-28 之 9～10)。

5. 与 3 同(图 7-28 之 11～13)。

6. 与 2 同(图 7-28 之 14～15)。

要点：身体转动要以腰脊为轴，松腰松胯，不可忽高忽低；两臂随腰的转动而运转，要自然圆活，速度要缓慢均匀；下肢移动时，身体重心要稳定，两脚掌先着地再踏实，脚尖向前；视线随左右手而移动；第三个云手，右脚最后跟步时，脚尖微向里扣，便于接单鞭动作。

图 7-28　云手

11　　　　12　　　　13　　　　14　　　　15

图 7-28（续）

（十一）单鞭

1. 上体向右转，右手随之向右运转，至右侧方时变成勾手；左手经腹前向右上画弧至右肩前，手心向内；身体重心落在右腿上，左脚尖点地；眼看右手（图 7-29 之 1～2）。

2. 上体微向左转，左脚向左前侧方迈出，右脚跟后蹬，成左弓步；在身体重心移向左腿的同时，上体继续左转，左掌慢慢翻转向前推出（图 7-29 之 3～4）。

1　　　　　2　　　　　3　　　　　4

图 7-29　单鞭

（十二）高探马

1. 右脚跟进半步，身体重心逐渐后移至右腿；右勾手变成掌，两手心翻转向上，两肘微屈，同时身体微向右转，左脚跟渐渐离地；眼看左前方（图 7-30 之 1）。

2. 上体微向左转，面向前方；右掌经右耳旁向前推出，手心向前，手指与眼同高；左手收至左侧腰前，手心向上，同时左脚微向前移，脚尖点地，成左虚步；眼看右手（图 7-30 之 2）。

要点：上体自然正直，双肩要下沉，右肘微下垂，跟步移换重心时，身体不要有起伏。

图 7-30　高探马

（十三）右蹬脚

1. 左手手心向上，前伸至右手腕背面，两手相互交叉，随即腿向两侧分开并向下画自然蹬直，成左弓步；眼看前方（图 7-31 之 1～2）。

2. 两手由外圈向里圈画弧，两手交叉合抱于胸前，右手在外，右脚向左脚靠拢，脚尖点地；眼平视右前方（图 7-31 之 3～4）。

3. 两臂左右画弧分开平举，肘部微屈，手心均向外，同时右腿屈膝提起，右脚向右前方慢慢蹬出；眼看右手（图 7-31 之 5～6）。

要点：身体要稳定，不可前俯后仰；两手分开时，腕部与肩齐平；蹬脚时，左腿微屈，右脚尖回勾，劲使在脚跟；分手和蹬脚须协调一致；右臂和右腿上下相对。

图 7-31　右蹬脚

（十四）双峰贯耳

1. 右腿收回，屈膝平举，左手由后向上、向前下落至体前，两手心均翻转向上，两手同时向下画弧分落于右膝两侧；眼看前方（图 7-32 之 1～2）。

2. 右脚向右前方落下，身体重心渐渐前移，成右弓步，面向右前方，同时两手下落，慢慢变拳，分别从两侧向上、向前画弧至面部前方成钳形状，两拳相对，高与耳齐，拳眼都斜向内下（两拳中间距离 10～20 厘米）；眼看右拳（图 7-32 之 3～4）。

要点：完成时，头颈正直，松腰松胯，两拳松握，沉肩垂肘，两臂均保持弧形。双峰贯耳式的弓步和身体方向与右蹬脚方向相同，弓步的两脚跟横向距离同揽雀尾式。

图 7-32　双峰贯耳

（十五）转身左蹬脚

1. 左腿屈膝后坐，身体重心移至左腿，上体左转，右脚尖里扣，同时两拳变掌，由上向左右画弧分开平举，手心向前；眼看左手（图 7-33 之 1~2）。

2. 身体重心再移至右腿，左脚收到右脚内侧，脚尖点地，同时两手由外圈向里圈画弧合抱于胸前，左手在外，手心均向后；眼平视左方（图 7-33 之 3~4）。

3. 两臂左右画弧分开平举，肘部微屈，手心均向外，同时左腿屈膝提起，左脚向左前方慢慢蹬出；眼看左手（图 7-33 之 5~6）。

要点：与右蹬脚式相同，只是左右相反，左蹬脚方向与右蹬脚成 180°。

图 7-33　转身左蹬脚

（十六）左下势独立

1. 左腿收回平屈，上体右转；右掌变成勾手，左掌向上、向右画弧下落，立于右肩前，掌心斜向后；眼看右手（图 7-34 之 1~2）。

2. 右腿慢慢屈膝下蹲，左腿由内向左侧（偏后）伸出，成左仆步，左手下落（掌心向外）向左下顺左腿内侧向前穿出；眼看左手（图 7-34 之 3~4）。

要点：右腿全蹲时，上体不可过于前倾，左腿伸直，左脚尖须向里扣，两脚脚掌全部着地，左脚尖与右脚跟踏在中轴线上。

3. 身体重心前移，左脚跟为轴，脚尖尽量向外撇，左腿前弓，右腿后蹬，右脚尖里扣，上体微向左转并向前起身，同时左臂继续向前伸出立掌，掌心向右，在勾手下落，勾尖向后；眼看左手（图7-34之5）。

4. 右腿慢慢提起平屈，成左独立式，同时右勾手变掌，并由后下方顺右腿外侧向前弧形摆出，屈臂立于右腿上方，肘与膝相对，手心向左；左手落于左胯旁，手心向下，指尖向前；眼看右手（图7-34之6～7）。

要点：上体要正直，独立的腿要微屈，右腿提起时脚尖自然下垂。

图7-34 左下势独立

（十七）右下势独立

1. 右脚下落于左脚前，脚掌着地，然后左脚前掌为轴脚跟转动，身体随之左转，同时左手向后平举变成勾手，右掌随着转体向左侧画弧，立于左肩前，掌心斜向后；眼看左手（图7-35之1～2）。

2. 与左下势独立2同，只是左右相反（图7-35之3～4）。

3. 与左下势独立3同，只是左右相反（图7-35之5）。

4. 与左下势独立4同，只是左右相反（图7-35之6～7）。

要点：右脚尖触地后必须稍微提起，然后再向下仆腿，其他均与左下势独立相同，只是左右相反。

图 7-35 右下势独立

（十八）左右穿梭

1. 身体微向左转，左脚向前落地，脚尖外撇，右脚跟离地，两腿屈膝成半坐盘式，同时两手在左胸前成抱球状（左上右下）；右脚收到左脚的内侧，脚尖点地；眼看左前臂（图 7-36 之 1～3）。

2. 身体右转，右脚向右前方迈出，屈膝弓腿，成右弓步，同时右手由脸前向上举并翻掌停在右额前，手心斜向上；左手先向左下再经体前向前推出，高与鼻尖平，手心向前；眼看左手（图 7-36 之 4～5）。

3. 身体重心略向后移，右脚尖稍向外撇，随即身体重心再移至右腿，左脚跟进，停于右脚内侧，脚尖点地，同时两手在右胸前成抱球状（右上左下），眼看右前臂（图 7-36 之 6～7）。

4. 与 2 同，只是左右相反（图 7-36 之 8～9）。

要点：完成姿势面向斜前方。手推出后，上体不可前俯，手向上举时，防止引肩上耸，一手上举一手前推，要与弓腿松腰上下协调一致。做弓步时，两脚跟的横向距离同搂膝拗步式，保持在 30 厘米左右。

图 7-36　左右穿梭

（十九）海底针

右脚向前跟进半步，身体重心移至右腿，左脚稍向前移，脚尖点地，成左虚步；同时身体稍向右转，右手下落经体前向后、向上提抽至肩上耳旁，再随身体左转，由右耳旁斜向前下方插出，掌心向左，指尖斜向下；与此同时，左手向前、向下画弧落于左胯旁，手心向下，指尖向前；眼看前下方（图 7-37）。

要点：身体要先向右转，再向左转；完成姿势上体不可太前倾；避免低头和臀部外凸；左腿要微屈。

图 7-37　海底针

（二十）闪通臂

上体稍向右转，左脚向前迈出，屈膝弓腿成左弓步，同时右手由体前上提，屈臂上举，停于右额前上方，掌心翻转斜向上，拇指朝下；左手上起经胸前向前推出，高与鼻尖平，手心向前；眼看左手(图 7-38)。

要点：完成姿势上体自然正直，松腰松胯。左臂不要完全伸直，背部肌肉要伸展开。推掌、举掌和弓腿动作要协调一致，弓步时，两脚跟横向距离同揽雀尾式(不超过 10 厘米)。

图 7-38　闪通臂

（二十一）转身搬拦捶

1. 上体后坐，身体重心移至左腿上，右脚尖里扣，身体向右后转，然后身体重心再移至左腿，同时右手随着转体向右、向下变拳经腹前画弧至左肋旁，拳心向下；左掌上举于头前，掌心斜向上；眼看前方(图 7-39 之 1～2)。

2. 向右转体，右拳经胸前向前翻转撇出，拳心向上；左手落于左腰旁，掌心向下，指尖向前，同时右脚收回后不要停顿或脚尖点地即向前迈出，脚尖外撇；眼看左手(图 7-39 之 3～4)。

3. 身体重心移至右腿，左脚向前迈一步；左手上起经左侧向前上画弧拦出，掌心向前下方，同时右拳向右画弧收到右腰旁，拳心向上；眼看左手(图 7-39 之 5)。

4. 左腿前弓成左弓步，同时右拳向前打出，拳眼向上，高与胸平，左手附于右前臂里侧；眼看右拳(图 7-39 之 6)。

要点：右拳不要握得太紧，右拳回收时，前臂要慢慢内旋画弧，然后再外旋停于右腰旁，拳心向上。向前打拳时，右肩随拳略向前引伸，沉肩垂肘，右臂要微屈。弓步时，两脚横向距离同揽雀尾式。

图 7-39　转身搬拦捶

（二十二）如封似闭

1. 左手由右腕下向前伸出，右拳变掌，两手手心逐渐翻转向上并慢慢分开回收，同时身体后坐，左脚尖翘起，身体重心移至右腿；眼看前方（图 7-40 之 1～4）。

2. 两手在胸前翻掌，向下经腹前再向上、向前推出，腕部与肩平，手心向前，同时左腿前弓成左弓步；眼看前方（图 7-40 之 5～6）。

要点：身体后坐时，避免后仰，臀部不可凸出；两臂随身体回收时，肩、肘部略

图 7-40　如封似闭

向外松开；两手推出宽度不要超过两肩。

（二十三）十字手

1. 屈膝后坐，身体重心移向右腿，左脚尖里扣，向右转体；右手随着转体动作向右平摆画弧，与左手成两臂侧平举，掌心向前，肘部微屈，同时右脚尖随着转体稍向外撇，成右侧弓步；眼看右手(图7-41之1)。

2. 身体重心慢慢移至左腿，右脚尖里扣，随即向左收回，两脚距离与肩同宽，两腿逐渐蹬直，成开立步，同时两手向下经腹前向上画弧交叉合抱于胸前，两臂撑圆，腕高与肩平，右手在外，成十字手，手心均向后；眼看前方(图7-41之2~4)。

要点：两手分开和合抱时，上体不要前俯；站起后，身体自然正直，头要微向上顶，下巴稍向后收；两臂环抱时须圆满舒适，沉肩垂肘。

图 7-41　十字手

（二十四）收势

两手向外翻掌，手心向下，两臂慢慢下落，停于身体两侧，眼看前方(图7-42)。

要点：两手左右分开下落时，要注意全身放松，同时气也徐徐下沉(呼气略加长)，呼吸平稳后，把左脚收到右脚旁，再走动休息。

图 7-42　收势

第四节 太极推手

一、太极推手的发展历程

"太极"一词源出《周易·系辞》"易有太极，是生两仪"，含有至高、至极、无穷大之意。太极推手是太极拳的实践与升华，是太极拳的搏击形式，是武术对抗项目之一。太极推手根据太极拳引进落空、借力打人和恃巧不恃力的原则，将武术中的拿、跌、掷、打技术融为一体，以上肢躯干为进攻部位，运用掤、捋、挤、按、采、挒、肘、靠八式达到借力发劲的目的，在此基础上又不断地创编，最终成为与太极拳相得益彰，集传统性、健身性、娱乐性、竞技性于一体的运动形式和锻炼技艺。

太极推手独特的技法以及它具有的健身和观赏的功能而越来越受到人们的喜爱，成为武术运动中流传最为广泛的项目之一。作为一个新生的体育竞赛项目，太极推手的发展还需要有一个逐步完善的过程。

经过多年探讨和改进，太极推手终于趋于成熟，参赛的人数逐年增多。1994年，太极推手竞技运动被列为全国武术锦标赛项目，这标志着太极推手运动进入了一个新的发展时期。

二、太极推手的概念和特点

太极推手是在太极拳套路练习达到一定水平的基础上而衍生出求的一种两人搭手，互相缠绕，并严格遵循太极拳"沾连黏随"的要求，运用掤、捋、挤、按、采、挒、肘、靠八式，按照"不丢不顶，无过不及，随屈就伸，运转自如"的原则，以上肢、躯干为攻击部位，以借力、发力为主，使对方身体失去平衡的一项具有对抗性、娱乐性、健身性、传统性的体育运动。

三、太极推手的锻炼价值

太极推手和太极拳一样具备强身、健身、防病等价值，对调整人们的中枢神经系统功能，改善自我心理状态，提高呼吸系统功能，改善血液循环系统功能，促进人体骨骼与肌肉锻炼以及提高关节的灵活性有积极的作用。

（一）调整中枢神经系统功能，改善自我心理状态

现代社会"文明病"的原因主要是大脑过度紧张，导致交感神经的过度兴奋，消耗精力。太极推手运动的锻炼调节，不断使意识向积极的方向强化，使精力集中于推挡往来的动作上，努力做到"恬淡虚无""精神若一"，从而百虑俱消，物我两忘。这时人体处于入静意守和身心放松的状态，交感神经紧张性活动暂时下降，呼吸频

率也随之减慢，血压降低，脉搏变缓，使人身心愉悦、精力旺盛，改善其心理和生理状态。

（二）提高呼吸系统功能

在练习太极推手时，呼吸是随功架的开合、升降来进行的，即发劲（开）为呼、化劲（合）为吸，上升时吸气、下降时呼气。要求气沉丹田做腹式呼吸，做到"以心行气，以气运身"。通过横膈肌的升降，让横膈肌和腹肌做收缩与舒张运动，不但能使意识指挥气的进退来推动四肢的动作，还能增大肺通气量，提高血液中的含氧量和心脏的功能，使呼吸均匀深长。太极推手还是一种刚柔相济的放松运动，它所需要的能量完全在有氧代谢中得到补偿，所以练习中会感到呼吸通畅，头脑清醒。

（三）改善血液循环系统功能

太极推手不仅可以增强呼吸系统功能，还可以改善血液循环系统功能，它是动静结合、快慢相兼、刚柔相济、内外结合的全身运动，有利于促进血液循环，对心脏、血管、毛细血管都有良好的影响。

（四）促进人体骨骼与肌肉锻炼，提高关节的灵活性

太极推手运动是"非圆即弧"的圈线运动，双方在推挡往来的运动中进退相随，这种对抗练习方式对人体的骨骼肌肉具有很好的促进作用。同时在推手过程中要求动作"节节松开、节节贯穿"，这使人体关节的活动幅度加大，可提高关节的柔韧性和灵活性。

四、基本技术

（一）搭手式

以左势为例。两脚前后站立，右脚外撇 45°，左脚朝前，两脚横向间距约与肩同宽，重心落于两腿之间略偏后；左手略高于肩，掌心斜向内；右手与左肘齐高，掌心斜向下；两臂抱圆，沉肩垂肘；头平颈正，目光平视；胸微含使背略成弓形（图 7-43）。

图 7-43　搭手式

（二）掤法

两手向前向上抬，如揽雀尾掤式（图7-44）。

图 7-44　掤法

（三）捋法

两手向左或向右抹，如揽雀尾捋式（图7-45）。

图 7-45　捋法

（四）挤法

两手合劲整体向前排挤，如揽雀尾挤式（图7-46）。

图 7-46　挤法

（五）按法

双手下压，下压时身体收紧（图 7-47）。

图 7-47　按法

（六）采法

身体猛然沉坠，双手向后拉（图 7-48）。

图 7-48　采法

（七）捋法

向左或向右横向发力（图 7-49）。

图 7-49　捋法

（八）肘法

运用上臂攻击对方（图 7-50）。

图 7-50　肘法

（九）靠法

身法端正，裆劲下沉，用躯干部位撞击（图 7-51）。

图 7-51　靠法

第五节　南枝拳

南枝拳是中国广东省的一种地方性拳术，归属于南拳的拳术体系。它在岭南粤东地区广泛流传，以其独特的技术和风格而自成一派。这种拳术是由陈南枝发展并进一步传承下来的，因此得名"南枝拳"。

陈南枝（1847—1925），又名陈鉴山，出生于广东省海丰县。他自幼热爱武术，努力学习家传的武术技艺。成年后，他走访各地拜师学艺，最终将所学融会贯通，形成了自己独特的拳术风格。南枝拳的主要技术特点包括手足并用、上下齐攻、动作简练、发招刚劲、能攻善守、灵活多变，尤其擅长擒摔技巧。南枝拳的技击特点与当地的其他拳术有很大的不同，它强调后发制人、一步一招、多力齐发、近身短打、擒摔靠跌等实战技巧。为了纪念陈南枝对创立和传播南枝拳的贡献，人们将他传授的拳术命名为"南枝拳"。

南枝拳在潮汕地区广泛流传,包括潮州、汕头、揭阳、普宁、五华等地,并且传播到了中国港澳台以及东南亚等地区。经过一百多年的发展,南枝拳成为中国武术文化的重要组成部分,并在 2009 年成功申报为广东省非物质文化遗产。

一、南枝拳产生的历史基础

(一)南枝拳产生的基础

南枝拳的产生与其所处的整个生态系统中的各个要素有着密不可分的联系。

1. 自然环境的影响

潮汕地区地处广东省东北部,谚语称其为"省尾国角",指其位于国防门户,又是远离省城的东北边陲。岭南,北面有五岭阻隔,南面濒临南海,形成了向北封闭而向海开放的地理格局。在岭南的大区域内,潮汕地区西北方横亘着东北至西南走向的莲花山脉,这一地形屏障使其形成西北高、东南低的背山面海相对独立的地理区域。正是这种既封闭又开放,带有强烈的海洋色彩的地理环境造就了潮汕地区人们独特的生产生活方式,进而影响着潮汕地区武术的风格特征。潮汕地区特殊的自然地理环境,对包括南枝拳在内的当地传统武术的产生与发展起到了决定性的影响,使得南枝拳具有能攻善守、步稳势烈、气势壮旺等风格特点。

2. 区域文化的影响

潮汕地区的文化特色载有浓厚的人文精神和文化内涵。潮汕地区武术文化氛围浓厚,拳种众多。南枝拳作为潮汕地区本土拳种,一枝独秀,传承人通过技术动作、行为特征等外在的一系列表现形式,集中体现了潮汕地区人民的意识观念、社会行为、生活方式和思维方式的总和。南枝拳的技术风格表现出拳法凶猛、能攻善守、步稳势烈、反应敏捷等特点,与潮汕地区人民刚健聪慧的性格和刚柔相济的民俗习性相吻合。

(二)特定文化空间对南枝拳发展的影响

1. 民俗节日

潮汕地区民俗节日尤为丰富,特别是在每年正月隆重举行游神赛会,传统文化氛围十分浓厚。在这些传统活动中,南枝拳是主要角色之一,在舞龙、舞狮表演中都会有南枝拳的实战比赛或套路表演,既增加节日气氛,也增进民众对南枝拳的认识,对提升参与者的素质和文化内涵起到了积极的作用。民俗节日为南枝拳的发展提供了特殊的文化空间。

2. 传统仪式

南枝拳融合了中华优秀传统文化,提高了该拳种自身的文化价值。传统武术作为一种文化活动与社会民众息息相关,蕴含了老一辈武术家的心血,经过不断传承、改良、创新、发展,逐渐得到完善。南枝拳传承的不单单是拳术的技术动作,还有蕴含着深刻价值的文化。南枝拳的拜师仪式和择艺授徒，重在强调习武人的武德和人品。陈南枝不仅创立了南枝拳完整的技法体系，而且非常注重传统武德培育，强调艺不轻传、择徒授艺、未授武先授德，并要求其后世弟子传人秉承"三慎五戒"，即说话、习艺、比武要慎重，戒奸淫邪道、言无信实、不忠不义、以艺欺人、艺不择传，确立南枝拳传播形式和内容的规范，同时对练拳者也进行行为约束，对弘扬中华传统武术文化起到一定作用。

二、南枝拳的标志性技术

（一）手足并用，上下齐攻

手足并用，上下齐攻是南枝拳最显著的特点之一，拳术套路中的很多技术动作都是手法和步法同时完成的。譬如在"并步拿钹手"变"直马侧冲拳"的过程中，右手搂拨、左拳前冲和左脚上步三个动作，在其他拳种中有相似的动作，一般分成连贯的两三步完成，但在南枝拳中则是同时进行的。这种手足并用的优点是上下齐攻、万无一失，气势则更显刚劲威猛，一气呵成。

（二）马步低阔，步稳力沉

南拳讲究"稳马硬桥，脱肩团胛"，马步稳扎是南拳最基本的特点之一，南枝拳也有类似特点。步型上，南枝拳中最多的是"四平马"，"四平"即两大腿与地面平行、两肩平行，此外两脚要平行向前、脚跟外撑、五趾抓地、收腹挺胸，两脚间距离以自己的眼睛看不到两脚脚背为宜。这样的要求就使得马步低阔，利于两腿力量的增长，步法稳健、落地生根、劲力充沛。马步是南枝拳中最重要的基本动作，站好马步也是练南枝拳最重要的基本功。力由腰马发，马步稳固则出拳有力，卜肢的攻击动作即"撞马"也要求马步沉稳，这样才不至于"败马"。马步低阔，步稳力沉是南枝拳在步型、步法上的基本特点。

（三）出招精准，凤眼打穴，鹰爪采拨，近身擒拿

拳术讲究出拳"稳、准、狠"，南枝拳强调进攻击打点要准确，以独有的凤眼拳的拳尖点击穴位是其拿手绝活。拳尖接触面积很小，穴位又是人体的压痛点，因此同样的力度可导致完全不一样的击打效果。南枝拳在贴身近打时经常用鹰爪手化解对手的进攻，并乘机擒拿对方。出招精准，凤眼打穴，鹰爪采拨，近身擒拿是南枝拳以手攻防的重要技法。

（四）直马横肩，正坐薄发，侧身出拳，发力顺达

直马横肩是指一脚竖直向前，另一脚与该脚垂直成马步，两肩拧转使胸正对侧出的大腿。这种要求下的直马横肩，就能够做到充分拧转蓄力于腰部，拧腰冲拳。南枝拳往往侧身出拳，这样既减小了暴露面积又有利于增大出拳力量，攻防兼备。

（五）气势壮旺，刚劲有力；阴阳相推，刚柔相济

气势壮旺，刚劲有力是南拳的共同特征。南枝拳敢于以硬碰硬，以功力战胜对手，

主要表现在演练时常常侧身出拳。冲拳距离长、速度快，是通过制动使劲力充分爆发出来。此外，南枝拳还通过发声呼喝、震脚等来助长气势、助长发力。阴阳相推，刚柔相济是指南枝拳刚中寓柔，刚是敢于碰硬，柔亦不躲不闪，恰到好处地运用上肢与下肢成反方向剪刀力的分力法，以很小的力便可获得较大的力，甚至产生击倒对方的效果。

（六）套路众多，内容丰富，特点明显

陈南枝因材施教，在南枝拳的传承过程中，注重形式，但更强调内容，因此南枝拳发展到今天内容十分丰富，拳术和器械套路众多，并且具有鲜明的共同特征：大多数套路分三段完成，第一段和第二段动作相同，唯行拳时的运动方向相反，第三段则较为简短。各套路之间既有共同之处也各具特色，可谓风格鲜明、多姿多彩。

三、南枝拳的标志性练法

南枝拳是防身实战的拳种，学者要能够防身，就必须苦练三个方面。第一，长期用力苦练套路。久练功力大，手脚反应也灵快。第二，练对打。南枝拳称对打为"过桩"。经过"过桩"，反应就更加灵快。第三，练硬桩。即练强硬的桩头，如练举重、打沙袋、磕手臂等，是实战重要的辅助训练手段。这三方面练得好，防身自卫的能力自然高超。

四、南枝拳的标志性用法

（一）脚踩八卦，拳打卧牛

拳谚曰"拳打卧牛之地"，南枝拳继承了南少林拳术动作简明实用的特点，翻腾跳跃、闪展腾挪动作不多。"脚踩八卦"是南枝拳独有的步法训练方式，是在完成动作时出脚的方向和落脚的方位都可以用八卦图表示出来，脚少越出卦外，其中蕴含哲理也有利于工整、规范、科学地进行教学和训练。其动作有阴有阳，有刚有柔，有上有下，有前有后，有左有右，有内有外，又有旋转，弧直参半；要学南枝拳，必须先知八卦足位图、手形和重要的基本功。"脚踩八卦，拳打卧牛"是对南枝拳运动路线和运动范围的简要概括。

（二）后发制人，攻守兼备

中华武术的拳种有"内家拳""外家拳"之分。"后发制人"不仅仅是内家拳的特点，许多刚烈的外家拳种也同样讲究后发制人，南枝拳便是外家拳种中的一例。在攻防中南枝拳讲究先防后攻，攻守兼备，后发制人，哪怕一手发直接冲拳时，也要另一手先抵御然后才冲拳；用脚攻击时必先掩住对方的头或脚，然后才发脚还击。例如，南枝拳的大鹏展翅拳中的退步剪手和进右马冲拳，是前后相邻的两个动作，运用的就是先防守后进攻的原理。具体来说就是，通过退步剪手摆脱对方擒拿或者是化解对手进攻，然后快速以进马冲拳完成进攻；进右马冲拳也是先左手拨挡对方进攻后，发右拳直击

对方穴位。

（三）进退快捷，连消带打

武术搏击中的步法移动非常重要，要求动若游龙而又能落地生根，并且步法的进退要和拳法、腿法紧密结合，方能够在实际的搏击中发挥应有的效用。南枝拳手法丰富，步法稳固。进退快捷，就是说打拳过程中，步法的进退要快捷，"进"即上步攻击，进攻就要在上步的同时出拳攻击对手；"退"即后退防守，保护自己免遭攻击，同时要配合上肢的格挡，化解对方的进攻。连消带打中的"消"即化解，把对方的攻击力量消化掉；"打"即是在防守化解的同时击打对方。这样，步法的进退和上肢的攻守紧密结合起来即可描述为进退快捷，连消带打。

五、南枝拳的技法原理

（一）杠杆原理的运用

杠杆原理简单地说就是力臂越长越省力。从某种角度分析，人体本身就是一个活的杠杆系统，可以简单分为三个系统，即上肢系统、躯干系统和下肢系统。一般来说，下肢系统主要用于支撑体重，作为支撑点存在。这是因为人体发力必须有一个支撑点，才能谈得上对物体施加力的作用。反之，没有脚和腿的有力支撑，身躯和上肢的力量便无从发挥。南枝拳技法中的"马步低阔""步稳力沉"等，正是杠杆用力的一种形式。因为腰部是人体运动的枢纽，把力点落在腰部，无疑等于加大了杠杆力臂的作用，比单纯的手力、臂力强劲许多。

又由于人体是活杠杆，具有保护自身结构不受损害的本能，如果局部受到力的作用，必将引起全身的连锁反应。这样，我们必须把力量集中作用于对手的某一个局部，才能达到事半功倍的效果，产生真正威胁对手的力量。南枝拳中"出招精准，凤眼打穴，鹰爪采拨，近身擒拿"正是以凤眼拳的拳尖击打对手的薄弱部位，或者是鹰爪采拨后，反关节拿住对手。因此，南枝拳非常善于使用两手，能动地造成力的支点，使力量集中作用于对方的手指、腕或肘等部位，针对对手的弱点和薄弱环节，造成对手局部受力的被动状态，迫使对手就范。

（二）重心原理的运用

由于地球的引力，任何物体都存在着自身的重量，而重心则是物体内部重力中心的所在，其位置直接影响物体与地面的关系。重心偏高，物体容易失去平衡。

人可以通过自我调节而使重心下降，维持自身的稳定性，如屈膝弯腰都是降低重心的有效手段。另外，由于下肢和躯干部位肌肉的调节，以及上肢肢体变化给予的辅助平衡，在进一步使重心降低并增加稳定性的同时，又保持人体运动的极大灵活性。南枝拳技法强调"稳马硬桥"，在运动中通过马步降低重心，减少对手的攻击面，增加肢体的稳定性，便于有效运用防守反击技法。此外，南枝拳实际应用中的"筛脚""包脚""埋脚"都要求马步沉稳，步法灵活，以利于"撞马"中使对方"败马"破坏对方平衡，保持自己的平衡。

（三）作用力和反作用力

一个物体对另一个物体有作用力时，同时也受到另一个物体对它的作用力，物体间的这种相互作用力称为作用力与反作用力。根据作用力与反作用力的原理，苦练硬功往往能起到克敌制胜的作用。南枝拳很注重练硬功，在自己功力过硬的情况下，面对对手的进攻拳脚不必躲闪，依靠前臂和起腿硬碰硬，便能起到很好的攻防转换的作用。根据作用力与反作用力的原理，作用力与反作用力的大小相等，相等的力作用于不同硬度和敏感度的肢体，按照以硬克软、力强胜力弱的原则，胜负立见分晓。

六、南枝拳的主要内容

（一）功力功法

南枝拳的动作共有八九十个。就其作用而分，有备战的、防御的、防御并控制的、还击的、防御并还击的，以及既可防御还击又可反还击的，等等。就南枝拳使用劲力而论，有硬力法、分力法、硬力与分力两用以及少使用的合力法。南枝拳动作简易，而所蕴技法深奥。虽南枝拳被视为后发制人的实战技法，但久练却有内劲，能出大功力。虽为硬力拳，却多使用分力技法，往往能以小力击败大力。训练中，又有一套非常实用的辅助训练手段，因此南枝拳非常适于实战。

（二）套路

南枝拳套路众多，加上器械套路共有几十套，其中四步拳是入门第一套路。南枝拳内容十分丰富，大体可分为大、中、小三式。这三式的拳架基本相似，风格和演拳法却大不相同（代表性套路汇总见表7-1）。

表7-1　代表性套路汇总表

名称	套路动作
四步拳	预备式：立正 起势：序手、拿钹手 第一段：1. 连环推打。2. 连环推打。3. 连环推打。4. 连环推打。5. 擒手埋脚。6. 大鹏展翅。7. 背手。8. 斫打。9. 横马直肩推打。10. 摔手挑脚。11. 推打。 第二段：1. 抱撇末。2. 连环推打。3. 连环推打。4. 连环推打。5. 连环推打。6. 擒手埋脚。7. 大鹏展翅。8. 背手。9. 斫打。10. 横马直肩推打。11. 摔手挑脚。12. 推打。 第三段：1. 抱撇末。2. 推打。3. 万字剪托。4. 横马撞节。5. 站脚摔手。6. 冲马纺手。7. 带马回朝。8. 擒拿。 收势：序手、立正
削竹	预备式：立正 起势：序手、拿钹手 第一段：1. 寄脚。2. 右撄手。3. 左撄手。4. 削竹。5. 纺手。6. 带马回朝。7. 三角。8. 镖脚斩摔。9. 直马右冲拳。

名称	套路动作
	第二段：1. 直马左冲拳。2. 右撄手。3. 左撄手。4. 削竹。5. 纺手。6. 带马回朝。7. 三角。8. 镖脚斩捶。9. 直马右冲拳。 第三段：直马左冲拳。2. 直马右冲拳。3. 磕节。4. 撄手。5. 纺手、揪。 收势：序手、立正
穿针	预备式：立正 起势：序手、拿钺手 第一段：1. 直马上桥。2. 直马上桥。3. 直马上桥。4. 穿针。5. 穿针。6. 穿针。7. 鲤鱼抠鳃。8. 直马云手。9. 撅踢。10. 直马右冲拳。11. 倒插马右拿钺手。 第二段：1. 转身左拿钺手。2. 直马左冲拳。3. 直马上桥。4. 直马上桥。5. 直马上桥。6. 穿针。7. 穿针。8. 穿针。9. 鲤鱼抠鳃。10. 直马云手。11. 撅踢。12. 直马右冲拳。11. 倒插马右拿钺手。 第三段：1. 转身左拿钺手。2. 直马左冲拳。3. 小三催。4. 纺手、揪。 收势：序手、立正
乌鸦展翅	预备式：立正 起势：序手、拿钺手 第一段：1. 左推手。2. 右推手。3. 仙人担柴。4. 铁扇关门。5. 筛脚纺手。6. 斫打。7. 大鹏展翅。8. 万字马拧手。9. 拧手踢脚。10. 筛脚纺手。11. 流马托手。12. 退步剪手。13. 进马右冲拳。14. 大腊末手。15. 讹手。16. 左大腊末手。17. 讹手。18. 万字马拧手。19. 拧手踢腿。20. 仙人摘桃。 第二段：1. 抱攦末。2. 左推打。3. 右推打。4. 仙人担柴。5. 铁扇关门。6. 筛脚纺手。7. 斫打。8. 大鹏展翅。9. 万字马拧手。10. 拧手踢脚。11. 筛脚纺手。12. 流马托手。13. 退步剪手。14. 进马右冲拳。15 大腊末手。16. 讹手。17. 左大腊末手。18. 讹手。19. 万字马拧手。20. 拧手踢腿。21. 仙人摘桃。 第三段：1. 抱攦末。2. 推打。3. 万字剪托。4. 横马撞节。5. 站脚摔手。6. 冲马纺手。7. 带马回朝。8. 擒拿。 收势：序手、立正
三脚虎叉	预备式：并步持叉 起势：并步立掌、举火撩天 第一段：1. 伏虎式。2. 丹凤朝阳。3. 弓步大剪叉。4. 进马直插。5. 夜叉探海。6. 撑船过河。7. 仙人拨扇。8. 进马直插。9. 弓步大剪叉。10. 进马直插。 第二段：1. 伏虎式。2. 丹凤朝阳。3. 弓步大剪叉。4. 进马直插。5. 夜叉探海。6. 撑船过河。7. 仙人拨扇。8. 进马直插。9. 弓步大剪叉。10. 进马直插。 第三段：1. 伏虎式。2. 进马直插。3. 猛虎归山。 收势：并步持叉

七、南枝拳的发展

民国初期，南枝拳传人黄国荣在广东省揭阳县第一中学任教，主教南枝拳。后他与该县教授南枝拳的另外几位拳师共同努力，成立了潮汕地区的首家武术馆，由黄国荣任馆长。自此以后，南枝拳成为敦睦、东道、北关、元龙、朝桂、树德等学校教育教学的必修课，是南枝拳在当地传承、发展的重要基础。

中华人民共和国成立后，揭阳县文化馆成立武术组，经常组织武术表演，并多次参加地区和全省武术运动会。南枝拳另一脉在普宁、潮阳一带传承发展，主要弟子有陈四大、陈任夷、陈宏、谢坤记等人。陈四大秉承师训，在普宁县（今普宁市）开馆授徒，发扬南枝拳，学者甚多。

▶ 本章小结与思考

1. 简述武术运动的概念与特点。

2. 太极拳有哪些基本技术？

3. 太极推手的基本技术有哪些？

4. 南枝拳的标志性技术有哪些？

第八章 传统体育养生与保健

第一节 传统体育养生概述

一、传统体育养生的概念和内容

传统体育养生是中国古代的养生学说与强身健体的锻炼方法相结合的宝贵民族文化遗产。它依靠人体自身的能力，通过姿势的调整、呼吸的锻炼、意念的运用，来调节和增强人体各部分机能，激发人体潜力，起到防治疾病、强身健体的作用。

传统体育养生具有医疗和体育的属性，但又与之有别。一般的医疗方法，主要依靠药物的性能和医生的技巧来进行治疗康复，对病人来讲，自身是被动的。传统保健体育则旨在发挥人的主观能动性，通过自身的锻炼，有意识地自我控制心理、生理活动，取得增强体质、防病治病的效果。体育运动一般带有竞争性和对抗性，传统保健体育则重视通过调整人体内部的机能来发挥作用，因此尤其适应体质虚弱者和慢性病患者。

传统体育养生的历史悠久，包含着许多极为精湛的实践和理论。几千年来，它对中华民族的思想文化，乃至身心修养、中医理论等，都有着深刻影响。

二、传统体育养生的特点和功能

（一）传统保健体育的特点

1. 既能养生，又能治病

养生是指通过调养精神和形体，来达到增强体质、防治疾病的目的。传统保健体育通过姿势的调整、呼吸的锻炼、心神的修养，来疏通经络、活跃气血、协调脏腑、平衡阴阳，达到抵御外邪、祛病强身的目的。

另有一种致病因素，即七情：喜、怒、忧、思、悲、恐、惊。这七情在一般情况下，大多属于生理活动的范围，并不足以致病。但是，如果长期的精神刺激，或突然遭受剧烈的精神创伤，超过生理活动所能调节的范围，就会引起体内的阴阳、气血、脏腑的功能失调而发生疾病。传统保健体育在锻炼时，强调身体放松、平衡呼吸、神志安宁，维持人体内环境的相对稳定，预防疾病的产生。

2. 强调整体观，以内因为主

整体观是中医理论的指导思想，同样适用传统保健体育。人的生命活动与大自然紧密联系。自然界的运动变化常常直接影响人体，而人体受自然界的影响也必然相应地产生生理或病理上的反应，因此人们必须善于掌握自然界的变化，顺从天地之和。

传统保健体育的作用不是在于发展身体某部分机能或治疗某种疾病，而是通过调身、调息、调心的综合锻炼，调整中枢神经系统，增强人体的抵抗能力和适应能力，改善人体各系统功能。欲得其效，就要求练习者树立信心，发挥主观能动性，勤学苦练，持之以恒。当达到一定的火候，才能对机体起到调整的作用，获得预期的效果。

3. 内外合一，形神兼备

所谓"内"，指的是形、意、气等内在的情志活动和气息运动；所谓"外"，指的是手、眼、身、步等外在的形体活动。静态练习时，一般采用坐、卧、站等安静的姿态，结合意念的集中与各种呼吸方法进行锻炼，姿势、呼吸、意念三者不可分割。动态练习由肢体运动、呼吸锻炼、意念运用三个部分组成。肢体运动表现于外，但要求达到"动中有静"，即注意力集中，情绪安定，并根据动作变化，配以适当的呼吸方法，达到形、意、气的统一。这种锻炼方法，对外能利关节、强筋骨、壮体魄，对内能理脏腑、通经络、调精神，使身心得到全面发展。

4. 具有广泛的适应性

传统保健体育不仅锻炼价值高，而且内容丰富、形式多样，不同的类型有着不同的动作结构、技术要求、风格特点和运动量，不受年龄、性别、体质、时间、季节、场地和器械的限制，人们可以根据自己的需要和条件，选择合适的项目来进行锻炼，这都十分有利于传统保健体育的普及和开展。

（二）传统保健体育的功能

1. 培补元气

人体的健康状况与元气的盛衰有密切联系。元气充沛，则后天诸气得以资助，从而脏腑协调，身心健康；当先天禀赋不足或后天因素损及元气时，诸气失助而衰败，导致一系列疾病的发生。传统保健体育的锻炼，非常重视培补人体元气。元气充沛后，则可更好地激发与推动脏腑进行正常有效的生理活动，这对维持身体健康具有重要意义。

2. 平衡阴阳

阴阳的动态平衡是维持人体正常生理活动的基础，阴阳平衡关系的破坏，就意味着疾病的发生。中医学认为，疾病的发生、发展、诊断、治疗、转归等，都是以阴阳学说为理论依据，"阴盛则阳病，阳盛则阴病"。所以，传统保健体育能养生治病的机理，必然也寓于阴阳变化之中，目的是平衡人体阴阳。

3. 疏通经络

经络遍布全身，是人体气、血、津液运行的通道，是联络五脏六腑的生理结构。经络有广泛而重要的生理作用，概括起来，经络有运行气血、营内卫外、联络脏腑等作用。因此，传统保健体育的医疗保健作用，也必将通过疏通经络这一机制来实现。

4. 调和气血

气血是构成人体的重要组成部分，是维持人体生命活动不可缺少的精微营养物质。气具有推动、温煦、防御、固摄和气化等作用，血具有营养和滋润等作用。正常情况下，气血之间维持着一种"气为血之帅，血为气之母"的相辅相成的动态平衡状态，称为"气血调和"；而"气血不和，百病乃变化而生"。传统保健体育中的"意守"，就能起到调和气血的作用。

5. 调理脏腑

中医学说将人体器官分为两大类：心、肝、脾、肺、肾称之为脏；胆、胃、小肠、大肠、膀胱称之为腑。脏腑功能状态的正常与否，决定着人体的健康和疾病，脏腑失调是人体失去健康的病理基础。传统保健体育中的"调心"，就是调心神，心清神凝则身安气和，并使魂、魄、意、志处于协调安定状态，这样能使五脏安和，心身健康。

三、传统体育养生的基本原则

掌握传统体育养生的基本原则有利于提高锻炼质量，因此，在传统体育养生练习中要遵循基本原则，它是人们在长期锻炼过程中不断摸索、长期实践、多年积累的经验的概括总结，是符合客观规律的科学原则。

（一）身心放松，清静养神

身心放松是传统体育养生锻炼取得成效的必要条件之一，指在体育养生锻炼的操作过程中，必须做到身体放松和情绪安定，并贯穿于练习的不同阶段、不同层次的全部过程中，要避免紧张，排除杂念，保持宁静。它是一种积极的锻炼，是一种紧张得到解除，松紧处于平衡的状态，有利于机体内气血的自然循环。练习者要正确处理内部环境的静与外界环境的静的关系。首先是身心静，也就是所说的先内静，因身静不如心静，只有心静，方能内静，方以排除外来干扰。内外环境的平静利于相对集中注意力练习。

（二）练养结合

练养结合，是指练习和自我调养相结合。练与养，是练习过程中两种不同的状态。

"练"指练习类型选择、练习强度及练习环境。在练习类型选择上，要依据身体状况选择相应的项目练习；练习时要有意识地调整身体、调整呼吸、集中注意力、排除杂念，并根据自身体力情况适度练习；练习环境选择，要利于入静。在注重练养结合的同时要顺应自然，既要顺乎自然界的阴阳变化以护养调摄，也要顺应自然以养生，练习时应注意四时环境的变化。

（三）循序渐进

传统体育养生动作练习时由简到繁，循序渐进，动作做到规范才能确保较好的功效。首先，意念、呼吸、动作的训练要相互协调。在动作基本掌握时，应配合匀、细、绵、长等流畅自如的呼吸，之后逐步加上意念的引导。其次，功效显现要有循序渐进的思想准备。练习时要保持良好稳定的心态，不要急于追求功效，反而影响气血的运行，达不到养生保健的目的。最后，应根据自身的具体情况安排练习的时间和强度。在遵循以上几点练习要领的同时，要把练习作为自身生活方式的一部分，持之以恒，才能达到事半功倍的功效。

四、传统体育养生的基本要领

传统体育养生的锻炼方法繁多，形式多样，但练习时基本要领相同，主要有身形中正(调身)、呼吸深长细匀(调气)和心神安静(调心)三大基本要领，三者之间相互依存、相互制约。调身是基础，调气是中介，调心主导调身和调气。

（一）身形中正——调身

身体中正的要领在于调身。所谓调身，就是有目的地把自己的形体保持在动态的平衡状态之下，做到不偏不倚，结果显现为身形中正，两者互为因果。只有做到身形中正，气血自然贯通上下。身形中正并不是一直保持中正的平衡状态，而是在运动中通过改变身体的不同形态，配合呼吸和意识，使身体获得使气血疏通自如的能力。

（二）呼吸深长细匀——调气

呼吸深长细匀指在练习过程中呼吸要缓慢匀称，通过特定的身形或动作及意念的配合，使人的元气充盈，从而达到内气鼓荡，气血通畅。调气即通过控制修炼，以达到培育人身正气、清心安神和安定情绪的目的。

（三）心神安静——调心

调心，主要是通过意识来调节精神、思维状态，从而达到思维敏捷、反应灵活、气血通畅，最终达到健身目的。调心主要有以下四种方法。(1)意识放松法：主动地以意识引导身体各个部位放松，并使思想相对集中，以解除身心紧张状态。(2)意念法：默念字句，化杂念为正念，这是集中思想常用的方法。(3)数息法：默数自己的呼吸，有数息和随息两种。(4)排除杂念法：排除各种思想杂念与干扰，集中注意力。

第二节　传统养生保健练习

一、五禽戏

五禽戏是东汉名医华佗根据古代导引、吐纳、熊经、鸟伸之术，研究了虎、鹿、熊、猿、鸟五禽的活动特点，并结合人体脏腑、经络和气血的功能，编成的一套具有民族风格特色的导引术。五禽戏寓医理于动作之中，寓保健康复效益于生动形象的"戏"之中，这是五禽戏区别于其他导引术的显著特征。

五禽戏作为一种防治结合的传统保健导引术，其锻炼要求是比较严格的。每一禽戏的神态运用要形象，不仅要求形似，更重视神似，并且要做到心静体松、刚柔相济，以意领气、气贯周身，呼吸柔和缓慢，引伸肢体，动作紧凑而不慌乱。五禽戏的动作全面周到，从四肢百骸到五脏六腑，可以改善人体各部分功能，起到畅通经络、调和气血、活动筋骨、滑利关节的作用。

根据中医的脏腑学说，五禽配五脏。虎戏主肝，能疏肝理气，舒筋活络；鹿戏主肾，能益气补肾，壮腰健胃；熊戏主脾，能调理脾胃，充实两肢；猿戏主心，能养心补脑，开窍益智；鸟戏主肺，能补肺宽胸，调畅气机。与此同时，人体是一个有机整体，五脏相辅相成，所以五禽戏中任何一戏的演练，既能主治一脏，又能兼顾其他各脏，从而达到祛病强身、延年益寿的目的。

（一）手形介绍

虎爪：五指张开，虎口撑圆，第一、第二指关节弯曲下扣（图8-1）。

鹿指：拇指向外撑开、伸直，食指、小拇指伸直，中指、无名指弯曲内扣（图8-2）。

熊掌：五指弯曲，大拇指扣压食指第一指节上，其他四指并拢弯曲，虎口撑圆（图8-3）。

猿勾：五指指腹捏拢，屈腕（图8-4）。

鸟翅：五指伸直，拇指、食指、小拇指向上翘起，无名指、中指并拢向下（图8-5）。

 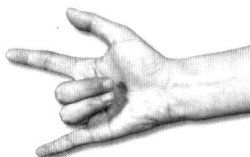 

图8-1　虎爪　　　　　图8-2　鹿指　　　　　图8-3　熊掌

图 8-4　猿勾

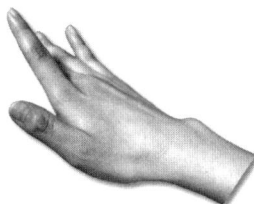
图 8-5　鸟翅

（二）动作说明

1. 虎戏

练虎戏最重要的是要有虎威：神发于目，威生于爪，神威并重，啸声惊人。要有动如雷霆无阻挡、静如泰山不可摇的气势。既要做到刚劲有力，又要做到刚中有柔，从而达到动静相兼、刚柔并济。

（1）虎窥

①两脚并拢直立，两手垂于体侧；眼平视前方。呼吸自然(图 8-6 之 1)。

②身体重心移向右腿，左腿向上抬起，左大腿与地面平行；同时两手成虎爪状沿体侧上举至胸前，掌心向下。配合吸气。左脚向前跨出一大步，成左弓步；同时两手由上下落至左膝两侧，稍比肩宽，掌心向下；两眼向前方平视，眼神威猛。配合呼气(图 8-6 之 2)。

③身体向右后转动，以腰带臂，同时两手随转体向右后画弧摆动。配合吸气(图 8-6 之 3)。

④再向左转体，以腰带臂，两手向体前画弧，身体转正；眼随手动。配合呼气(同图 8-6 之 2~3)。右脚向右前方迈步，做右式，动作同图 8-6 之 2~3，左右相反。

学练要点：要表现出虎的威猛。提膝要高，落步轻灵，两掌下按时意贯虎爪，力达指尖。上体竖直，颈随体转，目光炯炯，虎视眈眈，似出洞猛虎寻食。

1　　　　　　2　　　　　　3
图 8-6　虎窥

（2）虎扑

①接上动。以右脚为轴，向左转体90°，左脚收至右脚内侧，成左丁步；两腿屈曲，两手随转体摆至两脚前，稍比肩宽，掌心向下（图8-7之1）。

②上体抬起后仰，两腿由屈变伸，两膝微屈；两手沿体侧向上收至胸前侧，掌心向下。配合吸气（图8-7之2）。

③左脚快速向左前方跨出一大步，成左弓步；同时两手向前下猛扑至左膝下两侧，掌心向下；眼视前下方，配合快速呼气，发出"嗨"声（图8-7之3）。

④以左脚为轴，向右转体90°，右脚收到左脚内侧，做右式，动作同图8-7之1～3，左右相反。

学练要点：练虎扑时应轻灵敏捷，先柔后刚。前扑时发声吐气，以声催力，力达指尖。

图 8-7　虎扑

虎戏作用：练虎扑时，配以"嗨"字诀，"气自丹田吐"，能开张肺气，强腰固肾，并能使周身肌肉、筋腱、骨骼强壮。在虎戏的各种步法变换中，可增强关节的灵活性，对防治腰背疼痛、骨关节酸痛、颈椎综合征等有一定疗效。

2. 鹿戏

练习鹿戏时要舒松自然，动作轻捷奔放，不能有丝毫的勉强和拘束。精神要安闲雅静，想象在山坡、草原，群鹿行游，自己身为其中一员随群进行各种活动。

（1）鹿兴

①左腿提膝直立，右腿屈膝提起，小腿自然下垂，成右独立式；同时两掌变鹿指，由体侧上举过头，两臂伸直，掌心朝前。配合吸气（图8-8之1）。

②左脚向前迈出，挺膝踏实，右脚尖点地；两臂屈肘，大拇指架于头顶两侧，成鹿角状；眼向后看。配合呼气（图8-8之2）。

③右脚屈膝上提，成左独立式，做右式，动作同图8-8之1～2，左右相反。

学练要点：独立要稳，脚趾屈勾抓地。两臂上举，神态舒展昂扬。落步回头眺望，躯干和后面腿成一斜线，颈部尽量后拧。

图 8-8　鹿兴

（2）鹿盘

①接上动。上体直立，转体向左，同时左脚由后向前上步至右脚前，前脚掌着地，成左高虚步；两臂由头侧下落，左臂屈肘，上臂靠近身体左侧，前臂约与地面平行，掌心向上，右手举至头顶右上方，两掌心斜相对；眼视左手（图 8-9 之 1）。

②左脚稍回收，再向前迈一步，脚尖稍外展踏实，屈膝，右脚向前经左脚内侧，摩擦地面而过，脚尖略内扣，如此连续沿一圆圈共走八步（即八卦步）；眼始终注视圆心（图 8-9 之 2）。

③走完八卦步，以两脚为轴，身体左转约 270°之后屈膝下蹲，成左歇步；两手中指和眼神始终对圆心（图 8-9 之 3）。

④身体直立，同时向右转体约 270°，成右高虚步，做右式，动作同图 8-9 之 1～3，左右相反。

图 8-9　鹿盘

学练要点：八卦步要匀速走在圆弧上，走转时两膝适度弯曲，身体下坐，使力量灌注两腿，脚尖扣摆转换，前进如蹚泥状，全脚掌平落地面，五趾抓地。眼视圆心，心舒体松，神情怡然，自然呼吸。

鹿戏作用：鹿戏善运尾闾，有助于打通任督二脉，有强筋骨、固腰肾的作用，对腰背疼痛、腰肌劳损等有疗效。鹿兴、鹿盘使身体各关节活利，肌肉得到充分锻炼和牵拉，使肌肉力量增强。鹿盘使脊柱充分拧转，可增进脊柱的灵活性和稳定性，有延缓衰老和防治脊柱畸形的作用。

3. 熊戏

练习熊戏要表现出熊的浑厚、沉稳、性情刚直、勇敢和不怕困难的意志特点。练熊戏外观上笨重拖沓，实际内含无穷气力，且在沉稳中又有轻灵敏捷。同时练习熊戏时要松静自然、气沉丹田。

（1）熊运

①左脚向前迈一步，成左弓步；上体稍向前倾，含胸拔背，同时拧腰向右，左肩前靠内旋，松肩、松肘、松髋，由腰带动向前下摆动至左膝前，右臂稍向前摆动，之后再后摆至右髋后侧，两手成熊掌状。配合呼气（图 8-10 之 1）。

②身体转正，重心后移，拧腰晃膀，带动两臂前后摆动。配合吸气（图 8-10 之 2）。

③身体重心前移，成左弓步；左臂摆至体前，右臂摆至右后侧。配合呼气（图 8-10 之 3）。

④右脚经左脚内侧向右前方迈一大步，成右弓步，做右式，动作同图 8-10 之 1～3，左右相反。

学练要点：上步轻灵，落步稳重。重心前后移动，连贯均匀；两臂顺势前后摆动，如风吹杨柳；前靠时须用内劲。

1　　　　　　　　2　　　　　　　　3

图 8-10　熊运

（2）熊晃

①接上动。左脚向前上步，相距同肩宽，成开立步；同时两掌收至体侧，再经体前上举至头上方，掌心向前，成握物状；抬头，眼向上看。配合缓缓吸气（图 8-11 之 1）。

②两臂屈肘，两手慢慢下拉至肩前；同时，身体上引，脚跟慢慢提起(图 8-11 之 2)。

③脚跟慢慢落地，上体前屈同时俯身；两手变掌落至两脚前。配合缓缓呼气(图 8-11 之 3)。

④上体徐徐立起，同时两手成熊掌状经两腿前，再上提至腹前。配合吸气。之后两拳变掌，下落至体侧，配合呼气。

学练要点：两手上攀时，身体尽量伸展；两手下落时，身体尽量前屈，两腿不能弯曲。

图 8-11　熊晃

熊戏作用：练习熊戏有改善脾胃的运化功能、营养脏腑和增强肌力的作用。熊戏中用腰带动身体的晃动，使全身都得到运动，促进血液循环，激发全身生理机能，有滑利脊柱和髋关节、增强腰腹肌力量、调理脾胃的功效。熊戏中，下肢动作在各种步法变换之中，可以对髋、膝、踝三个主要关节起着滑利的作用，有利于疏通经络，改善腿部血液循环，强壮筋骨。

4. 猿戏

猿生性好动，机智灵敏，善于纵跳，攀枝蹬树，躲躲闪闪，永不疲倦。这是由于猿性"极静而动"的特点所致。练习猿戏，外练肢体运动的轻灵敏捷，内练精神的宁静，方能达到"动静兼修"和"不是神仙体自轻，似闪似电令人惊"的境界。

(1)猿采

①左脚向左前方跳一小步，右脚快速跟至左脚内侧，成右丁步；同时左手成猿勾状收至左腰侧，勾尖向后，右手经体前弧形上举至额前，掌心向下，指尖向右；眼注视右前方，眼神机敏(图 8-12 之 1)。

②右脚向右前方跨一步，踏实，上体前倾，左腿向后平举过腰，脚掌心向上；同时左勾手向右前方平伸屈腕，摆至头前，成摘采式，右手由额前向下画弧摆至身体右后侧，掌变勾手，勾尖向上(图 8-12 之 2)。

③右脚蹬地，左脚下落向左后方跳回，右脚收至左脚内侧，成右丁步；同时左臂屈肘，手收至左耳旁，掌心向上，成托桃状，左臂屈肘，手掌捧托在右肘下(图8-12之3)。

④左脚蹬地，右脚向右前方跨一步，左脚快速跟至右脚内侧，成左丁步，做右式，动作同图8-12之1～3，左右相反。

学练要点：摘采之前，眼睛先要注视前上方，好似发现树上有桃，摘采收回要快速敏捷。身体前倾摘采，要保持平衡。自然呼吸。

1   2   3

图8-12 猿采

(2)猿摩

①接上动。左脚向左前方跳一步，右脚跟至左脚内侧成右丁步，上体稍前倾；同时两手向两侧画弧，收至背后，掌心向外，之后沿腰背部做上下按摩数次(图8-13)；同时做左右转颈、眨眼、叩齿动作。

②右脚向右前方跳一步，左脚跟至右脚内侧，成左丁步；同时两手由背后向前画弧再收至背后，同时做左右转颈、眨眼、叩齿动作。动作同图8-13，左右相反。

③身体直立，两脚并拢，两臂自然下垂，成站立姿势。

学练要点：两手上下摩擦腰脊两侧，以肾俞穴为主，摩擦幅度要大，摩背、叩齿、眨眼、窥视要同时进行。自然呼吸。

图8-13 猿摩

猿戏作用：久练猿戏能健神，增强肢体的灵活性，进而达到体健身轻和延缓衰老的作用。猿戏的攀登跳跃可增强腿部的肌肉力量及各关节的灵活性和柔韧性。猿戏中的平衡动作能增强人的平衡能力。

5. 鸟戏

鸟戏要表现出鹤的昂然挺拔、亭亭玉立、轻盈安详、悠然自得的神韵。"熊径鸟伸，为寿而已矣"。练鸟戏时要舒缓伸展，用鹤的形象练功，取其轻灵敏捷之长。

(1)鸟伸

①左脚向前一步，身体重心前移，右脚跟抬起，脚尖点地；同时右手由体前向上撑起，左手下按，两手成鸟翅状；眼平视前方。配以吸气(图8-14之1)。

②两臂同时向前立抡一周，上体前俯，两腿屈膝，再右手下落摸左脚尖，左手后抬；眼视右手。配以呼气(图8-14之2)。

③右脚落下，上步踏实，左脚跟抬起，左手上撑，右手下按，做右式，动作同图8-14之1～2，唯左右相反。

学练要点：两臂上撑后推，拔长两肩。向前立抡要大，两臂协调进行。平衡要稳，保持数秒。

图8-14　鸟伸

(2)鸟翔

①接上动。左腿下落，收至右脚内侧，脚尖点地，两腿稍屈；同时两手由体侧下落，左手在外；眼视两手。配合呼气(图8-15之1)。

②右腿伸直，左腿提起，大腿与地面平行，小腿自然下垂；同时，两臂在体侧向上平举；眼视前方。配合吸气(图8-15之2)。

③左脚下落踏实，右脚跟抬起，脚尖点地；同时两手下落至体前交叉，右手在外；眼视两手。配合呼气(图8-15之3)。

④左腿伸直，右腿向上提起；两臂在体侧向上平举；眼视前方。配合吸气（图 8-15 之 4）。

⑤右脚下落踏实，左脚跟抬起，脚尖点地；同时两手下落回收至体前交叉，左手在外；眼视两手。配合呼气（图 8-15 之 5）。

⑥右腿伸直，左腿向上提起；同时两手交叉，由体前举至头的前上方，右手在外。配合吸气（图 8-15 之 6）。

⑦左脚下落踏实，右脚跟抬起，脚尖点地；同时两手由上向体侧弧形下落，至体前交叉，右手在外；眼视两手。配合呼气（图 8-15 之 7）。

⑧左腿伸直，右腿向上提起；同时两手交叉由体前举至头的前上方，左手在外。配合深长吸气（图 8-15 之 8）。

⑨右脚落于左脚内侧踏实，屈膝深蹲，上体前俯；同时两手弧形下落触摸脚外。配合深长呼气（图 8-15 之 9）。

⑩身体直立，两臂自然下垂，成站立姿势；眼平视前方；自然呼吸。

1　　　　　　2　　　　　　3　　　　　　4

5　　　　6　　　　7　　　　8　　　　9

图 8-15　鸟翔

学练要点：两臂摆动，幅度要大，轻松自如，开合升降与呼吸紧密配合。手脚变化协调一致，同起同落。

鸟戏作用：鸟戏要求伸展。伸展运动可以加强呼吸的深度，使肺的功能得到充分发挥，也可以使胃肠、心脏等内脏器官功能得到加强，从而改善人体全身的生理机能。鸟戏中的步法变换较多，能起到活跃关节、增强肌力的作用。

二、八段锦

（一）简要介绍

八段锦是中国古代导引术中的一个重要组成部分，这是一套针对一定脏腑、病症而设计的锻炼方法。其中每一句歌诀都明确提出了动作的要领、作用和目的，伸展、前俯、后仰、摇摆等动作，分别作用于人体的三焦、心肺、脾胃、肾腰等部位和器官，可以防治心火、五劳七伤和各种疾病，并有滑利关节、发达肌肉、增长气力、强壮筋骨、帮助消化和调节神经系统的功能。

八段锦由八节动作组成，因简便易学，历来深受人们喜爱，被比喻成"锦"，故名八段锦。其名称最早见于宋人洪迈所编《夷坚志》，该书记载："政和七年，李似炬为起居郎……尝以夜半时起坐，嘘吸按摩，行所谓八段锦者。""政和"是宋徽宗的年号。由此可见，北宋时八段锦就流传于世。从宋时流传和发展到现在的八段锦，内容丰富，大体可分为坐式和站式两大类。坐式八段锦也称为文八段，保存着古人席地而坐的迹象，多偏重内功。站式八段锦也称为武八段，武八段在内容和形式上有所区别：有人把难度较大、骑马式较多、动作以刚为主的称为北派；把难度不大、骑马式较少、动作以柔为主的称为南派。南派和北派同出一源，都是根据生活实践需要和中医医学理论逐步发展和充实起来的。

八段锦的文字记载，也不是一开始就以歌诀形成的。南宋无名氏记述的八段锦，并非七言八句，而是记述了字数多少不等的八条，各条之间也不押韵。直到元末明初，记述八段锦才出现了歌诀的形式。歌诀有助于练习者对八段锦动作的背诵和记忆。

八段锦对人体有良好的锻炼作用，是因为它的各个动作对某一脏器的作用有一定的针对性，但是这种作用又是综合性、全身性的，并非头痛医头、脚痛医脚。只有把八段锦各项动作综合起来，才能起到调脾胃、理三焦、去心火、固肾腰的作用。

（二）动作说明

1. 预备动作

两脚并拢，自然站立；肩臂松垂于体侧；头项正直，用意轻轻上顶，下颏微内收，眼向前平视；用鼻自然呼吸，精神集中，意守丹田（图8-16）。

2. 两手托天理三焦

(1)左脚向左平跨一步，与肩同宽；两手交叉于腹前，沿身体中线上举至头上方；眼随两手。配合吸气（图8-17之1）。

图 8-16　预备动作

（2）两手向体侧分开下落，侧平时，上体前俯，两手在头下方十指交叉互握。配合呼气（图 8-17 之 2）。

（3）上体抬起，两手沿身体中线上提，至胸前时，翻掌上托至头上方，两臂伸直，提踵、抬头；眼视手背。配合吸气（图 8-17 之 3）。

（4）两手左右分开，下落至体侧；脚跟下落着地；眼平视前方。配合呼气。

学练要点：两手上托，掌根用力上顶，腰背充分伸展。脚跟上提时，两膝用力伸直内夹，可以加强身体平衡。

健身作用：三焦有主持诸气，总司人体气化的功能。吸气时，两手上托，充分拔长机体，拉长胸腹部，使胸腔和腹腔容积增大，头部后仰，更加扩张了胸部，具有升举气机、梳理三焦的作用；呼气时，两手分开从体侧徐徐落下，有利于气机的下降。一升一降，气机运动平衡。对脊柱和腰背肌肉群也有良好的作用，有助于矫正两肩内收和圆背、驼背等不良姿势。

1　　　　　　　　　2　　　　　　　　　3

图 8-17　两手托天理三焦

3. 左右开弓似射雕

(1)左脚向左平跨一步，屈膝下蹲，成马步；两手体前交叉提起至胸前，右臂在外，两掌心均向里。配合呼气(图8-18之1)。

(2)右手握拳，拳眼向上，屈肘向右平拉，同时左手食指上翘，拇指伸直外展，两指成八字撑开，左臂伸肘，向左缓缓用力推出，高于肩平，掌心向左；展臂扩胸，两臂成拉弓状；眼视左手。配合吸气(图8-18之2)。

(3)两手变掌，右手向右侧伸展，两手同时下落，再向上交叉于胸前，做右式，动作同图8-18之1~2，左右相反。

学练要点：两臂平拉，用力要均匀，尽量展臂扩胸，头项仍保持正直。马步时，挺胸塌腰，上体不能前俯，两脚跟外蹬。

1   2

图 8-18 左右开弓似射雕

健身作用：本节动作主要是扩张胸部，作用于上焦。吸气时，双手似开弓式，左右尽力拉开，加大胸廓横径，能吸进更多的新鲜空气；呼气时，双手下落，然后向胸前合拢，帮助挤压胸廓，吐尽残余的浊气；由于两肺的舒张与收缩，对心脏也起到了直接的挤压和按摩作用，加强了心肺功能。在马步过程中完成动作，腿部肌肉力量得到锻炼。

4. 调理脾胃须单举

(1)上动至图8-19之1时，上体左转由马步变左弓步；左手握拳收至腰间，右手握拳随体转屈肘向下，向前举至头前；眼视右拳。配合吸气(图8-19之2)。

(2)上体前俯；右拳变掌下按至左脚尖前。配合呼气(图8-19之3)。

(3)上体右转，使左弓步过渡到右仆步再变为右弓步；右手随重心移动贴地画弧至右脚尖前；眼随右手。继续呼气(图8-19之4)。

(4)右手翻掌上举，臂伸直，掌心向上，左手变掌下按，掌心向下；抬头，眼视右手背。配合吸气(图8-19之5)。

(5)右掌变拳，向前下落收到腰间，左手握拳，屈肘前举到头前，做右式，动作同图8-19之1~5，左右相反。最后，左脚收回，并步，两拳抱于腰间。

学练要点：弓、仆步变换，动作连贯匀速。两掌上撑下按，手臂伸直，挺胸直腰，拔长脊柱。

1   2   3

4   5

图 8-19　调理脾胃须单举

健身作用：仆步转换成弓步，两手上撑下按对拉拔长，均能压缩腹腔和舒展腰腹，对腹腔、脏器特别是对脾胃消化系统具有按摩的功能，能增强胃肠蠕动，提高消化吸收功能。

5. 五劳七伤往后瞧

(1)左脚向前跨一步，成左弓步；同时，两拳变掌向后，经体侧再向前平举，手心向下。配合吸气(图 8-20 之 1)。

(2)重心后移，前脚尖外转；两臂屈肘翻掌交叉于胸前，右手在外，两掌心向里。配合呼气(图 8-20 之 2)。

(3)重心前移，上体左转，左脚外展踏实，右脚跟提起；两手翻掌右前左后撑开，指尖朝前；眼视后方。配合吸气(图 8-20 之 3)。

(4)上体向右转正，左脚向后收回，两臂向前平举下落，配合呼气。再做右式，动作同图 8-20 之 1～3，左右相反。

学练要点：两臂起落开合要与呼吸配合一致。转头时，头平颈直，眼尽量向后注视。

图 8-20 五劳七伤往后瞧

健身作用：本节动作是整个脊柱尽量拧曲旋转，眼望后注视，主要调整中枢神经系统功能，能活络颈椎，松弛颈肌，改善脑部供血供氧，从而发挥、提高大脑对全身五脏六腑的指挥功能；胸部拧转有益于心肺两脏；腰部拧转有强腰健肾、调理脾胃作用。因此，有防止"五劳七伤"之说。

6. 摇头摆尾去心火

（1）接上式。左脚向左平跨一大步，屈膝下蹲，成马步；两手经体侧上举，在头前交叉下落按于膝上，虎口向里；眼视正前方（图 8-21 之 1）。

（2）上体向右前方深俯，重心落向右腿，头尽量向前顶伸。配合吸气（图 8-21 之 2）。

（3）上体深俯，最大幅度向左摇转，右腿蹬伸，重心移至左腿，臀部向右摆动，拧腰切胯；眼视右下方。配合呼气（图 8-21 之 3）。

（4）上体再向右摇转，做右式，同图 8-21 之 2～3，左右相反。最后，两手落于体侧，左脚收回，并步站立。

学练要点：上体左右摆动，手、眼、身、步、呼吸配合要一致，头部和臀部的相对运动，对拉拔长，要有韧劲。两手不离膝，两脚不离地。

图 8-21 摇头摆尾去心火

健身作用：心火被中医认为是情志之火内发或六气郁而化火出现的一些症状。摇头摆臀、拧转腰胯的中脉运动，牵动全身，降低中枢神经系统兴奋性，起到清心泻火、宁心安神的功效。同时，下肢弓马步变化，对腰酸膝软等有疗效。

7. 双手攀足固肾腰

（1）接上式。两手体前上举至头顶，掌心向前；上体后仰，抬头。配合吸气（图 8-22 之 1）。

（2）两手随上体前俯至脚尖，手指攀握脚尖，两膝伸直。配合呼气（图 8-22 之 2）。

（3）上体抬起，两手沿脚外侧划弧至脚跟，沿腿后上行至腰部，按压肾俞穴；上体后仰，抬头。配合吸气（图 8-22 之 3）。

1　　　　　　　　2　　　　　　　　3

图 8-22　双手攀足固肾腰

（4）两手自然下落，成站立式，配合呼气。

学练要点：身体前屈和背伸，主要是腰部活动，因此两膝始终伸直，前俯后仰，速度缓慢均匀，运动幅度应由小到大。

健身作用：腰部的前俯后仰，可以充分伸展腰肌群；双手攀足，可以牵拉腿部后群肌肉，本节动作能提高腰腿柔韧性，防止腰肌劳伤和坐骨神经痛等症状。腰部保护着重要的内脏器官、神经、血管，压缩、舒展脏器，具有内按摩功效，"腰为肾之府"，所以腰强健则肾固秘。

8. 攒拳怒目增气力

（1）左脚向左平跨一大步，屈膝下蹲，成马步；两手握拳于腰间（图 8-23 之 1）。

（2）左拳向前冲出，拳心向下；两眼瞪大，怒视左拳。用鼻快速呼气（图 8-23 之 2）。

（3）左拳收回，配合吸气。右拳向前冲出，两眼瞪大，怒视右拳。用鼻快速呼气（图 8-23 之 3）。

（4）右拳收回，配合吸气。上体左转，成左弓步；同时两拳体前交叉配合呼气，再向上举起，配合吸气，再两拳分开，右前左后向下劈拳，拳眼向上配合呼气；眼视右拳(图 8-23 之 4)。

(5)上体右转 180°，成右弓步，再做劈拳(图 8-23 之 5)，动作同图 8-23 之 4，唯左右相反。

(6)上体左转，成马步；两拳于体前交叉，配合吸气(图 8-23 之 6)。再向两侧崩弹拳，眼平视，配合呼气(图 8-23 之 7)。

(7)左脚收回，两手置于体侧，成站立式。

学练要点：出拳由慢到快，做好拧腰、瞬间急旋前臂动作，体现"寸劲"。脚趾抓地，挺胸塌腰，并与呼气、瞪眼、怒目配合一致；收拳宜缓慢、轻柔，蓄力待发。一张一弛，刚柔相济。

健身作用：主要锻炼肝的功能，肝血丰盈，则经脉得以涵养，使筋骨强健，久练攒拳，则气力倍增。怒目体现了肝的疏泄功能，因"肝开窍于目"，因此怒目可以疏泄肝气，从而调和气血，保证了肝的正常生理功能。

图 8-23 攒拳怒目增气力

7

图 8-23(续)

9. 背后七颠百病消

(1)脚跟上提，两臂屈肘，两手背后上行至脊柱两侧，按压于肾俞穴上；脚跟离地，身体上下抖动七次，再尽量提踵，头向上顶，配合吸气(图 8-24)。

图 8-24　背后七颠百病消

(2)脚跟轻轻着地，同时两手随之下落于体侧，配合呼气。

学练要点：身体抖动应放松。脚跟上提时，百会上顶；脚跟着地时振动宜轻，意念下引至涌泉，全身放松。

健身作用：这是全套动作的结束，连续上下抖动使肌肉、内脏、脊柱松动，再做脚跟轻微着地震动，使上述器官、系统整合复位，起到整理运动作用。随着动作的落下，气血疏通，意将病气、浊气从身上全部抖落，从而取得"百病皆消"的功效。

10. 收势

两手经体侧，上举于头顶上方，配合吸气(图 8-25)；再经体前徐徐下按至腹前，配合呼气。重复多次后，立正还原。

图 8-25　收势

三、易筋经

易筋经是一种身心并练、内外兼修的医疗保健养生法。动者外动以易筋强骨，静者内静以攻心纳意，集内外兼修之长，以静中求动、动中求静为宗旨，精练勤思，具有强健体魄、防治疾病的效果。

（一）练习要求

学练易筋经，除了姿势要正确，还必须领会以下要求。

伸展：练习每势时要尽量伸展。俗语说："睡不厌屈，觉不厌伸。"这说明人在清醒状态下身心舒展，是古人的养生妙法。

缓慢：动作慢是消除紧张和伸展的关键。

柔和：姿势正确、心平气和、肌肉放松是经络通顺、气血畅达的关键。

安静：练习时神态安详。静止时固然安静，但内在有无限生机，使气血更好地运动。动时要神态安详、意静心清。

呼吸：初练习时要缓缓地自然呼吸，逐渐进入"吐唯细细，纳唯绵绵"的呼吸。

（二）动作说明

1. 拱手环抱

(1)两脚并步直立，身体端正，两臂自然下垂，两膝保持直而滑利不僵的状态，两眼平视前方一固定目标(图 8-26 之 1)。

(2)左脚向左分开，与肩同宽；两臂向前、向上划弧，屈肘内收，两手距胸约 20 厘米，掌心向里，指尖相对，手对膻中穴。平心静气，神态安详，呼吸自然(图 8-26 之 2)。

学练要点：宽胸实腹，气沉丹田，脊背舒展，沉肩垂肘，上虚下实。

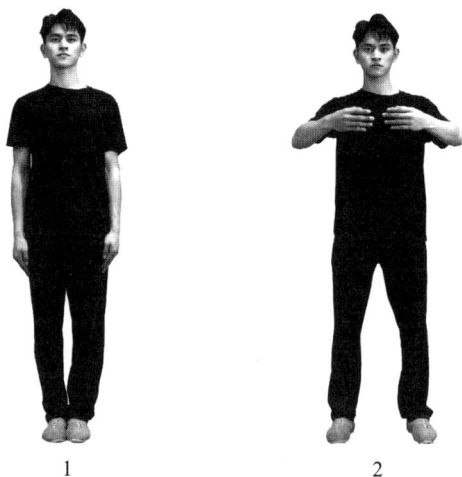

1   2

图 8-26　拱手环抱

　　健身作用：定心涤虑，排除杂念。神态安祥，外静而内有无限生机，气血调和，这样可以消除内心焦虑，稳定不安情绪，使人心平气和，遍体舒畅。

　　2. 两臂横担

　　(1)两手缓缓前伸至两臂伸直，与肩同宽，掌心向上。

　　(2)两臂向身体两侧分开成侧平举，两臂平直，掌心向上，两手稍高于肩，有向两侧伸展意。肩关节有意识向下松沉，舒胸。两眼平视前方，眼神延伸极远；百会虚领上起，躯干有向上伸展意；松腰，臀部自然向下松垂，两脚有向地心伸展意(图 8-27)。

　　学练要点：以腰为轴，使其他部位劲力内收，展中寓合，合中寓展。

图 8-27　两臂横担

　　健身作用：舒胸理气，健肺纳气。展臂舒体，有助于矫正腰背畸形，伸肱理气，贯注百脉，改善心肺功能。

3. 掌托天门

(1)两臂屈肘，两掌心向内、向耳旁合拢。

(2)提踵，同时两手反掌上托，举至头顶前上方，掌心斜向上，两手指尖相对，两臂展直，有向上伸展意。也可轻闭双眼，"仰面观天"，似遥望天之极处。配合吸气（图8-28）。

(3)两手向身体两侧下落，掌心逐渐翻转向下，两足跟随之缓缓下落。配合呼气。

学练要点：身体和上肢动作舒松，但松而不懈，要有内劲；提踵时，两膝伸直内夹，可以提高动作的稳定性。

图8-28　掌托天门

健身作用：治腰痛、肩臂痛。两臂上举抻长肢体和脊柱，有调理三焦，激发五脏六腑之气，起到防治内脏诸病的作用。

4. 摘星换斗

(1)重心移向右腿，左脚提起，两手上提至腰侧，配合吸气。再上体左转，左脚向左前方跨出，屈膝半蹲，成左弓步；同时，右手向后，掌背附于腰后命门穴处，左手向左前方伸出，高与头平，掌心向上，意念延及远方；眼视左手。配合呼气（图8-29之1）。

(2)重心后移，上体右转，右脚屈膝，左腿伸直，脚尖上翘；同时，左手随转体向右平摆；眼随左手。配合吸气（图8-29之2）。

(3)上体左转、左脚稍收回，脚尖着地，成左虚步；同时，左手随体右摆，变勾手举于头前上方，屈肘拧臂，勾尖对眉中成摘星状；眼视勾手，眼神延伸极远。配合呼气（图8-29之3）。

(4)左脚收回，右脚向右前方伸出，成右弓步；左勾手变掌下落至背后，右手向右前上方伸出，做右式，动作同图8-29之1～3，左右相反。

(5)两手下落于体侧，右脚收回，并步直立。

学练要点：整个动作变化，均应用腰来带动，体现协调柔和；屈臂勾手内旋，应做到尽力。意念上，手的摆动好似空中摘星揽月，最后神归天目。

图 8-29　摘星换斗

健身作用：此式主要作用于中焦，肢体伸展宜柔宜缓，上体转动幅度要大，交替牵拉，使肝、胆、脾、胃等脏器受到了柔和的自我按摩，促进了胃肠蠕动，增强了消化功能，故有调理脾胃、治疗胃脘胀痛及排浊留清的作用，并通过肢体运动，治疗颈、肩、腰诸关节的疼痛，提高下肢肌肉力量。

5. 出爪亮翅

(1)两掌变拳，上提至胸两侧，拳心向上。同时配合吸气(图 8-30 之 1)。

(2)提踵，同时两拳变掌缓缓向前推出，随前推掌心逐渐翻转向下。至终点时，坐腕、展指、掌心向前，两手高与肩平，同肩宽，两臂伸直；眼平视指端，眼神延伸极远。同时配合深长呼气(图 8-30 之 2)。

(3)落踵，两臂外旋握拳收回至胸前，再下落于体侧，成直立式。

图 8-30　出爪亮翅

学练要点：推掌亮翅时，脚趾拄地，力由下而上，并腿伸膝，两胁用力，力达指端，同时要鼻息调匀，咬牙怒目，内外相合。

健身作用：此式主要运动四肢，可疏泄肝气，舒畅气机；能培养肾气，增强肺气，有利于气血运行，另有增强全身筋骨和肌肉的作用，可灵活肩、肘、腕、指诸关节。

6. 倒拽九牛尾

（1）左脚向左横跨一步，相距约三脚宽；两臂由体侧上举至头两侧，两臂伸直，两掌心相对，指尖向上。配合吸气（图 8-31 之 1）。

（2）两腿屈膝下蹲，成马步；两掌变拳，由头上向体前下落至两腿之间，两臂伸直，拳背相对。配合呼气（图 8-31 之 2）。

（3）两拳由下上提至胸前，拳心向下，配合吸气。再由胸前向两侧撑开，两拳逐渐变掌，坐腕、展指，掌心向两侧，指尖向上，两臂撑直，有向两侧推撑之意。配合呼气（图 8-31 之 3）。

（4）身体重心移向右腿，左脚尖外展 90°，之后身体重心再向左腿移动，成左弓步；同时两掌逐渐变拳，左手向下、向腹前、再向上画弧摆至脸前，拳心对脸，上臂与前臂成直角，右手经向头部右侧上，向前、再向身体右侧后摆动，拳心向后，右臂内旋充分后摆；眼看左拳。两拳有前拉后拽之意。配合自然呼吸（图 8-31 之 4）。

（5）上体前俯至胸部靠近大腿，弓步姿势不变，左拳与脸的距离不变，右拳与身体的距离不变。同时配以呼气（图 8-31 之 5）。

（6）上体后仰，左拳与脸的距离不变，右拳与身体的距离不变，眼看左拳。配以吸气（图 8-31 之 6）。

（7）上体伸直右转，再做右式，动作同图 8-31 之 1～6，左右相反。

（8）重心移向左腿，右脚内扣，左脚收回，并步直立；两臂由侧平举下落至体侧，成直立式。

1　　　　　　　　　　2　　　　　　　　　　3

图 8-31　倒拽九牛尾

| 4 | 5 | 6 |

图 8-31(续)

学练要点：成弓步做上体前俯后仰，力注前臂，意念拳握九牛尾，由身后向前倒拽，以体现内劲用意。

健身作用：此式通过用意引导牵拉动作的模仿，可增进两膀气力，防治肩、背、腰、腿酸痛。两眼观拳，注精凝神，双眼进行弛张锻炼，可以改善眼部的血液循环。

7. 九鬼拔马刀

(1)左脚向左横跨一步，两脚平行开立，与肩同宽；两手向腹前交叉，左手在前，由体前上举至头前上方，两臂伸直。配合吸气(图 8-32 之 1)。

(2)两手由头上，向身体两侧下落至体侧。配合呼气。

(3)左手由体侧向前上举至头上，之后左臂屈肘，左手落至头后食指点按风池穴，右手背至腰后，掌背向内，附于命门穴。配合吸气(图 8-32 之 2～3)。

(4)身体充分向右拧转，眼向后看(图 8-32 之 4)。

(5)身体转正，之后再充分向左拧转，眼向后看(图 8-32 之 5)。同时配合缓缓地深长呼吸。

(6)身体转正(图 8-32 之 6)，两臂成侧平举再下落至体侧，两手在腹前交叉，再做右式，动作同图 8-32 之 2～6，左右相反。

(7)身体转正，之后两臂成侧平举，再下落至体侧，左脚收回，成直立式。

学练要点：上体左右拧转，保持中轴正直，两臂前举后收要充分。

健身作用：此式主要锻炼腰、腹、胸、背等部位肌肉，并通过对脊柱诸关节的拧转，增强脊柱及肋骨各关节的活动范围，促进胸壁的柔软性及弹性。头颈部的拧转运动，能加强颈部肌肉的伸缩能力，改善头部的血液循环，有助于解除中枢神经系统的疲劳，对防治颈椎病、高血压、眼病有一定效果。

图 8-32　九鬼拔马刀

8. 三盘落地

（1）左脚向左横跨一步，两脚平行开立，相距三脚宽；两臂由身体两侧向体前上举，两臂伸直，与肩同高、同宽，掌心向上。配合吸气（图 8-33 之 1）。

（2）两掌心翻转向下，下落至两膝外侧，两手拇指朝里相对；同时屈膝下蹲成马步。配合呼气（图 8-33 之 2）。

（3）两腿缓缓伸直；同时两掌心翻转向上托起至两肩前侧（两臂夹角约成 90°）。配合吸气（图 8-33 之 3）。

（4）两腿屈膝深蹲；同时两掌心翻转向下按至两大腿外侧，指尖指向左右两侧。配合呼气（图 8-33 之 4）。

（5）两腿缓缓伸直；同时两掌心翻转上托至两肩侧（两臂约成"一"字形）。配合吸气（图 8-33 之 5）。

（6）两腿屈膝下蹲成马步；同时两掌心翻转向下落至两膝外侧，两手拇指朝里相对。配合呼气（图 8-33 之 6）。

图 8-33　三盘落地

4　　　　　　　　　　　　　5　　　　　　　　　　　　　6

图 8-33（续）

学练要点：两手向上，如托千斤；两手下落，如按水中浮球，意贯内力。

健身作用：此式活动肩、膝等关节，配合深蹲练习，能增强腿部力量，对蹲起机能的维持有良好效果，还能促进大腿和腹腔静脉血的回流。

9．青龙探爪

（1）两腿缓缓伸直，同时两掌变拳收至腰前侧，拳面抵住章门穴，拳心向上，右拳变掌举至头上，掌心向左，右臂靠近头部。配合吸气（图 8-34 之 1）。

（2）向左侧弯腰，右腰充分伸展，面部向前，右臂靠近头部，充分伸直，右手掌心向下。配合呼气（图 8-34 之 2）。

（3）向左转体至面部向下，上体充分向左前俯，右手充分向左探伸，眼看右手。配合吸气。

（4）屈膝下蹲，两大腿与地面平行，同时身体逐渐转正，右臂随转体由身体左侧经两小腿前划弧至右腿外侧，掌心向上。配合呼气（图 8-34 之 3）。

（5）两腿缓缓伸直，再做右式，动作同图 8-34 之 1～3，左右相反。

（6）两腿缓缓伸直，同时两手收至腰间握拳；左脚收回，并步直立（图 8-34 之 4）。

学练要点：手臂充分侧伸，上体由侧屈转为向前，由吸气转为呼气协调配合，以气带动，方能使动作连贯圆活。

健身作用：此式对腰、腿软组织劳损，转腰不便，脊柱侧弯，腿及肩臂酸痛、麻木及屈伸不利有效。通过侧弯腰及拧腰前探对肋间肌神拉，胸廓相对增大，使肺的通气量加大，肺泡的张力增强；通过对章门穴的按压，可达到协调五脏气机、调理脾胃的作用。

图 8-34　青龙探爪

10. 卧虎扑食

(1)向左转体 90°，左脚向左迈出一大步，成左弓步；两手由腰侧做向前扑伸动作，手高与肩平，同肩宽，掌心向前，坐腕，两手成虎爪状。配合呼气(图 8-35 之 1)。

(2)上体前俯至胸部贴大腿，两手掌心向下贴地，继续呼气。之后，抬头眼看前方，瞪眼。配合吸气(图 8-35 之 2)。

(3)上体抬起，直立，身体重心充分向右腿移动，右腿屈膝，左腿蹬直；同时两手沿左腿两侧，经腰侧提至胸前，两手成虎爪状。同时配以深吸气(图 8-35 之 3)。

(4)右腿蹬地，身体重心前移成左弓步；同时两手向前做扑伸动作，两臂伸直，两手成虎爪状。配合深呼气，也可发声，以声催力(图 8-35 之 4)。

(5)两臂外旋，掌心向上，握拳收至腰侧；身体重心移至左腿，右脚收至左脚内侧，再向右转体 180°，右脚向右迈出一大步成右弓步，再做右式，动作同图 8-35 之 1~4，左右相反。

图 8-35　卧虎扑食

3   4

图 8-35(续)

（6）两臂外旋，两掌心翻转向上，两掌变拳，之后收至腰两侧。身体转正，左脚收至右脚内侧，两脚并拢，同时两手下落，两臂自然下垂于体侧，成直立式。

学练要点：向前扑伸，注意发力顺序，起于根，顺于中，达于梢，腿腰臂三节贯通，力达虎爪。

健身作用：此式神威并重，势不可挡，有强腰壮肾、健骨生髓之效。

11. 打躬势

（1）左脚向左横跨一步，两脚平行开立，屈膝下蹲成马步；同时两臂由体侧上举至头上，两掌心相对，之后两掌下落，屈肘抱于脑后，掌心紧按两耳，两肘向两侧打开与身体在一个平面上（图 8-36 之 1）。

（2）上体前俯，胸贴近大腿，低头，两腿由屈变伸，充分伸直；两肘内合，两手以食指、中指、无名指交替在脑后轻弹数次，做"鸣天鼓"。配合自然呼吸（图 8-36 之 2）。

（3）身体直立，两腿屈蹲，成马步；两手抱于脑后。

1   2

图 8-36　打躬势

学练要点：上体正直时，两肘打开；上体前俯时，两肘用力夹抱后脑，咬牙，舌抵上颚，鼻息调匀。

健身作用：此式躬身轻击头的后脑部，可促使血液充分流注于脑，改善脑部血液循环，并能消除脊背紧张，使其柔韧有力。

12. 掉尾势

(1)接上式。两腿缓缓伸直，同时两手向头上撑起，掌心向上，指尖相对，两臂充分伸直，靠近头部。配合吸气(图 8-37 之 1)。

(2)上体左转 90°，再前俯，两腿伸直，两手靠近左脚外侧，两掌心贴地，两指尖相对。配合呼气。再抬头(图 8-37 之 2)。

(3)上体直立，身体转正。配合吸气。上体右转 90°，再前俯，两腿伸直，两手靠近右脚外侧，两掌心贴地，两指尖相对。配合呼气。再抬头(图 8-37 之 3)。

(4)上体直立，身体转正，两手仍在头上撑起，掌心向上，指尖相对，两臂充分伸直靠近头部。配合吸气(图 8-37 之 4)。

(5)上体后仰，约与地面平行，同时两手由头上向肩两侧分开，掌心向上，指尖指向两侧。继续吸气(图 8-37 之 5)。

(6)上体前俯，两臂由体侧向前摆至两肩前，两掌心向上，两臂充分伸直，抬头眼向前看。之后身体前俯，两手内旋，掌心向下，指尖相对，下按至两脚内侧，两手贴地，胸部靠近大腿。配合呼气(图 8-37 之 6)。

(7)上体直立，同时两臂前平举，两掌心翻转向上，配合吸气(图 8-37 之 7)。之后两掌心翻转向下，俯掌下按收至身体两侧；左脚收至右脚内侧，两脚并拢，成直立式。配合呼气。

学练要点：上体向左、右、前、后四个方位俯仰运动，两腿必须伸直，充分伸展拔长相关肌群和韧带，运动幅度因人而异，由小至大，循序渐进。

1　　　　　　　　2　　　　　　　　3　　　　　　　　4

图 8-37　掉尾势

5   6   7

图 8-37(续)

　　健身作用：此式抻筋拔骨、转骨拧筋、扭转脊柱及全身各个关节，充分活动全身及最大限度地活动脊柱，对脊柱及脊柱周围的神经丛有良好刺激作用，长期锻炼有一定的抗衰老作用，故有"动诸关节以求难老"之说。

‣ 本章小结与思考

　　1. 简述传统体育养生与保健的概念与内容。

　　2. 简述传统体育养生与保健的特点和功能。

　　3. 简述传统体育养生与保健的基本原则和要领。

第九章　跆拳道运动

第一节　跆拳道运动概述

一、跆拳道释义

跆拳道是朝鲜民族的技击性运动项目，是一项以腿法为主，手脚并用的竞技运动。"跆"，意为脚踩、踏、踢；"拳"，即用拳击打；"道"指道理、道德、修养。它倡导"以礼始，以礼终"的尚武精神，不仅能提高人的道德修养，培养意志品质，强身健体，而且作为一项充分发挥运动员技巧和智慧等竞技能力的体育项目，它又具有极高的技击实用性和观赏性。在其漫长的历史发展演变中，跆拳道融合了东亚武术的精华，经过数代人的艰辛努力与探索，逐步形成了今日的跆拳道运动。

二、跆拳道运动的特点

（一）腿法为主，手脚并用

跆拳道运动是以腿法为主，手脚并用的搏击对抗性项目，腿法所占的比例约达70%。跆拳道的比赛规则对腿法的使用有着积极的倡导和鼓励作用，腿法是最主要的得分手段。

（二）强调呼吸，发声扬威

在跆拳道训练与比赛中，要求练习者具有威武磅礴的气势。洪亮且具有威慑力的发声，正是显示自身能力的表现形式。

（三）以刚制刚，直来直往

在跆拳道比赛中，闪躲防守较少，多以拳、掌、臂格挡防守，以刚制刚，直接接触，简练硬朗。

（四）礼始礼终，谦和恭让

跆拳道运动强调一切训练都是以礼开始、以礼结束，通过行礼表现出自己内心对师长和队友的尊敬、感激之情，培养谦虚、谨慎、和蔼、忍让等良好的行为规范和礼仪习惯。

（五）内外兼修，身心合一

跆拳道运动既注重身体的外在训练，更注重心智的内在修炼，它要求内外同修，身心合一。

三、跆拳道运动的级位与段位

根据跆拳道练习者的练习年限、技术水平和自我意识修养的高低，可分为十级九段。初学者都是从十级开始，随着学习的年限和技术水平的提高，逐步晋升为段位。

跆拳道运动的级位是以腰带的不同颜色来区分：十级为白带，九级为白黄带，八级为黄带，七级为黄绿带，六级为绿带，五级为绿蓝带，四级为蓝带，三级为蓝红带，二级为红带，一级为红黑带。晋升到段位后，一律为黑带，段位的区别由黑带上的标记来决定。

黑带是跆拳道高手的象征，是实力的体现，更是一种荣誉和责任。一段至三段是黑带初级段位，四段至六段是高水平的段位，七段至九段只能授予具有很高学识造诣和对拳道的发展做出重大贡献的杰出人物。

第二节　跆拳道运动基本技术

跆拳道运动的基本技术简单实用，是所有其他技术的精髓和灵魂。任何技术的变化、运用都是在基本技术的基础上发展、衍生而来的。但是，基本技术只是跆拳道运动技术规范化和理想化的基础动作，在比赛实践中，基本技术需要根据时机、距离、战术和运动员的自身条件加以整合才能有效地使用。

一、实战姿势

跆拳道运动的实战姿势是使自己身体处于最有利于进攻和防守的一种姿势，其作用是使身体随时处于攻防的最佳状态，便于自我保护、快速进攻与反击。在实战姿势中，左脚在前称为左势，右脚在前称为右势。

动作要领：两脚前后开立与肩同宽，前脚脚尖内扣斜向右前方，后脚脚跟提起，双膝关节微屈，重心落在两脚之间；上体自然直立斜向右前方，双手握拳，拳心相对，两臂弯曲，左拳略前伸，右拳置于胸前，两肘自然下垂；头部直立，目视前方（图9-1）。

图 9-1　实战姿势

二、步法

跆拳道运动的步法是维持身体重心平衡，配合拳法、腿法等攻防动作快速击打和防守时移动身体、调整距离的一种技术，其主要作用是保持进攻与防守的最佳距离位置。

（一）上步与撤步

以左脚掌为轴，脚尖外转，右脚蹬地向前上步，成右实战姿势站立；以右脚为轴内转，左脚向后撤步，成右实战姿势站立。

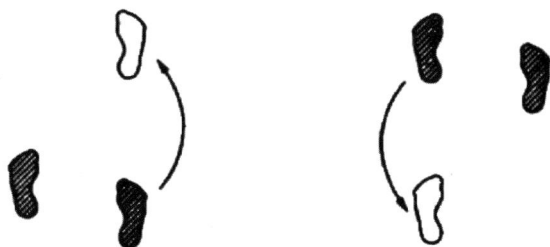

图 9-2　上步与撤步

（二）前滑步与后滑步

右脚掌蹬地，同时左脚借右脚蹬地之力向前移动半步，左脚着地，右脚随即跟进半步，保持基本姿势不变。左脚掌蹬地，同时右脚借左脚蹬地之力向后移动半步，右脚着地，左脚随即跟进半步，保持基本姿势不变。

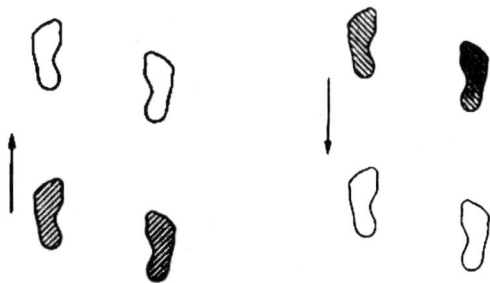

图 9-3　前滑步与后滑步

（三）前进步与后退步

两脚同时蹬地，向前迅速移动一脚左右距离，动作完成后保持实战姿势，两脚同时蹬地，向后迅速移动一脚左右距离，动作完成后保持实战姿势。

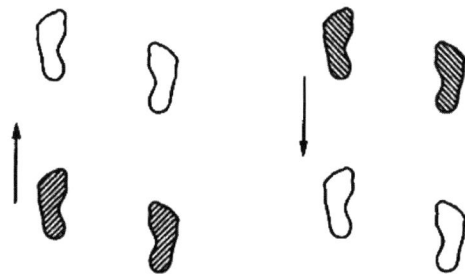

图9-4　前进步与后退步

（四）左弧形步与右弧形步

以左脚为轴，右脚蹬地向左侧跨步，上体随之左转90°；以左脚为轴，右脚蹬地向右侧跨步，上体随之右转90°。

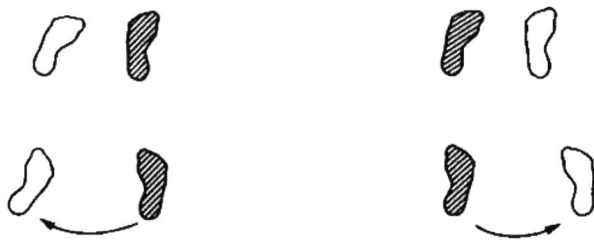

图9-5　左弧形步与右弧形步

三、拳法

（一）左直拳

保持实战姿势，左拳从胸前由屈到伸旋臂击出，当肘臂还未完全伸直时，拳头向右方旋转，力达举面，迅速收回(图9-6)。

图9-6　左直拳

（二）右直拳

保持实战姿势，右脚蹬地，腰髋部向左旋转，右手握拳由屈到伸，当肘臂还未完全伸直时，拳头向左方旋转，拳背向上，向前快速击出，力达拳面，迅速收回（图 9-7）。

图 9-7　右直拳

四、腿法

（一）前踢

动作要领：在实战姿势基础上，右脚蹬地，后腿提起抬膝的同时，髋部左转前送，脚面绷直，膝盖前顶，当膝盖与大腿抬至水平或稍高时，小腿弹出，以脚面击打目标，完成后迅速放松收回，还原成实战姿势（图 9-8）。

易犯错误：髋部没有前送；提膝时没有直线出腿；击打时脚面没有绷直，直腿踢、直腿落，没有快速折叠小腿的过程。

图 9-8　前踢

（二）横踢

动作要领：在实战姿势基础上，右脚蹬地，后腿提起抬膝的同时，左脚外旋180°，髋部左转前送，脚面绷直，当膝盖与大腿抬至水平时向左侧内扣，小腿由屈到伸快速向左前横向踢出，完成后迅速放松收回，还原成实战姿势（图9-9）。

易犯错误：没有直线正上抬膝；躯干没有稍后倾，腿部没有充分伸展；脚下没有配合髋部转动；踢出后直腿下落，小腿折叠回收不充分，击打力度不够。

图9-9　横踢

（三）后踢

动作要领：在实战姿势的基础上，左脚以前脚掌为轴向内旋转约120°，上体旋转时重心移至左腿，同时右腿屈膝抬起靠于左膝内侧，用力向后直线蹬出，力达脚跟，迅速落下还原成实战姿势（图9-10）。

易犯错误：左脚没有积极配合髋部转动；转身、出腿不连贯，中间有停顿；边旋转边出腿，打击走弧线。

图9-10　后踢

（四）下劈

动作要领：在实战姿势的基础上，右脚蹬地，右腿屈膝上提，以膝关节为轴右小腿向上伸直，右脚上举至对手头部上方，然后由上向下以右脚后跟（或脚掌）为力点向前劈击，顺势下压；同时向左侧拧髋前送，踢击后右脚收回，迅速落下成原姿势（图 9-11）。

易犯错误：起腿不够高；身体没有向上和向前移动；下劈时身体重心控制不好，力量不足。

图 9-11　下劈

（五）侧踢

动作要领：在实战姿势的基础上，右脚蹬地，左脚外旋，直线提起右大腿，弯曲小腿同时向左转髋，膝盖朝内，勾脚面，右腿直线平蹬出，用脚掌外侧攻击目标，击打后沿起腿路线收腿，右转，右腿落回还原（图 9-12）。

易犯错误：左脚跟转动不及时，大小腿折叠不充分；上体过分后仰，分散攻击力量；踢完不及时收腿，缺乏弹性。

图 9-12　侧踢

（六）推踢

动作要领：在实战姿势的基础上，右脚蹬地，重心前移，右腿以髋关节为轴提膝前蹬，右脚脚掌向前蹬推，力达脚掌，然后迅速下压，踢击后右脚收回，还原成实战姿势（图 9-13）。

易犯错误：髋部未充分展开，收腿不紧，直腿起；身体没有向前移动，身体重心控制不好；蹬腿速度慢，击打力量不足。

图 9-13　推踢

（七）后旋踢

动作要领：在实战姿势基础上，两脚以两脚掌为轴均内旋约 180°，身体随之右转约 90°，两拳置于胸前；上体右转，右脚蹬地，将蹬地的力量与上体拧转的力量结合向右后旋摆鞭打，同时上体向右转，带动右腿弧形摆至身体右侧，右腿屈膝回收，右脚落地后成实战姿势（图 9-14）。

易犯错误：左脚没有配合髋部转动，转身、踢腿中间停顿，身体转动时上体晃动失去平衡；提腿速度慢，击打后身体没有完全旋转，右腿直接落地。

图 9-14　后旋踢

（八）旋风踢

动作要领：在实战姿势基础上，右脚前跨一步内扣，身体向左转，右脚落地的同时，左腿随身体继续左转向左后摆起，身体转动 360°右脚蹬地起跳，顺势在空中做横踢，落地后上体右转，右腿回收还原（图 9-15）。

易犯错误：上步内扣落地角度过大，使后面的动作改变方向；上步、转体、摆腿、起跳动作不连贯，动作幅度过大；横踢没有利用转体轻跳的顺势力量，打击力度不够大。

图 9-15　旋风踢

五、基本防守法

跆拳道运动的防守是利用身体各部位结合各种步法抗击、闪躲、阻挡、堵截或转移对手进攻攻势的一种技术。在比赛中，合理地使用防守技术，是争取比赛主动权的有效方法。只有进攻而无防守，是不能克敌制胜的，只有攻防结合、攻中有防、防中有攻、以攻代防、以防带攻，才是战胜对手的根本保证。

（一）上格挡

在实战姿势的基础上，当对手用腿法攻击头部时，手臂握拳迅速向外上方外旋抬起，拳与头部前额相距 10～15 厘米，肘与肩同高，手臂紧张，同时身体微下沉向外侧拧腰，使对手的攻击腿落在前臂外侧。上格挡分为左上格挡和右上格挡（图 9-16）。

图 9-16　上格挡

（二）下格挡

在实战姿势的基础上，当对手用腿法攻击胸腹部和两肋处时，前臂迅速由屈到伸用外侧向下方击出，同时身体微向内拧腰，肘尖向外，迅速收回。下格挡分为左下格挡和右下格挡(图9-17)。

图 9-17　下格挡

（三）十字防

上十字防，即在实战姿势的基础上，当对手用劈腿攻击头部时，双手握拳迅速抬起，在头部上方成十字交叉状防守。下十字防，即在实战姿势的基础上，当对手用前踢或后踢等腿法攻击时，双手握拳成十字交叉状置于下腹部防守(图9-18)。

图 9-18　十字防

（四）堵截

堵截是在对手的进攻尚未发动或刚刚发动时，利用身体或动作将对手的进攻堵住截断，使之无法发动攻击。当发觉对手有进攻企图时，迅速上步用身体贴靠对手，不给对手进攻的距离；或使用推踢、侧踢将对手封堵在有效击打距离之外，从而破坏对手的进攻。

（五）闪躲

闪躲防守是运用身法和步法使身体向某个方向移动，避开对手的攻击，并在保护自己的同时，使身体做好反击准备。闪躲的方法主要有左、右闪躲，后搬闪躲和左、右环绕闪躲等。运用闪躲技术时，应根据临场情势，采取不规则、无规律的闪躲、移动的方式来避开攻击并快速反击。

第三节　跆拳道运动比赛技战术

一、比赛应用技术

（一）主动进攻技术

主动进攻技术是指比赛双方在最佳距离对峙时，一方根据临场情势突然以快速的步法或逼真的假动作接近对手而发动攻势的进攻方法，如强攻、抢攻、假动作、虚晃调动等。

主动进攻技术应用的要求如下。

1. 启动突然

双方在对峙时，发动攻势前不出现"预兆""预摆"动作，尽可能地在移动中利用相应的动作来隐藏自己的攻击意图和攻击前的准备，一旦时机成熟，迅速发起攻势，出其不意，攻其不备，使对手措手不及。

2. 迅速连贯

速度快，保证了动作的突然性，提高了动作的隐蔽性，缩短了动作间转换的时间。一旦发起攻势，务必快速敏捷，保持动作连续性。

3. 真假结合

双方在对峙中均保持着高度的警觉性，大部分注意力都放在防守上。直接的进攻往往不能取得预期效果，也容易令对手获得反击的机会。利用假动作来调动、迷惑对手，是在运动中寻找进攻时机的方法之一。

（二）防守反击技术

防守反击技术是指一方进攻时，另一方利用各种防守技术进行有效防守后，及时予以反击的攻防方法。它是一种复合技术，即由防守技术和进攻技术组合而成，是跆拳道技术体系中的重要组成部分。其主要形式有：先防守后反击；防守的同时施以反击；以攻代防等。

防守反击技术应用的要求如下。

1. 意识先导

比赛防守反击技术运用中，不仅要求正确、熟练地掌握防守与进攻技术，更重要的是有防守反击的意识和把握防守反击时机的能力。

2. 判断准确

在比赛中，当对手进攻时，如何判断其进攻的真伪，避免上当，至关重要。判断的正确与否，直接关系到技战术的运用发挥，也是确保反击击打效果的关键。

3. 动作娴熟

防守反击技术作为一种复合技术，对运动员的技术水平有着较高要求，对各种类型的防守动作要能够熟练掌握并运用自如。

4. 转换迅速

动作之间的衔接与转换是技术应用的关键，要尽量缩短防守反击转换的时间，加快动作转换的速度。

二、实战技术要素

实战技术要素是构成跆拳道比赛实战中攻防技战术有效击打对方、防御对手进攻和进行防守反击的基础。一切攻防技战术只有具备了实战技术要素，才能在实战比赛中得到充分发挥，运用得当，提高实效性。

（一）视觉

一切与比赛实战有关的信息，都是视觉传达到大脑，然后形成行为反应。对手的眼神、进攻的前兆、起动、落点、假动作等，都依靠视觉来观察、判断、进攻、防守、反击。

（二）重心

身体重心平稳，进退就能较好地掌握主动权，不易给对手造成进攻与反击的机会，有利于自己的快速移动与进攻防守。

（三）距离感

在比赛中与对手保持有效距离，这种有效距离既有利于自己的进攻，又有利于防守与反击。正确判断距离的远近，对击打力量的大小、攻防技术的运用，都具有决定性的作用。

（四）时机

掌握最佳攻击时机，是充分发挥技战术水平、取得预期攻击效果的前提条件和首要保证。

（五）判断

判断是通过预测对手将要采用的技战术意图而确定自己的技战术的能力，判断的正确与否，直接关系到技战术的运用发挥。

（六）速度

跆拳道比赛的速度包括动作速度、反应速度和位移速度。实战中，三种速度的快慢是技战术掌握程度的综合体现。

（七）力量

击打力量的大小是决定攻击技术的实效性标志之一。在比赛实战中，击打应具备一定的力度，使对手产生一定位移或被击打的效果。

（八）应变能力

应变能力是运动员技战术水平、各种运动素质在比赛中的综合体现。娴熟的技战术动作和良好的比赛心理素质是应变能力的基础，快速的反应则是应变能力的先决条件。

三、实战战术

（一）直攻和强攻战术

发挥自身优势，向对手直接发起进攻；多用于对方技术不稳定、体力不支、节奏较慢等时机。

（二）迂回和佯攻战术

双方僵持情况下没有合适的战机，与对手保持距离，不给对手得分机会，并寻找时机使用佯攻以获得有利战机；多用于双方实力相当时。

（三）控制对手特长和利用对方弱点战术

分析对手技术特点，控制对手的特长的发挥，并针对对手的弱点进行有效进攻。

第四节　跆拳道运动比赛规则

一、比赛场地划分

比赛场地是 12 米×12 米水平的、无障碍物、正方形场地，应有弹性且不易打滑的垫子；或由中国跆协批准使用的其他规格的比赛场地。比赛场地中央 8 米×8 米的区域称为比赛区，标记为蓝色，比赛区的外缘线称为边界线。比赛记录台和临场医务台面对比赛区的边缘线为第 1 边界线，顺时针旋转依次为第 2、第 3、第 4 边界线。边界线以外需铺设比赛垫，保护运动员的安全。尺寸大小可根据比赛的实际情况确定，宽度为 1~2 米，标记为红色或黄色。

二、比赛服装

参赛运动员须穿戴中国跆协认可的道服和护具，应戴好护身、头盔、护裆、护臂、护腿、护齿后进入比赛区，其中护裆、护臂、护腿应戴在道服里面。运动员可携带经中国跆协认可的护具以备自用。除了头盔，运动员头上不许佩戴其他物品。

三、比赛时间

比赛时间是指每场比赛为 3 局，每局比赛 2 分钟，局间休息 1 分钟。

四、允许使用的技术与攻击的部位

（一）允许使用的技术

1. 拳的技术：紧握拳、使用直拳，用指关节部分击打的技术。

2. 脚的技术：使用踝关节以下部位进行击打的技术。

（二）允许攻击的部位

1. 躯干：允许使用拳和脚的技术攻击躯干部位被护胸包裹的部分，但禁止攻击后背脊柱。

2. 头部：锁骨以上的部位，只允许使用脚的技术攻击。

五、得分

得分部位：头部、锁骨以上的所有部位；躯干、髋关节以上、锁骨以下的部位。

得分是使用允许的技术、准确有力地击中得分部位。但使用允许的技术、攻击被护具保护的非有效得分部位，击倒对方时，也按得分计。

击中躯干计 1 分；旋转踢技术击中躯干计 2 分；击中头部计 3 分；旋转踢技术击中头部计 4 分；一方运动员每被判"2 次警告"或"1 次扣分判罚"，另一方运动员加 1 分。

比分为 3 局比赛得分总计。

六、犯规行为判罚

判罚警告的犯规行为：越出边界线、倒地、伪装受伤、转身背向对手逃避进攻等逃避比赛的行为；抓、搂抱或推对手或用膝部顶撞对手、用拳攻击对手头部或用脚攻击腰以下部位；教练员或运动员使用不合理言语或做出任何不良行为。

判罚扣分的犯规行为：发出"暂停"口令后攻击对手或攻击已倒地的对手；抓住对手进攻的脚将其摔倒，或用手推倒对手；故意用拳攻击对手面部；教练员或运动员打断比赛进程或使用过激言语、行为，严重违反体育道德。

七、比赛的获胜方式

(1)击倒胜(KO 胜)。

(2)主裁判员终止比赛胜(RSC 胜)。

(3)比分或优势胜。

(4)对方弃权胜。

（5）对方失去资格胜。

（6）主裁判员判罚犯规胜。

➵ 本章小结与思考

1. 简述跆拳道运动的起源。

2. 跆拳道运动的步法有哪些？

3. 跆拳道运动的腿法有哪些？

4. 跆拳道运动实战技术要素有哪些？

5. 跆拳道运动比赛获胜方式有哪几种？

第十章　毽球运动

第一节　毽球运动概述

毽球运动是在我国民间踢毽活动基础上发展起来的民族传统体育项目。踢毽子起源于我国汉代，盛行于六朝、隋唐。据《高僧传》记载，跋陀在洛阳看到年仅十二岁的惠光在天街井栏上反踢毽子，连续踢了五百次，观众赞叹不已。

宋代高承在《事物纪原》一书中，对踢毽子有较为详细的记载："今时小儿以铅锡为钱，装以鸡羽，呼为毽子，三四成群走踢，有里外廉、拖枪、耸膝、突肚、佛顶珠、剪刀、拐子各色，亦蹴鞠之遗事也。"

明清时期，民间的踢毽子活动更为普遍。明代文学家刘侗在《帝京景物略》中写道："杨柳儿青，放空钟，杨柳儿死，踢毽子。"可见踢毽子已成为民谚的内容，而且发展为数人同踢的技巧运动。清末，人们不仅将踢毽子作为锻炼身体的养生之道，而且把踢毽子和书画、下棋、放风筝、养花鸟、唱二黄等并提，一些人以会踢毽子为荣。因此，踢毽子的活动更加广泛，特别是青少年参加者更为普遍，当时有这样的童谣："一个毽儿，踢两半儿，打花鼓，绕花线儿，里踢外拐，八仙过海，九十九，一百。"这说明踢毽子已经相当普及了。

1947年，广州市的三轮车工人闲暇时，结绳代网进行"隔网"对抗的踢毽比赛。中华人民共和国成立后，广州市体委对这一隔网对抗的踢毽子活动予以充分肯定和大力支持，并作为一种体育比赛活动普及发展起来。1984年，国家体委（现国家体育总局）经考察将其定名为"毽球"运动，并且列为国家正式的比赛项目。1995年，在第五届全国少数民族传统体育运动会上，毽球被列为正式比赛项目。迄今为止，这一优秀的民族传统体育项目，一直深受广大人民群众和外国友人的喜爱和欢迎。

第二节　毽球运动技术

毽球运动技术性很强，其具体技术如下。

一、准备姿势与移动技术

准备姿势是移动的开始，正确的身体准备姿势为迅速移动提供了条件。毽球比赛时的身体准备姿势一般有两种。

1. 两脚左右开立，略比髋宽，脚跟稍提起，脚掌内侧着地，两膝微屈、内扣，重心稍降，上体放松前倾，两脚保持动态。

2. 两脚前后开立，支撑脚在前，踢毽脚在后，其他动作同两脚左右开立。

移动时根据来毽的距离远近、球速的快慢，采用各种不同的步法。有上步向前移动、向后撤步移动、上两步移动、交叉步移动等。

二、踢毽技术

踢毽技术是毽球运动的最基本技术，应在进攻、防守以及攻防的转换中，根据不同的情况采用不同的脚法踢毽。

脚内侧踢毽是运用最多的踢法。踢毽时，要以髋为轴，膝关节外展，小腿向上摆，击球一刹那踝关节内屈端平，用脚弓内侧把毽向上踢起，如图 10-1 所示。

脚外侧踢毽常用于接身侧面的来球。踢毽时膝关节内收，小腿向体侧上摆，击球一刹那勾足尖，踝关节外屈端平，用脚背外把毽向上踢起，如图 10-2 所示。

脚背踢毽时大腿带动小腿，击球刹那，脚背纵直，踝关节用力，小腿快速把毽踢起。脚背踢毽可根据不同作用，分为正脚背踢毽、正脚背体侧凌空踢毽、脚尖挑踢，分别用于发毽、进攻和接毽，如图 10-3 所示。

脚前掌身后踢毽主要用于救险毽。当来毽落在紧靠身体后面时，一腿微屈站立，踢毽腿屈膝、腿向后方摆起，使脚前掌对准来毽，同时身体稍转向来毽一侧，踢毽一刹那，脚踝绷直用力，用脚前掌将毽踢起，如图 10-4 所示。

凌空踢毽是一种技术较高、难度较大的进攻性很强的踢毽技术，类似于倒钩踢毽技术，所不同的是踢凌空毽时，摆动腿要向外侧上摆，在击毽一刹那，身体后仰左转，踝关节自然绷直。

踢毽练习时，最好先做一些徒手练习，下面介绍几种踢毽的练习方法。

1. 踢悬吊在不同高度的毽或小沙袋。

2. 做各种单个踢毽动作。

3. 两人隔网（绳）传接毽，限每人踢两次将毽传出。

4. 用一种踢毽方法，连续踢他人抛来的毽。

图 10-1　脚内侧　　　图 10-2　脚外侧　　　图 10-3　脚背踢毽　　　图 10-4　脚前掌
踢毽　　　　　　　踢毽　　　　　　　　　　　　　　　　　身后踢毽

三、触毽技术

触毽技术是毽球运动的接毽方法之一，有点像足球中的停球，主要是为了缓冲来毽的力量和为下一个踢毽动作做过渡调整，是比较容易掌握的毽球技术。触毽技术有很多，这里仅举几例供参考。

1. 大腿触毽

当来毽到略低于髋部时，用大腿前半部分（靠膝部）触毽，如图 10-5 所示。

2. 胸触毽

当来毽传于胸前 10 厘米处时，两臂自然微屈，两肩稍用力向后拉挺胸，同时，两脚蹬地，挺胸迎毽，如图 10-6 所示。

3. 腹触毽

对准来毽屈膝略向后蹲，稍含胸收腹，当腹部触毽一刹那挺腹，使毽轻轻弹出，如图 10-7 所示。

4. 头触毽

当来毽传于头前 10 厘米时，两脚蹬地。同时，颈部稍紧张向前摆头，用前额触毽，如图 10-8 所示。

5. 肩触毽

当来毽传于头前 10 厘米时，肩稍后拉前摆，用肩部击毽。适用于近体上部中速来毽，如图 10-9 所示。

图 10-5　大腿触毽

图 10-6　胸触毽

图 10-7　腹触毽

图 10-8　头触毽

图 10-9　肩触毽

四、胸部拦网技术

胸部拦网技术是毽球运动防守、反击的最重要的技术，分单人、双人或三人拦网。拦网时，迅速移动到起跳位置，适时用力跳起，两臂于体侧后摆，提腰收腹挺胸，击毽后前脚掌着地，屈膝缓冲。

·· 本章小结与思考

1. 简述毽球运动的起源。

2. 毽球运动的技术有哪几种？

3. 毽球运动防守、反击最重要的技术是什么？

现代体育篇

第十一章　田径运动

第一节　田径运动概述

现代"田径运动"一词来源于英国，在 19 世纪初，英国人把在运动场跑道上进行的赛跑和在运动场中间进行的跳跃、投掷比赛称为"Track and Field"。我国将"Track and Field"译为"田径赛"，后称为"田径运动"。

1896 年，以田径运动竞赛为主的第一届现代奥林匹克运动会召开，这是现代田径运动开始的标志。1912 年，国际业余田径联合会（现国际田径联合会）成立，拟定了国际统一的田径竞赛项目和竞赛规则，对于田径运动的发展起到了促进作用。

根据国际田径联合会的定义，田径运动是由径赛和田赛、公路跑、竞走、越野跑与山地跑所组成的体育运动项目。奥运会和田径世界锦标赛促使田径运动成绩不断提高，许多优秀运动员的先进技术和训练方法被推广到世界各地，促使田径运动不断进步与发展。

中华人民共和国成立以后，我国田径运动得到较快的发展，运动员的技能有了大幅度地提高。我国不少田径运动员在世界田坛享有盛誉，他们为我国田径运动的发展起到了重要的宣传作用。

第二节　田径运动基本技术

一、短跑

（一）项目特点与基本技术

短跑是一项以无氧供能为主，通过肌肉工作推动人体在单位时间内获得最长位移距离，也就是获得最高水平速度的周期性速度力量项目，它包括 400 米以内的各种距离的跑及接力跑。强大的肌肉爆发力和快速收缩能力、合理的跑步技术、良好的协调性和灵敏性，以及稳定的心理状态、强烈的竞争意识和自我调节能力是从事短跑运动必须具备的条件。短跑技术由起跑、加速跑、途中跑和终点跑四部分组成。起跑(图 11-1)必须采用蹲踞式，起跑后的第一步不宜过大，着地点应靠近身体重心的投影点，此后每步的步长逐渐增加到途中跑步长。途中跑(图 11-2)是短跑全程中距离最长的一段，其任务是继续发挥和保持高速跑。在进入终点跑时，稍加大上体的前倾，注意加强两臂快速的摆动，在距终点线前一步时，上体急速前倾，以胸部或肩部撞压终点线。跑过终点线后要逐渐减速，以免跌倒受伤。

图 11-1　蹲踞式起跑　　　　　　　图 11-2　途中跑(短跑)

（二）项目练习方法

1. 跑的专门练习

小步跑、高抬腿跑、后蹬跑、车轮跑、后踢腿跑。

2. 短距离的间歇跑

站立式起跑 30～60 米、蹲踞式起跑 30～60 米、行进间跑 30～60 米。

3. 不同距离重复跑

100 米、150 米、200 米、300 米、400 米、500 米。

4. 不同距离的重复跑

60 米 1 次＋100 米 1 次＋250 米 1 次、500 米 1 次＋300 米 1 次＋100 米 1 次。

5. 不同距离变速跑

100 米快跑＋100 米慢跑，4 次为一组。

6. 下坡跑

跑的距离为 50～100 米；坡度前 60 米为 1°～3°，后 40 米接近水平。

7. 加速跑

通常加速跑距离为 80～100 米；节奏为匀速跑—较高速跑—放松惯性跑—第二次加速跑。

二、中长跑

（一）项目特点与基本技术

中长跑是以速度耐心为核心的竞技项目，需极强耐久力，并重视协调性、灵敏性和放松能力。中长跑的项目特点是在跑进时，需要在技术动作上尽量减少体力的消耗，维持比赛所需的高速度。耐力素质是中长跑项目的基础，而专项素质是取得优异成绩的保证。因此，持续训练法和间歇训练法是发展一般耐力和专项耐力的主要方法。中长跑运动对人的意志品质和心理素质要求甚高。中长跑一般使用站立式起跑(图 11-3)；加速跑时上体前倾稍大，两腿交换频率较快，摆臂、转腿和后蹬都应迅速而积极，在途中跑(图 11-4)过程中，髋、膝、踝三关节应伸直，特别是迅速伸直踝关节，最后用脚尖蹬离地面；终点跑是中长跑跑程结束前的最后一段距离的冲刺跑，其冲刺时机应根据比赛项目、训练水平、战术要求及比赛情况而定。

图 11-3　站立式起跑　　　　　图 11-4　途中跑(中长跑)

一般情况下，800 米跑可在最后 200～250 米处进入冲刺跑。1500 米可在最后 300～400 米处进入冲刺跑，3000 米以上项目的跑可在最后 400 米或更长距离处进入冲刺跑。

（二）项目练习方法

1. 持续跑

持续跑是指跑速相对较慢、跑的时间较长、不间断地跑。例如，持续跑 8000 米，脉搏控制在 120～150 次/分。此练习主要发展一般耐力。

2. 间歇跑

间歇跑由跑的距离、速度、次数、间歇时间和间歇方式五个因素组成，其特点是间歇时间要严格控制。例如，练习 800 米可采用 4×200 米，中等强度，间歇时间控制在 90～120 秒。

3. 重复跑

重复跑是一种跑的段落稍长，但不控制间歇时间，根据自己体力情况，待体力基本恢复后再进行下一个段落跑的练习方法。例如，练习 800 米可采用 600 米×（3～4）组，组间充分休息。

三、跨栏跑

（一）项目特点与基本技术

跨栏跑是一项技术较为复杂的非对称的周期性速度力量型项目，所需的主要身体素质是速度、快速力量、髋关节的力量和灵活性以及下肢各关节的支撑力量，技术上要求高度的协调性和良好的节奏感。跨栏跑可分为起跑和起跑后到第 1 栏的加速跑、跨栏步、栏间跑和冲刺跑等几个紧密衔接的技术部分。起跑的过程与短跑基本相同，起跑至第 1 栏起跨点一般采用 8 步起跨，起跑时应把起跨脚放在前起跑器上；起跨腿蹬伸要快，摆动腿提膝前攻要猛，上体前倾配合；起跨腿离地后，膝关节外展，屈小腿前收跨过栏架(图 11-5)。

图 11-5 跨栏跑

（二）项目练习方法

1. 跨栏步练习

先原地或行进间做屈膝攻栏腿的"鞭打"着地动作练习，再在走动或慢跑中分别做摆动腿和起跨腿快速栏侧过栏练习，最后做栏侧或栏中高抬腿跑、垫步跑、小步跑以至中速跑的完整过栏练习。

2. 站立式起跑过第一栏练习

站立式起跑由栏侧过起跨腿或摆动腿。在起跨点处分别画出起跨标志线，站立式起跑，用 8 步反复练习，确定适宜的步长和起跨距离。

四、接力跑

（一）项目特点与基本技术

接力跑是田径运动中唯一的集体项目，以队为单位，每队 4 人，每人跑相同距离。接力跑除了起跑者用蹲踞式起跑之外，其他人都是站立式起跑。接力跑是由 4 个人配合共同完成，因此，在安排各棒队员时，必须考虑发挥每个人的特长。一般情况下，第一棒应安排起跑好并善于跑弯道的运动员；第二棒应是速度快、耐力好并善于传接棒的运动员；第三棒运动员除了应具备第二棒队员的长处外，还要善于跑弯道；通常将全队成绩最好、冲刺能力最强的运动员放在第四棒。

传接棒的方法分为上挑式和下压式。上挑式传接棒的方法：接棒的手臂自然向后伸出，掌心向后，虎口张开朝下，传棒人将棒由下向上送入接棒人手中（图 11-6）。下压式传接棒的方法：接棒人手臂后伸，掌心向上，虎口张开朝后，拇指向内，其余四指并拢向外，传棒人将棒的前端由上向前下方放入接棒人手中（图 11-7）。

图 11-6 上挑式传接棒

图 11-7 下压式传接棒

（二）项目练习方法

1. 持棒原地摆臂做上挑式和下压式传接棒练习。
2. 在慢跑中做传接棒练习。
3. 进行全程跑的接力跑练习和比赛。

五、跳高

（一）项目特点与基本技术

跳高是快速助跑后经过起跳，越过尽可能高的高度的体能类速度力量性项目。其特点是必须在助跑起跳时发挥出最大的体能潜力，尽可能以最快的速度和强大的爆发性力量向上腾起，越过一定高度的横杆。跳高既是要求速度、弹跳力的项目，又属于技术性较强的灵巧性项目。它需要具有较高的灵活性和协调性，才能顺利完成技术动作。完整的跳高技术由助跑、起跳、过杆和落地四个部分组成。背越式跳高助跑采用弧线助跑，且要求身体重心高、有弹性、有一定的节奏和速度。起跳时，起跳脚向前放脚，以脚跟和脚掌外侧先着地，迅速滚动至前脚掌，摆动腿以膝领先，屈膝折叠，向跳高架远端支柱上方用力上摆，手臂的摆动可采用双臂平行摆动或异侧交叉摆动。起跳腾空后，臂和头积极向杆上运动，随着背部转向横杆，头和双肩开始过杆，同时摆动腿下方，双腿屈膝，小腿下垂，挺胸、挺髋、挺腹，使人体在杆上成背弓姿势，随后小腿上踢，过杆后肩膀着垫(图11-8)。

图 11-8 背越式跳高

（二）项目练习方法

1. 助跑练习

沿 25～30 米的半圆弧做加速跑；6～8 步弧线助跑触高物；在跑道上进行曲线变速跑(上曲线时做 4～5 步加速跑，其他段落放松跑)，以人体倾斜的动作来控制自己在曲线的跑进。

2. 助跑起跳练习

3～5 步助跑起跳，用摆动腿触高物；1～3 步助跑，在直径 10～20 米的圆周上做连线的起跳练习或在预先画好的弧线上对着墙壁起跳，起跳点离墙 1 米左右；3～10 步助跑在横杆前向上起跳。

3. 过杆与落地练习

背对海绵包，原地双脚起跳，空中做背弓动作，然后用肩背着地，要求两膝略分开并控制收腿时间，体会送髋动作，当快要着地时，再收腿用肩背着地；4～6 步弧线助跑起跳后直体越过杆子；6～8 步助跑起跳后自然转体仰卧上高架；6 步、8 步、10 步助跑过杆练习。

六、跳远

（一）项目特点与基本技术

跳远是在快速助跑中起跳，腾越一定远度的水平跳跃项目。它是一项对人的速度、爆发力和协调灵活性要求较高的体能类速度力量性项目。跳远项目的特性决定了运动员的专项身体素质是以速度为灵魂，以快速力量为核心，以耐力、柔韧为基础，技术上突出跑跳结合。跳远技术由助跑、起跳、腾空和落地四个部分组成，技术形式包括蹲踞式跳远、挺身式跳远和走步式跳远。其中挺身式跳远的技术要领是单腿起跳进入腾空步后，摆动腿的膝关节伸展，小腿自然由向前、向下到向后方而成弧形摆动，此时留在体后的起跳腿与后摆腿靠拢，挺胸展髋，身体成反弓形，两臂在体侧后上方斜举，形成空中稳定的挺身姿势，准备落地时，两臂由头上方向前、向下和向后挥摆，上体稍前倾，两腿并拢并向上提举准备落地（图 11-9）。

图 11-9 挺身式跳远

（二）项目练习方法

1. 助跑练习

固定起动方式、加速方式的助跑 20～40 米；踏上固定标志点的节奏跑 20～40 米。

2. 助跑起跳练习

向前跑出 3 步或 5 步，或半程助跑后完成快速起跳，在空中成腾空步姿势。

3. 腾空与落地练习

收腹跳，立定跳；原地、走动中、跑动中起跳姿势做放腿、放臂、展髋、展腹成反弓跳起双脚落地练习；3～4 步助跑上助跳板挺身跳；半程蹲踞式跳远与挺身式跳远。

七、铅球

（一）项目特点与基本技术

铅球项目属于速度力量性投掷项目，它强调完成技术动作过程中，动作速度与身体重心位移速度的合理结合。铅球训练多以专项速度、力量和协调性为核心。推铅球的技术形式有旋转和滑步两种。侧向滑步推铅球技术动作分为握球与持球、预备姿势、滑步、发力阶段和维持平衡五个部分。握持铅球时，五指自然分开，手心空出（图 11-10）；预备姿势，将球置于锁骨窝处，紧贴颈部和下颌，投掷臂肘抬起外展（图 11-11）；握球后侧对投掷方向，两脚开立，左脚尖和右脚跟在一条直线上与肩同宽，右脚在投掷

图 11-10　握持铅球

图 11-11　预备姿势

圈后沿，重心在右腿；滑步前先做1～2次预摆并充分发挥左腿摆动和右腿蹬地的力量，左腿主动积极下压，取得双脚支撑，成超越器械姿势，结束时使铅球投影点远离支撑点；最后发力阶段，首先以髋部肌肉群发力，右腿踏地使右髋向上移，左肩、左臂及时制动，做好左侧支撑，随后抬头挺胸，右臂向前上方做推球动作，将铅球以38°～40°的角度迅速推出去(图11-12)。

图 11-12 发力阶段

（二）项目练习方法

1. 原地推球练习

两脚左右或前后开立正面推实心球和铅球练习，原地背向和侧向推实心球或铅球练习。

2. 滑步练习

蹬地转髋和手扶助木蹬摆练习；徒手或持铅球侧向或背向连续滑步练习，进行滑步练习时要注意摆、蹬、收、落等动作的协同配合，滑步速度不宜太快，但动作幅度要大，保证适当的滑步距离和节奏，下肢主动，重心起伏小，结束滑步时重心略微升高。

3. 滑步推铅球练习

持铅球侧向或背向滑步蹬转、抬体，不出手练习；投掷圈外侧向滑步推轻重量铅球练习，注重动作速度和节奏，以及最后用力的顺序，做到各技术环节协调、自然；投掷圈内的完整推铅球技术练习。

第三节 田径运动比赛规则简介

一、比赛通则

各项目参赛的运动员必须穿着干净的服装，其设计式样和穿着方式不得有碍观瞻，服装的材料着湿时不得透明。运动员不得穿着可能有碍于裁判员观察的服装。运动员的比赛上衣应前后颜色一致。运动员可以赤脚、单脚或双脚穿鞋参加比赛。运动员不得在鞋内或鞋外使用任何装置，使鞋掌超过允许的最大厚度（跳高、跳远：13毫米，其他比赛项目不限）或使穿鞋者得到任何穿着相关条款规定的鞋得不到的利益。应为每名运动员提供两块号码布，将其分别佩戴在胸前和后背的显著位置。在撑竿跳高和跳高比赛中，运动员可在胸前或背后佩戴一块号码布。号码必须与秩序册中的号码一致。比赛中的各种运动服，均必须按相同的规定佩戴号码。可在号码布上印运动员的名字或其他标志。佩戴号码布必须依其原样，不得以任何形式剪裁、折叠或遮挡。

如果某运动员在比赛中因违反技术规则而被取消比赛资格，那么他在该项目该轮次中取得的成绩被视为无效，但此前取得的成绩被视为有效。这一事实不应妨碍该运动员参加其他所有后继项目的比赛。运动员违反体育道德或有不正当的行为，将在正式成绩中注明被取消参赛资格的原因。

对运动员的参赛资格提出抗议，必须在赛事开始前向技术代表提出。技术代表作出裁定后，相关人员有权向仲裁组提出上诉。所有抗议均应由运动员本人，运动员代表或运动队代表向有关裁判长口头提出。在田赛项目中，如果运动员对试跳（掷）失败的判罚立即做出口头抗议，则该项目的裁判长可以在其权限内下令测量并记录该次试跳（掷）的成绩，以便保留所有有关的权利。只有当裁判长作出裁决认为成绩有效或仲裁组裁决申诉成立时，该运动员有争议的成绩和其在抗议下取得的成绩才可成为有效成绩。

二、径赛规则简介

（一）蹲踞式起跑与站立式起跑

400米及以下（包括4×200米、异程接力和4×400米接力的第一棒）各项目，运动员必须使用起跑器进行蹲踞式起跑。400米以上的各个径赛项目（除4×200米、异程接力和4×400米），所有的起跑都应为站立式。在"各就位"或"预备"口令发出后，所有运动员均应立即做好预备起跑姿势，不得延误。除了全能项目之外，任何起跑犯规的运动员将被取消该项目的比赛资格。在全能比赛中，对第一次起跑犯规的运动员应给予警告。每项比赛只允许一次起跑犯规而运动员不被取消资格，之后每次起跑犯规的一名或多名运动员均将被取消该项目的比赛资格。

（二）分道跑比赛

在分道跑的比赛中，运动员应自始至终在自己的分道内跑进。运动员发生下列情况之一，如果未从中获得实际利益且未推挤或阻挡其他运动员以致阻碍了他人进程，不应取消其比赛资格：①运动员被他人推、挤、被迫踏或跑出自己的分道，或踏在实际分道线和突沿上或其内侧；②在直道上、在障碍赛水池的变更道的直道上的任何部位踏在分道线上或跑出分道，或者在弯道上踏在或跑出自己分道的外侧分道线。

（三）跨栏跑

如果运动员直接或间接撞倒或使另一分道的栏架发生明显偏移，将被取消资格。运动员应跨越每一个栏架，如果没有做到将被取消比赛资格。此外，如果出现下列情况的运动员也将被取消比赛资格：①在过栏瞬间其脚或腿在栏架两侧外（任意一边）低于栏顶水平面；②裁判长认为运动员有意撞倒栏架。

（四）障碍赛跑

运动员必须越过或涉过水面，并且跨越每一个栏架。出现下列情况的运动员将被取消比赛资格：①踏上水池两边的任意一边；②在过栏瞬间其脚或腿在栏架侧面以外（任意一边），低于栏顶水平面。

（五）接力赛跑

完全在体育场内举行的所有接力赛跑必须使用接力棒，运动员必须手持接力棒跑完全程。不允许运动员戴手套或在手上放置某种材料或物质以便更好地抓握接力棒。如发生掉棒，必须由掉棒运动员捡起。允许掉棒运动员离开自己的分道捡棒，但不得因此缩短比赛距离。接力棒必须在接力区内交接接力棒，在接力区外传接棒将被取消比赛资格。运动员在接棒之前和（或）传棒之后，应留在各自分道或接力区内，保持自己的位置直到跑道畅通，以免阻挡其他运动员。在比赛过程中，任何运动员手拿或捡拾其他接力队的接力棒时，该接力队将被取消资格。其他接力队将不受到惩罚除非从中获得利益。接力队的每名队员只能跑一棒。

（六）竞走

运动员须用双脚与地面保持接触，在连续向前迈进的过程中，没有（人眼）可见的腾空。前腿从触地瞬间至垂直部位必须伸直（即膝关节不得弯曲）。

三、田赛规则简介

（一）跳高

运动员必须用单脚起跳。如出现下列情况之一者，应判为试跳失败。

1. 试跳后，运动员的试跳动作致使横杆未能留在两边的横杆托上。

2. 在越过横杆之前，运动员身体的任何部位触及横杆后沿（靠近助跑道），垂直面以前的(在两个立柱之间或之外)的地面或落地区。如果运动员在试跳中一只脚触及落地区，而裁判员认为其并未从中获得利益，则不应因此原因判该次试跳失败。

3. 运动员助跑时身体的任何部位触及横杆后沿(靠近助跑道)垂直面以前的(在两个立柱之间或之外)的地面或落地区，但并未起跳。

(二) 撑竿跳高

运动员可要求向落地区方向移动撑竿跳高横杆，并可移动至(距运动员最近的横杆边缘)，以插斗前壁顶端内沿向落地区方向 80 厘米之内的任一位置。运动员应在比赛开始前将其第一次试跳需采用的立柱或横杆托移动距离通知有关裁判员，移动距离应被记录下来。此后，如果运动员要求改变立柱或横杆托的移动距离，应在按其原要求调整好立柱位置之前及时通知有关裁判员。否则，应开始计算该运动员的试跳时间。出现下列情况之一者，应判为试跳失败。

1. 试跳后，运动员的试跳动作致使横杆未能留在两边的横杆托上。

2. 在越过横杆之前，运动员的身体和所用撑竿的任何部位触及插斗前壁上沿垂直面以前的地面和落地区。

3. 起跳离地后，将原来握在下方的手移握至上方的手以上或原来握在上方的手向上移握。

4. 试跳时，运动员用手稳定横杆或将横杆放回横杆托上。比赛中，允许运动员在双手或撑竿上使用有利于抓握的物质，并允许使用手套。除非撑竿朝向远离横杆或撑竿跳高架的方向倾倒，否则不准有人(包括运动员)接触撑竿。如果有人接触撑竿，而裁判长认为如果撑竿不被接触，将会碰落横杆，则应判此次试跳失败。试跳时撑竿折断，不应判为试跳失败，应给予该运动员一次重新试跳的机会。

(三) 跳远

如出现下列情况，应判为试跳失败。

1. 在起跳过程中，无论是助跑后未起跳还是仅做跳跃动作，运动员身体任何部位触及起跳线以前的地面(包括触及橡皮泥显示板的任何部分)。

2. 从起跳板两端之外起跳，无论是否超过起跳线的延长线。

3. 在助跑或跳跃中采用任何空翻姿势。

4. 起跳后，在第一次触及落地区之前，运动员触及了助跑道、助跑道以外地面或落地区以外地面。

5. 在落地过程中触及落地区边沿或落后地区以外地面，而落地区外的触地点较落地区内的最近触地点更靠近起跳线。

6. 当运动员离开落地区时(该第一触的过程，被认为开始离开落地区)，其脚在落地区边线或边线外地面的第一触地点，应比在沙坑内的最近触地点离起跳线更远(该最近触地点可能因为失去平衡而留下的完全在落地区内的痕迹，或运动员向回走时留下的距起跳线较落地点近的痕迹)。

以下情况不应判试跳失败：①运动员在任何位置跑出助跑道白色标志线；②运动员在抵达起跳板之前起跳或运动员的脚（鞋）的一部分触及起跳板任何一端以外起跳线之后的地面，或运动员在落地过程中其身体的任何部分（任何附着于身体上的物品）触及了落地区以外的地面。

（四）三级跳远

三级跳远的三跳顺序是一次单足跳、一次跨步跳和一次跳跃。单足跳时应用起跳腿落地，跨步跳时用另一条腿（摆动腿）落地，然后完成跳跃动作。运动员在跳跃中摆动腿触地不应视为试跳失败。

（五）推铅球

用单手从肩部将铅球推出。当运动员进入投掷圈内开始试掷时，铅球要抵住或贴近颈部或下颌，在推球过程中持球手不得降到此部位以下，不得将铅球置于肩轴线后方。

（六）掷链球

运动员在准备进行预摆或旋转前的开始姿势时，允许将链球球体放在投掷圈内或圈外的地面。链球球体触及投掷圈内或投掷圈外的地面，或投掷圈上沿不应判为犯规；运动员在未有触犯其他规则前，可停止动作及再次开始投掷。如链球在试掷时在空中断脱，只要试掷符合规则，不应判为一次试掷失败，如果运动员因此失去平衡而违反本规则的任何规定，也不应判为一次试掷失败。以上两种情况，应允许运动员重新进行一次试掷。

（七）掷标枪

1. 掷标枪时应用单手握在把手处，从肩部或投掷臂上臂的上方掷出，不得抛甩，不得采用非传统姿势进行投掷。

2. 只有标枪的金属枪头先于标枪的其他部位触地，试掷才有效。

3. 运动员试掷时，在标枪出手以前，身体不得完全转向背对投掷弧。如果标枪在试掷时或在空中飞行时折断，只要该次试掷符合规则，不应判为试掷失败。如果运动员因此失去平衡而违反此规则的任何规定，也不应判作一次试掷失败。以上两种情况应允许运动员重新进行一次试掷。

⁑ 本章小结与思考

1. 简述田径运动的概念与特点。

2. 短跑的特点及其练习方法是什么？

3. 田径比赛通则有哪些？

第十二章　篮球运动

第一节　篮球运动概述

一、篮球运动的起源

篮球运动是美国人詹姆士·奈史密斯于 1891 年发明的。当时，在寒冷的冬季，缺乏室内体育活动类竞赛项目，他从工人和儿童用球投桃篮的游戏中得到启发，设计将两只桃篮分别钉在健身房内两端看台的栏杆上，桃篮篮口水平向上，距地面约 3.05 米，以足球为比赛工具向篮内投掷，入篮得 1 分，按得分多少决定胜负。因为这项游戏最初使用的是桃篮和球的游戏道具，遂取名为篮球。

初期的篮球游戏比较简单，近似美式足球，无明确比赛规则，场地大小不等，人数也不限定，仅在室内场地两端各放一个桃篮，比赛时把参加者分成人数相等的两队进行比赛。这就是篮球运动的雏形。

二、篮球运动的锻炼价值

篮球运动是全民健身的重要载体，它不仅能强身健体，还可以使人的个性、潜能和创造力得到充分展示。从事篮球运动能够提高参与者神经中枢的灵活性，改善内脏器官的功能，促进参与者的力量、速度、耐力和灵敏等身体素质的全面提高。此外，篮球运动还有助于减轻压力，对心理健康具有积极影响。

第二节　篮球运动基本技术

一、移动步伐

篮球移动技术动作包括起动跑、变方向跑、侧身跑、急停和转身等。学会这些技术动作有助于掌握好投篮、传接球、快速运球等技术。

动作方法：腰、胯、腿、前脚掌用力，控制身体重心，保持身体平衡。注意与投篮、传接球、运球等技术动作的组合练习。

（一）基本姿势

动作方法：两膝微屈，两脚左右或前后开立与肩同宽，身体重心放在两前脚掌间，手臂自然张开，时刻做好进攻或防守准备。

（二）基本技术

1. 起动跑

动作方法：

(1)起动时，上体向要行进方向迅速前倾，后蹬腿前脚掌用力蹬地，前两步要小而快、短促有力。

(2)向一侧起动时，上体要向行进方向迅速侧转并前倾，同时前脚掌用力辗转蹬地，脚尖指向前方并迅速有力跨出。

2. 变方向跑

变方向跑是队员在跑动中突然改变方向并加速摆脱防守的一种方法(图 12-1)。

动作方法：右脚快速向右跨出半步(向右跑假动作)带动防守者，右脚掌内侧着地并用力蹬地。同时，上体向左倾，跨出左脚。左脚掌用力蹬地，右脚向前跨。

图 12-1　变方向跑

3. 侧身跑

这是在要接侧面传来的球或进攻时接长传球，或抢占有利位置把防守人挡在自己的身后时所使用的方法。

动作方法：要用身体挤靠防守者，改变方向和起动均要快而迅速。

4. 急停

急停方法有两种：跨步急停（两步停）和跳步急停（一步停）。

（1）跨步急停

动作方法：最后一步要大，重心需下降，右脚的脚踵先着地，然后左脚跨出，身体重心迅速后移到右腿上；右膝屈，左脚从脚掌内侧着地过渡到全脚，用力蹬地，上体稍右转，然后身体重心保持在两脚之间。

（2）跳步急停

动作方法：跑动中，单脚或双脚起跳（不要高跳）。双脚离地时，面对前进方向重心靠后，双脚的脚踵先着地，然后再过渡到全脚掌，落地后屈膝，重心要保持在两脚之间。

5. 转身

转身有前转身和后转身两种，在结合跨步使用转身时，以一只脚为轴，另一只脚做顺时针或逆时针运动，以便抢占有利的位置。

（1）后转身

动作方法：转动时，重心要向后"坐"，落在中轴腿上；左腿的膝关节处角度不变，避免重心上下起伏；左脚前脚掌碾地，右肩向后用力，保持平衡（图12-2）。

（2）前转身

动作方法：右脚踵先着地，重心向后"坐"在右脚上；左脚掌内侧用力蹬地、制动以右脚掌为轴，重心在右脚，左脚蹬地，前转身；重心保持在两脚间，保护球，低重心。

图 12-2 后转身

二、传接球

（一）传球技术动作和运用

1. 持球

双手自然分开，拇指相对成"八"字形，用指根以上部位握住球的两侧后上方，手心空出，两臂弯曲，肘关节下垂，持球于胸前。

2. 双手胸前传球

动作方法：手臂向传球方向前伸，两手腕下压，快速地抖腕、拨指将球传出（图 12-3）。

运用：常用于快传球推进，阵地进攻时外围队员转移球以及不同距离的传球。它便于同投篮、突破等技术结合运用。

图 12-3　双手胸前传球

3. 双手头上传球

动作方法：两手持球于头上，前臂稍前摆，手腕与手指短促而快速地抖动将球传出（图 12-4）。

运用：多用于高个子队员转移球给中锋队员或传给切入篮下的队员。在抢到后场板球后，为避免对方封堵，可跳起用双手头上传球。

图 12-4　双手头上传球

4. 双手反弹传球

动作方法：与双手胸前传球基本相同，两臂向前下方用力，手腕、手指快速抖动传球。球击地点和力量大小要以球反弹后，接球队员能顺利接到球为宜（图 12-5）。

运用：多用于向内线传球、突破分球、快攻一传的传球。

图 12-5 双手反弹传球

5. 单手肩上传球

动作方法（以右手传球为例）：传球前，左脚向前跨半步，向右转体将球引引至右肩侧上方。传球时，上体向左转动并带动肩、肘，前臂快速前摆、扣腕，手指用力将球传出（图 12-6）。

图 12-6 单手肩上传球

运用：多用于中、远距离传球。在抢到防守篮板球后快攻第一传和接应队员把球传给跑向篮下的队员时，经常运用单手肩上传球。

6. 单手胸前传球

动作方法：持球方法与双手胸前传球相同。传球时，传球手的前臂快速前伸，手腕急促前扣，手腕、手指用力将球传出（图 12-7）。

运用：多用于近距离和快速传球。如果与防守队员较近，可以突然将球从防守队员头顶、耳旁传过。此法便于与双手胸前投篮、运球突破结合运用。

7. 单手反弹传球

动作方法：单手反弹向前传球的手法与单手胸前传球基本相同，只是手臂向前下方用力，球击地后，反弹给同伴。

图 12-7　单手胸前传球

运用：它是小个子队员面对高大队员的传球方法。向内线队员和向空切篮下队员传球时，也多用此种传球方式。

8. 双手低手传球

动作方法：原地传球时，持球于腹前或腰侧，出球时手腕由下而上翻转，同时小指、无名指和中指稍用力拨球，柔和地将球传出，出球时手腕用力柔和（图 12-8）。

运用：它是一种近距离的传球，通常用于将球传递给离自己较近的队友。

图 12-8　双手低手传球

（二）接球技术

1. 双手接球

动作方法：接球时，手臂伸出迎球，两拇指相对成"八"字形；接球后迅速收臂，将球置于身前或体侧（图 12-9）。

2. 单手接球

动作方法：接球时，接球手自然伸出迎球，五指自然分开，手心对球。手指触球后，迅速收臂将球引至身前，另一只手迅速扶球（图 12-10）。

图 12-9　双手接球

图 12-10　单手接球

三、投篮

（一）原地双手胸前投篮

动作方法：双手持球于胸前，肘关节自然下垂，上体稍前倾，两腿微屈。投篮时，两腿蹬地，两臂向前方伸展，手腕同时外翻，最后用拇指、食指、中指将球投出。

运用：此投篮方法能够充分发挥身体和臂部力量，适用于远距离投篮。女子运用比较多，罚球中也常用。其特点是握球牢，便于与突破、传球相结合。

（二）原地单手肩上投篮

动作方法（以右手投篮为例）：右手五指自然分开，向后屈腕、屈肘，持球于肩，左手扶球，右脚在前，两腿微屈。投篮时从下向上发力，同时提肘且手臂向前上方充分伸展，最后通过食指、中指指端将球投出。球出手后，手腕前屈，手指向下（图 12-11）。

运用：适用于中、远距离投篮，其特点是出手点高，变化多，较为灵活。

图 12-11　原地单手肩上投篮

（三）行进间单手肩上投篮

动作方法（以右手投篮为例）：接球和运上缩时，右脚跨出一大步的同时，双手持球，左脚紧接着跨出一小步，用力起跳。当身体接近最高点时，右臂向前上方伸，手腕前翻，用食指、中指以柔和力量拨球，最后球从指端投出（图 12-12）。

运用：多在快攻和切入篮下时运用，其优点在于出手点高，易于身体保护。

图 12-12　行进间单手肩上投篮

（四）行进间单手低手投篮

动作方法(以右手投篮为例)：同行进单手肩上投篮。当身体接近最高点时，左手离球，右手托球，并充分向球篮方向伸直，屈腕使球由食指、中指、无名指上拨球投出(图12-13)。

运用：在快攻、突破中已经超越对手时，多用低手上篮。此法具有伸展距离长、出手点离球篮近的特点。

图 12-13   行进间单手低手投篮

（五）急停跳起投篮

动作方法(图12-14)：

1. 接球急停跳起投篮

移动中跳起腾空接球后，两腿同时或先后落地，脚尖对篮筐，两膝弯曲，迅速跳起投篮，投篮出手动作同原地跳起单手肩上投篮。

2. 运球急停跳起投篮

运球过程中及时降低重心，用跨步急停或跳步急停，持球屈膝跳起投篮，投篮出手动作同原地跳起单手肩上投篮。

运用：进攻队员向篮下移动中接球或运球突破时，利用防守队员向后移动防守的惯性，果断运用急停跳投，可达到良好效果。

图 12-14   急停跳起投篮

四、运球

（一）高运球

动作方法（以右手篮为例）：以肘关节为轴，小臂自然屈伸，手腕和手指柔和施按拍球的后上方，球的反弹高度在腰部左右，将球拍至右脚的侧前方，跑动时目视前方（图 12-15）。

运用：多用于快速直线推进，如从后场向前场推进，快攻接应后的快速推进，摆脱防守接球后加速运球上篮等。

图 12-15　高运球

（二）低运球

动作方法：迅速降低身体重心，弯腰屈腿，仰腕，用手指及指根部位向前短促按球，使球降低至膝关节高度（图 12-16）。

运用：在防守密集、接近防守队员或防守队员抢球时，可运用低运球。

图 12-16　低运球

（三）运球急停急起

动作方法：快速运球中运用跨步急停（两步急停），同时按拍球的前上方，目视前方。急起时，后脚（异侧脚）用力蹬地，上体迅速前倾，手按拍球的后上方，快速起动（图 12-17）。

运用：当运球队员被防守得很紧时，可利用运球急停—急起—急停的速度节奏变化摆脱对手，超越对手。

图 12-17　运球急停急起

（四）体前变向运球

动作方法：在行进中运球，右手按拍球的右侧上方，使球弹向左侧，右腿迅速向左侧前方跨步，上体左转，侧肩贴近防守者，左手拍球的后侧上方，突破防守者（图12-18）。

运用：当防守队员堵截运球队员进攻路线时，或运球队员运球接近防守队员时，为了摆脱和突破对手，可体前变向运球。

图 12-18　体前变向运球

（五）运球后转身

动作方法（以右手篮为例）：转身时左脚向右前方跨出一步，重心移至左脚，屈膝；拍球手随球上弹的同时，右脚掌向后蹬地并积极向后转胯，肘关节贴住身体，身体后转，用右手将球向后拉，球离手后，换左手继续运球前进。

运用：当运球队员向防守队员一侧突破被堵截，与对手距离较近，又无法改用变向运球时，可用运球后转身从另一侧突破。当运球队员从防守队员右侧突破时，可先主动靠近防守队员左侧，然后用运球后转身突破。

五、持球突破

（一）原地持球交叉步突破

动作方法（以右脚为中枢脚，从防守队员左侧突破）：两脚左右开立，两膝微屈，持球于胸前，突破前先做瞄篮或其他假动作。突破时，左脚内侧蹬地，并向右前方迈出一大步，上体右转，左肩向前向下压，将球引至右侧，在右脚离地前用右手推拍球于迈出脚的侧前方。同时，右脚用力蹬地，迅速超越对手（图 12-19）。

图 12-19　原地持球交叉步突破

（二）原地持球同侧步突破

动作方法（以左脚为中枢脚，从防守队员右侧突破）：准备姿势与原地持球交叉步突破相同。突破时，右脚向内侧蹬地，左脚迅速向防守队员右侧跨出，上体稍左转，同时探肩，重心前移。在右脚离地前，用左手推拍球于左脚的侧前方。同时，左脚用力蹬地，加速超越对手（图 12-20）。

图 12-20　原地持球同侧步突破

（三）跳步急停持球突破

动作方法：跳步持球前应根据自己与防守队员的位置、同伴的传球方向调整好准备姿势，向前或向侧面跳步急停。接球时，要向来球方向伸臂迎球，同时用一脚蹬地，向前或向侧跃出，在腾空中接球（一般使用移动方向异侧脚）；两脚前后或平行落地，两腿微屈，重心落在前脚掌上。可根据防守队员情况，用交叉步或同侧步超越。

第三节 篮球运动基本战术

一、基本进攻配合

进攻配合是指两三个人之间有目的、有组织地协同作战的配合方法。它是运动员在场上制造、捕捉不同战机，相互协同、相互配合，以达到有效进攻的目的。

（一）传切配合

传切配合是指进攻队员间利用传球和切入技术所组成的配合方法，主要包括一传一切和空切两种方式。

练习方法及操作：参加者分 2 组。B组④传球给 A 组⑤后做向左切入的假动作，然后变向从右侧切入。⑤接球后回传给⑥，并做向底线下切入的假动作，然后变向从内侧横切。④切入后至 A 组的队尾，⑤至 B 组的队尾，依次进行练习（图 12-21）。

要求：变向切入动作要快，切入过程中要侧身看球。

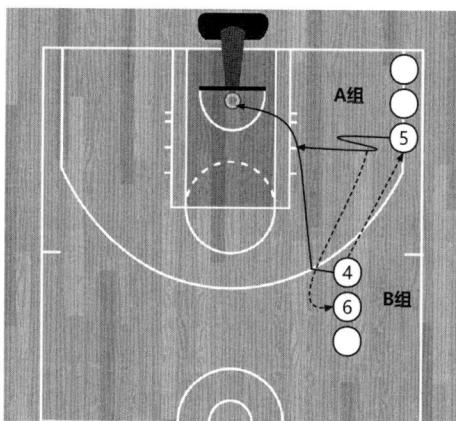

图 12-21 传切配合

（二）突分配合

进攻者持球突破或运球突破对手后，遇到对方补防或“关门”时，及时将球传给空隙地带的同伴。这种在突破中区别情况及时传球给无人防守同伴的配合叫突分配合。突分配合的要点是同伴之间要有良好的配合默契，突破者在突破过程中要注意观察攻守队员的位置变化，既要做好投篮准备，又能在遇到对方补防时巧妙地分球给同伴投篮。

练习方法及操作：学生分 2 组。开始时 A 组④持球突破，在突破中跳起分球传向移动的 B 组⑦，⑦在接球后示意投篮动作，然后传球给⑤，⑤接球后切入底线或内侧突破，跳起传球给接应的⑧。④到 B 组的队尾，⑦到 A 组的队尾。练习一定次数后，改换从左边突破分球练习（图 12-22）。

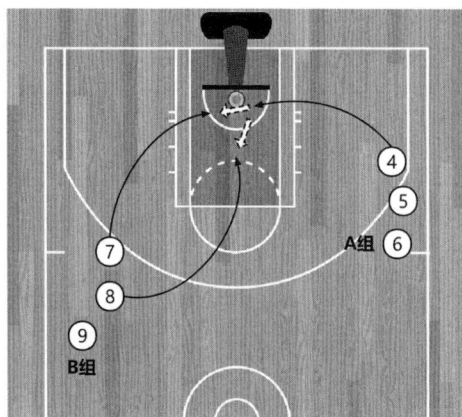

图 12-22　突分配合

（三）掩护配合

它是指进攻者以合理的行动，用身体挡住同伴防守者的通路，为同伴摆脱防守，创造接球和投篮机会的一种配合方法。

练习方法及操作：学生分 2 组，教师站在④身前做防守，⑥跑到侧后方给④做掩护，④先做向左跨步切入假动作，待⑥做好掩护后，及时向另一侧切入，⑥适时地后转身跟进。然后二人互换位置，轮流进行练习（图 12-23）。

图 12-23　掩护配合

二、基本防守配合

基本防守配合是指防守队员之间为了破坏对手的进攻配合或当同伴出现防守困难

时及时相互协作和帮助的行动方法，主要有"关门"配合、穿过配合、挤过配合、交换防守配合等。

（一）"关门"配合

"关门"是 2 名防守队员靠拢协同防守突破的配合方法。如图 12-24 所示，当⑤从正面突破时，❹、❺或❻、❺进行"关门"配合。

练习的要求：防守队员应积极堵截进攻者的突破路线，临近突破一侧的防守队员要及时向同伴靠拢进行"关门"，不给突破者留有通过的空隙。"关门"配合也常运用于区域联防。

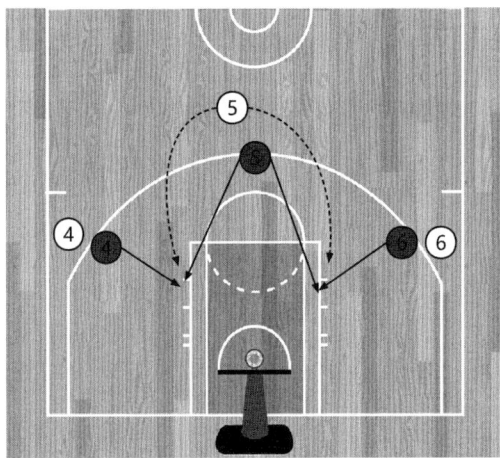

图 12-24 关门配合

（二）穿过配合

穿过配合是破坏掩护配合、及时防住自己对手的一种配合。当进攻队员进行掩护时，防守去做掩护的队员要及时提醒同伴并主动后撤一步，让同伴及时从自己和掩护队员之间穿过，以便继续防住各自的对手。

练习的要求：防守掩护的队员及时提醒同伴并主动让路，穿过队员要迅速穿过调整防守位置和距离。穿过配合一般在无投篮威胁时运用。

（三）挤过配合

挤过配合是对方采用掩护进攻时，防守者为了破坏对方的掩护配合，在掩护者临近的一刹那，被掩护的防守者主动靠近自己的对手，并从两个进攻者之间侧身挤过去，继续防住自己的对手。

（四）交换防守配合

交换防守配合是指破坏对手掩护时，防守队员之间及时地互换防守队员的一种配合方法。

穿过、挤过、交换防守配合练习方法：3 对 3 徒手练习。根据教师要求练习挤过、穿过和交换防守配合。

第四节　篮球运动比赛规则简介

一、比赛场地

篮球比赛场地应为一块平坦、无障碍的硬质地面。其尺寸为长 28 米、宽 15 米，从界线内沿丈量的长方形。罚球线距端线为 5.80 米，长度为 3.60 米，中圈半径为 1.80 米，篮筐离地高度为 3.05 米，篮板宽为 1.80 米，高为 1.05 米(图 12-25)。

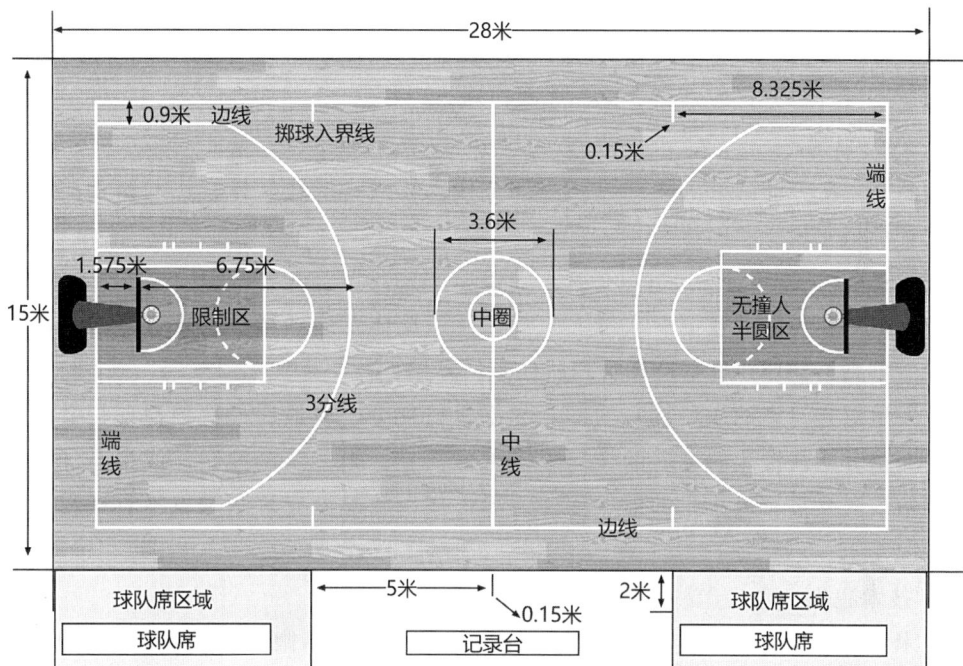

图 12-25　篮球场地

二、主要规则简介

（一）违例

比赛过程中出现带球跑、两次运球、队员出界和球出界或持球踩到边线和端线、本方触球出界、球回后场干涉得分和干扰得分，以及 3 秒、5 秒、8 秒、24 秒违例，均判对方在违例地点附近的边线或底线发界外球。

（二）犯规

1. 侵人犯规

攻守双方队员发生的非法身体接触的犯规。

罚则：

应登记犯规队员一次侵人犯规。

（1）如果对没有做投篮动作的队员发生犯规

由非犯规的队在最靠近违规的地点掷球入界，重新开始比赛。

如犯规的队处于全队犯规处罚状态，则应运用全队犯规（处罚）规定。

（2）如果对正在做投篮动作的队员发生犯规，应按下列所述判给投篮队员若干罚球

如果出手投篮成功，应计得分并追加1次罚球。

如果从2分投篮区域的出手投篮不成功，2次罚球。

如果从3分投篮区域的出手投篮不成功，3次罚球。

在结束一节或决胜期的比赛计时钟信号响时或恰好响之前，或当进攻计时钟信号响时或恰好响之前，投篮队员被犯规了，此时球仍在该队员的手中，并且随后投篮成功，中篮不应计得分，应判给2次或3次罚球。

2. 双方犯规

两名互为对方的队员大约同时相互发生侵人犯规，或违反体育运动精神犯规，或取消比赛资格犯规。

罚则：

应给每一犯规队员登记一次侵人犯规，或违反体育运动精神犯规，或取消比赛资格犯规。不判给罚球，比赛应按下列所述重新开始。

在发生双方犯规的大约同一时间，如果投篮得分，或最后一次的罚球得分，应将球判给非得分队从该队端线后的任何地点掷球入界；当某队已控制球或拥有球权，应将球判给该队从最靠近违犯的地点掷球入界；任一队都没有控制球也没有球权，一次跳球情况发生。

3. 技术犯规

技术犯规是没有身体接触的犯规，行为种类包括但不限于：无视裁判员的警告；与裁判员、技术代表、记录台人员、对方队或允许坐在球队席的人员讨论和（或）交流中没有礼貌；使用很可能冒犯或煽动观众的言行；戏弄或嘲讽对方队员；在对方队员眼睛附近挥手或手保持不动妨碍其视觉；过分挥肘；在球穿过球篮之后故意地触及球，阻碍迅速地掷球入界或罚球以延误比赛；伪造被犯规。

罚则：

应判给对方队员1次罚球，比赛应按下述重新开始。

应立即执行罚球。罚球后，由宣判技术犯规时，控制球队或拥有球权队在比赛停止时距离球最近的地点执行掷球入界。

应立即执行罚球，不管是否有其他犯规带来的罚则的先后顺序，也不管这些罚则是否已经开始执行。技术犯规的罚球后，由宣判技术犯规时，控制球队或拥有球权队在最靠近比赛被技术犯规的罚则中断时的最近地点重新开始比赛。

如果一次有效得分或最后一次罚球得分，应在端线后任意地点掷球入界重新开始比赛。

如果既没有球队控制球，也没有球队拥有球权，这是一起跳球情况。

在中圈跳球开始第 1 节。

4. 违反体育运动精神的犯规

违反体育运动精神的犯规是一起队员身体接触的犯规，并且根据裁判员判定，包括与对方发生身体接触并且不在本规则的精神和意图的范畴内努力比赛；在尽力抢球或在与对方队员尽力争抢中，造成与对方队员过分的严重身体接触；一起攻防转换中，防守队员为了中断进攻队的进攻，与进攻队员造成不必要的身体接触。该原则在进攻队员开始他的投篮动作之前均适用；一起对方队员从正朝着对方球篮行进的队员身后或侧面与其造成的非法接触，并且在该行进队员、球和对方球篮之间没有其他队员。该原则在进攻队员开始他的投篮动作之前均适用；在第 4 节和每一决胜期比赛计时钟显示 2 分钟或更少，当掷球入界的球在界外并且仍在裁判员手中，或掷球入界队员可处理时，防守队员在比赛场内对进攻队员造成身体接触。在整场比赛中，裁判员对违反体育运动精神的犯规的解释必须一致，并且只能根据其所作所为来判定。

罚则：

应给犯规队员登记一次违反体育运动精神的犯规。

应判给被犯规的队员执行罚球，以及随后在该队前场地掷球入界线处掷球入界；在中圈跳球开始第 1 节。

应按下述原则判给若干罚球：

如果对没有做投篮动作的队员发生犯规，2 次罚球。

如果对正在做投篮动作的队员发生犯规，如中篮应计得分并追加一次罚球。

如果对正在做投篮动作的队员发生犯规，并且球未中篮，2 次或 3 次罚球。

当登记了一名队员 2 次违反体育运动精神的犯规或 2 次技术犯规，或一次技术犯规和一次违反体育运动精神的犯规时，应该取消其本场剩余比赛的资格。

如果队员在上述情况下被取消比赛资格，应只处罚该违反体育运动精神的犯规的罚则，不追加取消比赛资格的罚则。

5. 取消比赛资格的犯规

队员、替补队员、主教练、助理教练、出局的队员和随队人员出现任何恶劣的违反体育运动精神的行为是取消比赛资格的犯规，已被取消比赛资格的主教练应由登记在记录表上的第一助理教练接替。如果记录表上没有登记第一助理教练，应由队长接替。

罚则：

应给犯规者登记一次取消比赛资格的犯规。

依据这些规则的各条款被取消比赛资格的犯规者，应去该队的休息室，并在比赛期间保持停留，也可以选择离开体育馆。

如果是一起非身体接触犯规，由对方主教练指定的任一本队队员罚球。

如果是一起身体接触犯规，被犯规的队员罚球。

以及随后：在该队前场地掷球入界线处掷球入界；第 1 节开始在中圈跳球。

罚球的次数应按如下规定。

如果是一起没有身体接触的犯规，2 次罚球。

如果对没有做投篮动作的队员发生犯规，2 次罚球。

如对正在做投篮动作的队员发生犯规，如中篮应计得分并追加一次罚球如果对正在做投篮动作的队员发生犯规，并且球未中篮，2 次或 3 次罚球。

如果是主教练取消比赛资格的犯规，2 次罚球。

如果是第一助理教练、替补队员、出局的队员或随队人员的取消比赛资格的犯规，应登记主教练一次技术犯规，2 次罚球。

▸ 本章小结与思考

1. 简述篮球运动的概念与特点。

2. 篮球运动有哪些基本技术？

3. 篮球运动的基本进攻配合与防守配合有哪些？

第十三章 足球运动

第一节 足球运动概述

足球号称"世界第一运动"，其影响遍及全球。从足球运动的起源和发展历史来看，足球运动经历了古代足球游戏和现代足球运动两大历史阶段。

我国是古代足球运动的起源地。"蹴鞠"是有史料记载的最早的足球运动，早在战国时期，民间就流行娱乐性的蹴鞠游戏。汉代蹴鞠成为兵家练兵之法，唐代蹴鞠作为一种娱乐活动深入民心，宋代出现了蹴鞠组织与蹴鞠艺人，清代开始流行冰上蹴鞠。2004年，国际足联确认中国古代的蹴鞠就是足球的起源，足球起源于中国淄博临淄。

现代足球运动的发源地在英国。12世纪，伦敦的青年人喜欢踢球，随着时间的推移，足球运动在英国越来越普遍。1823年，英国人威廉·艾利斯把足球运动与橄榄球运动区别开来，明确了足球运动是一项只能用脚踢和头顶的运动。1863年，世界上第一个足球协会——英格兰足球协会成立，并制定了13条比赛规则。人们把这一天作为现代足球运动诞生日载入史册。1904年，在巴黎创建了国际足球联合会，从此世界足球运动有了自己的组织。足球运动经过漫长曲折的历程，逐渐形成了现在这种比赛形式。

足球运动在我国也有着一定的群众基础，许多青少年越来越喜爱这项运动。经常参加足球运动，能有效提高人体各器官系统的功能，全面发展和提高人体的各项身体素质，还有助于培养学生顽强拼搏的竞争意识，机智果断、思维清晰、反应敏锐的逻辑想象能力，以及团队合作、齐心协力的集体主义优良品质和荣誉感。

第二节 足球运动基本技术

足球运动技术就是指运动员在比赛中运用身体的合理部位所做的各种动作方法的

总称，基本技术包括踢球、接球、头顶球、运球和运球过人、抢截球、假动作、掷界外球。

一、运球

运球是指运动员在跑动中为控制球而用脚部进行的推拨球动作，采用运球方法超越防守队员时称为运球过人。运球及运球过人是运动员控制球与进攻能力的主要表现形式，熟练掌握与合理运用运球及突破技术，对调控比赛节奏、丰富战术变化、突破密集防守、创造射门机会都具有实际意义。

（一）脚背外侧运球

脚背外侧运球动作的特点是灵活多变，可做直线、弧线和内外侧的变向运球，易于控制前进的方向和发挥运球的速度，便于运球过程中对球的保护(图 13-1)。

图 13-1　脚背外侧运球

1. 动作要领

跑动中，身体自然放松，步幅稍小；运球脚在身体正面提起，膝稍内扣，脚跟提起，脚尖内转；在迈步前伸着地前，用脚背外侧推拨球，随后脚顺势落地。

2. 教学重难点

运球时脚接触球的部位准确，力量适当，身体重心随球移动；运球时协调自然。

3. 教法

（1）直线运球练习

方法：单人练习，确定行进路线自主练习时进行。

提示：运球时，脚触球和小腿及脚踝的发力是柔和的，尤其脚与球接触瞬间的细微缓冲动作是控制好球的要领。初学时常常因为腿部肌肉和关节过于紧张，动作僵硬，出现"踢球"发力的错误。

（2）运球绕杆练习

方法：在做变向时交换运球脚。

提示：绕杆运球涉及变向，在支撑脚落地时应考虑身体重心的控制、球的运行速度和运球脚的动作空间变向前的步伐调整。运球脚大跨步踏在球的侧面偏前位置，距球稍远，为变换运球脚完成动作留出空间，同时屈膝制动降低重心，缓冲助跑冲力。

（3）运球画圆练习

方法：自己尝试运用连续脚背外侧运球，使得运球轨迹成一个大圆，或者在一个画好的大圆外圈进行脚背外侧运球练习。

提示：连续一个方向的脚背外侧运球容易产生眩晕，可以结合脚背内侧运球多方向练习。

4. 易犯错误与纠正方法

（1）低头看球，无法观察场上情况

纠正方法：用眼睛的余光观察，兼顾球和周围情况，做抬头观察教师收拾或者固定目标的小游戏。

（2）用力方法不当

纠正方法：注意脚踝的放松，触球时踝关节稍加缓冲，可以运用实心球原地练习感受触球力量。

（3）脚跟未提起，成勾脚触球，将球挑起

纠正方法：保持脚背与地面角度基本垂直，多做无球或者原地的动作强化。

（二）脚背正面运球

脚背正面运球动作的特点是运球速度快、直线前进，但是路线单一，并且在前进时需要较大的纵深距离才能发挥速度优势（图 13-2）。

图 13-2　脚背正面运球

1. 动作要领

运球时身体保持正常跑动姿势，上体稍前倾，步幅不宜过大；运球腿提起，膝关节稍屈，髋关节前送，提踵，脚尖下指；在着地前用脚背正面部位触球后中部将球推送前进。

2. 教学重难点

运球时脚接触球的部位准确；运球时轻触快追，协调自然。

3. 教法

(1)徒手模仿脚背正面运球，体会动作要领和节奏。

(2)采用实心球(不超过 1 公斤)做运球辅助练习，进一步体会脚与球的接触部位和用力方法。

(3)在走与慢跑中练习有节奏的匀速运球，逐步过渡到快速跑运球。要将球控制在身体前面约 1 米的距离。

(4)运球绕过各种障碍物，增加练习难度，提高控球能力和练习兴趣。

(5)运球与停球、扣球组合练习，主动改变运球的方向，提高比赛的能力。

(6)2 人 1 组，做运球与抢截对抗练习，1 人运球前进，另 1 人阻截，2 人轮换练习；在对抗中进一步提高运球能力。

4. 易犯错误与纠正方法

(1)运球时用力过大，使球失控

纠正方法：先做无球模仿练习，体会节奏感，然后用实心球练习运球，体会推拨球用力的大小。

(2)运球时，脚触球部位不准

纠正方法：用定位球做运球模仿动作，体会脚尖向下用脚背正面触球的侧后方。

(3)运球意识不强

纠正方法：练习运球要与传、接、运、射等技术相结合，提高应变的能力。

(4)支撑脚偏后，推拨球后重心滞后，导致人球分离

纠正方法：要求支撑脚尽可能地接近球，做到轻触快追，使球始终处于身体的有效控制范围。

(三) 脚背内侧运球

脚背内侧运球的特点是运球动作幅度大，控球稳，虽不能加快速度，但是左右转换方向都很容易。脚背内侧运球主要适用于掩护性运球或运球变向，它是比赛中使用得最多的运球方法(图 13-3)。

图 13-3　脚背内侧运球

1. 动作要领

跑动中，身体自然放松，步幅稍小；运球腿屈膝提起，脚尖稍外转，使脚背内侧正对运球方向；运球脚落地前用脚背内侧推拨球，使球随身体前进。

2. 教学重难点

运球时脚接触球的部位准确、力量适中；身体重心随球移动；运球时协调用力。

3. 教法

脚背内侧运球的教法与脚背外侧运球相似，可参考脚背外侧运球的教法。

4. 易犯错误与纠正方法

(1)身体重心过高或侧倾不够，影响运球变向

纠正方法：运球过程中，要保持重心稍下沉、躯体略侧倾的状态，多做原地练习。

(2)推拨球动作不稳定，影响控球效果

纠正方法：运用等距离比赛和一步一触的小游戏等方法，让学生由慢到快循序渐进地练习运球。

(3)脚跟未提起，成勾脚触球，将球挑起

纠正方法：保持脚背与地面角度基本垂直，多做原地或无球的强化练习，也可以运用实心球找准确部位的触球感觉。

二、踢球

踢球是指运动员有目的地用脚的相应部位将球击向目标的动作方法，是运动员进行比赛活动的主要技术手段，它在比赛中是以传球和射门为主要形式。踢球动作按接触击球时的脚的部位可分为脚内侧踢球、脚背正面踢球、脚背内侧踢球等方法。

（一）脚内侧踢球

脚内侧踢球是以脚内侧部位踢球的踢球方法，动作特点是脚触球面积大，对球的方向控制性强，出球平稳准确，主要用于短传和近距离射门(图 13-4)。

图 13-4 脚内侧踢球

1. 动作要领

(1)脚内侧踢定位球。直线助跑,即助跑方向与传球方向一致,助跑最后一步适当加大;踢球腿由后向前屈膝摆动,当膝关节接近球的垂直面时,小腿加速前摆,大腿稍上提,同时膝外展;脚尖上翘,用脚内侧(足弓)部位击球的后中部;踢球腿在击球后继续前伸推送,并保持用力方向与地面平行。

(2)脚内侧踢空中球。根据来球速度和运行轨迹及时移动到位,踢球腿大腿抬起(屈)并外展,小腿屈并绕额状轴后摆,利用小腿绕额状轴由后向前摆动,当摆至额状面时与球接触,击球的中部。

2. 教学重难点

踢球时支撑脚的位置,踢球腿的摆动和触球的部位;踢球动作准确,协调自然。

击球脚型:脚尖上翘,用脚内侧(足弓)部位击球的后中部。

3. 教法

踢固定球。练习时,应把注意力集中在某个技术环节上,通过大量重复练习提高自己对动作细节的感知和控制能力。

方法:两人一组,一人将球踩在地面固定,另一人做原地(或加助跑)摆腿击球动作,力量稍小,主要是体会动作要领。

提示:注意体会踢球腿的加速摆动用力、旋转和击球脚形的控制,以及脚与球接触时的肢体感觉。

(二)脚背正面踢球

脚背正面踢球是以脚背正面部位触球的踢球方法,动作特点是摆踢动作顺畅,便于发力,出球的速度快,但出球的路线和性能变化小,主要用于射门和远距离传球。特点是利用小腿的快速摆动,以及比较坚实的脚背部位触球,使球产生急速变形,促使球高速飞行,形成极具威胁的射门,也常用于长传球。

1. 动作要领

(1)踢定位球。直线助跑,最后一步稍大些,支撑脚积极着地支撑,在球的侧面10~12厘米处,脚尖正对出球方向,膝关节微屈,踢球腿随跑动向后摆动,小腿屈曲,支撑的同时踢球腿以髋关节为轴,大腿带动小腿由后向前摆动。当膝关节摆至接近球的正上方时,小腿做爆发式的摆动,脚趾屈,以脚背正面部位击球的后中部。击球后身体及踢球腿随球前移(图13-5)。

(2)踢空中球。判断好球运行的路线和击球点。踢球时,身体侧对出球方向,支撑脚跨上一步,脚尖指向出球方向,上体向支撑脚一侧倾斜,踢球腿的大腿高抬接近地面平行,然后以大腿带动小腿急剧向出球方向摆动,用脚背正面踢球的后中部。在摆腿踢球的过程中身体随之向出球方向扭转,当要踢球的一刹那,两眼始终注视着球,身体正对出球方向,踢球后面对出球方向。

图 13-5 踢定位球

2. 教学重难点

踢球时支撑脚的位置，踢球腿的摆动和触球的部位准确；踢球时动作协调自然。

3. 教法

(1)对墙踢固定球练习

方法：初学阶段在助跑环节上可简化，采用一步助跑，这样有利于支撑脚的准确选位并将注意力更多地集中到脚形的控制。

(2)踢球腿摆动模仿练习

方法：可以先在地面确定一个支撑脚落地点，然后加一步、两步或多步助跑，反复练习。

提示：练习时注意体会腿部肌肉的放松，只在触球前刹那通过绷紧腿部肌肉加固关节即可。

(3)两人对传练习

方法：两人相距 25～30 米，踢定位球或活动球。

提示：体会这一脚法在长传和射门时的区别，通过调整脚形和击球点，控制出球的高度。长传球时脚形位置较平，击球点偏下；射门时脚背绷紧立直，击球点上移。

4. 易犯错误与纠正方法

(1)支撑脚站位偏前或偏后

纠正方法：控制跑动速度，准确判断球的运行轨迹。

(2)踢空中球时对球的速度和高度判断不当，造成摆腿击球时间不当，出现踢空现象

纠正方法：用手抛球来控制球的速度，体会摆腿击球时间。一般来说，在判断准球高度的同时，球速越快，摆动越小，反之，球速较慢可摆动加大。

(3)踢空中球踢球的部位不准，出球偏离目标

纠正方法：原因在于不能适当地使踢球腿抬起与来球高度形成相配合的击球点。根据对的高度来选择好踢脚腿的摆动，如对踢接近髋关节高度的空中球时，上体应往踢球腿侧偏，使踢球腿能抬至相应的高度。

(三) 脚背内侧踢球

脚背内侧踢球是以脚背内侧部位触球的踢球方法，动作特点是踢球腿的摆动顺畅，幅度大，脚与球接触面积大，出球平稳，球速快，并且性能(旋转、高低)、路线(直线、弧线)易于变化，主要用于中远距离的传球和射门(图13-6)。

图13-6 脚背内侧踢球

1. 动作要领

(1)脚背内侧踢定位球。斜线助跑，在不影响摆腿发力的同时更有利于击球脚形的控制；支撑脚落地时，身体重心应偏向支撑脚一侧并屈膝缓冲，保持重心的稳定；用脚背内侧击球的后下部，同时脚尖包向球的外侧；前摆送球的方向应指向传球目标。

(2)脚背内侧踢反弹球。根据来球的落点及时移动到位，在球离地(反弹)的瞬间踢球，其他的动作要求与踢定位球相同。这种踢球方法多用于踢侧方或侧前方来的空中下落的球。

2. 教学重难点

踢球时支撑脚的位置，踢球腿的摆动和触球的部位准确；踢球时动作协调自然。

3. 教法

(1)对墙踢固定球练习

方法：初学阶段在助跑环节上可简化，采用一步助跑，这样有利于支撑脚的准确选位并将注意力更多集中到脚形的控制上。

(2)踢球腿摆动模仿练习

方法：可以先在地面确定一个支撑脚落地点，然后加一步、两步或多步助跑，反复练习。

提示：练习时注意体会腿部肌肉的放松，只在触球前刹那通过绷紧腿部肌肉、加固关节即可。

(3)两人对传练习

方法：两人相距25～30米，踢定位球或活动球。

提示：体会这一脚法在长传和射门时的区别，通过调整脚形和击球点，控制出球的高度。长传球时脚形位置较平，击球点偏下；射门时脚背绷紧立直，击球点上移。

4. 易犯错误与纠正方法

(1)直线助跑

纠正方法：斜线助跑有利于发挥摆腿力量和控制脚形。准确判断球的运行速度和方向，调整助跑角度和速度。

(2)支撑脚站位不当(离球太远或过近，脚尖未指向传球方向)

纠正方法：控制好助跑速度与节奏，步伐清晰，注意力集中。

(3)肌肉关节紧张，成直腿摆动

纠正方法：通过模仿练习体会放松摆腿技术。

(4)勾脚击球，击球点不稳定，不能有效发挥摆腿力量

纠正方法：脚背、踝关节绷紧，固定脚形。

(5)踢球腿摆动方向太随意，不能稳定控制出球方向

纠正方法：有意识地控制摆动方向，注意身体重心随球跟进。

三、接球

接球是指运动员有目的地运用身体的有效部位，将运行中的球控制在所需位置上的动作方法。它是运动员获得球的主要手段，是运动员控制能力的一种表现。良好的接控球能力能使球队争取更多的进攻机会，是进攻战术的主要构成因素。

接球按触球部位可分为脚部、胸部、腿部、腹部和头部接球五类。其中，脚部接球的动作方法最多，运用最广。

（一）脚内侧接球

脚内侧接球是以脚内侧触球的接球方法，技术特点是接球平稳，可靠性强，动作灵活多变，用途广泛，主要用于接地滚球、低平球、反弹球。

1. 动作要领

支撑脚正对来球，膝关节微屈，停球腿屈膝外转并前迎，脚尖稍翘起，当脚与球接触前的一刹那开始后撤，在后撤过程中用脚内侧接触球，缓冲来球力量，把球控制在衔接下一动作所需要的位置上(图 13-7)。

图 13-7　脚内侧接球

2．教学重难点

判断准确迎球的时机及触球的部位，缓冲来球力量。

3．教法

（1）个人练习

方法：结合对墙踢球技术练习，接停反弹回来的球。

（2）结合两人传球的练习

方法：在脚内侧传球练习中，结合进行停球练习。

提示：基本动作掌握后，在练习中应适当增加练习难度和技术变化，以提高实战应有能力，如停球变向、停球假动作、停球保护等。

①停球变向：应注意支撑脚与停球脚触球点的相对位置，不要让支撑脚成为停球方向上的障碍；同时要兼顾支撑脚的选位与角度，应有利于身体重心控制和及时跟进。

②停球假动作：利用停球前的身体虚晃动作达到欺骗对手的目的，为自己停球后的摆脱创造条件。

③停球保护：在对方将要贴身争抢的情况下，停球时支撑脚的选位应考虑到，停球的同时让自己的身体处在球与对方之间，以便护球。

4．易犯错误与纠正方法

（1）抬脚高度超过球的高度，造成漏球

纠正方法：控制好抬腿高度。

（2）接地滚球时，未屈膝外展，前伸脚弓对不准球

纠正方法：反复练习屈膝外展，有意识地用脚弓迎球。先做徒手模仿练习，然后一人抛地滚球，另一人用脚内侧接球，并互相检查脚触球的部位。

（3）在支撑脚前方触球，停球不稳或将球挑起

纠正方法：准确判断球速，调整好支撑脚位置。

（4）肌肉关节过于紧张，不能有效缓冲来球力量

纠正方法：停球腿适当放松，但脚尖应翘起保持脚形。

（5）注意力不集中，停球后不注意技术的衔接

纠正方法：身体重心适当降低，保持稳定，并随时准备启动跟进和抵抗对方可能的冲撞。

（二）胸部接球

胸部接球是指运动员运用胸部，将运动中的球有目的地接控在所需位置上的动作方法，是运动员获得球的重要手段。胸部接球技术的特点是触球点高、面积大，适用于接胸部以上的高空球。一般有两种方式。

1．动作要领

（1）缩胸式接球：适用于接齐胸的平直球。缩胸接球与挺胸接球的动作差异在于触

球刹那。当球接近时，将手臂向后放并张开胸部。当球触胸瞬间，迅速收腹、缩胸，缓冲来球的力量，使球落于体前(图 13-8)。

图 13-8　缩胸式接球

(2)挺胸式接球：要判断来球的落点，选择适当的接球位置，接球时。身体正对来球，两腿自然开立，膝微屈，两臂自然放置在体侧，上体稍后仰与来球形成一定的角度。触球刹那，胸部自然挺送，使球触胸后向前上方弹起落于胸前(图 13-9)。

胸部接球的触点高，接球后下落反弹。因此，做完胸部动作后，需要及时将球控制在脚下。如果要将球接向身体两侧时，在触球的刹那要突然转动身体，带动球变向。

图 13-9　挺胸式接球

2. 练习方法

(1)两人一组停手抛球

两人相距 4～5 米，互掷手抛球(球的运行弧线稍高)，把球停起后用手接住，再回抛给对方。

（2）停球结合脚内侧停反弹球

练习形式同上。要求练习者把胸部停球与脚内侧停反弹球结合，球停至地面后回传给同伴。

胸部停球能够一次把球控制到地面，不利于技术衔接。训练中要注意停球与随后的控球技术的快速衔接，一般在球落地时利用脚内侧或外脚背接停反弹球，以最少的触球次数把球控制到地面，这样就能快速过渡到运球或传球。

（3）三人颠球练习中结合胸部颠球

三人三角形站位，连续颠球，每人颠球数次后颠传高球给同伴。

在接同伴颠传球时，先用胸部停球动作将球颠起，再接其他部位颠球。

3. 易犯错误与纠正方法

（1）下颏抬起，影响视线和观察。

纠正方法：收紧下颏，两眼注视来球。

（2）上体后仰角度太小，球反弹后弹离身体过远。

纠正方法：判断来球的角度和力量，调整身体后仰角度。

（三）大腿停球

大腿停球，一般运用于弧度较大的高空下落球，或平行于大腿高度的来球。面对来球，停球腿大腿抬起，以大腿中部对准下落的球，肌肉适当放松。在大腿与球接触前的刹那，大腿迅速撤引挡球，使球落到适合衔接下一动作的位置（图 13-10）。

图 13-10　大腿停球

1. 动作要领

（1）大腿接抛物线较大的下落球：面对来球方向，根据球的落点迅速移动到位，接球腿大腿抬起，当球与大腿接触的瞬间大腿下撤将球接到需要的位置上。

（2）大腿接低平球：面对来球方向，根据来球高度，接球腿大腿微屈，送髋前迎来球，当球与大腿接触瞬间收撤大腿，使球落在所需要的位置上。

2. 教学重难点

判断准确，缓冲来球力量；迎球的时机及触球的部位。

3. 教法

（1）个人练习

方法：手抛球，接停下落球。

（2）结合两人传球的练习

方法：一人抛球，另外一人练习，循环进行。

提示：基本动作掌握后，在练习中应适当增加练习难度和技术变化，以提高实战应有能力，如停球变向、停球假动作、停球保护等。

4. 易犯错误与纠正方法

大腿僵硬。

纠正方法：根据来球时机，大腿实时抬起，在触球一瞬间大腿接球，腿部放松，卸掉球下落的力量。

第三节　足球基本战术

一、进攻战术

（一）"二过一"进攻配合

进攻战术中的"二过一"，就是比赛中两个进攻队员战胜一个防守队员的局部战术配合。"二过一"是足球比赛中运用最普遍、最简单、最基本的进攻战术。具体配合的形式和方法有很多，下面介绍几种比赛中常用的"二过一"配合。

1. 斜传直插"二过一"

如图 13-11，由进攻队员⑩与⑦拿球做向前运球，吸引防守者的注意力，然后突破斜传球。由队员⑨与⑧快速直插接球，突破防守。

2. 直传斜插"二过一"

如图 13-12，由进攻队员⑩与⑦作直接传球，同队的⑨与⑧队员都是斜线插上接球。

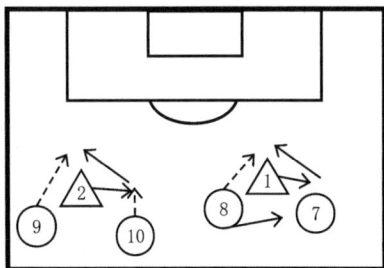

图 13-11　斜传直插"二过一"　　　　图 13-12　直传斜插"二过一"

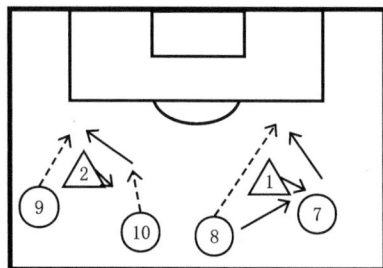

3. 踢墙式"二过一"

如图 13-13，这种方法常用于中路突破。它是由队员⑧快速向前运球，在接近防守队员时，及时向队员⑨脚下传球，队员⑨像墙一样，一次出球将球反弹至防守者背后，队员⑧快速插上接球。

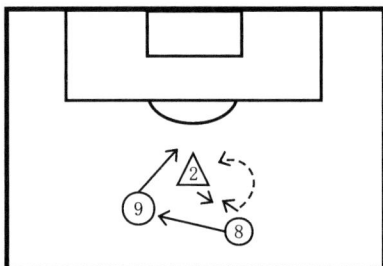

图 13-13　踢墙式"二过一"

4. 回传反切"二过一"

如图 13-14，这种方法是由队员⑨回传给队员⑩，拉出防守队员身后的空当，队员⑨突然转身反切，队员⑩将球传向防守者的身后。

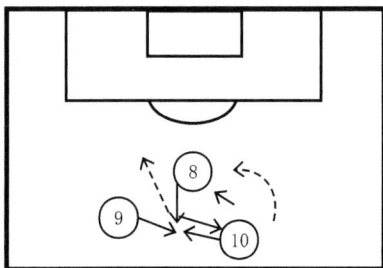

图 13-14　回传反切"二过一"

（二）"三过二"进攻配合

"三过二"是在比赛中局部地区三个进攻队员通过连续配合突破两个防守者的防守。由于这种配合有两个同队队员可以同时接应传球，因此持球人传球路线更多，且进攻面扩大，要求也较高，防守的难度也较大。下面介绍几种"三打二"的进攻战术配合方法。

1. 第二空当

所谓第二空当，是指当一名进攻队员跑向一个有利的空当(第一空当)并牵制一名防守队员时，使原区域出现了空当(第二空当)，第二个进攻队员迅速插向第二空当，利用传接配合，突破防守。打第二空当配合对三名进攻队员的基本要求如下。

(1)扯动要逼真，能将防守者从原防守的位置上吸引开来，以形成空当。接应者应及时摆脱，迅速插向空当。传球者要掌握好传球的时机与传球的落点，使拉扯、切入、传球做到一气呵成，恰到好处。

（2）根据比赛场上的实际情况要善于变化，打第一空当与打第二空当或第三空当相结合，使守方防不胜防，就能起到更佳的效果。

2. 连续二过一

连续二过一至少由两组二过一配合组成。

在三人配合时应做到：

（1）三名进攻队员的位置基本上呈三角形。两名无球队员不能一起跑向同一个点造成位置重叠。

（2）控球者在传球前应注意观察，选择最有威胁的进攻配合。

二、防守战术

1. 防守选位

防守队员选择的站位，原则上应站在对手与本方球门中心所构成的一条直线上，根据球的位置做相应的前后、左右移动，使球和人都能处于自己的视野之内。

2. 防守盯人

针对对方进攻队员，有目的地积极主动贴近对手，使其在跑位、传接球时不能充分发挥技术特长。

3. 防守补位

临近位置防守队员站位要有层次，不能平行线站位，相互间要有保护、补漏、交换位置。

三、定位球战术

（一）任意球战术

1. 前场任意球的进攻战术

（1）罚球弧区域的任意球进攻。罚球弧区域获得直接或间接任意球时，守方必排"人墙"封住部分球门，守门员会选择既能看清球和罚球队员的动作，又能兼顾整个球门防守的站位。因此，攻方的打法是劲射和从侧面绕过人墙及越过人墙上空后以下旋的弧线球射门。同时，挡住守门员视线，使其看不到球和罚球队员的动作，迫使守门员对射门的反应减慢。

（2）罚球区角及两侧的任意球进攻。在罚球区角获任意球时，可用直接射门或传球配合射门的方法进攻。

2. 罚球区内的间接任意球进攻

攻方在罚球区内罚间接任意球机会少，但须做好准备，一旦出现机会，就要把握好。若在球门区附近，守方所有队员会在球门线上排墙，球射出的刹那，守方会全部向前封堵。因此，罚球时要做好下列两点：第一，如果射门角度小，第一次触球可向侧后方轻传，增大同伴的射门角度；第二，要观察守门员的站位，将球直接射向离守门员远的防守队员的头顶上空。

3. 任意球的防守战术

(1)干扰罚球，争取时间迅速组织人墙。

(2)控制和封锁要害空间。除排墙者外，其他队员选择有利位置控制和封锁要害空间。

（二）角球战术

1. 角球进攻战术

足球比赛中，角球也是破门得分的重要手段之一。角球有短传和长传两种。多数角球采用内弧线球传至门前区域，进攻球门前半部居多，而且效果相对较好。

(1)短传角球。短传角球快，在角球弧处能形成人数优势；能缩短传中距离，提高传球的准确性和增大传球角度，丰富战术打法，增加防守难度，对球门威胁大。队员身材不高、争夺空中球能力较弱的队用短传角球的较多。

(2)长传角球。用内弧线球直接射球门的较少。多数长传角球是将球传至门前区域，由同伴头顶或配合射门。擅长右脚者罚左侧的角球，擅长左脚者罚右侧的角球，这有利于踢出球速快、旋转强、落点好的内弧线球。

2. 角球防守战术

(1)所有队员的注意力应高度集中，分工明确，各司其职，人球兼顾。

(2)切忌盯人不看球或看球不盯人。

(3)防守者应抢占有利位置，始终处在球、对手和球门内侧之间。

(4)球门区线的三名队员要有高度，头球好，如对方有高个队员参加进攻，守方应做相应的调整并重点盯防。

(5)解围时，防守队员应全线快速压上至罚球区附近，以限制对手的再次进攻。一旦抢到球则可发动快速反击。

(6)在解围或危急时，须抢先触球，踢远、踢高、向两边踢，甚至可踢出界。

（三）界外球战术

1. 界外球进攻战术

(1)两人配合。一掷一接，接球者直接或间接回传给掷球者或由他人组织进攻。在中、后场运用较多。

(2)三人或三人以上配合。中前场进攻时，守方采用紧逼盯人，两人配合较难成功，需要三人或更多队员的配合。具体方法可用一拉一接、一接一插等配合方法。

2. 界外球防守战术

(1)在掷球局部区域对有可能接球者紧逼、危险区域和有可能出现的空当要重点防守和保护。

(2)防长传界外球时，要有一名队员对掷球者进行干扰，限制其远度和准确性。对重点队员要盯死，有时可采用前后夹击防守。其他队员应选择有利位置和盯防相应的队员。

第四节 足球运动比赛规则简介

一、比赛场地

足球场地应为长方形，长度应该介于 90～120 米，宽度则应介于 45～90 米。举行国际性赛事的足球场地，长度应该介于 100～110 米，宽度则应介于 64～75 米。较长的边为边线，较短则为球门线。中线把足球场分为两半，在中线的中间，是整个球场的中心点，是球赛上、下半场以及在进球后开球的地方，并有中圈(半径 9.15 米)围绕中心点。在球场的 4 个角皆划有角球区，半径 1 米，标示角球开出的地方(图 13-15)。

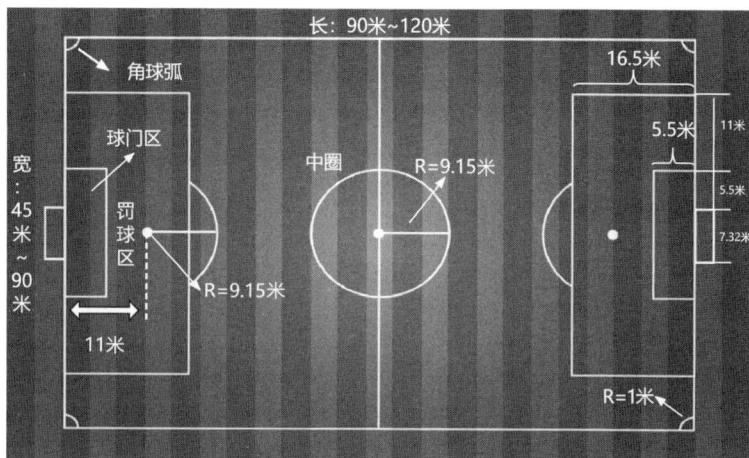

图 13-15 足球比赛场地

二、裁判方法

(一)比赛开始

(1)比赛开始前，裁判员应召集双方队长，通过掷币方式，选中的一方有挑选上半场的场地权，另一方有开球权。

(2)开球时，球应放在中点上。比赛开始，不是以裁判员鸣哨为准，而是当球被踢并向前移动时。遇下列情况应重新开球。

①球未向前移动。

②比赛开始前，场上队员越过中线进入对方半场，或守方队员进入中圈。

(3)裁判员鸣哨开球后，球踢出向前，若队员越过中线、守方队员进入中圈，或者开球队员未将球向前踢，裁判员对有关队员可先给予提醒，再犯时则予以警告。

(4)开球队员将球踢出并向前移动使比赛开始后，其他队员触球前，开球队员不得再踢，否则应由对方在犯规地点罚间接任意球。

（5）开球队员可以直接将球踢进对方球门得分。

（6）足球比赛开始前，如有必要，可以由其他人员进行象征性的开球仪式，但在此之后，仍需按规则规定的方式重新开球。

（二）比赛进行及死球

（1）当球的整体在地面或空中全部越过了边线或球门线的外沿才算球出界，球在空中出界又被风吹回场内仍算球出界。

（2）队员踢（触）球后，球除直接接触场内裁判员、助理裁判员或门柱、角旗杆弹出场外，均按该队员踢球出界处理。

（3）规则中没有明文规定的一些暂停比赛，应在暂停比赛时球所在地点以坠球恢复比赛。例如，暂停比赛时球在球门区内，则应在暂停比赛时球所在地点最近的与球门线平行的球门区线上执行坠球。

（三）计胜方法

（1）凡球的整体从门柱间及横木下越过球门线外沿的垂直面，而此前未违反竞赛规则，均为攻方胜一球。

（2）在球的整体越过两门柱间、横木下面球门线前裁判员发出了进球信号，但又立即发现其错误，则该进球无效。应由裁判员在因错误停止比赛时球所在地点以坠球恢复比赛（如停止比赛时，球在球门区内，则应在离球最近的与球门线平行的球门区线上执行）。

（3）在任何情况下，球进入球门前受外界干扰所阻止，不能视为胜一球。如这种情况发生在比赛中（执行罚球点球时除外），应暂停比赛，由裁判员在事故发生的地点以坠球恢复比赛。

（四）越位

1. 构成越位的条件

（1）该队员在对方半场。

（2）该队员较球更接近对方球门线。

（3）在该队员与对方球门线之间，对方队员不足两人。

上述三条中若缺少任何一条者，队员均不处于越位位置。队员处在与球平行的位置上，则该队员不处于越位位置。因为此时队员并未较球更接近对方球门线。如果队员与对方最后第二名队员处于水平位置，该队员也不处于越位位置。

2. 判断越位的时间

判断队员是否处于越位位置的时间是队员踢或触及球的一瞬间，而不是该队员接获球时。

（五）犯规与不正当行为

（1）裁判员认为队员故意违反下列规则中的任何一种，将判给对方踢直接任意球。

①踢或企图踢对方队员。

②绊摔或企图绊摔对方队员。

③跳向对方队员。

④冲撞对方队员。

⑤打或企图打对方队员。

⑥推对方队员。

⑦拉扯对方队员。

⑧争抢球时，在触球前触及对方队员。

⑨向对方队员吐唾沫。

⑩故意手球。

(2)如果守门员在本方罚球区内行为符合下列违例中的任何一种，将判给对方踢间接任意球。

①用手控制球后在球发出之前持球时间超过6秒或在发出球之后未经其他队员触及，再次用手触球。

②用手触及同队队员故意踢给他的球或同队队员直接掷入的界外球。

(3)队员在出现下列情况时，也将判给对方踢间接任意球。

①动作具有危险性。

②阻挡对方队员。

③阻挡对方守门员从其手中发球。

(4)队员行为符合下列犯规中的任何一种，将被警告并出示黄牌。

①犯有非体育道德行为。

②以语言或行动表示异议。

③持续违反规则。

④延误比赛重新开始。

⑤擅自进场或离场。

⑥故意犯规破坏对方明显的进攻机会。

(5)队员行为符合下列犯规中的任何一种，将被罚令出场并出示红牌。

①严重犯规或暴力行为。

②向任何人吐唾沫。

③故意犯规破坏对方的进球或明显的进球得分机会。

④使用无礼的、侮辱的或辱骂性的语言及动作。

⑤在同一场比赛中得到第二次黄牌警告。

（六）任意球

(1)凡判罚直接或间接任意球，必须具备下列四项基本条件。

①犯规队员是场上队员。

②队员违反规则的有关规定。

③犯规地点是在比赛场地内（掷界外球时例外）。

④犯规时间是在比赛进行中（执行罚球点球及掷界外球时例外）。

（2）直接任意球可以直接踢入对方球门。如果直接踢入本方球门，将由对方踢角球。

（3）间接任意球直接踢入球门不得分，必须经场上其他队员触及后进入球门内方可算胜一球。如果间接任意球直接踢入对方球门，将由对方踢球门球；如果直接踢入本方球门，将由对方踢角球。

（七）罚球点球

（1）罚球点球是对犯规的一种严重处罚，裁判员务必判罚准确，只有当队员在比赛进行中，于本方罚球区内故意犯规者，方能判罚球点球。

（2）在罚球区附近发生犯规，应看犯规动作的接触点，如人在罚球区内而犯规接触点在罚球区外，则应判罚直接任意球。

（3）罚球点球可以直接进球得分。

（八）掷界外球

（1）比赛中，当球的整体在地面或空中越过边线时即为球出界，应由出界前触球队员的对方队员在离球出界处的边线外1米范围内，将球掷入场内。防守队员不允许在掷球队员身前进行干扰。

（2）掷球时，两脚可以平行站立或前后站位，脚可以踏在边线上或边线外。不允许队员跪在地上掷界外球。掷界外球没有越位。

（3）掷球时，允许脚在地上滑动，但任何一脚不得全部离地。

（4）掷界外球的方法：双手持球置于头的后方，面向场内，两手平均用力，从头后经头顶用一个完整、连贯的动作将球掷入场内。

（5）掷界外球时，以合法的动作故意掷击对方队员属犯规行为，应由对方在犯规接触点罚直接任意球。

（6）掷界外球不能直接进球。如果直接掷入对方球门，则由对方踢球门球；如果直接掷入本方球门，则由对方踢角球。球掷出并经其他队员触及而进入球门，应判进球。

（7）如队员不在球出界处掷界外球，裁判员应判由对方在原球出界处掷界外球。

（九）球门球

（1）球由地面或空中踢或触出对方球门线时，由对方在球门区内任何地点踢球门球恢复比赛，踢球门球可以直接得分。

（2）踢球门球时，对方队员在球被踢出罚球区或任何队员在罚球区外，当球直接踢出罚球区进入场内时，比赛方可恢复。

（3）踢球门球时，对方队员在球被踢出罚球区或任何队员在罚球区内触及，即未进入比赛，应令重踢。当队员将球踢出罚球区，比赛恢复后，未经场上其他队员触及，该队员再次触球，即为连踢犯规。

（4）踢球门球时，队员不得故意延误比赛时间，否则应给予警告。

（十）角球

（1）当队员踢或触球的整体在空中或地面从球门外越出本方球门线时，由对方队员将球的整体放在离球出界处较近的角球弧内踢角球。

（2）角球可以直接胜一球。

（3）踢角球时，不得移动角旗杆，裁判员和助理裁判员发现队员移动角旗杆时应给予纠正，根据情节亦可予以警告。

（4）在比赛恢复前，对方队员至少距球 9.15 米。双方队员不得站在球门网内或球门线外。

（5）队员踢出的角球，如果球击中门柱或场内的裁判员而弹回时该队员补射入门，应判连踢犯规，进球无效。

·· 本章小结与思考

1. 简述足球运动的概念与特点。

2. 足球运动有哪些基本技术？

3. 足球运动的基本进攻配合与防守配合有哪些？

第十四章　排球运动

第一节　排球运动概述

一、排球运动的起源与发展

排球原义是击"空中球"。因排球比赛中参加比赛的队员的站位成排，所以称之为排球。1895 年，美国人威廉·摩根在工作中发现，篮球运动对于常坐办公室和年龄较大的人来说过于剧烈，他们需要一项新的运动来放松身心又不至于太累。根据这一需要，他用网挂在篮球场中间把双方队员隔开，双方队员把球拍来击去不让球掉在本方场地，击球不能出对方场地。排球运动就这样从游戏中发展起来了。

排球运动由于融趣味性、娱乐性、攻防竞技性、体育教育性于一体，很快就在世界各国盛行，成为世界性体育项目。排球运动于 1905 年传入我国，最先是 16 人制，后来演变为 12 人制、9 人制。1918 年，国际上出现 6 人制排球赛（每队 6 人上场），并沿用至今。1947 年，国际排球联合会成立。1964 年，东京奥运会将排球列为正式比赛项目。排球运动传入我国后，经过数代排球工作者的努力，这项运动在我国逐步得到普及和发展，运动技术水平不断提高。1981—1986 年，中国女排在世界杯、世界锦标赛和奥运会中连获五次世界冠军。2003 年，中国女排在 17 年后再次获得世界杯赛冠军；2004 年再接再厉，在先失 2 局的情况下实现大逆转，获得奥运会冠军。2016 年第 31 届里约奥运会，中国女排再次获得冠军。

二、排球运动的锻炼价值

（一）对人体生理健康的价值

经常参加排球运动，可以发展人体的速度、力量、耐力、灵敏性和柔韧性等身体素质，提高体能；可以促进身体各器官系统的正常发育，改善机能状况，使身体健康发展。

（二）对人体心理健康的价值

经常参与排球运动，可以降低人的焦虑和抑郁水平，对于不良情绪有良好的调节作用；可以增强控制自己情绪的能力，还可以培养坚韧不拔、吃苦耐劳的顽强意志，以及不怕困难、顽强拼搏的精神。

（三）对培养社会适应能力的价值

排球运动可以很好地培养人们的应变能力和适应能力。排球运动作为非周期性的运动项目，不仅能培养人们沉着、果断等良好的心理品质，而且通过应对多种多样、变化无常的来球，提高人们的注意力、判断力、分析能力和应变能力。排球运动如果没有两人或两人以上的密切配合，将无法发挥个人的技战术作用。所以，排球运动对参与者调节自身情绪和正确处理与他人的关系、培养协作意识和集体主义精神等都具有积极意义。

第二节　排球运动基本技术

一、准备姿势与移动

（一）准备姿势

两脚左右开立，略比肩宽，一脚在前、一脚在后，两脚尖向前微内收，膝关节保持一定的弯曲度。上体前倾，重心在两脚之间并略靠前。两臂自然弯曲置于体前，全身肌肉适当放松，两眼注视来球(图 14-1)。

图 14-1　准备姿势

（二）**移动**

1. 并步与滑步

当球距身体一步左右时采用并步移动。移动时，如向前，则前脚向来球方向跨出一步，后脚蹬地跟上。

当来球稍远，并步不能接近球时，可用快速的连续并步。连续并步即称为滑步。

2. 交叉步

当来球在体侧 3 米左右时，可采用交叉步移动。交叉步的特点是动作快，步子大，便于制动。采用向右侧交叉步时，上体稍右倾，左脚从右脚前面交叉迈出一步，然后右脚向右跨出一步，同时身体转向来球方向，保持击球前的姿势。

3. 跨步和跨跳步

当来球较低时，也常常用跨步去垫低球。跨步可以向前、向侧前或侧方跨出（图 14-2）。

图 14-2　跨步和跨跳步

二、传球

（一）**正面上手传球**

准备姿势：正对来球，两脚开立，两膝稍屈，上体挺起，眼睛注视来球，两臂屈肘抬起，两手成传球手型。

手型：两手自然张开微屈成半球形，手腕后仰，小指在前，拇指相对成"八"字形置于额前。

击球：传球时，利用蹬地、伸膝和伸臂的动作，通过球压在手指上的反弹力，以拇指食指、中指和手腕的协调力量将球传出，用力一定要协调一致。传球距离近时，用手指、手腕的弹力较多；传球距离较远时，必须要加强蹬地展体的力量，才能控制好球（图 14-3）。

图 14-3　正面上手传球

（二）背传

二传队员背对传球目标的传球叫背传，主要用于组织进攻。

传球前背对传球目标，上体保持正直或稍后仰，击球点比正面传球要高，迎球时微仰头，挺胸，在下肢蹬地的同时，上体向后上方伸展，击球时手腕适当后仰，掌心向后上方击球的底部，利用抬臂、送肘的动作和手指、手腕的弹动主动将球向后上方传出（图 14-4）。

图 14-4　背传

（三）侧传

传球前的准备姿势、手型与正面传球相同，迎球时，通过下肢蹬地使身体重心向上伸展，但上体和手臂应向侧上方用力，触球下方，传球方向异侧手臂的动作幅度和用力的距离要大于同侧手臂。

由于侧传具有隐蔽性的特点，可以传各种快球以提高进攻效果。

三、垫球

（一）正面双手垫球

正面双手垫球是最基本和最常用的技术，是各种垫球技术的基础。垫球时，两手臂对准垫球方向伸直并插向球下，两手叠合，两拇指平行，两手掌根紧靠，两臂夹紧，手腕紧压，两小臂外旋，使前臂腕关节以上 10 厘米处形成垫击球的平面（图 14-5 之 1）。击球时，运用蹬地、伸、提肩、抬臂的协同用力动作将球击出（图 14-5 之 2）。

1　　　　　　　　　　　　2

图 14-5　正面双手垫球

（二）体侧垫球

当来球在体侧时，可采用侧垫球技术。垫球时，两手臂挺直，垫球侧手臂稍高形成向内的斜面，然后利用脚蹬地及向外转体的动作，垫击球的外侧下方（图 14-6）。

图 14-6　体侧垫球

（三）背垫球

不便采用传球或正面垫球时，可采用背垫球。垫球时，背对垫球方向，两臂伸直靠拢，击球点高于肩，以抬头、挺胸、展腹、扬臂、身体后仰动作将球击出（图 14-7）。

图 14-7 背垫球

四、发球

（一）正面上手发球

发球前，面对球网前后开立，左脚在前，身体重心在右脚上，左手托球于腹前。发球时，左手或双手将球平稳垂直地上抛至右肩前上方约 1 米高度，同时右臂抬起，屈肘后引使肘与肩平行，手高于头。击球时，五指自然张开，抬头挺胸，展腹送髋，上体稍向右侧转。利用蹬地、收腹、收胸和大臂带小臂的力量加速向前上方挥动，击球点保持在右肩前上方，用全手掌击球的后中下部，并伴有手腕向前推压动作，使球上旋飞行（图 14-8）。

图 14-8 正面上手发球

（二）正面下手发球

发球前，面对球网，两脚前后开立，左脚在前，右脚在后，两膝微屈，上体前倾左手持球置于腹前，右臂自然下垂，两眼注视球。发球时，左手将球在体前右侧抛起离手

20～30厘米。在抛球的同时要做好右臂的后摆动作。击球时，右脚踏地，身体重心前移，右臂伸直，以肩为轴，向前摆动到腹前，用虎口、掌根或手掌击球的后下部(图 14-9)。

图 14-9　正面下手发球

（三）侧面下手发球

这种发球法比较省力，能利用身体的力量，适于初学者，但攻击性不强。

左肩对网，两脚左右开立，与肩同宽。两膝微屈，上体稍前倾，重心落在两脚之间左手持球于腹前。左手将球平稳抛至胸前约一臂距离，离手约 30 厘米高，在抛球的同时，右臂摆至右侧下方，接着利用右脚蹬地向左转体的力量，带动右臂向前上方摆动，在腹前用全手掌击球的后下方(图 14-10)。

图 14-10　侧面下手发球

五、扣球

（一）正面扣球

1. 准备姿势

用稍蹲姿势，两臂自然下垂，观察来球，做好向各个方向助跑起跳的准备。

2. 助跑

一般采用两步助跑为宜。左脚先向球的落点方向迈出第一步，紧接着右脚迈出一大步。右脚落地时，左脚迅速跟上，两脚稍分开，两脚尖稍内扣，准备起跳。

3. 空中击球

身体腾空后，上体稍后仰，并向右侧转体，挺胸展腹，右臂屈肘上举后引，置于头的右侧后方，肘关节指向侧前方。下肢稍后摆，身体成反弓形，以收腹转体之力带动肩肘、腕关节，使手臂尽量向前上方快速挥动伸直，以全手掌猛力扣球，手腕有扣压动作，使球产生上旋并沿一定轨迹飞行(图 14-11)。

4. 落地

击球后，顺势收臂以免触网，落地时，双脚前脚掌先着地，然后过渡到全脚掌。着地的同时，顺势屈膝、收腹，缓冲下落的力量。

图 14-11　扣球：空中击球

（二）近体快球

近体快球是在二传队员体前或体侧约 50 厘米处扣的快球。扣球队员要在二传托球的同时，助跑到网前，助跑角度一般与网成 45°左右。当二传队员传球时，扣球队员应在二传队员前，近网处迅速起跳，紧接着快速挥臂，将刚刚传出网口的球扣过网去。击球时，利用含胸、收腹动作带动前臂和手腕迅速甩挥，以全手掌击球的后上部。

六、拦网

（一）单人拦网

1. 准备姿势

队员面对球网，两脚相距 30 厘米平行站立，约与肩同宽，两膝稍屈，两臂在胸前自然屈肘。

2. 移动

通常采用沿中线的平行并步或交叉步移动，在距球较远时可采用跑步法移动。移动结束时，必须迅速做好制动动作，两脚尖及上体转向球网。

3. 起跳

起跳时重心降低，两膝弯曲，用力蹬地，使身体垂直起跳，起跳技术要与跑步技术相结合。

4. 空中击球

起跳时两手从额前贴近，并从平行于球网上沿的前上方伸出，两臂伸直，尽量上抬。前臂靠近网，两臂保持平行。拦网时，两臂尽力过网伸向对方上空，两手自然张开，屈指、屈腕成勺形。当手触球时，两手要突然紧张，手腕用力下压盖住球的前上方（图14-12）。

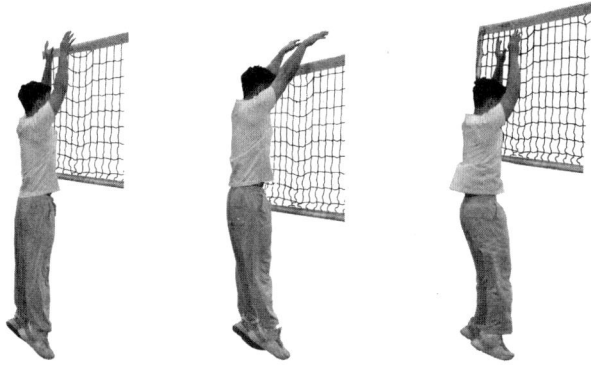

图14-12　拦网：空中击球

5. 落地

如已将球拦回，可面对对方，屈膝缓冲，双脚落地。如未拦到球，则在下落时就要随球转头，转身面对后场，做下一个动作的准备。

（二）集体拦网

以双人拦网为例。双人拦网是集体拦网的主要形式，常由2号、3号位或3号、4号位队员组成双人拦网。对中路进攻，则可能组成2号、3号和4号位队员的三人拦网（图14-13）。

图14-13　集体拦网

第三节　排球运动基本战术

排球运动基本战术可分为个人战术和集体战术两种，集体战术又分为进攻战术和防守战术两种。

一、进攻战术

（一）阵容配备

阵容配备是指合理搭配场上队员，充分发挥每个队员的特长和作用的一种组织手段。主要的配备有"四二"配备和"五一"配备两种形式。

1. "四二"配备

两个二传手安排在对称位置上，其他四人为两个主攻手，两个副攻手，分别站在对称的位置上，称"四二"配备（图 14-14）。

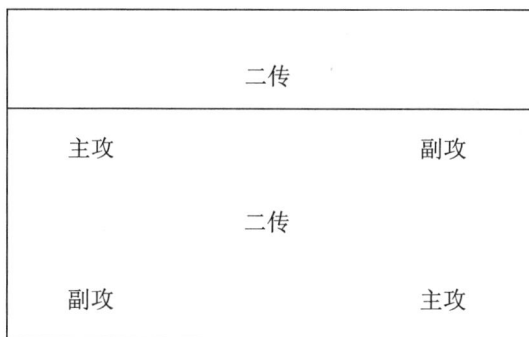

二传	
主攻	副攻
二传	
副攻	主攻

图 14-14　"四二"配备

2. "五一"配备

五个进攻队员和一个二传队员的配合称"五一"配备。这种配备，适于攻防兼备、技术较全面的队采用。二传队员的对角位置应配备一名接应二传，以弥补二传队员来不及传球的缺陷（图 14-15）。

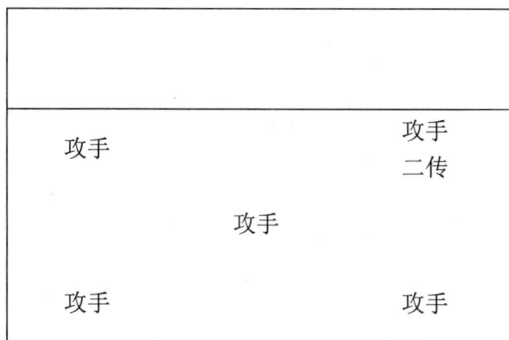

攻手	攻手 二传
攻手	
攻手	攻手

图 14-15　"五一"配备

（二）进攻阵型

进攻阵型主要有"中一二""边一二"和"插上"等战术形式。

1."中一二"进攻阵型

由 3 号位队员作二传，4 号、2 号队员进攻的形式称"中一二"进攻阵型（图 14-16）。这种战术简单易学，其缺点是两点进攻、战术变化少。

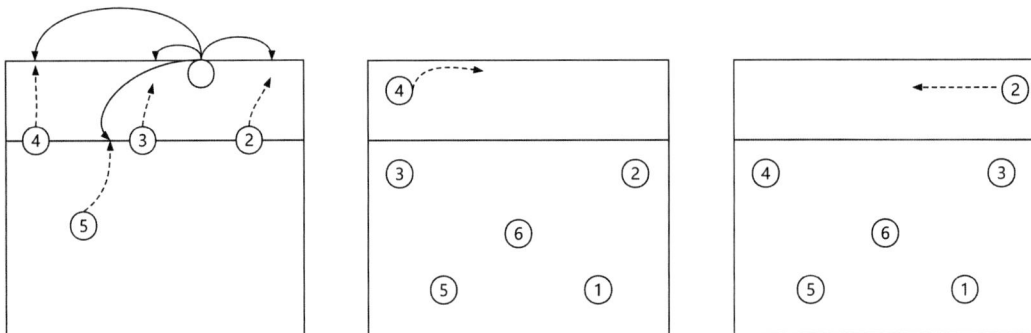

图 14-16 "中一二"进攻阵型

2."边一二"进攻阵型

由 2 号位队员作二传，3 号、4 号位队员进攻的形式称"边一二"进攻阵型（图 14-17）。此战术简单易学，可进行较多的战术变化。

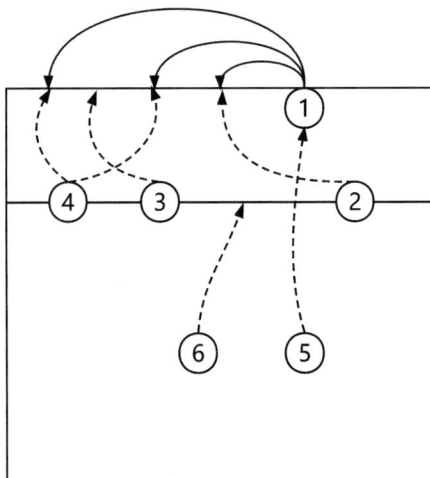

图 14-17 "边一二"进攻阵型

3."插上"进攻阵型

由后排队员插到前排作二传组成的进攻形式称"插上"进攻阵型（图 14-18）。这种战术的特点是可以保证前排有三点进攻，而且可以组织多种战术，是排球主要进攻战术形式之一。

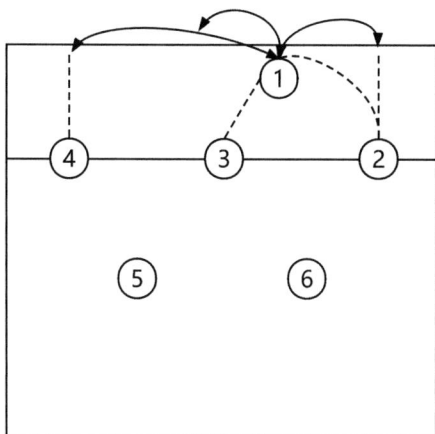

图 14-18　"插上"进攻阵型

二、防守战术

防守垫击与接发球相比，因其来球速度更快、力量更大，并具有突然性，因此难度较大。防守队员要选择有利的位置，采用合理的击球动作，将球有效地连接起来，组织各种进攻。优秀的防守队员不仅要善于思考，判断准确，而且还要快速移动，勇猛扑救。多次获得世界冠军的意大利男排，提出了"没有防不起的球"的观点，大胆采用"拦—防"配合式的"活点防守"战术，集中队员防守对方进攻的主要落点，防守效果明显提高。

防守战术运用时，主要是判断进攻点并合理取位，拦、防配合，进行有针对性的防守。

防守战术训练：教练员或扣球队员模拟不同线路的扣球，打、吊结合，以强化防守队员及时判断、取位和运用各种防守技术的能力。充分利用规则，加强"自由人"防守能力的练习，并对对方的进攻重点区域进行针对性防守，以最大限度地发挥"自由人"防守的优势，带动整体防守水平的提高。

利用拦网与后排布防的灵活变化，以拦网队员的战术变化为轴心，进行"拦—防"配合练习，提高后排防守的防起率。

结合发球、拦网和扣球等环节，模拟比赛的节奏进行防守练习，以提高防守队员的实战能力。

高水平的运动队尤其要加强无人拦网条件下的防守训练，但要注意训练时扣球的力量应逐步加大，以利于防守队员自信心的建立。

第四节　排球运动比赛规则简介

一、比赛场地

比赛场区为长 18 米、宽 9 米的长方形，其四周至少有 3 米宽的无障碍区。比赛场区上空的无障碍空间从地面量起至少高 7 米，其间不得有任何障碍物。国际排联组织的世界级及正规比赛，无障碍区应是自边线以外 5 米，自端线以外至少 6.5 米，比赛空间则应自地面以上至少 12.5 米没有任何障碍物。所有的线宽 5 厘米，其颜色应该是与地面以及其他画线不同的浅色(图 14-19)。

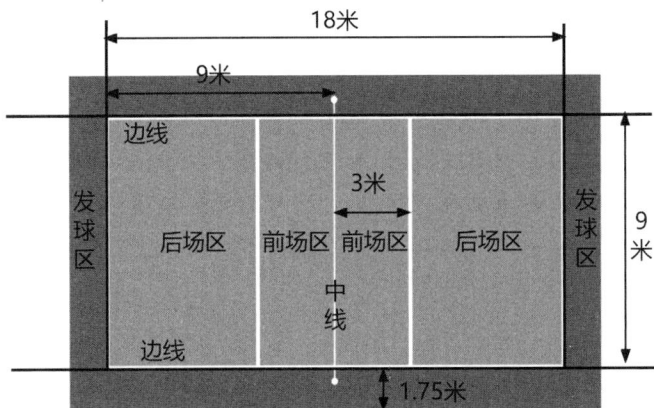

图 14-19　排球比赛场地

二、队员的替换

间断是完整的比赛过程后至下一次裁判员鸣哨发球之间的时间。常规的比赛间断只有暂停和换人。每局比赛中，每支队伍最多可以请求两次暂停和六人次换人。

合法比赛间断次序：

1. 在同一次比赛间断中，可以请求一次或两次暂停，一个队伍请求换人后，另一个队伍也可以请求换人。

2. 在同一次比赛间断中，同一队伍不得连续提出换人请求。但在同一次换人请求中可以替换两名或更多的队员。

3. 同一队伍再次请求换人必须经过一次完整的比赛过程(受伤或被判罚出场或取消比赛资格造成的强制替换除外)。

请求合法比赛间断：

1. 只有教练或教练缺席时，场上队长可以请求正常比赛间断。

2. 一局开始前请求换人是允许的，但应该计算在该局的正常换人次数之内。

三、发球规则

后排靠右的队员在发球区内将球击出而进入比赛的行动是发球。

（一）首先发球

第 1 局和第 5 局由抽签选定发球权的队伍首先发球。其他各局由前一局未首先发球的队伍首先发球。

（二）发球次序

1. 队员发球的次序按位置表上的顺序进行。

2. 一局的首先发球之后，队员按下列规定进行发球：

当发球队胜一球时，原发球队员（或其替补队员）继续发球。

当接发球队胜一球时，获得发球权并轮转，由前排靠右队员轮转至后排靠右位置发球。

（三）发球掩护

1. 发球队伍的队员不得利用个人或集体掩护阻挡对方观察发球队员和球的飞行路线。

2. 发球时，发球队伍的队员个人或集体挥臂、跳跃或移动，或集体密集站立，并在球通过球网垂直平面前做出同时隐蔽发球队员和球的飞行路线的动作时，构成了发球掩护。

四、技术性犯规

（一）发球时的犯规

1. 发球犯规

下列犯规应判为发球犯规，即使对方位置错误。

(1)发球次序错误。

(2)没有遵循发球的执行的规定。

2. 发球击球后的犯规

球被击出后出现以下情况仍为发球犯规（除非位置错误）。

(1)球触及发球队伍队员或球的整体没有从过网区通过球网垂直平面。

(2)界外球。

(3)球越过发球掩护。

（二）击球时的犯规

1. 4 次击球：一个队伍连续击球 4 次。

2. 借助击球：队员在比赛场地内借助同伴或任何物体的支持进行击球。

3. 持球：球被接住和（或）抛出，而不是被弹击出。

4. 连击：一名队员连续击球两次，或者球连续触及身体不同部位。

（三）触网犯规

1. 击球行为触及标志杆以内部分即为犯规。

2. 击球行为包括（不限于）起跳、击球（或试图击球）、落地至准备下一个动作。

3. 队员可以触及网柱、网绳或标志杆以外的其他任何物体，但不得干扰比赛。

4. 由于球击入球网而造成的球网触及队员，不为犯规。

（四）进攻性击球的犯规

1. 在对方空间击球。

2. 击球出界。

3. 后排队员在前场区完成进攻性击球，并且击球时球的整体高于球网上沿。

4. 在前场区内对高于球网上沿的对方发球完成进攻性击球。

5. 自由防守队员对高于球网上沿的球完成进攻性击球。

6. 队员在高于球网处，对同队伍自由防守队员在前场区用上手传出的球完成进攻性击球。

五、拦网犯规

下列情况为拦网犯规：

1. 在对方的进攻性击球前或者击球的同时，在对方空间完成拦网。

2. 后排队员或自由防守队员完成拦网或者参加了完成拦网的集体。

3. 拦对方的发球。

4. 拦网出界。

5. 从标志杆以外伸入对方空间拦网。

6. 自由防守队员试图进行个人或参加集体拦网。

六、界外球

下列情况为界外球：

1. 球接触地面的所有部分全部在界线之外。

2. 球触及场外物体、天花板或非场上比赛队员。

3. 球触及标志杆、网绳、网柱或球网标志带以外的部分。

4. 球的整体或部分从过网区以外过网（球通过球网时可以触及球网除外）。

5. 球的整体从网下空间穿过。

本章小结与思考

1. 简述排球运动的概念与特点。

2. 排球运动有哪些基本技术？

3. 排球运动的基本战术有哪些？

第十五章　乒乓球运动

第一节　乒乓球运动概述

乒乓球起源于英国。19 世纪末，欧洲盛行网球运动，但由于受到场地和天气的限制，一些英国大学生便把网球移到室内，以餐桌为球台，书作球网，用羊皮纸做球拍，形成"桌上网球"游戏。1890 年，英国人詹姆斯·吉布从美国带回一些作为玩具的赛璐珞球，用于乒乓球运动。1900 年左右，乒乓球的器材开始有所改进，球由橡胶变为赛璐珞制成的空心球，球拍也由木板变为胶皮球拍。20 世纪 20 年代，乒乓球逐渐在世界各国广泛开展。1988 年，乒乓球成为奥运会比赛项目，设男、女单打，男、女双打 4 个项目。

中国在乒乓球运动领域取得了优异的成绩，并涌现出了一大批优秀的运动员。1952 年，全国第一届乒乓球锦标赛在北京大学举行，赛后，国家乒乓球队开始集中训练。同年，中华全国体育总会乒乓球部加入国际乒联，后改称为中国乒乓球协会。1959 年，容国团在第 25 届世界乒乓球锦标赛中，为我国夺取了第一个男子单打世界冠军。

第二节　乒乓球运动基本技术

一、握拍方法

乒乓球握拍方法分直拍握法和横拍握法两种。不同的握法各有其优缺点，各有不同的打法。初学者可以根据各自的习惯和爱好，选择适合自己的握拍方法。

（一）直拍握法

直拍握法根据不同的技术动作分为近台快攻型握拍法、弧圈球型握拍法、直拍削球型握拍法等。无论哪一种握法，其基本的手指动作大致相似：拍前，以食指第二指节和拇指第一指节扣拍；拍后，其余三指弯曲贴于拍的 1/3 上端。这种握法又称为中钳式握法(图 15-1)。

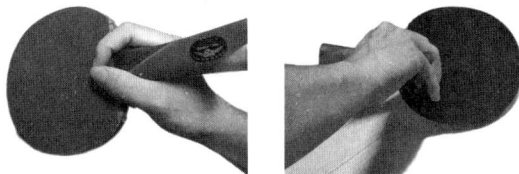

图 15-1　直拍握法

直拍握法的特点是正反手都用球拍的同一拍面击球，出手快，正手攻球快速有力，攻斜、直线球时，拍面变化不大，对手难以判断。

（二）横拍握法

虎口贴拍，拇指在拍前，食指在拍后，此握法又称为"八"字式。正手攻球时食指向上移动，反手攻球时拇指向上移动(图 15-2)。

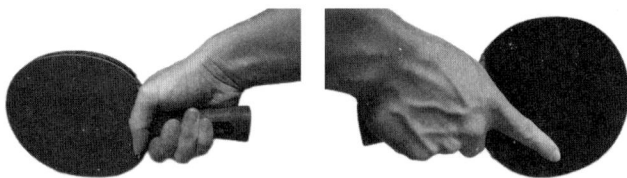

图 15-2　横拍握法

横拍法的特点是正反手攻球力量大，攻削球时握法变化小，反手攻球容易发力也便于拉弧圈球，但正反手交替击球时，需要变换击球拍面，斜攻、直线时调节拍形的幅度大，容易被对手识破。

二、发球与接发球技术

发球是乒乓球的基本技术之一，在比赛中占有重要的地位。发球多变并且质量好，不仅能使对方回接球失误，己方直接得分，而且可以为进攻创造良好的机会。发球是比赛开局的第一板球，它不受对方的干扰，可以任意在各种方位(双打除外)按自己的战术意图将球发到对方的任何位置，先发制人，争取主动。

（一）发球

1. 正手平击球

发球时左脚在前，右脚在后，身体稍向右转。左手掌心托球，置于身体左侧，右手持拍于身体右侧。抛球后，球拍开始后撤，待球将回落时，小臂从身体右后方向前挥击球的中上部，整个过程是"抛—拉—打"。

发轻球时，随着小臂向上方摆动而使球拍后仰，击球的中下部，顺着摆臂的惯性，轻轻地将球送出。发急球主要依靠小臂横摆的力量来加快球速，球拍与球台约成 60°，击球点比网低 8~10 厘米，将球击在本台近端线 10 厘米处。发轻球（近网球）应以小臂由后向前送，球拍保持后仰，拍触球时用力要轻而缓和，击球点稍高于球网，球被击在球台的中段附近。

2. 上旋球

球拍用力向前上方移动，摩擦球的中上部。球拍接触点应比网稍高或等高。

3. 下旋球

球拍用力向前下方切削，摩擦球的中下部、球拍接触点应比网高。在发近网下旋球时，用力下切动作要快，落点距网较近；发远网下旋球时，除用力下切外，还应略加向前的力量。

4. 左右侧旋球

发左旋球时，将拍面稍向左倾斜，用力向身体左方发力，擦击球的中部；发右侧旋球时，将拍面向右倾斜，用力向身体右方发力，擦击球的中部。

（二）接发球

在一局比赛中，接发球的机会和发球相同。如果接发球能力较差，不仅给对方以较多的进攻机会，而且在处理关键球时会贻误战机，影响全局。接发球常用推、搓、削、拉、抽等方法回击。推、搓、削是用旋转和落点变化去抑制对方的攻势，并带有一定的防御性质。拉球和抢攻可以直接破坏对方的攻势，打法上较积极主动。所以，在接发球时应根据不同的情况做到时搓时拉，忽攻忽守，只有这样才能充分掌握比赛的主动权。

接发球首先应根据对方发球时的位置来决定站位。如对方在左后方正手发球，接发球者的站位应为中间靠右；对方在左面反手发球，己方站位则应中间靠左。接发球时还要密切注意对方发球的挥拍动作、球拍移动方向以及触球瞬间用力的大小，以正确判断对方发球的性质和落点，及时用相应的、正确的方法回击。例如，在接上旋球时，用快速推挡或加力快抽来击球的中上部；接下旋球时，球拍后仰，搓击或拉抽球的中下部；而接左、右侧旋球时，则必须将球回击到对方球拍移动的相反方向。如对方向左挥拍，己方就应击向右方；对方向右挥拍，就击向左方。回接侧上、下旋球时，对左侧上旋球应将球拍向左前下方击球；对左侧下旋球则应用提拉动作向左前上方击球。

三、基本击球技术

（一）推挡球

推挡球可细分多种技术，包括挡球、快推、快拨、加力推、减力挡、推下旋、挤推、拱推等。反手推挡球时，离台 30～50 厘米站立，左脚稍前，右脚在后，小臂与地面基本平行，肘部与大臂贴右侧身旁，大小臂夹角成 100° 左右，小臂靠近腹前，球拍与桌面成 90°。当来球入台将近上升期时，小臂内收，球拍迎向来球方向，向前、向下发力，推击来球的中上部，食指同时微微用力使球拍前倾，盖住来球，大臂随小臂前摆。击球后，球拍按半圆弧形路线还原。以下对快推和减力挡技术特点简要介绍。

1. 快推

快推的特点是借力还击，回球速度快，有斜直线的变化。对付弧圈球时还能推侧旋、推大角度，以干扰和破坏对手的进攻。在对攻和相持阶段又常用来推两大角或突袭对方空当，使对方因应接不暇而失误或处于被动，为进攻创造有利条件。

动作要领：左脚稍前或两脚平行，屈膝、提踵，两脚之间的距离略宽于肩，身体离球台约 40 厘米。击球前，持拍手臂和肘关节内收，前臂略向外翻，球拍柄成横状。击球时，小臂向前推击的同时，手腕外旋，食指压拍，拇指虽放松但要紧贴拍柄，使拍前倾。在上升期时击球的中上部，把球快推过去。除此之外，还有一种加力推，就是在球来之前先向后拉球拍，球来之际猛由后向前迎击球，由于加大了力量，对球产生更大的撞击力，所以推过去的球力量大、速度快，往往能压住对方的攻势，也能为自己侧身抢攻创造有利条件，推完球后迅速还原（图 15-3）。

图 15-3　快推

2. 减力挡

减力挡的目的是使球弧线低、格点低、力量轻。在对攻的相持中，当对方离球台远时，可用减力挡吊对方一个近网球，迫使其前后奔跑，然后伺机用正手抢攻。这项技术常用于对付弧圈球选手，用大角度或近网的小球干扰和破坏对方的进攻。

动作要领：准备姿势和推挡动作相同，球拍要前倾。当球由台面刚弹起时，球拍贴近来球并高于来球，这时前臂不仅不往前发力，相反还要随着来球的方向迅速向后撤，以缓冲球的反弹力，使球落于近网。

（二）攻球

攻球是最重要的一项基本击球技术，是最具有威慑力的得分手段。攻球按身体方位可分为正手攻球、反手攻球、直拍反面攻球、侧身攻球；按站位有近台快攻、中台快攻、远台快攻；按动作有快抽、拉抽、扫抽、扣杀。以下对正手近台攻球和反手攻球技术特点简要介绍。

1. 正手近台攻球

站位靠近球台，出手快、动作小，从速度上夺取优势，为扣杀创造有利的条件。击球之前引拍至身体右侧，当球由台面弹起时，手臂向左前上方迅速回击来球。击球时食指稍放松，拇指压住球拍，使拍面前倾，形成合理的击球角度，结合手腕内旋动作，在球的上升期击球的中上部。

（1）正手拉球

这是回击下旋球的主要做法，能为发力攻击创造条件。提拉时在球的回落期击球，用大臂和小臂由右后方向左前上方挥击，击球时小臂迅速向内收，配合手腕内旋动作，用球拍摩擦球的中上部。

（2）正手扣球

击球的动作幅度大、力量重，是得分的主要手段。击球时，由小臂带动大臂由右后方向左前方加速挥击，击球前用右脚蹬地，配合转腰力量形成一股合力在来球的高点期击球；如遇到上旋球时，拍面稍前倾，击球中上部；击下旋球时，球拍略低于来球，击球的中上部。

（3）侧身正手攻球

首先要移动脚步，左脚在前，右脚在后，使身体位于球台左侧，上肢收于腹前，上体略前倾。根据来球特点酌情拉或扣杀。

（4）正手攻弧圈球

回击弧圈球的时机极为重要，所以首先要判断清楚来球的落点、旋转，捕捉好击球的时机。攻打加转弧圈球时，先拉开手臂，球刚弹起时尽快挥拍向前下方迎击，拍形要前倾，与台面约成60°夹角，击球的中上部。回击前冲弧圈球时，球刚刚弹起就要立即回击，拍一触球前臂立即内收，击球时拍与台面约成70°夹角，击球的中上部。

（5）滑板球

滑板球是一种战术性很强的进攻技术，不仅要求击球角度大，而且球应有一定的左侧旋，动作要隐蔽。更高的技术则是当自己打算攻对方右角时却发现对手正往右方起动，而这时自己的手臂已向前挥动，此时要在击球的瞬间手腕迅速外展，将球击往对方左角，使对方人右而球左，也称为"出手改线"。

（6）杀高球

这是具有摧毁性的一击，具有动作大、力量大的特点。击球时，靠腿、腰、臂的合力盖压住球的上部或上中部发力攻打。

2. 反手攻球

直拍反手攻球是中国乒乓球队的独特击球技术，其特点是动作小、出手快，能抢先上手、争得主动而为正手大力扣杀创造机会。如对方想盯住左方而控制攻势时，反手挥拍一击，常使对方感到意外而猝不及防，能达到一种控制局面的效果。

动作要领：右脚稍前，膝盖微屈，前脚掌着地，收腹弯腰。击球前腰略向左转，球拍后引，来球后球拍迅速向前迎击球的中上部。根据来球的不同性质，用大小臂和手腕相对应地做出不同动作，形成中、近台攻球和拉、扣、拨等技术。

（三）搓球

搓球是一种近似削球手法的台内短打技术，又称小削板，是一种可以解除削球逼角威胁的手段。对对方的发球性质来不及判断时，用搓球回接比较稳当。

1. 反手搓球

搓球前两脚平行站立，离台 50 厘米左右。当来球将达台面时，大臂开始向胸前右侧贴近，略下垂。拍柄与小臂成直线，球拍后仰与球台成 100°，置于腹前右方。大小臂之间夹角成 100°～200°。小臂引拍，由后向前下方发力，做铲击动作（半圆弧动作）。球拍触球的一刹那，手腕配合小臂向前下方抖动球拍，擦击球的中下部，将球打出（图 15-4）。

图 15-4　反手搓球

2. 正手搓球

站位与反手搓球相同。大臂引向身体右侧，与身体成 45°。小臂持拍外伸迎向来球方向。球拍与球台成 100°、大小臂夹角成 90°～120°。等来球从台面反弹至最高点时，小臂向前、向内收缩发力，同时手腕配合由外向内扭动，球拍由右上方向前下方削击来球。触球时，手腕协助加快球拍的擦击速度，摩擦球体，将球送出。

（四）削球

削球是一种积极性的防御技术，它以旋转和落点的变化为主要特色，站位离台较远，击球时间晚，控制球的稳定性相对比较好。现介绍一般使用最普通的正、反手削球。练习者可以以这两者为基础，结合球的旋转原理，在实践中不断琢磨，提高和丰富削球的技术。

1. 正手削球

（1）正手远削

削球时，左脚与左肩靠近球台右角，右脚后退一步。身体与球台成 75°并稍向前倾，两腿稍屈，重心先放在右脚上。手臂自然弯曲伸出，球拍略高于来球弹起的高度，拍柄向下。当球飞到身前，手臂即向前、下、左方向挥动，球拍在右腰前 35 厘米的地方触及球的中下部(或下部)。然后，手臂加速发力，小臂与地面接近平行，身体重心逐渐由右脚移至左脚。球削出后，手臂肌肉立刻放松，球拍因惯性仍往前向左下方摆动，上体转向球台，准备继续削球。

（2）正手近削

近削动作要求是离台 50 厘米，身体与球台成 45°，在来球将要回落时擦击球的中下部。手腕用力要比远削大，使球的旋转较快。

2. 反手削球

（1）反手远削

在进行反手削球时(横拍)，右脚应伸出于球台的左边，左脚在后，重心落在右脚上。背斜对球台，小臂弯曲，把球拍举起与头提高，拍柄向下，拍面正对对方左角，手臂从上向前、下、右方摆动。当球拍触球的一刹那，小臂与手腕加速发力挥拍，将球勾到对方台内。球削出后手臂肌肉立刻放松，上体顺势向右移动。球拍也摆向身体右侧，重心由右脚移到左脚上。右脚后退一步，恢复成准备姿势。

（2）反手近削

反手近削时由于大臂受身体阻碍，所以削球动作主要靠小臂和手腕来完成，动作也比正手削球快些。

（五）弧圈球

1. 加转弧圈球

击球前，左脚在前，右脚稍后，右肩略低于左肩，手臂自然下垂，手指紧握球拍，手腕比较紧张地保持球拍角度。身体重心在两脚之间。在来球从桌面弹起时，小臂先向前迎球，然后大臂和小臂同时由下向上垂直挥动擦击球的中部，腰部由右后方急剧向上扭转。球拍与桌面约成 80°，拍面与球的擦击间隙越小越好。在触球的一刹那，加速用力，使球沿较高弧线飞出。球拍顺势挥动至额前，然后放松还原。

2. 前冲弧圈球

躯体与桌面成 75°。球拍拉至身后，约与桌面齐高，手指握拍同前。当来球着台后，手臂向前上方迅速挥出，手腕使球拍前倾，与桌面成 50°，擦击球的上部。腰部向前上方扭转，协助球拍加速摆动，使球沿低弧线落于对方台面，球拍顺势前摆至面部为止，然后放松还原。

3. 回击弧圈球的方法

弧圈球的来势，多数是飞快入台，并带有强烈的上旋，球拍碰到这种球时稍微不慎，就会使球飞出界外。因此，对付弧圈球，攻球者多用近台快抽或快速推挡盖球的中上部压低球的弧线，控制落点的方法，将球回击过去。在来球上旋力特别强时，可将球拍盖住球的上部，以防止碰板飞出。回击弧圈球的关键在于思想上要有准备，不紧张。回球时球拍前倾，盖球及时，动作迅速利落。

削球时，多采用调整拍形快挡或近台快削的方法回击，自上而下快速将球削出。球拍后仰角度一般是 110°~135°，从后上方向前下方削出，动作要短。

第三节　乒乓球运动基本战术

一、攻对攻的战术

以攻为主的战术运用主要是以力量为基础，结合速度、落点和旋转的变化制胜。打对攻时，往往为争夺一分而有几个来回。所以，最主要的是要根据不同情况采取不同策略，灵活使用战术以争取主动权，取得胜利。

（一）两面攻对左推右攻

因对方是左推右攻的打法，球速较快，所以一般应采用以猛制快、力争主动的策略来对付。在战术上以狠、变为主，结合快、准。

1. 发下旋的端线长球至对方左边，破坏对方的第一板推挡，或发上旋底线长球，使对方不能挡成近网短球。

2. 以反手猛攻对方左边，再伺机突击中路。

3. 猛攻左边后，突击右方空位。

4. 正反手交替攻对方左、右角，伺机扣杀空当。

5. 猛攻左边，使对方回高球至中央或左角时，侧身扣杀右角。

左推右攻的主要弱点在左边，所以各种战术都应以压住对方左边为重点，同时谨防对方侧身抢攻。

（二）左推右攻对两面攻

因对方攻球技术比较全面，不宜采用稳扎稳打的办法，而应充分发挥推挡球中"快"的特长压制对方。通常采取以快打慢、以近制远、调动对方、力争主动的策略。战术的具体运用是以快速多变为主，结合狠、准。

1. 一般发追身的中间急球，迫使对方后退，接着回近网轻球，引其上前，或者发中间靠右角轻球，引其上前，然后猛攻左边。

2. 通过快而有力的推挡球，压住对方中间或打出追身急球，破坏对方两面起板的节奏。

3. 快速推挡，配合长短球，扰乱对方步法，限制其正反手发力，我方伺机侧身抢攻，争取主动。

4.快推对方中路或追身，侧身猛攻左边。

5.快速推挡，突然变线（直线），引对方回斜线以后，以正手抽杀对方中间或左边。两边攻对两边攻，左推右攻对左推右攻等，因为双方打法相同，故应预先分析彼此之长短，根据对手的不同情况制订策略，以己之长攻彼之短，争取主动。

二、攻对削的战术

（一）拉两角，突击中间

先左、右做试探性进攻，然后拉两角突击中间。

（二）拉两角，突击左或右方直线

打法与"拉两角，突击中间"相同。

（三）拉中间，突击两角，结合短球

用大角度球把对方逼离台面后，突然放短球，致使对方来不及上步而出现接球失误。

（四）拉两角，突击追身

反复拉两角，伺机突击追身。

（五）拉搓结合的战术

当对方削球加转或回短球难于实行进攻时，可用搓球过渡。此种战术还可以迫使对方在近台还击，因其步法在调动之中或回球速度较慢，可用突击取得扣杀的机会。

三、削对攻的战术

（一）紧逼一角，突袭空当

1.先用加转球通往对方左角，在对方重心位置逐渐左移时，突然直线送球至右方。

2.当对方往左移动时，突然使用连串削球紧逼对方右角，当对方跑右角时，又回左角。

3.用相反球路交叉逼角，逢斜变直，逢直变斜。在通角中，使对方在移步不及回击高球时，伺机扣杀。

（二）用转与不转的削球变化来扰乱对方，伺机反攻

1.先削加转，后不加转，并结合落点变化，伺机反攻。

2.先削下旋，突削侧旋，扰乱对手，伺机反攻。

3.连续削球，突然拉上旋，扰乱对手，伺机反攻。

（三）以不同力量和落点控制对方攻势，伺机反攻

1.先送底线长球，逼对方后退拉球，再突然削近台短球，引对方上台。

2.先长后短，先短后长，交叉使用，迫使对方忙于移动不易加力扣杀，在对方移

步不及时，就能伺机反攻。

（四）挡、削兼施，伺机反攻

1. 削球中突然挡右角空当，使对方措手不及，对方回球过高时起板反击。

2. 在削球中突然轻挡一板，变化回球旋转性质，致使对方判断不准，便可伺机反击。

四、削对削的战术

削球双方相遇，主要以双方进攻能力的强弱来决定自己的打法。如攻球技术强，又会使用弧圈球，就可以用发球抢攻结合弧圈球的打法；如削球基础较好，则可采用先防后攻，看准机会突然起板的打法。除先用发球抢攻战术力争主动外，一般多数用搓攻结合，搓中突击，或接拉结合的打法。

第四节　乒乓球运动比赛规则简介

一、发球

1. 发球开始时，将球自然地置于不持拍手的手掌上，手掌张开，使球保持静止。

2. 发球时，发球员须用手将球几乎垂直地向上抛起，不得使球旋转，并使球在离开不持拍手的手掌之后上升不少于 16 厘米，球下降到被击出前不能碰到任何物体。

3. 球从抛起的最高点下降时，发球员方可击球，使球首先触及本方台区，然后越过或绕过球网装置，再触及接发球员的台区。双打中，球应先后触及发球员和接发球员的右半区。

4. 从发球开始到球被击出，球要始终在台面上和发球员的端线以外，而且不能被发球员或其双打同伴的身体或衣服的任何部分挡住。

5. 在运动员发球时，球与球拍接触的一瞬间，球与网柱连线所形成的虚拟三角形之内和一定高度的上方不能有任何遮挡物，并且其中一名裁判员要能看清运动员的击球点。

二、击球

对方发球或还击后，本方运动员必须击球，使球直接越过或绕过球网装置，或触及球网装置后再触及对方台区。

三、失分

1. 未能合法发球。

2. 未能合法还击。

3. 击球后，该球没有触及对方台区而越过对方端线。

4. 阻挡。

5. 连击。

6. 用不符合规则条款的拍面击球。

7. 运动员或运动员穿戴的任何物件使球台移动。

8. 运动员或运动员穿戴的任何物件触及球网装置。

9. 不执拍手触及比赛台面。

10. 双打运动员击球次序错误。

11. 执行轮换发球时，发球一方被接发球一方或其双打同伴，包括接发球一击，完成 13 次合法还击。

四、一局比赛

在一局比赛中，先得 11 分的一方为胜方。10 平后，双方队员各罚一球，先多得 2 分的一方为胜方。

五、一场比赛

单打淘汰赛采用七局四胜制，双打淘汰赛和团体赛采用五局三胜制。

六、次序和方位

1. 在获得 2 分后，接发球方变为发球方，以此类推，直到该局比赛结束，或直至双方比分为 10 平；或采用轮换发球法时，发球和接发球次序不变，但每人只能发 1 分球。

2. 在双打中，每次换发球时，前面的接发球员应成为发球员，前面的发球员的同伴应成为接发球员。

3. 在一局比赛中首先发球的一方，在该场比赛的下一局中应先接发球。在双打比赛的决胜局中，当一方先得 5 分后，接发球一方必须交换接发球次序。

4. 一局中，在某一方位比赛的一方，在该场比赛的下一局应换到另一方位。在决胜局中，一方先得 5 分时，双方应交换方位。

七、间歇

1. 在局与局之间，不超过 1 分钟的休息时间。

2. 在一场比赛中，双方各有一次不超过 1 分钟的暂停。

3. 每局比赛中，每得 6 分后或决胜局交换方位时，留有短暂的时间擦汗。

本章小结与思考

1. 简述乒乓球运动的基本技术。

2. 乒乓球运动的基本战术有哪些?

3. 乒乓球运动的比赛规则有哪些?

第十六章　羽毛球运动

第一节　羽毛球运动概述

现代羽毛球运动起源于印度，形成于英国。19世纪60年代，一批退役的英国军官把印度的"普那"——一种近似于后来的羽毛球运动的游戏带回英国，并加以改进，逐渐把印度的"普那"发展成为现代的羽毛球运动。1870年，英国出现了用羽毛、软木做成的球和穿弦的球拍。1873年，英国公爵鲍弗特在格拉斯哥郡的伯明顿庄园里进行了羽毛球游戏，受到热烈欢迎，于是羽毛球游戏快速风靡英国，"伯明顿"（badminton）也因此而作为羽毛球的英文名称。

羽毛球运动约于1920年传入我国，中华人民共和国成立后，得到迅速发展。20世纪70年代，我国羽毛球队已跻身于世界强队之列。羽毛球在1992年巴塞罗那奥运会上被列为正式比赛项目，设男、女单打和男、女双打4项比赛。在我国羽毛球运动的发展过程中，涌现出了一批世界羽坛顶尖高手，从而进一步奠定了我国羽毛球技术水平处于世界羽坛领先地位的基础。在一系列世界大赛中，他们为祖国夺得了众多金牌，创造了中国羽毛球历史上的辉煌时期。

第二节　羽毛球运动基本技术

一、握拍法

（一）正手握拍法

动作方法：正确的握拍方式与握手姿势非常相似。虎口对着拍柄内侧的小棱边，拇指和食指贴在拍柄的两个宽面上，中指、无名指和小指并拢握住拍柄，掌心不要紧贴。拍柄末端与小鱼际肌相平，拍面与地面基本垂直(图 16-1)。

图 16-1　正手握拍法

（二）反手握拍法

动作方法：在正手握拍的基础上，拇指和食指将拍柄稍向外转，食指稍向中指收拢，拇指第二指节顶贴在拍柄内侧的宽面上，中指、无名指和小指并拢握住拍柄，柄端靠紧小指根部，使手心留有空隙(图 16-2)。

图 16-2　反手握拍法

二、发球与接发球技术

（一）发球技术

1. 正手发高远球

动作方法：高远球站位应靠近中线一侧，离前发球线约 1 米的位置处。左脚在前右脚在后，身体稍侧对网，两脚与肩同宽，身体重心放在右脚上。发球时，右臂后引由上而下向右前方挥拍，同时左手放球。挥拍过程中，重心由右脚转至左脚。当球拍至右侧稍前下方时(击球点)，右前臂加速，握紧球拍，手腕由后伸经前臂稍内旋到屈收，急速向前上方闪动击球。击球后，球拍随势向左上方减速收回至胸前(图 16-3)。

图 16-3　正手发高远球

2. 正手发网前球

动作方法：发网前球的基本动作与发高远球相似，但站位稍靠前。由于网前发球飞行距离短、弧线低、用力轻，前臂挥动的幅度和手腕后伸的程度要比发高球小；球拍触球时，拍面从右向左推送击球，使球刚好越网而过，落在对方前发球线附近（图 16-4）。

图 16-4　正手发网前球

3. 反手发网前球

动作方法：站位靠近前发球线，左脚或右脚在前均可，身体重心在前脚，上体前倾，后脚跟提起。右手反握在拍柄稍前部位，肘关节提起，手腕稍前屈，球拍置于低于腰部和肘关节的位置，斜放在小腹前；左手持球在球拍面前方。发球时，球拍由后向前推送击球，使球的最高弧线略高于网顶，球过网而下落在对方前发球线附近（图 16-5）。

图 16-5　反手发网前球

（二）接发球技术

1. 单打站位

站位方法：通常单打站位是在离前发球线约 1.5 米、靠近中线的位置。左脚在前右脚在后，双膝微屈，身体重心放在前脚上。后脚跟稍抬起，身体半侧侧向球网，球拍举在身前，两眼注视对方（图 16-6）。

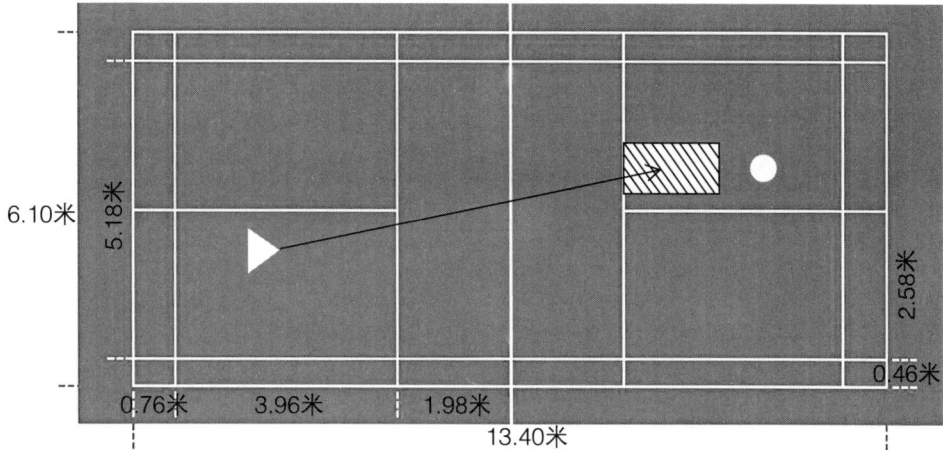

图 16-6　单打站位

2. 双打站位

站位方法：由于双打发球区较单打发球区短，发高远球易出界和被对方扣杀。所以，双打发球多以发网前球为主，接发球时应站在靠近前发球线的地方。双打接发球的准备姿势同单打基本相同，略有区别之处是身体前倾较大，球拍高举，当球在网上的最高点时击球（图 16-7）。

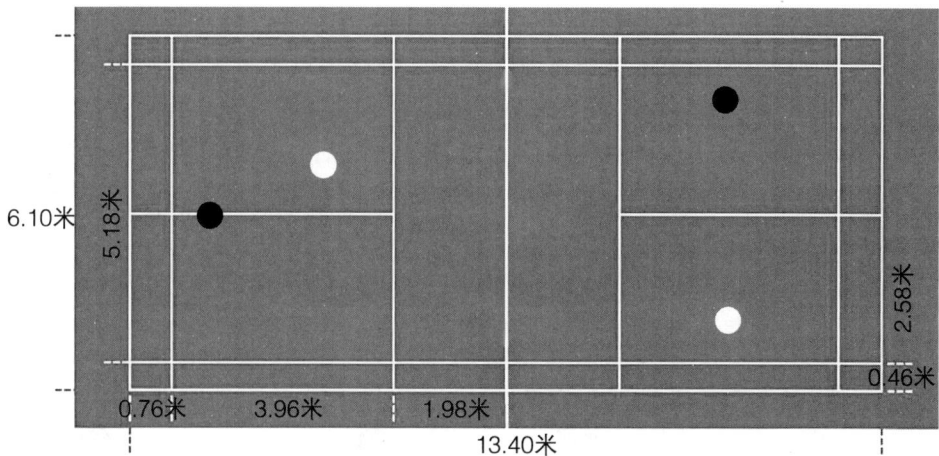

图 16-7　双打站位

3. 接发各种球

接发各种球方法：对方发来高远球或平高球时，可用平高球、吊球或杀球还击。一般来说，接发高远球是一次进攻的机会，还击得好，就掌握了主动。一些初学者常因后场技术没掌握好，还击的质量较差，以致遭到对方的攻击（图 16-8）。

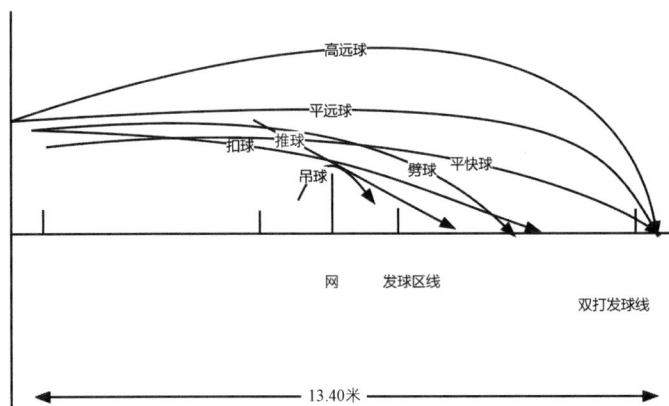

高远球

平远球

扣球 推球 劈球 平快球

吊球

网　　发球区线

双打发球线

13.40米

图 16-8　接发各种球

三、击球技术

(一)高远球

1. 正手高远球

动作方法:首先判断来球方向和落点,侧身后退使球在自己右肩稍前上方的位左肩对网,左脚在前,右脚在后,重心在右脚上。左臂屈肘,左手自然高举,右手持拍大小臂自然弯曲,将球拍举在右肩上方,两眼注视来球。击球时,由准备动作开始,抬臂后引、随之肘关节上提明显高于肩部,将球拍后引至头后,自然伸腕(拳心朝上)。然后在后脚蹬地、转体和腰腹的协调用力下,以肩为轴,大臂带动小臂快速向前上方带动手腕,在手臂伸直的最高点击球。击球后,持拍手臂顺惯性往前下方挥动并收拍至体侧。与此同时,左脚后撤,右脚向前迈出,身体重心由后脚移至前脚(图 16-9)。

图 16-9　正手高远球

2. 反手高远球

动作方法：首先判断准对方来球的方向和落点，迅速将身体转向左后方，步法到位后，右脚前交叉跨到左侧底线，背对网，身体重心在右脚上，使球在身体的右肩上方击球前，由正手握拍迅速换为反手握拍，并持拍于胸前，拍面朝上。击球时，以大臂带动小臂，通过手腕的闪动自上而下地甩臂将球击出。在最后用力时，要注意拇指的侧压力与甩腕的配合，同时还要利用两腿蹬地、转体等协调全身用力(图 16-10)。

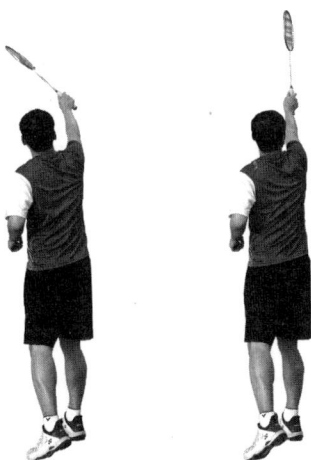

图 16-10　反手高远球

（二）吊球

1. 正手吊球

动作方法：击球前期动作同正手击高远球，只是击球时拍面稍向内倾斜，手腕做快速切削下压动作，击球托的后部和侧后部。若吊斜线球，则球拍切削球托的右侧，并向左下方发力；若吊直线球，则拍面正对前方，向前下方切削(图 16-11)。

图 16-11　正手吊球

2. 反手吊球

动作方法：反手吊球其击球前的动作同反手击高远球，不同之处也在于触球时拍面的掌握和力量运用。吊直线球时，用球拍反面切削球托的后中部，向对方右网前发力；吊斜线球时，用球拍反面切削球托的左侧，朝对方左网前发力（图 16-12）。

图 16-12　反手吊球

（三）杀球（扣杀）

1. 正手杀球

动作方法：其击球前的准备姿势和击球动作与正手击高远球基本一样，不同之处在于最后的用力方向朝下。身体后仰成反弓后收腹用力，靠腰腹带动胸、胸带动大臂、大臂带动前臂、前臂带动手腕，形成向下鞭打的用力，球拍正面击球托的后部，无切击使球沿直线向前下方快速飞行。击球后立即还原成准备姿势。击球的一刹那要紧握球拍（图 16-13）。

图 16-13　正手杀球

2. 反手杀球

动作方法：其准备姿势和击球动作与反手击高远球一样，只是在最后发力时，握紧拍柄快速闪腕（外旋和后伸）挥拍，杀球击球托后部。击球点应尽可能高些、前些，这样便于力量的发挥（图16-14）。

图16-14　反手杀球

（四）放网前球

1. 正手放网前球

动作方法：侧身对右边网前，右脚跨前成弓箭步，重心在右脚上。右手持拍于右侧体前约与肩高，拍面右边稍高斜对网。左臂自然后伸，起平衡作用。击球前，前臂稍外旋，手腕外展引拍至身体右侧前方。击球时手腕稍内收，食指和拇指控制拍面和用力大小，轻切球托把球轻送过网。击球后，在身体重心复原的同时，收拍至胸前（图16-15）。

图16-15　正手放网前球

2. 反手放网前球

动作方法：侧身对左边网前，右脚跨前成箭步，重心在右脚上。右手反手握拍，持拍于体侧前约同肩高，拍面左边稍高斜对网，左臂自然后伸。击球前臂稍内旋，手腕外展引拍。击球时手腕内收，拇指和食指分别贴在拍柄内、外侧的小棱边上，用拇指的推力轻托球，把球送过网。击球后，随重心复原收拍至胸前（图 16-16）。

图 16-16　反手放网前球

（五）搓球

1. 正手网前搓球

动作方法：正手网前搓球的准备势同正手放网前球。击球前，前臂外旋，手腕外展引拍至右侧。击球时在正手放网动作的基础上，加快挥拍速度，切搓球托底部或侧部使球旋转翻滚过网（图 16-17）。

图 16-17　正手网前搓球

2. 反手网前搓球

动作方法：反手前搓球的准备姿势同反手放网前球。击球前，前臂稍往上举，手腕前屈，手背约与网同高，拍面低于网顶。击球时，手腕和手指控制拍面角度，用肘关节和腕关节前伸稍下降及前臂稍外旋的合力，搓切球托的侧底部。另外也可在反手放网前球动作的基础上，前臂稍伸直，手腕由外展到内收，带动球拍向前切送，击球托的后底部（图 16-18）。

图 16-18 反手网前球

（六）挑球

1. 正手网前挑球

动作方法：正手网前挑球准备姿势同正手放网前球。击球前，前臂充分外旋，手腕尽量后伸。击球时，从右下向右前方至左上方挥拍击球。在此基础上，若球拍向右前上方挥动，挑出的是直线高球；若球拍向左前方挥动，挑出的则是对角高球（图 16-19）。

图 16-19 正手网前挑球

2. 反手网前挑球

动作方法：反手网前挑球的准备姿势同反手放网前球。击球前，右臂往左后拉抬后引拍。击球时，前臂充分内旋，手腕由屈至后伸闪动挥拍击球。若球拍由左下向左前上方挥动，则球向直线方向飞行；若球拍由左下向右前上方挥动，则球向对角线方向飞行（图 16-20）。

图 16-20 反手网前球

四、基本步法

羽毛球基本步法分为如下五种（图 16-21）。

1. 交叉步前进：左脚迈进距离略小，重心迅速移至左脚，用左脚掌内侧蹬起，右脚向前跨一大步。

2. 交叉步后退：右脚后撤步略小，左脚交叉步后撤，随后右脚再后撤（重心落在右脚）。

3. 蹬跨步：左脚用力后蹬，右脚向来球方向跨一大步。

4. 前交叉跨步：右脚向来球方向垫步，左脚向前迈步后蹬，右脚交叉步向来球方向跨一大步。

5. 垫步：上网时采用的一种步法，它能在被动时迅速调整重心接应来球。

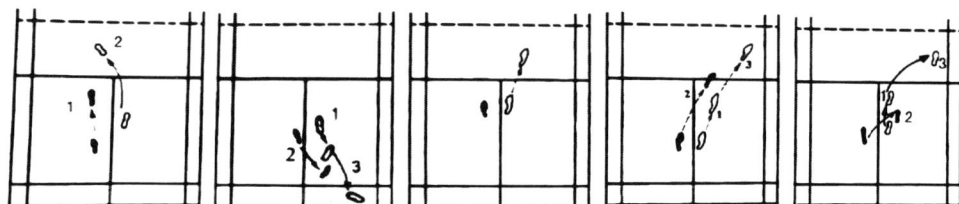

交叉步前进　　交叉步后退　　蹬跨步　　前交叉跨步　　垫步

图 16-21 羽毛球基本步法

第三节　羽毛球运动基本战术

一、单打战术

羽毛球单打战术可分为发球抢攻战术，攻后场战术，逼反手战术，打四点球突击战术，吊、杀上网战术和先守后攻战术六种。

（一）发球抢攻战术

发球抢攻是争取前几拍的主动权。通过这一战术的运用，打乱对方的整个战略部署，造成对方措手不及。特别是在关键时刻，运用发球抢攻战术能达到不同的效果。

（二）攻后场战术

采用重复打高远球或平高球的技术，压对方后场两角，迫使对方处于被动状态，但其回球质量不高，便伺机杀、吊对方的空当。

（三）逼反手战术

对于后场反手较差的对手要毫不放松地加以攻击。先拉开对方位置，使对方反手区露出空当，然后把球打到反手区，迫使对方使用反拍击球。

（四）打四方球突击战术

以快速的平高球、吊球准确地打到对方场区的四个角落，迫使对方前后左右奔跑；当对方来不及回中心位置或失去重心时，抓住空当和弱点进行突击。

（五）吊、杀上网战术

先在后场以轻杀配合吊球把球下压，落点要选择在场地两边，使对方被动回球。对方还击网前球时，便迅速上网搓球或勾对角快速平推球；若对方在网前挑高球，可在其后退途中把球直接杀到对方身上。

（六）先守后攻战术

此战术先以高球诱使对方进攻，在对方只顾进攻疏于防守时，即可突击进攻，或者在对方体力下降、速度减慢时再发动进攻。

二、双打战术

羽毛球双打战术可分为攻人战术、攻中路战术、压后场拉开反击战术和前场打点封压进攻战术四种。

（一）攻人战术

这是双打中常用的一种战术。对付两名技术水平高低不一的对手时，一般都采用这种战术。对付两名技术水平相似的对手时也可以使用。集中攻击对方一名队员，常能取得成功。在另一名队员赶来协助时，又会暴露出空当，在其不备时又可突袭。

（二）攻中路战术

守方左右站位时，把球打在两人中间，可以造成守方两人抢接球或同时让球，限制守方在接杀时挑大角度的高球调动攻方，有利于攻方的封网。守方前后站位时把球下压或轻推在边线半场处，这一战术多半是在接发网前球和守中反攻抢网时运用。这种球守方前场队员拦截不到，后场队员只能以下手击球放网或挑高球，后场两角便会露出很大空当，因而有机可乘。

（三）压后场拉开反击战术

此战术是用平高球、平推球、接杀、接吊抽挑后场球等技术，把对方一名队员紧逼在底线两角来回移动击球，并迫使其回击出质量不高的球，然后抓住有利时机反击。

（四）前场打点封压进攻战术

此战术要求打法积极，前半场技术好，步法移动快，队员之间配合默契。主要通过前半场积极控制，迫使对方被动起高球，从而有利于自己一方后压前封进攻得分。

三、基本练习方法

羽毛球的基本练习方法有球路练习、多球练习和双打练习。

（一）球路练习

1. 固定球路高吊球上网练习：发高球，回击直线高球，重复直线高球，吊对角网前球。反复练习，两人轮换。

2. 固定球路高杀上网练习：发高球，还击高球；重复高球，杀对角；挡网前，搓挑高，还击高球。反复练习，两人轮换。

3. 半固定路线高吊轮攻练习：发高球，回击高球，上网放，上网搓，挑高，回击高球，再吊球，上网放……依次循环。直线、对角线均不固定。

4. 不固定路线练习：①高吊对高球。全场不用杀球，其他技术均可用。②高杀对高吊。全场一人高杀，一人高吊。③高杀对高杀。全场除吊球外，其他技术均可用。④吊杀对吊杀。全场除后场不还击高球外，其他技术均可用。⑤杀吊球对高吊。杀吊者后场不打高球，其他技术均可用；高吊者，除杀球网前不推、挑外，其他技术均可用。

（二）多球练习

能比较准确地把球送到位，失误也少，练习时连续次数多，强度大，球路可固定，也可以半固定或不固定。

（三）双打练习

1. 发球、接发球抢攻练习：从发球起打到第三拍或第五拍即停下，可计分或不计分。

2. 综合性攻防练习：一方进攻，一方防守。攻方要保持连续进攻，轮转站住；守方要控制球路调动对方，也可以反攻，陪练一方的人数可以增加，以加大练习进攻或防守的难度。

第四节　羽毛球运动比赛规则简介

一、比赛场地

场地应是一个长方形，用宽 40 毫米的线画出（图 16-22）。线的颜色应是白色、黄色或其他容易辨别的颜色。所有的线都是它所界定区域的组成部分。

从场地地面起，网柱高 1.55 米。当球被拉紧时，网柱应与地面保持垂直。不论是单打还是双打比赛，网柱都应放置在双打边线上。网柱及其支撑物不得延伸进入除边线外的场地内。

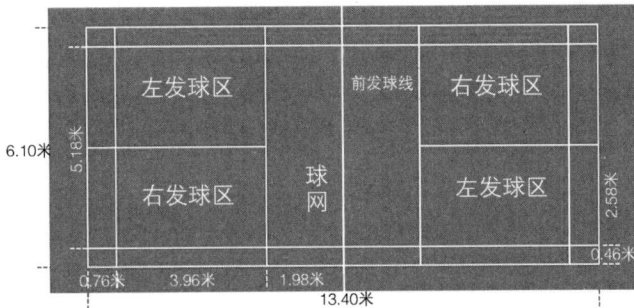

图 16-22　比赛场地

二、比赛规则简介

（一）挑边

赛前采用挑边的方法来决定发球方和场区。挑边赢者将优先选择是发球或接发球，还是在一个场区或另一个场区比赛；输者在余下的一项中选择。

（二）计分方法

1. 除非另有规定，一场比赛应以三局两胜定胜负。

2. 除 4、5 的情况外，先得 21 分的一方胜一局。

3. 对方违例或球触及对方场区内的地面成死球，则本方胜这一回合并得一分。

4. 平后领先得 2 分的一方胜该局。

5. 平后先得 30 分的一方胜该局。

6. 一局的胜方在下一局首先发球。

（三）站位

1. 单打

（1）发球区和接发球区。当发球员的分数为 0 或双数时，双方运动员均应在各自的右发球区发球或接发球；当发球员的分数为单数时，双方运动员均应在各自的左发球区发球或接发球。

（2）击球顺序和位置。一回合中，球应由发球员和接球员交替从各自所在场区一边的任何位置击出，直至成死球为止。

（3）得分和发球。发球员胜一回合则得一分。随后，发球员再从另一发球区发球；接发球员胜一回合则得一分。随后，接发球员成为新发球员。

2. 双打

（1）发球区和接发球区。一局中，发球方的分数为 0 或双数时，发球方均应从右发球区发球，发球方的分数为单数时，发球方均应从左发球区发球。接发球方上一回合最后一次发球的运动员应在原发球区。其同伴的站位与其相反，接发球员应是站在发球员斜对角发球区的运动员；发球方每得一分，原发球员则变换发球区再发球。

（2）击球顺序和位置。每一回合发球被回击后，由发球方的任何一人和接球方的任何一人，交替在各自场区一边的任何位置击球，如此往返直至死球。

（3）得分和发球。发球方胜 9 回合则得一分。随后发球员继续发球，接发球方胜回合则得一分。随后接发球方成为新发球方。

（4）发球顺序。每局比赛的发球权必须如下传递：首先是由首先发球员从右发球区发球；其次是首先接发球员的同伴，从左发球区发球，然后是首先发球员的同伴；接着是首先接发球员；再接着是首先发球员，依次传递。

（5）运动员在比赛中不得有发球的情况：接发球顺序错误或在一局比赛中连续两次接发球。

（6）一局胜方的任一运动员可在下一局先发球，一局负方的任一运动员可在下一局先接发球。

（四）比赛间隙

每局比赛，当一方先得 11 分时，允许有不超过 60 秒的间歇，所有比赛中，局与局之间允许有不超过 120 秒的间歇。

（五）违例

1. 不合法发球。

2. 球发出后，停在网顶，过网后挂在网上；被接发球员的同伴击中。

3. 比赛进行中，球落在场地界线外（即未落在界线上或界线内）；未从网上越过；触及天花板或四周墙壁；触及运动员的身体或衣服，触及场地外其他物体或人；被击时停滞在球拍上，紧接着被拖带抛出；被同一运动员两次挥拍连续两次击中，但一次击球动作中球被拍框和拍弦面击中不属违例；被同方两名运动员连续击中，触及运动员球拍而未飞向对方场区。

4. 比赛进行中，运动员球拍、身体或衣服，触及球网或球网的支撑物；球拍或身体，从网上侵入对方场区；球拍或身体，从网下侵入对方场区，导致妨碍对方或分散对方的注意力；妨碍对方，即阻挡对方紧靠球网的合法击球；故意分散对方注意力的任何举动，如喊叫、做手势等。

（六）发球

1. 合法发球。

(1)一旦发球员和接发球员做好准备，任何一方不得延误发球。

(2)发球员的球拍头完成后摆，任何对发球开始的延误都是延误。

(3)发球员和接发球员应站在斜对角的发球区内，脚不得触及发球区和接发球区界线。

(4)从发球开始，至发球结束前，发球员和接发球员的两脚都必须有一部分与场地的地面接触，不得移动。

(5)发球员的球拍应首先击中球拍。

(6)发球员的球拍击中球的瞬间，整个球应低于发球员的腰部。腰部指的是发球员最低肋骨下缘的水平切线。

(7)发球员的球拍击中球的瞬间，拍杆和拍头应指向下方。

(8)发球开始后，发球员必须连续向前挥拍，直至将球发出。

(9)发出的球应向上飞行过网，如果未被拦截，球应落在规定的接发球区内。

(10)发球员发球时，应击中球。

2. 一旦运动员站好位置准备发球，发球员的球拍头开始向前挥动，即为发球开始。

3. 一旦发球开始，发球员的球拍击中球或未能击中球，均为发球结束。

4. 发球员应在接发球员准备好后才能发球，如果接发球员已试图接发球，即被视为已做好准备。

5. 双打比赛发球时，发球员和接发球员的同伴应在各自的场区内。其站位不限，但不得阻碍对方发球员或接发球员的视线。

（七）重发球

由裁判员或运动员(未设裁判员时)宣报"重发球"，用以中断比赛。

1. 发球员在接发球员未做好准备时发球，判重发球。

2. 在发球过程中，发球员和接发球员都被判违例，判重发球。

3. 发出的球被回击后，球过网后挂在网上或球停在网顶，判重发球。

4. 比赛进行中，球托与球的其他部分完全分离，判重发球。

5. 裁判员认为比赛被干扰或教练员干扰了对方运动员的比赛，判重发球。

6. 司线员未能看清，裁判员也不能作出判决时，判重发球。

7. 遇到不可预见的意外情况，判重发球。

（八）交换场区

以下情况，运动员应交换场区。

1. 第一局结束。

2. 第二局结束（如果有第三局）。

3. 在第三局比赛中，一方先得 11 分时。

（九）死球

球撞网或网柱后，开始向击球者网这方的地面落下；球触及地面；宣报了"违例"或"重发球"。

·· 本章小结与思考

1. 简述羽毛球运动的基本技术。

2. 羽毛球运动的基本战术有哪些？

3. 简述羽毛球运动的比赛规则。

第十七章　网球运动

第一节　网球运动概述

网球运动起源于12—13世纪的法国。当时法国的传教士们经常用手掌击打一种类似小球的物体，人们把这种游戏叫"掌球戏"。他们先是在室内进行这种游戏，后来移到室外，在一块开阔的空地上，将一条绳子架在中间，两边各站一人，双方用手来回击打一种裹着头发的小布球。14世纪中叶，这种游戏传入英国，英国人将这种球称为"tennis"（网球），并流传下来。15世纪，这种游戏由手掌击球改为用木板球拍打球，并很快出现了一种用羊皮作拍面的椭圆形球拍。同时，场地中央的绳子也改为了球网。16—17世纪是这种游戏的兴旺时期。1873年，英国人沃尔特·克罗普顿·温菲尔德将这种游戏的场地移向草坪，并提出了一套接近现代网球的打法。1874年，规定了球网的大小和高低，并组织了简易的草地网球比赛。1877年，英国板球俱乐部在英国伦敦郊外的温布尔登设置了几片草地网球场地和草地网球总会，草地网球在英国得到了进一步的发展。1896年，在希腊雅典举行的第一届奥运会，网球被列为正式比赛项目。但此后该项目被国际奥委会取消，直至1984年的洛杉矶奥运会，网球作为表演项目才重返赛场，并在1988年的汉城奥运上被重新列为正式比赛项目。

第二节　网球运动基本技术

一、握拍方法

（一）东方式

1. 正手握法

拍面与地面垂直，然后像与球拍握手一样握住拍柄，虎口正对拍柄的上平面偏右的位置。拇指第一关节扣住拍柄的左平面，食指则轻绕拍柄右侧至下平面。中指、无名指和小指紧握，并与拇指接触。

2. 反手握法

虎口略偏左侧，位于左平面和上平面之间的左上斜面，食指关节在右上斜面的位置，拇指一般贴在左垂直面上，其余三指稍分开。

（二）西方式

1. 正手握法

虎口位于拍柄的右垂直面处，手掌中心握住拍柄的右平面手腕稳固地贴紧拍柄后侧的右平面，拇指关节贴在拍柄的右上倾斜面的位置。

2. 反手握法

虎口位于拍柄的上平面和左上斜面的交接处，拇指第一指节贴紧拍柄的左平面。

（三）大陆式

1. 正手握拍

虎口正对拍柄的左上斜面，拇指扣压住左平面，食指关节握住拍柄的上平面边缘和右上斜面的位置。

2. 反手握拍

虎口的位置与大陆式正手握拍法相同，不同之处在手拇指略放松，而非紧扣压拍柄。

（四）混合式握拍法

混合式握拍法即半西方式握拍法。它的正确握拍法介于东方式与西方式之间，虎口对准右上斜面。

（五）双手反手击球握拍法

右手是东方式正手握拍，握在拍柄的底部，手掌根与拍柄对齐。左手握在右手的上方，做东方式反手握拍。

二、击球

（一）正手击球（右手握拍）

右手持拍队员从准备姿势开始，移动到来球位置，最后一步要保持左脚在前，身体左侧朝向来球方向。这时将球拍充分向后挥摆，拍头翘起，手臂伸展，眼睛注视来球。向前挥拍的迎球过程中，球拍由低向高挥动，拍与球碰撞的击球点在身体右前方，高度保持在腰与肩之间。拍触球时，拍面垂直或稍前倾，击球中部或中上部，手腕固定并握紧球拍，大臂和腰部随身体转动向前上方协调配合用力，身体重心从右脚逐渐移至左脚。击球后球拍顺势挥至身体的左侧前上方（图 17-1）。

图 17-1 正手击球(右手握拍)

(二) 单手反手击球

当来球飞向反手方向时，移动到接球位置的最后一步，要保持右脚在前，身体右侧朝向来球方向，球拍向左后挥摆。这时持拍手臂的肘部保持适当弯曲，拍头稍翘起，在迎球过程中，挥拍手臂与向右转体动作相配合，使球拍由低向高挥动，拍与球碰撞的击球点在身体左前方，高度在腰间。拍触球时手腕握紧球拍，拍面垂直或稍前倾，在中心部位击球。击球后球拍顺势挥至身体的右侧前上方，身体重心从左脚逐渐移至右脚，然后迅速还原成准备姿势(图 17-2)。

图 17-2 单手反手击球

(三) 双手反手击球

当判断准来球是飞向反手方向时，在移动到位的最后一步应保持右脚在前，身体右侧朝向来球方向，双手握球拍向左后挥摆，右臂伸展较大，左臂弯曲。在迎球过程中挥臂与转体动作配合，使球拍由低向高挥动，拍与球碰撞的击球点保持在髋前。拍触球时双手握紧球拍，两肩和两髋随着转动，拍面垂直或稍前倾，尽量在球拍的中心部位击球。击球后双手顺势挥至右侧头部高度，身体重心从左脚移至右脚，动作完成后迅速还原，恢复成准备姿势(图 17-3)。

图 17-3　双手反手击球

三、发球

发球技术一般分为三种：平击发球、上旋发球和削击发球。

动作方法：两脚自然开立，侧向球网，前脚与端线约成 45°，身体重心置于左脚，抛球时球拍开始靠近膝关节向后下方挥动，左臂和左肩上举，将球抛起，这时右肘弯曲使球拍在背后下垂。向上挥拍击球时，充分伸展手臂，拍头朝前，在右肩上空击中自上落下的球。发球动作结束时，球拍向左下挥过身体，后脚摆过端线。

（一）平击发球

发球时应使球拍从后开始挥击，在背后下垂拍头。下垂拍头一般有直接转体后下垂拍头和从下绕环后下垂拍头两种方式。从下绕环的目的是增大摆幅，以求获得足够的加速距离。发球时球拍触球的最佳击球位置应保持在身体垂直稍前的部位。身体适当前倾有利于扩大命中范围。大力发球时，先将球向右侧上方抛起，然后球拍下垂，从背后开始挥拍迎球，挥拍过程中力争在球拍瞬时速度最快的片刻，在头上合适高度使拍触球。

击球后继续使用拍向目标挥动，头部保持随球移动，拍顺势挥过身体左侧，身体重心随之向前移入球场(图 17-4)。

图 17-4　平击发球

（二）上旋发球

上旋发球是结合手腕爆发力发出来的一种带上旋性质的球。球向上旋转力强，在空中高弧线飞行，准确性较高。如右手发左侧上旋球，该球落到对方发球区后，弹起较高并向接球员的左侧拐弯。它能造成对方接发球困难，这种发球适于对付反拍差的对手也易于发球后上网截击。

（三）切削发球

这种发球的击球点不是很高，击球时球拍多由上向下削切，发出球后向后旋转较强，球的飞行弧线曲度较大，容易控制落点，球落地后向对方场地一侧的角上跳动，可起到调动对方、造成对方接发球困难的作用。比赛中常作为第二次发球用。切削发球易被正拍攻击力强的对手抽杀(图 17-5)。

图 17-5　切削发球

四、接发球

1. 接发球站位：一般位于端线附近，力求在接发球时向前移动击球。

准备姿势：保持两脚平行站位，比肩略宽，右手持拍者一般右脚稍前，两膝微屈，上体稍前倾，脚跟提起，将球拍置于体前。

2. 在接发球的全过程中眼睛始终要注视来球。要观察对手的抛球，这样有利于判断。

3. 对方如果是第一次发球多采用大力发球，此时站位应偏后一些；如果是第二次发球可略向前移，以利于采取攻击性的回击。

4. 接大力发球时不要做大幅度的后摆动作，主要是控制好拍面角度并紧握球拍，以免拍面被震而转动。

5. 回击来球后要观察对方行动，对自己的回球路线和落点要有所考虑。选择好接球落点，对控制对手发球后抢攻有重要意义。

五、截击球

截击球是网前技术中的一种攻击性击球方法，即在球落地之前将球击回到对方场区。截击球回球速度快、力量大、威胁大。国内外优秀的网球运动员都普遍采用发球上网或接发球上网战术，因而截击球技术在进攻性打法中十分重要(图 17-6)。

图 17-6 截击球

（一）正手截击

截击时站在网前 2.5～3 米位置，准备姿势与一般击球大体相同，但球拍要举得高一些，约与眼部同高。截击时后摆动作要小，击球点应保持在身体前方，拍触球瞬间手腕固定，用力紧握球拍，略加向前推击的动作即可。截击较近的球时，左脚应跨出一小步，截击较远的球要跨出一大步。

（二）反手截击

反手截击的准备姿势同正手截击，动作区别在于反手截击的击球点要靠前一些，因此要及早跨出右脚，重心也要置于右脚。击球时手腕固定，用力紧握球拍，拍面稍后倾触球中上部。击球后右臂伸展，向前下压送。

六、高压球

高压球多用于网前的击球动作，可分为原地高压球、跳起高压球和后退高压球三种。高压球要及时侧身，高举球拍，眼睛看准球，找准击球点。高压球一般以平击高压为主，也可以用切削高压打出好的角度和落点。当对方挑高球挑得很高、很深时，可打落地高压球。打高压球要快速侧身后退，后退时眼睛不能离开球，要求步子快，然后再向前做高压击球动作(图 17-7)。

高压球的动作与发球动作相似，只是没有向后拉拍的挥拍动作，而是直接把球拍引向头后。在向来球方向跑动中，抬头仰视球，上体右转，同时使球拍垂向背后。完成击高压球的准备动作。当球下落到合适高度时，右脚起跳，在头部上方跃起向下击球，完成高压动作。

图 17-7　高压球

第三节　网球运动基本战术

一、单打战术

网球单打战术主要有发球、接发球、把球打深、调动对手和网前截击。

（一）发球

发球时要考虑落点、力量和旋转等因素的变化才能有良好效果，如果发出的球有角度而使球反弹出边线，就能迫使对手离开基本位置，这样的发球效果较好。若对手站位离中线较远，可发球至接发球人的中线附近，以牵制对方。第一次发球应尽量使用大力发球以加强攻击性，给对手造成压力。第二次发球应具有稳定性，以保持较高的命中率。

（二）接发球

在第一回合较量中，对手发角度大而弹出边线的球时，若球速慢，可用进攻方法回击，亦可回击大角度球，以牵制对手发球后抢攻。接大角度球时，不要向后跑，而应向前迎球，用拉球回击。接发球时应选择合适位置，其标志是使正手和反手各有 1/2 的机会接球。切忌在中场等球，应将中场视为接球时不站人的区域。

（三）把球打深

把球打深是指打出的球的落点要靠近球场端线附近。在单打比赛中，把球打深能将对手压在底线附近，这样可以防止对手上网，还能使自己有更充裕的时间为下次击球做好准备；另外，这样做还能使对手回击的角度减小。对准备随球上网的队员来说，将球打深也有重要作用。这里应当注意，在底线击球要想把球打深，就应使球在网的上空高处通过，离网上端至少 1.5 米。

（四）调动对手

调动对手也就是把对手调离其能较好发力击球的位置，使其在场上出现空当，这样就能争取比赛的主动权。一般可通过打斜线球和打直线球达到调动对手的目的。

（五）网前截击

当队员处于较有利的网前位置时，可充分发挥网前快速截击的威力，在截击时采用变线打法，队员能够向空当回击，取得良好效果。所谓变线打法就是对手打斜线球时用直线球回击，或者对手打直线球时用斜线球回击。

二、双打战术

网球双打战术有基本站位、发球、接发球和及时补位。

（一）基本站位

双打时除发球和接发球队员在端线附近外，一般都站在网前位置。发球的队员站在规定发球区的端线附近，接发球的队员则站在规定发球区的另一侧的端线附近。有时发球队员的同伴也可以站在端线附近，位于发球队员的另一侧。

（二）发球

双打发球落点要深，如果发球有足够深度，就能控制对手冲到网前进行截击。第一个发球应采用大力发球，发球后随球上网，这时动作要迅速，先往前冲三四步，然后停下来，准备进行第一次截击。

（三）接发球

对方发球时，接发球队员的同伴一般站在发球线附近，接发球队员回球的情况将直接影响其同伴的动作。如果接球队员能有效地接过发球，并且能够上网，这时两个人应同时上网；如果接发球回击的球力量较弱，这时接球队员的同伴就应立即退到端线附近而不要停在原地。如对发过来的球不能做有力的回击，接球队员就要想到在端线附近进行防御。如果两人同在后场站位，应保持使球落在中间地带，以减小对手回球的角度。

（四）及时补位

双打比赛中的两个人及时补位很重要，它可以补救场上出现的薄弱地区。当遇到两个对手同时上网时，同伴向中路回球较低时，容易被对手回击，这时处在截击队员对面的网前队员应及时截抢。如果接球队员将球打给网前队员，这时接球队员的同伴应迅速后退到中场。

第四节　网球运动比赛规则简介

一、比赛场地和设施

网球比赛双打场地的标准尺寸是 23.77 米×10.97 米，单打场地的标准尺寸是 23.77 米×8.23 米。在端线、边线后应分别留有不小于 6.40 米、3.66 米的空余地。两个网柱间的距离是 12.80 米。网柱顶端距地平面是 1.07 米，球网中心上沿距地平面是 0.914 米(图 17-8)。

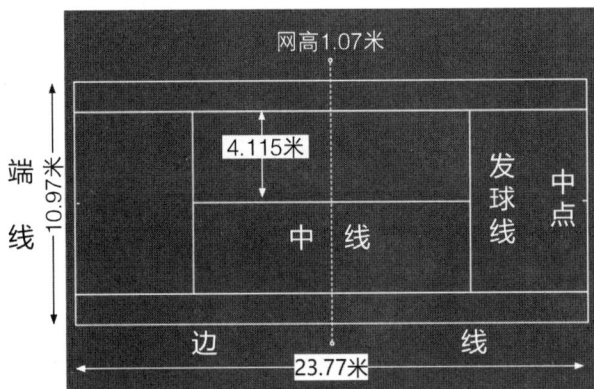

图 17-8　网球比赛场地

二、比赛规则简介

（一）场地和发球的选择

场地的选择及第一局中作为发球员还是接球员的权利在准备活动前由掷硬币来决定掷币获胜的一方可以有以下几种选择。

1. 在第一局比赛中作为发球员或接球员，在这种情况下应由对方选择比赛所处的场地。

2. 比赛的第一局拥有场地选择权，在这种情况下应由对方选择第一局作为发球员或接球员。

3. 要求对手做出上述中的一个选择。

（二）发球

发球员在马上开始发球动作前应双脚站在端线后（即远离球网的一侧）、中心标志的假定延长线和边线之内，接着发球员应用手将球抛向空中的任何方向，并在球触地前用球拍将球击出；在球拍与球相接触或没击中球的那一刻，发球动作即被认为已经结束。只能使用一只手臂的运动员，可以用球拍抛送球。

（三）交换发球

第一局结束后，接发球员在下一局中成为发球员，而发球员则成为接发球员。以后每局终了，均依次互相交换，直至比赛结束。

（四）交换场地

1. 运动员应该在每一盘中的第一局、第三局以及后面的单数局结束后交换场地。

2. 运动员也应在每盘结束后双方所得局数之和为奇数时交换场地。如果一盘结束后双方局数相加之和为偶数，则在下一盘第一局结束后再交换场地。

3. 在平局的决胜局中，运动员应在每得 6 分后交换场地。

（五）失分

发生下列任何一种情况，均判失分。

1. 在球第二次着地前，未能还击过网。

2. 还击的球触及对方场区界线外的地面、固定物或其他物件。

3. 还击空中球失败。

4. 故意用球拍触球超过一次。

5. 运动员的身体、球拍，在发球期间触及球网。

6. 过网击球。

7. 抛拍击球。

（六）压线球

压线球为落在线上的球算界内球。

（七）活球期

自球发出时起（除失误或重发外），至该球分胜负判定时止，为活球期。

（八）网球双打规则

单打规则均适用于双打，但双打规则有自己特殊的规定。

1. 发球次序。在每盘第一局开始之前决定发球次序，由发球方决定由何人首先发球，对方则同样的在第二局开始时决定由何人首先发球。第三局由第一局未发球方的球员发球，第四局由第二局未发球方的球员发球。以下各局均按此次序轮换发球。

2. 接球次序与发球次序一样，每盘比赛开始前要决定接球次序，即先接球的一方应在第一局开始时，决定由谁先接发球，并在这盘单数局继续先接发球。对方同样应在第二局开始时决定由谁先接发球，并在这盘双数局继续先接发球。他们的同伴应在每局中轮流接发球。

3. 发球次序错误与接球次序错误。发球次序错误应在发觉时立即纠正，但已得的分数或已产生的失误都有效。如发觉时全局已经终了，此后发球次序就以该局为准轮流发球。如发现接球次序错误后仍按已错误的次序进行，须等到下一接球局再进行纠正。

本章小结与思考

1. 简述网球运动的概念与特点。

2. 网球运动的基本技术有哪些？

3. 简述网球运动双打的规则。

第十八章　健美操

第一节　健美操概述

健美操源于人类对人体健与美的追求，是音乐、舞蹈、体操三者有机结合的产物。它融体育、艺术和教育于一体，具有强身健体、改善体态和娱乐身心等功能。如今，健美操不仅成为人们喜闻乐见的健身运动项目、国际上具有一定影响力的竞技运动项目，而且是体育艺术表演的重要组成内容。

健美操是时代发展的产物，不同时期人们对健美操的理解也不相同。从最早被界定为"体操的分支"，后发展为"融音乐、体操、舞蹈为一体的新兴体育项目"，再到"增进健康、塑造形体和健身娱乐目的的一项体育运动"，健美操概念的界定逐渐趋于清晰和明朗，即健美操是在音乐伴奏下，以特定步伐配合手臂和身体变化所组成的操化动作为核心内容，按照一定规律组成徒手、器械的组合或成套动作，达到健身、竞技及表演目的的运动项目。

一、健美操的基本特征

（一）操化动作变化多样

操化动作是健美操基本步伐与手臂动作的组合，是健美操练习的主要内容。健身健美操和竞技健美操都有各自的步伐体系，健美操的各种步伐与手臂动作进行组合后会产生无数的操化变化，从而增加练习的趣味性和实效性，还会形成不同风格的健美操。在健美操的发展过程中，操化动作经历了由简到繁、由慢到快、由少到多的发展历程，通过变换动作方位、空间、幅度以及改变动作节奏、频率和路线等方式，可以产生更加复杂、新颖和多样的操化动作。

练习者在音乐伴奏下，运用弹动、控制等技术将健美操操化动作展现得动感生动。这种强弱规律变换的律动方式是健美操区别于其他项目的重要属性之一。练习者通过力量、速度、频率、动静、幅度等诸多要素在时空中转换与对比的方式来完成操化动作；体现在单个动作中，即单个动作在不同时间、空间的肌肉用力程度；体现在成套动作中，即不同的动作或动作组合通过不同力度、幅度、速度的姿态造型变化来表现一套动作的完美性。

（二）音乐节拍动感鲜明

音乐是健美操最重要的装饰。健美操音乐与其他音乐有明显的区别，一般选用2/4拍的舞曲类音乐。其特点是鼓点清晰、有力，健美操动作的制动点发生在每一个重拍上，因此，动作和音乐的完美配合会给人一种力量与美的融合感。最早的健美操音乐关注的仅仅只是音乐的鼓点和力度，能选用的音乐受到了极大的限制，随着健美操运动的发展，健美操音乐选择开始趋向多元化，各种风格的音乐被广泛选用，在现代音乐技术的帮助下，健美操选择音乐的空间也呈拓展趋势。

在编排健美操成套作品时，应注意保持动作风格和音乐风格一致，使动作在音乐的衬托下更具生命力。音乐控制着健美操的动作节奏和速度，也控制着健美操的运动负荷。节奏越快、时间越长、运动轨迹越大，运动负荷就越大。健美操音乐既可以制作，也可以通过剪辑、改编等再加工方式编辑而成。

（三）内容形式丰富新颖

健美操练习形式与内容异常丰富。根据不同的音乐风格设计不同的练习内容是健美操动作内容设计的宗旨。根据不同年龄、不同职业、不同水平、不同场所、不同目的要求等，选择不同的音乐，编排出适合不同条件的内容、形式各异的健美操。健美操不仅在大众健身领域大放异彩，在竞技领域也是观赏性极强的项目，如今还被搬上舞台进行表演，其练习内容、形式也被不断地创新与突破，既可以徒手也可以配备器械，可以在室内也可以在室外，可以在陆地也可以在水中，可以单人也可以双人或集体等。如今，随着人们娱乐方式的多样化，健美操在不同的音乐风格下结合各种空间变化，其内容更加丰富、形式更加多样。

二、健美操的分类

根据目的和任务，健美操可分为健身健美操、竞技健美操、表演健美操三大类。

（一）健身健美操

健身健美操是在音乐的伴奏下，通过不同风格、形式的有氧组合或成套动作练习达到健身目的的运动项目。

健身健美操是典型的有氧运动代表之一，它形式、风格多样，通过锻炼可增进健康、塑造形体、愉悦身心。健身健美操练习时间一般较长，音乐速度适中，运动强度中等，适合各类以健身为目的的人群。

（二）竞技健美操

竞技健美操是一项在音乐的伴奏下，能够展示连续、复杂、高强度健美操操化动作能力的运动项目，该项目起源于传统的有氧健身运动：成套动作必须通过健美操7种基本步伐以及完美完成的难度动作等来展示运动员完成连续动作、柔韧及力量动作的能力。

竞技健美操是根据特定的规则，按照规定的项目和要求，组织运动员进行训练和比赛，以竞赛取胜为目的的高水平竞技运动。国际体操联合会(FIG)的健美操比赛项目包括：竞技健美操项目与有氧项目。竞技健美操比赛项目包括女子单人操(IW)、男子单人操(IM)、混合双人操(MP)、三人操(TR)和集体操(GR)。有氧项目包括有氧舞蹈(AD)和有氧踏板(AS)。

国际规则中按参赛年龄的分组：成年组(18周岁以上)、国际年龄二组(15～17岁)、国际年龄一组(12～14岁)、国家预备组(9～11岁)。我国还设有少年预备组(6～8岁)。

竞技健美操比赛需要严格遵照规则进行，国际体操联合会健美操委员会所制定的竞技健美操规则是世界统一使用的规则，每一个奥运周期进行一次修订，此规则对竞技健美操的技术发展起到了积极的引导与推动作用。

（三）表演健美操

表演健美操是在一定的主题下，以健美操动作为素材，结合服装、道具、音乐、背景、舞美设计等装饰元素而专门创编的成套作品，它是体育艺术表演作品中的主要内容之一，其目的是通过表演愉悦观众。表演健美操成套动作时间一般为3～7分钟，内容没有具体限定，一般可根据表演的任务、性质和需求进行相应的创编，创编自由度较大，形式不受限制，动作元素及风格呈现多元化，队形变化、集体配合丰富、可加入难度动作，或具有典型风格的其他项目的特色动作，是健美操艺术化、广泛化应用的一种具体表现。

近年来，随着我国体育艺术类专业的蓬勃发展，健美操项目与艺术的融合不断增强，这种倾向是不可避免的，也是健美操运动发展的生命色彩。但是，在健美操和艺术的发展与融合中，正确理解和把控"运动项目"和"艺术"的界限显得尤为重要。健美操作为运动项目，应更加注重动作的技能、规范、标准，注重动作的功能，在此基础上尽量满足人们的审美需求。

三、健美操的功效

（一）强身健体，增进健康

经常参加健美操锻炼可以提高人体心血管机能，增强消化系统的功能，促进新陈代谢，具有强身健体的功效。

经常参加健美操锻炼还可以改善姿态，塑造形体。良好的身体姿态是形成气质、风度的重要因素。如果平时不注意养成正确姿态，就会影响骨骼的正常发育，形成脊柱弯曲、含胸驼背等不良体态。练习健美操对身体姿态的要求与我们日常生活中良好姿态的要求基本一致。因此，通过长期的健美操锻炼，有益于肌肉、骨骼、关节的协调发展，有利于改善不良的身体姿态、形成优美的体姿，从而在日常生活中表现出一种良好的气质和修养，给人以朝气蓬勃、健康向上的感觉。

目前，肥胖已经成为影响人类健康的世界性疾病。健美操运动是大肌肉群参加的长时间、中等强度的运动项目，能量消耗多，且不易引起运动性损伤，因此，常被作为减肥的重要运动形式。长期坚持健美操锻炼，可使青少年形成正确的身体姿势，动作优美，体态矫健；使中年人延缓身体机能衰退，保持优美体态；使老年人骨骼结实，肌肉富有弹性，保持良好形体。总之，经常进行健美操锻炼，可使人们的身体向着匀称、和谐、健美的方向发展。

（二）缓解压力，健康心理

随着社会的发展和人们物质生活水平的不断提高，人类在享受高科技所带来的舒适和便利的同时，也承担着来自各方面的精神压力。长期的精神压力不仅会引起各种精神疾患，同时也会诱发许多身体疾病。

研究表明，健美操锻炼对心理健康能起到积极的促进作用。在激昂、欢快的旋律中进行健美操锻炼，可陶冶情操、放松心情，使身体得到全面调节。此外，参加健美操锻炼能改善神经调节功能，提高人体的平衡能力和灵敏性，使感觉敏锐，分析及综合能力也得到增强。

（三）大众娱乐，提高审美

健美操是大众娱乐的重要方式，也是体育艺术的重要载体，健美操会随着人、地、情、景等的不同而展现出不同的审美意境，变幻出多样的审美形态。因此，无论是健美操的练习者还是欣赏者，都会在参与健美操活动的过程中，使审美水平获得提升。

美感的心理活动过程主要是感知、想象、情感、理解的相互渗透、互相作用的综合过程。健美操作为审美性娱乐能够满足不同人群的多元精神需求。人们在编创、练习、欣赏和观摩健美操的时候，通过视觉和听觉的双重审美感受器官接受信息，健美操强劲有力的音乐伴奏，充满力量和多样变化的动作以及服装等都能带给人们一种积极向上、健康乐观的审美情趣。

（四）便于沟通，促进交流

健美操运动为人们提供了一个交流和沟通的平台。这种交流和沟通是广泛的，健美操运动在促进人的社会交往方面有着特殊的意义。

从体育竞技的角度来看，人们可以通过竞技健美操的平台，在国际范围获得广泛沟通与交流的机会，从而准确把握健美操的发展方向，更好地促进健美操项目的发展。从全民健身的角度来看，人们从家庭或工作单位等单一环境中走出来，在健身广场或俱乐部等运动场所因健美操运动相识，一起运动，相互鼓励，有的还结为好友。从表演的角度来看，人们以健美操为载体，从运动、人际、审美等各方面进行广泛的交往。

第二节 健美操的基本技术与组合

健美操基本动作正确与否，不仅影响人体的健康姿态，还会影响动作的锻炼效果。采用正确的姿势，对人体的肌肉和骨骼的生长发育以及内脏器官的正常活动十分重要。建立健美操的基本概念，了解和掌握健美操基本动作，培养动作的协调性和健美操专项意识，并为健美操动作设计和教学训练奠定基础。本节学习的健美操基本技术包括健美操的基本手型、步伐，以及简单的健美操基本技术组合。

一、健美操的基本技术

（一）健美操基本手型

并掌：五指伸直并拢，大拇指微屈紧贴食指（图 18-1）。

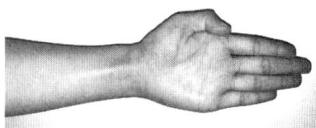

图 18-1 并掌

开掌：五指用力伸直并充分展开（图 18-2）。

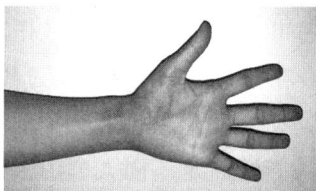

图 18-2 开掌

立掌：五指伸直并拢，手腕直立上屈（图 18-3）。

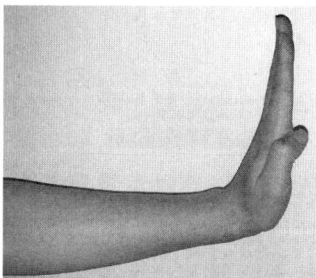

图 18-3 立掌

花掌：五指用力张开，小指、无名指、中指依次屈指，大拇指微微内扣（图18-4）。

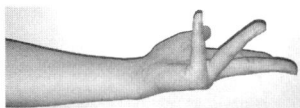

图 18-4　花掌

拳：五指并拢握拳，大拇指横扣在拇指第二关节（图18-5）。

图 18-5　拳

（二）健美操基本步伐

1. 踏步：两腿原地交替提膝、落地节（图18-6）。

图 18-6　踏步

2. 走步：两腿依次向前或向后走（图18-7）。

图 18-7　走步

3. 并步：一脚向同侧迈步，另一脚前脚掌点地并拢（图 18-8）。

图 18-8　并步

4. 点地：一腿站立，另一腿脚尖或脚跟点地（图 18-9）。

图 18-9　点地

5. 一字步：两脚依次向前迈步并拢，随后依次退回（图 18-10）。

图 18-10　一字步

6. 十字步：两脚向前依次迈步交叉，随后依次退回（图 18-11）。

图 18-11　十字步

7. V 字步：两腿分别依次向同侧斜前方迈步，随后依次退回（图 18-12）。

图 18-12　V 字步

8. A 字步：两腿分别依次向同侧斜后方迈步，依次还原（图 18-13）。

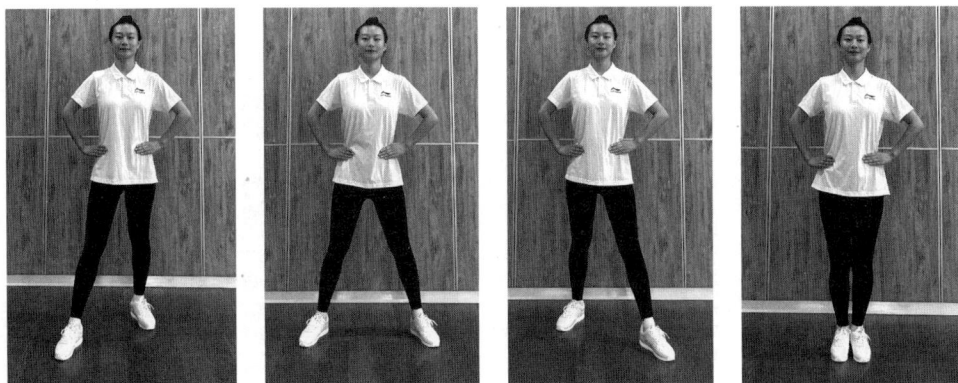

图 18-13　A 字步

9. 交叉步：一腿向侧迈步，另一腿向前或后交叉（图 18-14）。

图 18-14　交叉步

10. 恰恰步：一腿迈步，另一腿快速跟进后继续行进一步（图 18-15）。

图 18-15　恰恰步

11. 后屈腿：一腿微屈膝，另一腿做后屈膝（图 18-16）。

图 18-16　后屈腿

12. 跑步：两腿依次腾空落地（图 18-17）。

图 18-17　跑步

13. 小马跳：一腿向侧跳，另一腿紧随其旁小垫步跳（图 18-18）。

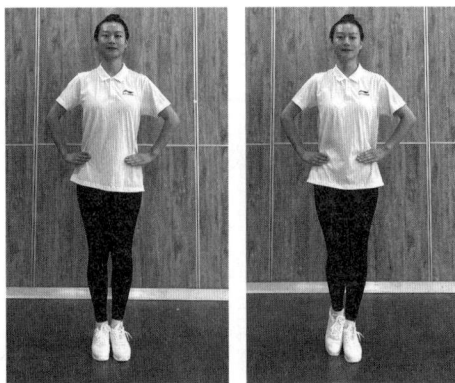

图 18-18　小马跳

14. 并腿跳：两腿并拢跳起落下（图 18-19）。

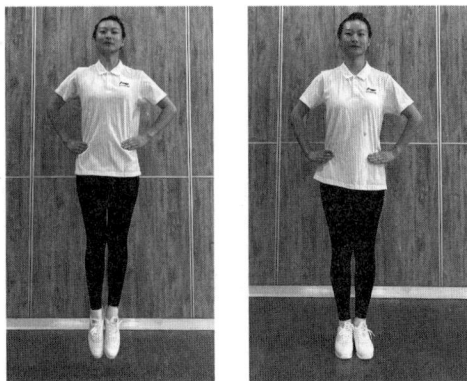

图 18-19　并腿跳

15. 开合跳：两腿向两侧跳开、还原(图 18-20)。

图 18-20　开合跳

16. 弓步跳：两腿前后分开跳成弓步落地(图 18-21)。

图 18-21　弓步跳

17. 吸腿跳：主力腿小跳，另一腿屈膝抬起(图 18-22)。

图 18-22　吸腿跳

18. 踢腿跳：主力腿小跳，另一腿由低向高做加速有力的摆动（图18-23）。

图 18-23　踢腿跳

19. 弹踢腿跳：主力腿小跳，另一腿后屈并弹伸（图18-24）。

图 18-24　弹踢腿跳

20. 后踢腿跑：支撑腿前脚掌着地，摆动腿最大限度地向后屈于臀部位置（图18-25）。

图 18-25　后踢腿跑

二、健美操动作组合范例

预备姿势：双腿并拢，目视前方，挺胸抬头，身体成立正姿势（图 18-26）。

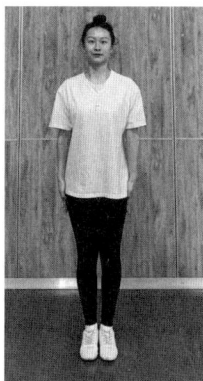

图 18-26　预备姿势

第 1×8 拍动作组合（图 18-27）：

1—2 拍：右脚向右迈一步，两臂侧平举，手型为并掌，掌心向下。

3—4 拍：双腿并拢，右手握拳伸直贴于右耳，左手握拳自然下垂于体侧。

5—6 拍：与 3—4 拍动作相同，方向相反。

7—8 拍：双脚跳开成半蹲姿势，双手分别轻扶在大腿前端。

1—2 拍　　　　　　3—4 拍、5—6 拍　　　　　　7—8 拍

图 18-27　第 1×8 拍动作组合

第 2×8 拍动作组合（图 18-28）：

1—2 拍：双腿跳起并拢，两臂前屈于胸前成击掌姿势。

3—4 拍：两腿分别依次向同侧斜前方做 V 字步，双臂伸直侧上举，手型为并掌，掌心向下。

5—6 拍：与 1—2 拍动作相同。

7—8 拍：两腿分别依次向同侧斜后方做 A 字步，双臂伸直侧下举，手型为并掌，掌心向下。

1—2拍、5—6拍   3—4拍   7—8拍

图 18-28 第 2×8 拍动作组合

第 3×8 拍动作组合(图 18-29):

1—2 拍:双腿交替提膝踏步。

3—4 拍:双手并掌交叠于胸前,两腿做后屈腿跑。

5—6 拍:双手屈臂搭于双肩,两腿做后屈腿跑。

7—8 拍:两臂侧上举,手型为并掌,掌心向内;两腿做后屈腿跑。

1—2拍   3—4拍   5—6拍   7—8拍

图 18-29 第 3×8 拍动作组合

第 4×8 拍动作组合(图 18-30):

1—2 拍:左手握拳,屈臂于胸前,右手握拳自然下垂于体侧;双腿交替提膝踏步。

3—4 拍:左臂伸直侧上举,手型为并掌,掌心向内。

5—6 拍:与 1—2 拍动作相同,方向相反。

7—8 拍:与 3—4 拍动作相同,方向相反。

| 1—2 拍 | 3—4 拍 | 5—6 拍 | 7—8 拍 |

图 18-30　第 4×8 拍动作组合

第 5×8 拍动作组合(图 18-31):

1—2 拍:小臂成前交叉,右手在上,双手握拳,拳心朝下。左脚勾脚向左迈一步,右脚为支撑腿,膝盖微屈,身体重心微向前倾。

3—4 拍:右脚跟步,身体朝向八点方向,双腿微屈,双手握拳位于体侧,拳心朝下。

5—8 拍:与 1—4 拍动作相同,方向相反。

| 1—2 拍 | 3—4 拍 |

图 18-31　第 5×8 拍动作组合

第 6×8 拍动作组合(图 18-32):

1—4 拍:双腿交替提膝踏步。

5—6 拍:左手开掌侧平举,右手开掌置于耳侧,掌心朝前;双腿开立,重心落于左腿。

7—8 拍:与 5—6 拍动作相同,方向相反。

1—4 拍　　　　　　　　5—6 拍　　　　　　　　7—8 拍

图 18-32　第 6×8 拍动作组合

第 7×8 拍动作组合(图 18-33):

1—2 拍:双腿跳起并拢,两臂前屈于胸前成击掌姿势。

3—4 拍:左手握拳从体前画半圆屈臂上举;左脚向左迈一步,右脚点地并拢。

5—6 拍:与 3—4 拍动作相同,方向相反。

7—8 拍:还原至 1—2 拍动作。

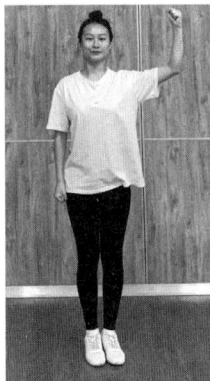

1—2 拍、7—8 拍　　　　　　　3—4 拍　　　　　　　5—6 拍

图 18-33　第 7×8 拍动作组合

第 8×8 拍动作组合(图 18-34):

1—2 拍:双手屈臂于体侧成 W 形,手型为并掌,掌心朝内;同时双腿并拢跳跃。

3—4 拍:左手直臂上举,右手屈臂搭于右肩,颈部右转;右腿微屈,左腿做后交叉点地。

5—6 拍:与 1—2 拍动作相同。

7—8 拍:与 3—4 拍动作相同,方向相反。

结束动作:双腿开立,一手放于体侧,另一手开掌从体前伸直上举于头部侧上方(图 18-35)。

| 1—2拍、5—6拍 | 3—4拍 | 7—8拍 |

图 18-34　第 8×8 拍动作组合

图 18-35　结束动作

⋕ 本章小结与思考

1. 简述健美操的作用。

2. 简述健美操的概念、分类。

3. 简述健美操的基本手型与步伐。

第十九章 游泳运动

第一节 游泳运动概述

一、游泳运动的起源与发展

现代游泳运动起源于英国。1828 年，英国在利物浦乔治码头修造了第一个室内游泳池。1896 年第 1 届现代奥运会时，游泳被列为竞赛项目之一，设有 100 米、500 米和 1200 米自由式 3 个游泳项目。1900 年第 2 届奥运会时，仰泳被分列出来。1904 年第 3 届奥运会又将蛙泳分列出来。1912 年第 5 届奥运会时，女子游泳被列入比赛项目。1956 年第 16 届奥运会又增加了蝶泳，从此定型为四种泳姿。

二、游泳运动的锻炼价值

游泳运动能改善心血管系统、呼吸系统、神经系统和消化系统的功能，促进人体正常生长发育和新陈代谢，提高全身的协调性、肌肉力量和耐力，增强耐寒能力。游泳还能磨炼意志，培养勇敢顽强的精神。

第二节 游泳运动基本技术

一、熟悉水性

让初学者了解和体验水的特性，克服怕水心理，掌握水感，如浮力感、阻力感和压力感等；习惯游泳时身体姿势的改变，培养对游泳的兴趣，并掌握一些水中活动的基本技能，如水中移动、呼吸、浮体和滑行等，逐步适应水的环境，为进一步学习和掌握各泳式、技术打好基础。初学者可采用水中游戏、背系浮板、手拿浮板、同伴帮助等方法，在实践中重视熟悉水性的练习，可以消除恐水心理，增强学会游泳的自信心。

（一）水中移动

1. 侧对池壁，手扶池边，向前、向后迈步行走，或面向池壁，手扶池边，向左、右迈步行走。

2. 扶壁或5～6人手拉手向前、后、左、右走动。

3. 与同伴手拉手成圆圈做游戏性地走、跑或互相推水、戏水。

（二）呼吸练习

1. 手扶池槽或手握同伴的手，深呼吸后闭气。然后慢慢下蹲把头部全部浸入水中，停留片刻，在水中用鼻、嘴慢慢吐气，直到吐完。然后起立，在水面上吸气后再重复做几次（图19-1）。要求水中的呼吸要按照"快吸、稍闭、慢呼、猛吐"这一特殊的节律进行。

2. 同上练习。要求吸气后头部浸入水中，稍闭气后即在水中用嘴和鼻同时呼气，继之抬头。在嘴将出水面，直至嘴露出水面时，用力把气呼完。随即用嘴迅速吸气，吸气后头部又立即浸入水中。如此反复练习，做到吸、闭、呼气有节奏地进行（图19-1）。

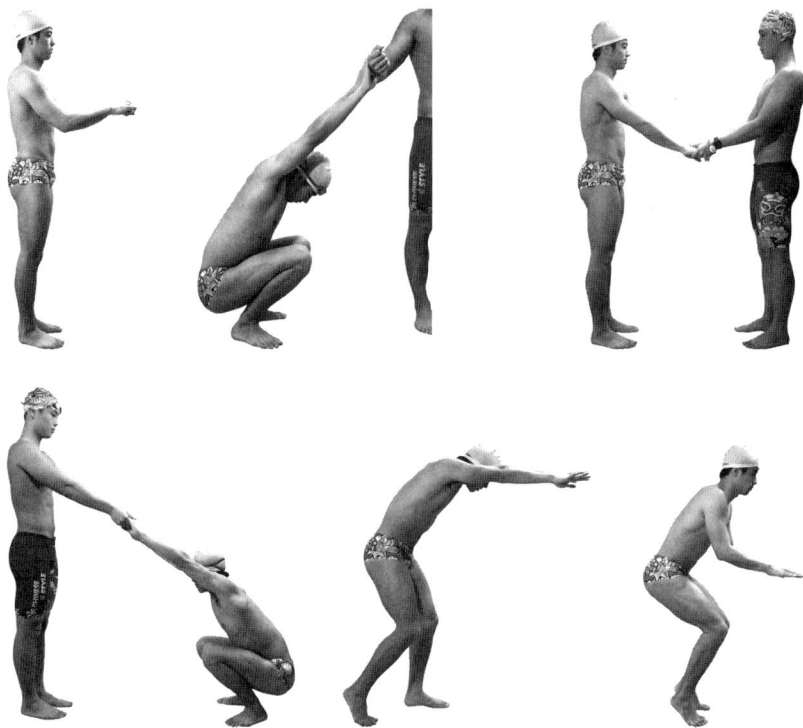

图 19-1　呼吸练习

（三）浮体与站立练习

1. 抱膝浮体站立练习

原地站立深吸气后，下蹲低头抱膝，双膝尽量靠近胸部，前脚掌蹬离池底，成抱膝、团身、低头姿势，自然漂浮于水中。站立时，两臂前伸，向下压水并抬头；同时两腿伸直，以脚触池底站立，两臂自然放于体侧。

2. 展体浮体练习

吸足气，身体前倒入水，闭气，抱膝，团身低头。等背部浮出水面后，伸直手臂和腿，成俯卧姿势漂浮水中（图 19-2）。站立时，收腹、收腿，两臂向下压水，然后抬头，两腿伸直，两脚触池底站立。

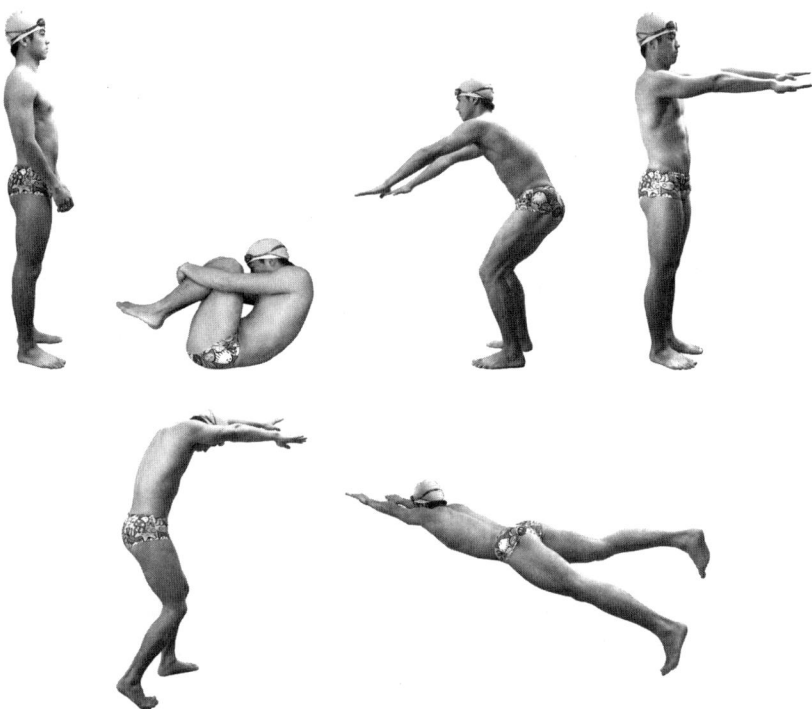

图 19-2　展体浮体练习

（四）滑行练习

蹬池壁滑行练习、蹬池底滑行练习（图 19-3）。

图 19-3　滑行练习

二、蛙泳

蛙泳比其他竞技游泳姿势速度慢，但动作平稳，容易掌握，呼吸便利，适于长距离游泳，又便于观察和掌握方向，实用价值较大，是救护、潜泳和泅渡江河湖泊的常用姿势。

（一）蛙泳技术

1. 身体姿势

蛙泳时，身体姿势不是固定不变的，而是随着臂、腿及呼吸动作的周期性变化而不断变化的。当蹬腿结束后，两臂并拢前伸。两腿向后蹬直并拢时，身体处于较好的流线型滑行状态，身体较平，头略抬起，水浸于前额处，胸部一部分、腹部和大小腿处在水平姿势。这时身体纵轴与水平面成 $5°\sim10°$。

2. 腿部动作

蛙泳时腿的技术动作可分为收腿、翻脚、蹬夹腿和滑行四个紧密相连阶段。

（1）收腿

开始收腿时，两腿随着吸气的动作自然向下。同时两膝开始弯曲并自然分开，小腿向前回收。回收时，两脚放松，脚跟向臀部靠拢，边收边分。收腿时力量要小，两脚和小腿回收时，要收在大腿的投影截面内。收腿结束时大腿与躯干成 $130°\sim140°$，两膝内侧与髋关节同宽，为翻脚和蹬夹腿做准备。

（2）翻脚

收脚将结束时，脚仍向臀部靠近。这时大腿内旋，膝关节稍内扣。同时两脚向外侧翻开，勾足尖，使脚和小腿内侧对好蹬水方向，使腿在蹬夹时有一个良好的对水面。

（3）蹬夹腿

翻脚后，立即以腰腹和大腿同时发力向后蹬水。伸髋与伸膝应同步、爆发式进行，以大腿、小腿内侧和脚掌向后做急速而有力的蹬夹腿动作。在蹬夹腿过程中，当两腿并拢时略向下压，以形成前后鞭打动作，该动作是推动身体前进的重要动力来源。

（4）滑行

蹬夹腿结束后，腿处于较低的位置，脚距离水面为 $30\sim40$ 厘米。此时，两腿并拢伸直，身体适度紧张，成流线型，做短暂滑行，准备开始下一个腿部动作周期。

3. 臂部动作

现代蛙泳广泛采用高肘、快频率技术动作。动作可分为抓水、划水、收手和向前伸臂四个紧密相连的阶段。

（1）抓水

从两臂前伸并拢，掌心向下的滑行开始，前臂、上臂立即内旋，掌心转向外斜下方略屈腕，两手分开向侧斜下压水至两手间距离约为两倍肩宽处，手掌和前臂感到有压力便开始划水。此阶段动作速度较慢。

（2）划水

当两手做好抓水动作，两臂分至40°～45°时，手肘开始逐渐弯曲。这时两臂、两手逐渐积极地做向侧下后方屈臂划水。划水时肘的最大屈角为90°左右，划水应用力使上体上升到较高位置，为下一阶段收手、向前伸臂做好充分准备。

（3）收手

收手是划水阶段的继续，此过程也能产生较大的前进作用和升力。收手过程手臂向里、向上收到头部前下方。这时，前臂与肘几乎同时做动作。收手时不应降低划水速度，而是以更快速度积极完成。收手结束时，肘关节低于手，上前臂成锐角。

（4）伸臂

伸臂动作是由伸直肘关节、肩关节来完成的，掌心由朝上逐渐转向下方，手指朝前。同时迅速低头，将头夹于两臂之间。动作完成时，两臂伸直并拢充分伸肩，手掌心向下成良好的流线型向前滑行。

4. 蛙泳的完整配合技术

现代多采用一个动作周期呼吸一次的"晚吸气"配合。在抓水过程中，随着头、肩的上升，口露出水面将气吐尽，两腿保持稍紧张的伸直姿势；当划水结束时，头、肩向前上方升至最高位置时快速吸气，同时两膝开始弯曲；当收手并开始前伸臂时迅速低头闭气，迅速收腿；滑行时向水中呼气。整个动作要协调连贯，使游速更加均匀。

现代蛙泳的技术特点是头部起伏大且位置较高，高肘划水，蹬腿技术也随之变窄、变快，划水幅度小而快，整个动作频率快。

（二）蛙泳的练习方法

蛙泳简单易学、省力、耐久，能负重，游动声音小，便于观察和掌握方向。蛙泳通常是划一次臂，蹬一次腿，呼吸一次。腿的动作是基础，可先通过陆上模仿练习体会动作要领，然后在水中反复练习。呼吸是关键，呼吸动作要与划臂动作密切配合。

1. 腿的练习

（1）收腿

边收边分慢收腿。大腿带动小腿屈膝前收。收腿结束时，两膝接近髋下，约与肩同宽。

（2）翻脚

向外翻脚对水。脚跟靠近臀部，脚尖向外，用脚和小腿内侧向后对水。

（3）蹬夹腿

用力向后蹬夹腿。大腿用力向后做弧形蹬夹腿。蹬夹动作不要分开(图19-4)。

（4）仰坐练习

模仿腿的动作，按收腿、翻脚、蹬夹腿的要领练习。练习时上体要保持不动(图19-5)。

图 19-4　蹬夹腿

图 19-5　仰坐练习

（5）水中腿练习

收腿要慢，蹬夹腿要快而有力，两腿并拢后向前滑行（也可扶池壁、游泳板进行练习）（图 19-6）。

图 19-6　水中腿练习

（6）滑行蹬腿

低头伸臂平卧水，细心体会蹬腿要领。

2. 臂和呼吸的练习

（1）划臂练习

两臂伸直，向斜后方边划边屈臂。当臂划至肩的侧下方时，收手夹肘伸向前（图 19-7）。

图 19-7　划臂练习

（2）臂和呼吸配合

①抬头划臂张口吸：先抬头，两臂同时向斜后方划水时吸气。抬头不要太高太猛。

②用力划臂吸足气：提肘屈臂向后加速划水时，迅速吸气。

③收手夹肘闭住气：臂划至肩的侧下方时，收手夹肘，将手收至颌下，面部逐渐浸入水中闭气。

④两臂前伸慢呼气：臂前伸时，两手自然并拢，掌心转向下方，并呼气。

（3）臂腿配合练习

为了掌握臂腿动作要领，可先做闭气划臂蹬腿的配合练习，熟练后逐渐过渡到划臂、蹬腿数次、呼吸一次然后到完整配合。

3. 连贯动作

（1）开始划臂腿不动（准备吸气）

两手分开向斜后方划水，两腿自然伸直，准备收拢，开始抬头。

（2）用力划臂腿前收（吸气）

臂划近肩下时，两腿自然分开，屈膝前收，抬头吸气。

（3）收手夹肘收好腿（闭气）

臂划至肩的侧下方时，收手夹肘将手收至颌下，同时完成收腿动作。头逐渐浸入水中闭气。

（4）伸臂翻脚再蹬腿（呼气）

两臂前伸同时向外翻脚，立即用力向后做弧形夹水。

（5）身体向前滑一会儿（呼气）

蹬腿结束后，臂腿收拢，面部浸入水中，向前滑行，然后重复下一个连贯动作。

三、自由泳

（一）自由泳技术

1. 身体姿势

自由泳又叫爬泳，游自由泳时身体要保持几乎水平的俯卧姿势，躯干肌适当紧张，成较好的流线型，身体纵轴与水平面成 3°～5°。头部应自然地颈后屈，两眼注视前下方，头的 1/3 露出水面，水平面接近发际。为了争取动作效果，允许双腿暂下沉。游进中身体可以围绕身体纵轴有节奏地转动，这种转动一般在 35°～45°。

2. 腿部动作

自由泳打腿主要是起维持身体平衡的作用，使下肢抬高，保持身体成较好的流线形，以及协调配合两臂用力的划水动作，并能提供一定的推动力。

打水动作脚掌伸直并略内转，踝关节自然放松，以髋为支点，动作从髋关节开始，大腿发力稍内旋，带动小腿，力量通过大腿、膝、小腿，最后到足部形成上下鞭打状打水动作，两腿分开的距离为 30～40 厘米，向上打水膝关节弯曲成 140°～160°，向下打水结束时，脚离水面30～35厘米。

3. 臂部动作

臂划水是自由泳推动身体前进的主要动力。臂的一个划水周期可分为入水、抱水、划水、出水、空中移臂五个部分。

4. 两臂配合技术

划水时，依照两臂所处的位置不同，可分为三种交叉形式，即前交叉、中交叉、后交叉。

(1)前交叉配合

当一臂入水时，另一臂处于肩前方，与水平面约成30°。

(2)中交叉配合

当一臂入水时，另一臂处于肩下垂直部位，与水面约成90°。

(3)后交叉配合

当一臂入水后，另一臂划水至腹部下方，与水平面约成150°。初学者应采用第一种交叉形式，它有利于掌握自由泳动作和呼吸动作。

5. 臂、腿与呼吸配合的完整动作

自由泳采用转头吸气的方法。这里以向右吸气为例，右手入水后，嘴与鼻慢慢呼气。右臂划水至肩下时，肩带动头向右侧转，呼气量增大。右臂推水快结束时，用力呼气，直至嘴浮出水面。右臂出水时吸气，移臂至与肩平齐时吸气结束。随着臂继续向前移动，转头还原闭气。自由泳的呼吸与臂、腿的配合是呼吸1次、臂划2次、腿打6次，即1∶2∶6，但也有1∶2∶4或1∶2∶2的配合。

(二) 自由泳的练习方法

1. 腿的练习

(1)扶池槽打水

大腿带动小腿交替向后下方打水，向上提时放松，向下打水要用力。可结合呼吸练习(图19-8)。

图 19-8　扶池槽打水

(2)滑行打水

向上提腿时膝关节稍屈，向下打水时脚面绷直，脚尖稍向内转。打水幅度为30～40厘米(图19-9)。

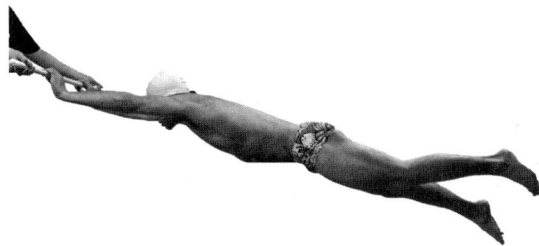

图 19-9　滑行打水

2. 臂和呼吸的配合

（1）划臂呼气

以左臂为例，右臂在肩前插入水后，逐渐屈臂向后划水，同时呼气。划臂不要超过身体中线（图 19-10）。

图 19-10　划臂呼气

（2）推水吸气

左臂向后推水时转头吸气，提肘出水时同时完成吸气动作。抬头不要太高太猛。

（3）移臂闭气

左臂从体侧向前移臂时，头逐渐转入水中闭气。

3. 单臂划水

两腿连续打水，一臂前伸一臂划。两臂交替进行，逐渐过渡到连贯动作（图 19-11）。

图 19-11　单臂划水

第三节　游泳救护

一、水上救护

水上救护是指采取各种有效措施，将溺水者救上岸的过程，可分为间接救护和直接救护。

间接救护是救护者利用救生器材，对较清醒的溺水者施行救护的技术，救生器材包括救生圈、竹竿、木板、轮胎、泡沫块、绳子等。

直接救护是救护者不借助任何救生器材，徒手对溺水者进行施救的方法。施行直接救护时，溺水者应处于昏迷状态，自身没有能力进行自我救护或接受间接救护。当发现溺水者时，救护者要沉着冷静，入水前应观察周围环境，辨别水流方向、水面宽窄，选择入水地点。对熟悉的水域可起跳入水，但对不熟悉的水域应脚先入水，以最快速度接近溺水者。救护者不论采用自由泳还是蛙泳，头必须露出水面，以便观察溺水者的情况。当救护者游到距溺水者2～3米时，要深吸气潜入水中游近溺水者，两手扶住其髋部，将其移至背向自己，然后抬高。

另一种办法是正面接近溺水者后，救护者用左(右)手握住其右(左)手，迅速用力向左(右)边拉，借助惯性使溺水者的身体转至背向自己，然后进行拖运。如溺水者背向自己，可直接游近溺水者，用手拖其腋下，使其口鼻露出水面后再进行拖运。拖运采用侧泳或仰泳进行。

(一)侧泳拖运法

一臂伸直拖住溺水者的后脑，一手在体侧划水，两腿用侧泳蹬剪水进行。

(二)仰泳拖运法

仰泳拖运法是指救护者仰卧水中，一手或两手扶住溺水者，用蛙泳腿的动作使身体前进。

1. 救护者仰卧水面，两臂伸直，两手扶住溺水者的两颊，用反蛙泳腿的动作使身体前进。

2. 救护者仰卧水面，两臂伸直，用两手的四指扶在溺水者的两腋窝下，大拇指放在溺水者的肩胛骨上，用反蛙泳动作使身体前进。

二、抢救

将溺水者救上岸以后，检查溺水者心跳和呼吸是否停止，如心跳停止或极微跳动，首先按压心脏。救护者立或跪在溺水者胸侧，两手重叠，用手掌根部置于溺水者胸前的1/3处(偏下)、心窝的上方，手指放松，手臂伸直，上体前倾，用力下压，使胸前下端下陷 4~5 厘米，两手松压（掌根不离位）使胸前下端恢复原位。下压时要慢，放松时要快，一压一松反复进行，节律为每分钟 60~80 次。呼吸停止或微弱者，胸外心脏按压与口对口的人工呼吸同时进行。

在进行人工呼吸前，先要清除溺水者口鼻中的淤泥、杂草或呕吐物等，使上呼吸道通畅。有活动的假牙应取出，以免坠入气管内。在迅速完成上述处理后，可进行控水。控水的方法是救护者一腿跪着，另一腿屈膝，将溺水者腹部放在屈膝的大腿上，一手扶着溺水者的头，使溺水者嘴向下，另一手压在背上把水排出，然后再进行人工呼吸。

人工呼吸主要采用口对口吹气法。操作方法是使溺水者仰卧救护者在其身旁，一手捏住溺水者的鼻子，另一手托住其下颌，深吸一口气，用嘴对紧溺水者的嘴将气吹入，吹完一口气后，离开溺水者的嘴。松开捏鼻子的手，并用手压一下溺水者的胸部，帮助其呼气。如此有规律地反复进行，3~5 秒一次，开始可稍慢，以后可适当增加次数。施救已经停止呼吸的溺水者时需要较长时间，因而最好由多人轮流进行抢救。

三、自我救护

在游泳时经常发生抽筋的部位是小腿和大腿，但手指、脚趾甚至胃部也可能发生抽筋。其原因是准备活动不充分，身体过于疲劳或突然遇到寒冷的刺激或过分紧张、动作不协调等。发生抽筋时应保持镇静，可呼救也可自救。自救的办法有以下几种。

（一）手指抽筋

将抽筋手握拳，然后用力张开。这样迅速地反复做几次，直到抽筋停止为止。

（二）小腿或脚趾抽筋

先吸一口气仰浮于水上，用抽筋肢体对侧的手握住抽筋肢体的脚趾，并用力向身体方向拉。同时用同侧的手掌压在抽筋肢体的膝盖上，帮助抽筋腿伸直。

（三）大腿抽筋

仰浮于水面，弯曲抽筋的大腿，两手用力抱小腿，贴近大腿，反复振压以解脱抽筋。

四、安全知识

1. 游泳前，首先了解水域的情况，选择水底平坦，无淤泥、碎石、水草、桩柱、急流旋涡、水质污染的水域，并应结伴进行游泳，防止意外事故发生。

2. 空腹或饭后 1 小时不宜游泳，以免对身体健康带来不良影响。

3. 下水前应做好充分的准备活动。

4. 游泳时遇到雷雨，应迅速上岸进入室内，切不可在大树底下躲避或更衣。

5. 出现抽筋现象时，切不可慌张，应设法自救和向他人求救。

﹂本章小结与思考

1. 简述游泳运动的概念与特点。

2. 游泳运动的基本技能有哪些?

3. 游泳时如何进行自我救护?

第二十章 定向运动

第一节 定向运动概述

一、定向运动的起源

定向运动起源于北欧瑞典。第一届正式的定向比赛于 1895 年举行，标志着定向运动作为体育项目的诞生。1932 年举行了第一届世界定向锦标赛。1961 年，国际定向越野联合会在丹麦首都哥本哈根成立。定向运动是国际承认的奥林匹克体育项目。1979 年，定向运动传入中国。1983 年，中国人民解放军体育学院在广州白云山举办了国内第一次定向比赛，标志着中国定向运动的开端。此后，定向运动在中国迅速普及，1995 年，中国定向运动协会成立，2018 年与中国无线电运动协会合并更名为中国无线电和定向运动协会。

二、定向运动的分类与形式

定向运动的表现形式很多，主要有徒步定向、山地车定向、滑雪定向和轮椅定向等。目前，竞赛项目主要有个人赛项目和集体赛项目：个人赛项目有百米定向、积分定向、短距离定向、中距离定向和长距离定向，集体赛项目有接力赛和团体赛。

三、定向运动的特点

定向运动是一项群众基础性、趣味性、知识性、竞技性都很强的体育项目。

（一）参与者具有广泛性

定向运动受年龄的限制小，只要能够参与活动，就可以根据参与者的年龄、性别进行编组分配，制定运动路线和难度等。

（二）具有浓厚的娱乐性与趣味性

参与者在不同的环境中进行地图与实地对照辨别，大脑在积极地思考选择运动路径，积极地寻找点标旗，忙于奔跑等，使参与者顾不得疲劳，并时时有找到点标旗的愉快感。

（三）具有激烈的竞争性

参与者不仅要具备相应的智力和体力，还要具备一定的生活常识，在激烈的智力和体力运动后找到点标，能促使参与者更加不愿落后，提升竞争性。

（四）现代生活、生存的需要

定向运动能培养人们识别地图的能力、独立思考的能力和野外生存的能力，并能增强人们的体质、磨炼心智等。

（五）器械设备较简单

组织者需要电脑控制系统和点标旗系列器材，参与者身着便于运动的服装，只需一张地图和一个指北针。

第二节　定向运动的器材与设备

一、地图

地图是定向运动的重要器材，它包括比例尺（通常为 1∶15000 或 1∶20000）、等高距（通常为 5 米精度，至少要使以正常速度奔跑的运动员没有不准确的感觉）和内容（详细地表示与定向和越野直接相关的地物、地貌）。

二、指北针

一般由组织者提供，若要求自备，则应对其性能和类型等做出原则上的规定。目前指北针的类型有简单式、液池式、透明式、照准式和电子式等。

三、点标旗

运动员根据地图所提供的信息，利用指北针快速定向，在实地中寻找一个橘黄色和白色相间的点标旗，该点标旗的位置准确放置在地图所标示的地点圆圈的中心。

四、打卡器

运动员必须在到达每一个检查点时使用打卡器在卡片上打卡。检查卡面的尺寸，一般为 21 厘米×10 厘米。

五、检查卡片

主要用于判定运动员的成绩，用厚纸片制成，分为主卡和副卡两部分。

六、运动员的服装

服装轻便、舒适、易于活动即可。

七、号码布

尺寸一般不超过 24 厘米×20 厘米，号码数字高不小于 12 厘米。比赛中要求将号码布佩戴于前胸及后背两处。

第三节 定向运动基本技能

一、识图及用图技能

在定向运动中，必须首先标定地图，即保持地图的方位与实际地形的方位一致，这就是给地图定向，它是定向运动中最重要的技能。识别定向地图时应边走边对照，随时确定自己在地图上的位置，做到"人在路上走，心在图中移"。

（一）概略标定地图

在定向运动中，地图的方位：上北，下南，左西，右东。只要将地图的上方与现地的北方同向，地图即被标定。

（二）指北针标定地图

指北针是定向运动中最重要的仪器，是找到正确方向的最有用的工具。它也是定向运动中可使用的唯一合法工具，在定向运动中，指北针的红色指针永远指向北。使用指北针给地图定向的方法如下。

1. 将地图与指北针都水平放置。

2. 佩戴的指北针水平放置不动，转动地图直到地图上的指北线与指北针红色的指针平行，此时地图即被定向。具体方法如下。

（1）把指北针套在左手大拇指并水平放置在地图上，接着将指北针上右侧的蓝色箭头从所在的位置指向要行进的位置。

（2）水平转动指北针和地图，身体也随着转动，直到指北针上红色的指针与地图上表示南北线的北箭头同方向。

（3）此时指北针上蓝色箭头所指的方向就是要行进的正确方向。

（三）利用直长地物标定地图

利用直长地物（如道路、土垣、沟渠和高压线等）标定地图，首先应在图上找到这段直长地物，概略标定地图后，使图上的直长地物符号与现地直长地物方向一致，地图即已被标定。

（四）利用明显地形点标定地图

在明显地形点上使用地图时，首先确定站立点在图上的位置。方法是选择一个地图上与现地都有的"远"方明显地形点作为目标点，并转动地图，使地图上的站立点至目标的连线与现地的站立点至目标的连线相重合，此时地图即已被标定。

（五）确定站立点

标定地图后，就应立即确定站立点在图上的位置，这是在现地使用地图的关键。方法有直接确定法、目估法和交会法等。

1. 直接确定法

当所站的位置在明显地形点上时，只要从地图上找出该地形点，站立点即可确定。现地可称得上明显地形点的地物，包括房屋、塔、桥梁、围栏和输电线等；可称得上明显地形点的地貌，包括山地、谷地、洼地、鞍部、冲沟、陡崖、山脊和陡坡等。

2. 目估法

利用明显地形点，采用大致估计的方法确定站立点在地图上的位置。

3. 交会法

常用的方法有90°法、截线法和后方交会法。

(1)90°法。当待测点位于线状地形（如道路、沟渠、山背线、谷地和陡坡交换线等）上时，如果在与运动方向相垂直的方向上能够找到一个明显地形点，线状地形符号与垂直方向线的交会点即为站立点。

(2)截线法。测点位于线状地形上，但在其与运动方向相垂直的方向上没有明显地形点，可以采用此法。其步骤如下。

在线状地形的侧方，选择一个图上与现地都有的明显地形点；利用指北针的直长边缘切于图上明显地形点的定位点上，然后转动指北针，使其直长边照准该地形点；沿指北针的直长边向后画方向线，该方向线与线状地形符号的交点，就是站立点在图上的位置。

(3)后方交会法。测点上无线状地形可利用，而且地图与现地相应地都有两个以上的明显地形点，可采用此法。通常要求地形较开阔，视野良好。其步骤如下。

在图上找到选定的方位物之后，标定地图；然后按照截线法的步骤分别向各个方位物瞄准并画方向线，图上方向线的交点就是站立点。

二、选择路线的原则

什么是最佳行进路线？简单来说是最安全、省时间、省体力，且便于发挥运动技能及体能优势的路线。路线选择应遵循的原则如下。

1. 有路不越野原则

运动员容易确定站立点，且路面易于奔跑，这些更能增强运动员的信心。

2. 走高不走低原则

从上到下，运动员站得高、看得远，有利于确定站立点和保持行进速度。

3. 提前绕行法原则

在定向比赛中，运动员必须提前读图，提前思考，明确下一个目标点，要通观全局，提前选择好最佳的迂回运动线路。

三、保持正确行进方向的技能

选择最佳路线后，运动员必须采取相应的方法，才能确保正确的行进方向，安全到达目的地。常见的方法有记忆法、拇指压法、"扶手"法和简化法等。

（一）记忆法

采用此法一般是按线路行进的顺序，分段地记住路线的方向、距离、要经过的地形点、周围的参照（辅助）物。运用记忆法时，运动员应做到"人在地上走，心在图中移"，这样可以减少读图时间，提高运动成绩。

（二）拇指压法

在定向运动中运动员常把拿图手的拇指想象为自己（即缩小到地图中的自己），当运动员向前运动时，其拇指也在地图上作相应的移动，这种方法称为拇指压法。拇指压法可以随时帮助运动员确定自己在地图中的位置。

（三）"扶手"法

在定向运动中，"扶手"是指运动员把现地中的线形、地形，如各种道路、溪流、输电线、地类界等地貌，比喻为人们上下楼梯时的安全扶手作为行进的引导。利用这种方法，运动员能较为容易和安全地到达目的地，也能增强比赛的信心。

（四）简化法

运动员在读图时要学会如何概括地形和简化地图。尤其是在一些零碎而杂乱的地域时更要注意概括该地域的地形结构，突出主要的地形特征，从而把复杂的地图在头脑中描绘成一幅新的简化了的地图。

四、正确寻找检查点的技能

运动员到达检查点附近后，如何正确捕捉目标点是十分关键的。掌握以下方法能有助于迅速捕捉目标点。

（一）偏向法

如果运动员要穿越一块没有明显特征的地带，而要寻找一个交叉口、一条路的尽头或面状地物的侧顶点时，不能正对着这一目标点直接去找，而应采用稍微偏离目标点的方向瞄准，然后再顺着找到目标点，如图所示（图20-1）。

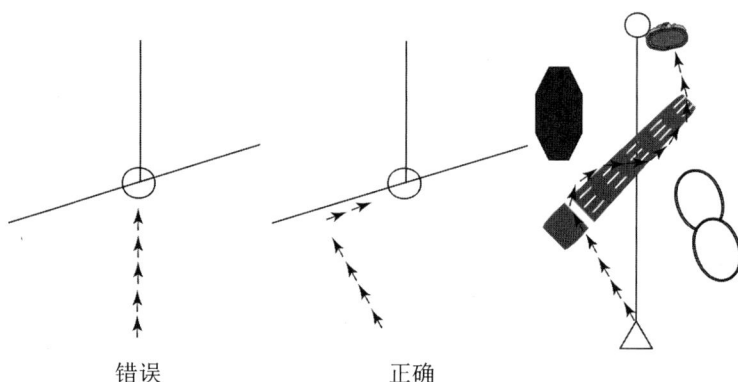

错误　　　　　　正确

图 20-1　偏向法

（二）"放大"法

此方法要求运动员在寻找检查点时尽可能地扩大视野，并从目标点附近大的、明显的地形点找起，然后再找检查点。如果目标点所在地较小，运动员又只看很小的地形点，是很难找到它的（图20-2）。

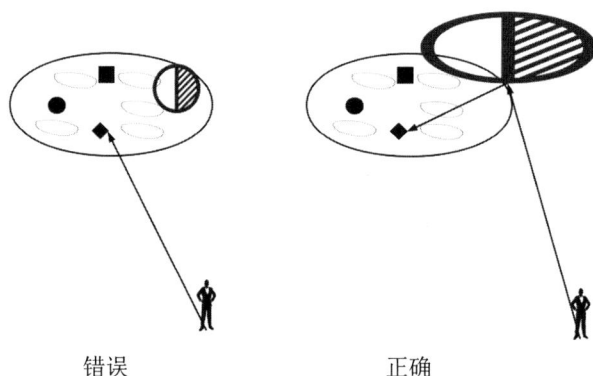

错误　　　　　　正确

图 20-2　"放大"法

（三）借点法

如检查点周围有高大的、明显的地形点或地物时，可采用此方法。运动员在行进之前，必须将地图中的目标点（地形或地物）辨认清楚。在行进中先找到这些目标点，然后再利用它们来判断检查点的具体位置。

本章小结与思考

1. 简述定向运动的概念与特点。

2. 定向运动的器材与设备都有哪些？

3. 定向运动的基本技能有哪些？

时尚体育篇

第二十一章　攀岩运动

第一节　攀岩运动概述

一、攀岩运动的起源

现代攀岩运动是从登山运动中衍生出来的竞技运动项目，是指人类利用原始的、本能性的攀爬技术，借助各种装备作为安全保护，攀登峭壁、裂缝、海蚀岩、大圆石以及人工岩壁等。现代攀岩运动起源于苏联，当时是军队中的一项军事训练项目。1948 年，苏联举办了首届攀岩锦标赛，这也是世界上的第一次攀岩比赛，从那以后攀岩运动开始在欧洲盛行，并举行了多次民间攀岩比赛。当时的攀岩运动一般以自然的岩壁为主，法国人发明人工岩壁后，攀岩运动才经历其从萌芽到发展的过程。到了 20 世纪 80 年代，攀岩运动成为难度攀登的现代竞技比赛，引起了大量的攀岩爱好者的兴趣。1985 年，在意大利举行了第一次难度攀登比赛。1987 年，攀岩运动被引入中国。1992 年，国际登山联合会向国际奥委会申请把攀岩列入奥运会正式比赛项目。

二、攀岩运动的特点

惊险、刺激是攀岩运动的显著特点。攀岩运动能充分满足人们回归自然、挑战自我的欲望，这是它深受人们喜爱的原因。参与这项运动，可使人在与悬崖峭壁的抗衡中学会坚强，在与大山的拥抱中感受宽容，在征服攀登路线后享受成功与胜利的喜悦。攀岩运动员不仅需要具备良好的身体素质、心理素质和娴熟的技巧，更要有良好的应变能力、坚强的毅力和丰富的参赛经验。由于攀岩者在岩壁上稳如壁虎，矫似雄鹰，因此它又是一项极具美感和观赏性的运动，被称为"岩壁上的芭蕾"。

第二节 攀岩运动的分类

一、按地点分类

1. 自然岩壁攀登：在野外攀爬天然生成的岩壁，一般是开发和清理过的抱石路线。

2. 人工岩壁攀登：在人工制造的攀岩墙上攀登，包括室内攀岩馆和室外人工岩壁。

二、按攀登形式分类

1. 自由攀登：不借助保护器械（主绳、快挂、铁锁等），只靠自身力量攀爬。

2. 器械攀登：借助器械的力量攀登。

3. 顶绳攀登：在岩壁上端预先设置好保护点，主绳通过保护点进行保护，攀登者在攀登过程中不需要进行器械操作。

4. 先锋攀登：路线预先打上数个膨胀钉和挂片，攀登过程中将快挂扣进挂片成为保护点并扣入主绳保护自己，攀登者需要边攀登边操作。

三、按比赛形式分类

1. 难度攀岩：以攀岩路线的难度来区分选手成绩优劣的攀岩比赛。难度攀岩的比赛结果是以在规定时间里选手到达的岩壁高度来判定的。在比赛中，队员下方系绳保护，带绳向上攀登并按照比赛规定有次序地挂上中间保护挂索。比赛岩壁高度一般为15米，线路由定线员根据参赛选手水平设定，通常屋檐类型难度较大。

2. 速度攀岩：以速度决定胜负。在最短的时间内完成路线，便得以晋级，直至产生冠军。

3. 抱石比赛：运动员在指定时间内不限次数去尝试完成多条路线，尝试次数最少而又能完成路线者为冠军。判定名次，首先看结束点的多少，如果结束点同样多则看得分点数量，最后看攀爬次数。

4. 此外，国际赛事如奥运会、世锦赛等还设有速度接力赛等衍生项目；不同比赛形式对应不同的技术特点和观赏性，例如难度赛的"红点攀岩"和"完攀"规则，以及速度赛的标准化赛道设计等。

四、按比赛性质分类

1. 完攀：运动员在比赛之前可以收集路线的有关资料和观察路线，在攀登过程中一旦脱落或犯规即判其失败。

2. 看攀：运动员在比赛前对路线的信息一无所知，边观察边进行攀登，在攀登过程中一旦脱落或犯规即判其失败。

3. 红点攀登：运动员可以对路线进行反复观察和试攀，只要最终达到终点即可。

4. 速度攀岩：上方系绳保护，运动员按指定路线进行速度攀登的比赛。运动员按完成比赛路线所用的时间来决定每轮比赛的名次。

5. 大圆石攀岩：岩石高度不得超过 4 米，每条路线不超过 12 个支点。攀登时，运动员不系保护绳，每次比赛需要选择 10 条路线攀登。

第三节　攀岩运动的装备与动作要领

一、攀岩运动的基本装备

装备器材是运动的一部分，是攀岩者的安全保证。攀岩装备分为个人装备和攀登装备。个人装备指的是安全带、下降器、安全铁锁、绳套、安全头盔、攀岩鞋、镁粉和粉袋等；攀登装备指的是绳子、铁锁、绳套、岩石锥、岩石楔，有时还包括悬挂式帐篷。

二、攀岩运动的基本动作要领

攀岩的基本方法是三点固定法，对身体各部位的姿势和动作均有一定要求。攀岩时，身体要自然放松，以双手双脚中的三个支点稳定身体重心，重心要随着攀登动作的转换而移动，这是攀岩时身体稳定、平衡、省力的关键。

攀登自然岩壁时，手臂的动作变化比较大，要视支点情况不同而采用如抓、攀、抠、拉张、推、跨、蹬、挂、踏等各种用力方法。在攀登过程中，脚的动作要领是：两脚微屈、外旋，大脚趾内侧紧贴岩壁面，以脚踩支点来维持身体重心，在自然岩壁支点大小和方向不同的情况下要灵活运用。

在攀登的过程中膝部不要接触岩面，在用脚踩支点时，要掌握用力的方向，切忌用力过猛。在攀登过程中还要注意手脚配合。在学习攀岩的过程中，首先要练好上肢力量，上肢又以手指和手腕、手臂力量为主，再配合以脚腕、脚趾以及腿部的力量，使身体重心随着用力方向的不同而协调地向前移动。

三、攀岩运动的基本要求

1. 尽量节省手的力量：攀岩是用手和脚，通过寻找岩面上一切可利用的支点，克服攀爬者自身的体重及所携带的重量向上进行攀登。所有攀登者应该有一定的手臂、手指及腰腹力量，由于手臂力量相对很有限，在攀登的过程中，应尽量用腿部力量，而节省上肢力量。

2. 控制好重心：控制重心平衡是攀岩过程中最关键的问题，重心控制得好就省力；反之，就会消耗许多不必要的力量，同时也就影响了整个攀登过程。

3. 有效地休息：在一条攀登路线中，肯定是有些地方简单，有些地方难，要想一口气爬完全程比较困难，所以，想爬得高一些，应学会有效地进行休息，一般是到达一个比较容易的位置，以最省力的姿势，边休息边观察下一段要攀爬的线路。这一点在比赛过程中尤为重要，因为在正式的比赛中，攀登的路线是完全陌生的，而且只有一次机会攀爬。

4. 主动调节呼吸：初学者往往忽略这一点。攀爬一条线路是一个连续的过程、从一开始就应该主动去调节呼吸，而不应等快坚持不住了再去调整。

另外要强调一点，攀岩是一项有危险性的运动，若装备质量合格、保护技术过硬、保护人员操作规范、认真，就不会有危险；反之，若装备质量有问题、保护人员操作不规范、不认真，就容易出危险。因此，攀岩运动中的保护是每个参与者都应时刻注意的问题。

第四节　攀登运动的保护方法

攀登者需在保护者通过登山绳给予的保护下进行攀登。登山绳的一端通过铁锁或者直接与攀登者腰间的安全带连接，另一端穿过保护者与其腰间安全带相连的铁锁和下降器，中间穿过一个或多个固定的安全支点上的铁销。

保护者在攀登者上升过程中不断给绳或收绳，在攀登者失手时，握紧绳索制止其坠落。攀登者在突然发生坠落时冲击力是很大的，直接手握绳索很难将其拉住。冲击力主要是通过强索与铁锁及下降器之间的摩擦力而抵消的。因为保护支点上有很大的摩擦力，所以体重较轻的人也可以保护较重的人。保护的形式按保护支点的相对位置一般分为上方保护和下方保护两种。

一、上方保护

这是保护支点在攀登者上方的一种保护形式。在攀登者上升的过程中，保护人不断收绳使攀登者胸前不留余绳，但也不要拉得过紧，以免影响攀登者行动。上方保护对攀登者没有什么特殊要求，发生坠落时冲击力也较小，较为安全。用于上方保护的器材一般有安全带、铁锁和下降器。保护人收绳时要注意随时用一只手握住下降器后面的绳索，或把下降器两头的绳索紧紧抓在一起。因为在发生事故时，只抓住下降器前面的绳子是很难制止坠落的。

二、下方保护

这是保护支点位于攀登者下方的一种保护方式。该保护方式没有上方预设的保护点，只是在攀登者上升的过程中，不断把保护绳挂入途中安全支点上的铁锁中。这是国际比赛中规定的保护方法，实用性较大。但这种保护方式要求攀登者自己挂保护装置，发生坠落时由于坠落距离大且冲击力强，适合技术熟练者使用。

▸▸ 本章小结与思考

1. 简述攀岩运动的概念与特点。
2. 攀岩运动的装备及动作要领是什么？
3. 攀登运动的保护方法有哪些？

第二十二章 体育舞蹈

第一节 体育舞蹈概述

一、体育舞蹈项目介绍

体育舞蹈是众多舞蹈项目中十分特殊的一种，兼有文化娱乐的内涵和体育竞赛的特征，在西方被认为是永恒的艺术。它是一种由男女双人配合，在界定的音乐和节奏范围内，正确展示和运用身体技术与技巧，包括身体姿势的控制能力、动作力量的表现能力、地板空间的应用能力等，能凸显舞蹈质感的动作，并结合艺术表现力来完成的具有规范性和程序性的运动项目。体育舞蹈的范畴不只局限于竞技舞蹈，还包含着那些竞技性不强、群众普及率高的社交性舞蹈。

要想了解体育舞蹈，首先要知道体育舞蹈的来源。体育舞蹈的前身就近来说是舞厅舞，有关舞厅舞最早的权威记载是1588年出版的图瓦诺·阿尔博《舞蹈术》一书。书中记载，最早的舞厅舞源于意大利的一种由五步组成的小步舞，这种舞蹈于1650年被引进法国巴黎并快速流行，舞蹈内容也愈加丰富，因其独有社交属性，后被称为交谊舞。18世纪末期，1768年巴黎开办了第一家交谊舞舞厅，从此此类舞蹈开始流行于欧美各国，成为一种普遍的社交方式。

19世纪初期，交谊舞得到进一步发展。1924年，英国皇家舞蹈教师协会将当时的交谊舞进行整理，对华尔兹、探戈、维也纳华尔兹、狐步舞、快步舞等进行规范，总称为国际标准舞。之后，该协会又将伦巴、恰恰、桑巴、斗牛、牛仔等拉丁舞归纳整理入国际标准舞范畴。

国际标准舞的诞生，改变了交谊舞的自娱性质，它的典雅风格和优美舞姿征服了世界舞坛。1964年，国际标准舞又增加了新的表演和比赛项目团体舞，后被总称为体育舞蹈。

20 世纪 70 年代，体育舞蹈跟随时代浪潮，不仅成为人们建立友谊、陶冶情操、锻炼身体的极佳选择，同时，其娱乐性和竞技性，使得许多国家从奥运战略角度出发，将竞技性体育舞蹈纳入竞技范畴，并成立相应的竞技性舞蹈组织。1997 年，带有竞技性特征的体育舞蹈进入了奥运大家庭。体育舞蹈一直保持观赏性、娱乐性和竞技性共同发展，才得以使体育舞蹈像常青树一样保持活力。

二、体育舞蹈项目分类与特征

第一，体育舞蹈分类要看动作练习的难度大小和身体练习效果的适应性与合理性，以此观察各种身体练习的目的、特点、作用及其规律；第二，体育舞蹈分类还要看其竞赛特征的强弱。因此，根据以上两类标准可以将体育舞蹈分为两大类：交谊舞（健身、娱乐体育舞蹈）和竞技性体育舞蹈（国际标准交谊舞）。

（一）交谊舞（健身、娱乐体育舞蹈）

交谊舞的种类分为三步舞、四步舞和其他类型舞蹈，其中三步舞分为慢三、中三和快三，四步舞分为慢四、中四、快步舞、伦巴和吉特巴，其他类型舞蹈有地方性体育舞蹈、街舞和迪斯科。交谊舞的舞姿庄重典雅，舞步严谨规范，颇具绅士风度，因而被称为欧洲学派的社交舞。在交谊舞中，慢三的舞步飘逸潇洒，委婉优雅，流畅回旋；快三的舞步动作圆滑流畅，活泼轻松，旋转激情；慢四的舞步动作舒缓，平稳庄重，优雅大方；伦巴的舞步缠绵妩媚，含蓄柔情，婀娜多姿；吉特巴的动作摇曳，敏捷有力，热情奔放。

（二）竞技性体育舞蹈（国际标准交谊舞）

竞技性体育舞蹈分为标准舞和拉丁舞两大类。从其英文命名"Standard Ballroom Dance"来看，标准舞是指用一定标准来规范的舞厅舞。从 20 世纪 20 年代以来，被逐渐纳入标准舞这个系列的舞蹈一共有 5 种：华尔兹、探戈舞、快步舞、狐步舞、维也纳华尔兹。标准舞具有端庄、典雅、含蓄的风格特征，其中华尔兹是标准舞中最具生命力的舞蹈，因其富有浪漫情调，被称为"舞中之后"；探戈则潇洒奔放，更富阳刚之美，被称为"舞中之王"；狐步舞除了典雅大方的特点外，更加轻盈飘逸，给人一种流动感。

拉丁舞有 5 个舞种，风格迥异：桑巴舞、恰恰舞、伦巴舞、牛仔舞、斗牛舞。拉丁舞具有热情、浪漫、奔放的风格特点，其中桑巴舞以强烈的情感宣泄著称，舞姿活泼动人，动作粗犷豪放；恰恰舞则因为名称动听，节奏欢快，舞蹈花哨诙谐，是拉丁舞中最流行的舞蹈；斗牛舞源起于模仿斗牛士的一种舞蹈动作，舞蹈特点刚劲有力、威武亢奋，表现出斗牛士的勇敢。

三、体育舞蹈项目的作用

体育舞蹈作为具有美学特征的运动项目，对参与者和观众都有着积极正向的作用，主要有以下三点。

（一）可以强身健体

体育舞蹈对于强身健体的作用主要体现在以下方面。首先，体育舞蹈是一种肢体语言，经常练习会使包括骨骼、关节和肌肉在内的运动系统得到锻炼，使肌肉更发达，韧带组织更加灵活。一些涉及手臂以及肩关节的伸展类动作，则会使上肢力量得到加强。其次，舞蹈是通过力量来完成各种动作的，在体育舞蹈中广泛运用到推力、拖力、平衡力以及控制力等，这些力量均源自人体的肌肉力量。人体在舞动过程中，几乎所有的肌肉组织都参与进来，这对于发展人体肌肉力量有着重要的意义。最后，体育舞蹈对于身体的心血管系统、呼吸系统、神经系统都有着良好的调节作用，从而全面改善人体的循环系统以及呼吸系统，长期坚持，能够使练习者受益无穷。

（二）有益心理健康

体育舞蹈对于人们的心理健康有着十分积极意义，不同年龄、不同职业的人都可以从体育舞蹈中体会到乐趣，从而使身心得到满足。

体育舞蹈是一种展现美的艺术形式，能够使人的心灵得到熏陶和净化，也能够让人从中深刻领悟美的真谛。体育舞蹈还能够全面激发人们追求、探索和创造美的热情，提高个人审美能力，培养人们朝气蓬勃、乐观向上、积极进取的品质，唤起人们对生活的热爱。体育舞蹈中所营造出的优雅氛围，能够使人忘掉生活中的烦恼，摆脱负面的压力，从不良情绪中解脱。

此外，体育舞蹈可以使人们的业余生活变得更加丰富多彩，是人们度过余暇时间、培养高尚的生活情趣、完善人格的良好手段。与同伴默契配合，能使人产生交往、合作的满足感，从而获得不同程度的娱乐享受，使人们的精神世界变得更加鲜活多姿。

（三）促进人际交往

体育舞蹈对人与人之间的交往、扩大社交范围、增进友谊等有着很重要的作用，是人们联络感情、结交朋友的途径。在学习、练习体育舞蹈的过程中，常常产生良好的氛围，便于练习者进行情感沟通，从而以体育舞蹈为媒介，加深交流，增进友谊。

第二节　体育舞蹈基本技术

一、基本姿势

（一）基本站姿

两脚平行站立于地面上（两脚并拢，脚尖正对前方），两腿伸直，膝关节自然放松，抬头挺胸，两肩自然下沉（图 22-1）。

图 22-1　基本站姿

（二）握抱的预备姿势

握抱的预备姿势指男女舞伴手与臂的搭抱、身体的位置感、线条感及空间感所形成的优美舞姿构架（图 22-2）。这种姿势通常也称为"闭式舞姿"，它对于跳好交谊舞十分重要，只有具备良好的握抱预备姿势才能开始舞步的学习。

图 22-2　握抱的预备姿势

二、基本位置

闭式舞姿：这是交谊舞中最主要的舞姿，许多优美的步法都是从该舞姿发展形成的。要求男女舞伴相对站立，二者正面身体构成封闭状态。女伴身体向男伴右侧约偏1/3，男女腰部右侧轻贴，上身均向后倾。男伴左臂向左侧屈肘举起，高度稍超肩部，轻握女伴右手的拇指与其余四指之间，右手环抱在女伴左肩胛骨下方，五指并拢，手掌成空心，轻轻平贴在女伴左背上。女伴左手五指并拢，轻放在男伴右肩上（图 22-3）。

半开式舞姿：在闭式舞姿的基础上，男女舞伴上身均向外闪开大半部分，面向前方，目光通过相握的手向同一方向远视，但男右腰部、女左腰部与闭式舞姿一样，仍然轻贴，距离不宜过大（图 22-4）。

开式舞姿：男女舞伴同向，身体几乎成一平面，男伴右肩与女伴左肩相靠，男女舞伴目光通过相握之手的上方远看（图 22-5）。

图 22-3　闭式舞姿

图 22-4　半开式舞姿

图 22-5　开式舞姿

行步舞姿：男伴向左斜 $45°$，女伴向右斜 $45°$。第一步，男伴先出左脚，女伴出右脚；第二步，男伴出右脚，女伴出左脚（图 22-6）。

图 22-6　行步舞姿

三、基本步法组合举例

（一）前进步

准备舞姿：正步，闭式舞姿，面对舞程线。图22-7所示步法说明如下。

男步：

第1步(慢)左脚向前进一步，重心移到左脚。

第2步(慢)右脚向前进一步，重心移到右脚。

第3步(快)左脚向前进一步，重心移到左脚。

第4步(快)右脚向前进一步，向左脚靠拢并步，重心移到右脚。

女步：

第1步(慢)右脚向后退一步，重心移到右脚。

第2步(慢)左脚向后退一步，重心移到左脚。

第3步(快)右脚向后退一步，重心移到右脚。

第4步(快)左脚向后退一步，向右脚靠拢并步，重心移到左脚。

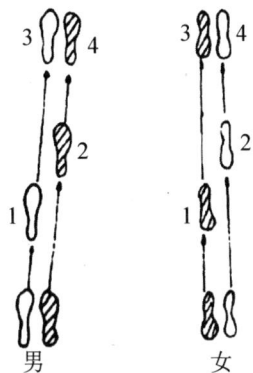

图 22-7　前进步

（二）后退步

准备舞姿：正步，闭式舞姿，面对舞程线。图22-8所示步法说明如下。

男步：

第1步(慢)左脚向后退一步，重心移到左脚。

第2步(慢)右脚向后退一步，重心移到右脚。

第3步(快)左脚向后退一步，重心移到左脚。

第4步(快)右脚向后退一步，向左脚靠拢并步，重心移到右脚。

女步：

第1步(慢)右脚向前进一步，重心移到右脚。

第2步(慢)左脚向前进一步，重心移到左脚。

第 3 步(快)右脚向前进一步，重心移到右脚。

第 4 步(快)左脚向前进一步，向右脚靠拢并步，重心移到左脚。

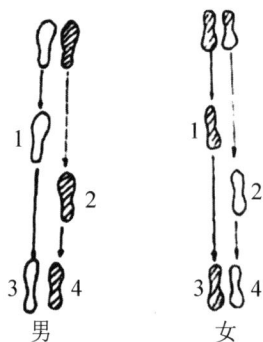

图 22-8 后退步

（三）横并步

准备舞姿：正步，闭式舞姿，面对舞程线。图 22-9 所示步法说明如下。

男步：

第 1 步(慢)左脚向前进一步，重心移到左脚。

第 2 步(慢)右脚向前进一步，重心移到右脚。

第 3 步(快)左脚向左横一步，重心移到左脚。

第 4 步(快)右脚横并步，并至左脚，重心移到右脚。

女步：

第 1 步(慢)右脚向后退一步，重心移到右脚。

第 2 步(慢)左脚向后退一步，重心移到左脚。

第 3 步(快)右脚向右横一步，重心移到右脚。

第 4 步(快)左脚横并至右脚，重心移到左脚。

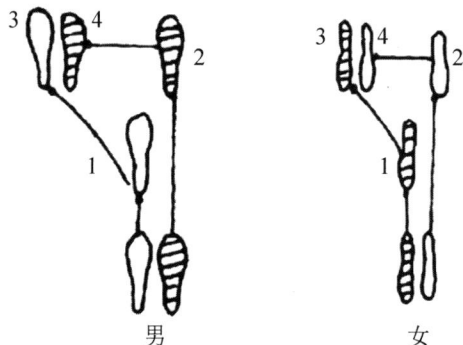

图 22-9 横并步

（四）弧形左转体 90°

准备舞姿：正步，闭式舞姿，面对舞程线。图 22-10 所示步法说明如下。

男步：

第 1 步(慢)左脚向左前方 45°进一步，重心移到左脚。

第 2 步(慢)右脚向前方进一步，重心移到右脚。

第 3 步(快)左脚向左前方 45°进一步，重心移到左脚。

第 4 步(快)右脚向左脚并步成正步，重心移到右脚。

女步：

第 1 步(慢)右脚向右后方 45°退一步，重心移到右脚。

第 2 步(慢)左脚向后方退一步，重心移到左脚。

第 3 步(快)右脚向右后方 45°退一步，重心移到右脚。

第 4 步(快)左脚向右脚并步成正步，重心移到左脚。

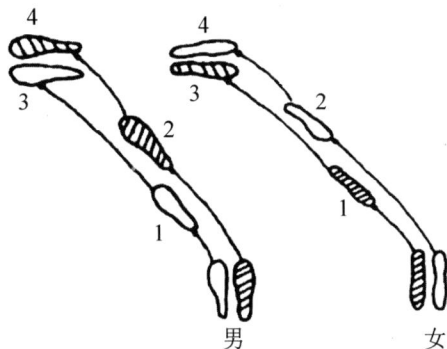

图 22-10　弧形左转体 90°

（五）弧形右转体 90°

准备舞姿：正步，闭式舞姿，面对舞程线。图 22-11 所示步法说明如下。

男步：

第 1 步(慢)左脚向右前方 45°进一步，重心移到左脚。

第 2 步(慢)右脚向前方进一步，重心移到右脚。

第 3 步(快)左脚向右前方 45°进一步，重心移到左脚。

第 4 步(快)右脚向左脚并步成正步，重心移到右脚。

女步：

第 1 步(慢)右脚向左后方 45°退一步，重心移到右脚。

第 2 步(慢)左脚向后方退一步，重心移到左脚。

第 3 步(快)右脚向左后方 45°退一步，重心移到右脚。

第 4 步(快)左脚向右脚并步成正步，重心移到左脚。

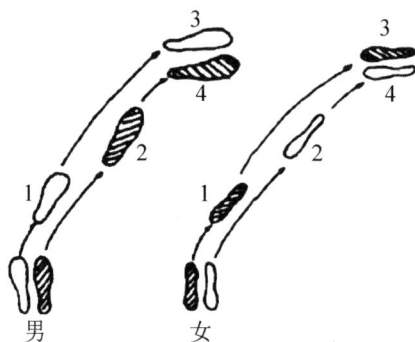

图 22-11　弧形右转体 90°

（六）**进退左转体** 90°

准备舞姿：正步，闭式舞姿，面对舞程线。图 22-12 所示步法说明如下。

男步：

第 1 步（慢）左脚弧线向左前方 45°进一步，重心移到左脚。

第 2 步（慢）右脚弧线向左前方 45°进一步，重心移到右脚。

第 3 步（快）左脚弧线向左后方退一步，重心移到左脚。

第 4 步（快）右脚向后并步成正步，重心移到右脚。

女步：

第 1 步（慢）右脚弧线向右后方 45°退一步，重心移到右脚。

第 2 步（慢）左脚弧线向右后方 45°退一步，重心移到左脚。

第 3 步（快）右脚弧线向右前方进一步，重心移到右脚。

第 4 步（快）左脚向前并步成正步，重心移到左脚。

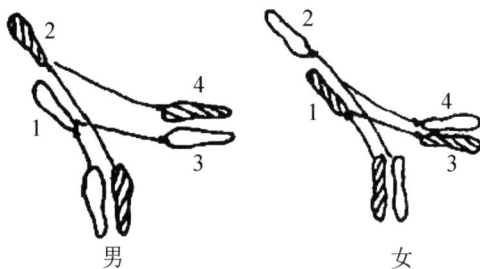

图 22-12　进退左转体 90°

（七）**进退右转体** 90°

准备舞姿：正步，闭式舞姿，面对舞程线。图 22-13 所示步法说明如下。

男步：

第 1 步（慢）左脚弧线向右前方 45°进一步，重心移到左脚。

第 2 步（慢）右脚弧线向右斜前方 45°进一步，重心移到右脚。

第 3 步（快）左脚弧线向右后方退一步，重心移到左脚。

第 4 步(快)右脚向后并步成正步，重心移到右脚。

女步：

第 1 步(慢)右脚弧线向左后方 45°退一步，重心移到右脚上。

第 2 步(慢)左脚弧线向左后方 45°退一步，重心移到左脚上。

第 3 步(快)右脚弧线向左前方进一步，重心移到右脚上。

第 4 步(快)左脚向前并步成正步，重心移到左脚上。

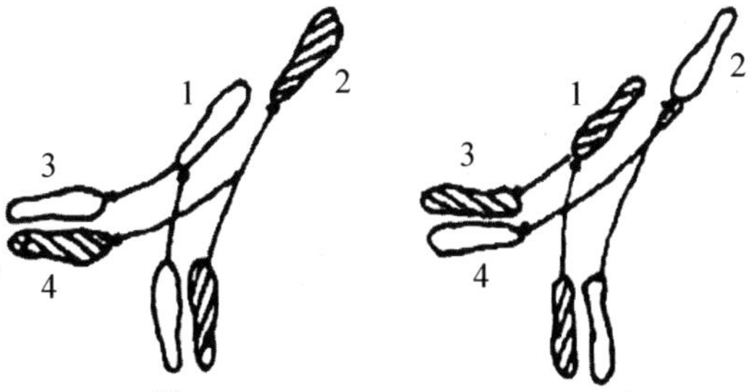

图 22-13　进退右转体 90°

（八）踌躇步

准备舞姿：正步，闭式舞姿，面对舞程线。图 22-14 所示步法说明如下。

男步：

第 1 步(慢)左脚向前进一步，重心移到左脚。

第 2 步(慢)右脚原地不动，重心移回右脚。

第 3 步(快)左脚向前进一步，重心移到左脚。

第 4 步(快)右脚向前并至左脚，重心移到右脚。

女步：

第 1 步(慢)右脚向后退一步，重心移到右脚。

第 2 步(慢)左脚原地不动，重心移回到左脚。

第 3 步(快)右脚向后退一步，重心移到右脚。

第 4 步(快)左脚向后并至右脚，重心移到左脚。

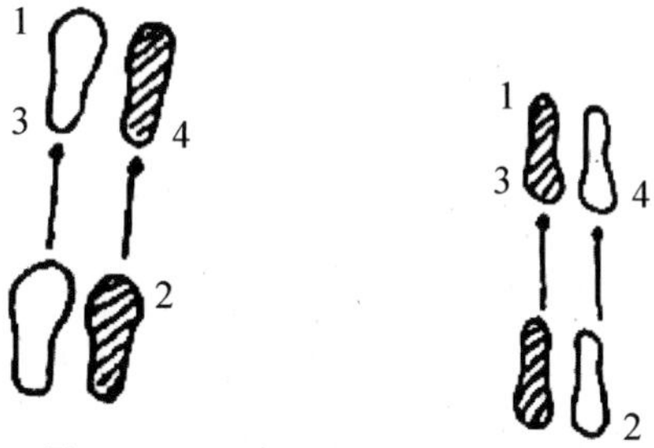

图 22-14　踌躇步

（九）左转体 180°

准备舞姿：正步，闭式舞姿，面对舞程线。图 22-15 所示步法说明如下。

男步：

第 1 步（慢）左脚向左前方 45°进一步，重心移到左脚。

第 2 步（慢）右脚向左前方 45°进一步，重心移到右脚。

第 3 步（快）左脚向后退一步，重心移到左脚，同时向左转体 90°。

第 4 步（快）右脚向左脚并步成正步，重心移到右脚。

女步：

第 1 步（慢）右脚向右后方 45°退一步，重心移到右脚。

第 2 步（慢）左脚向右后方 45°退一步，重心移到左脚。

第 3 步（快）右脚向前进一步，重心移到右脚，同时向左转体 90°。

第 4 步（快）左脚向右脚并步成正步，重心移到左脚。

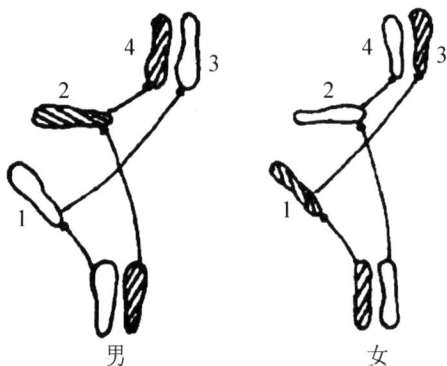

图 22-15　左转体 180°

（十）右转体 180°

准备舞姿：正步，闭式舞姿，面对舞程线。图 22-16 所示步法说明如下。

男步：

第 1 步（慢）左脚向前进一步，重心移到左脚。

第 2 步（慢）右脚向前进一步，同时向右转体 90°，重心移到右脚。

第 3 步（快）左脚向后退一步，重心移到左脚，同时向右转体 90°。

第 4 步（快）右脚向左脚并步成正步，重心移到右脚。

女步：

第 1 步（慢）右脚向后退一步，重心移到右脚。

第 2 步（慢）左脚向后退一步，同时向右转体 90°，重心移到左脚。

第 3 步（快）右脚向前进一步，重心移到右脚，同时向右转体 90°。

第 4 步（快）左脚向右脚并步成正步，重心移到左脚。

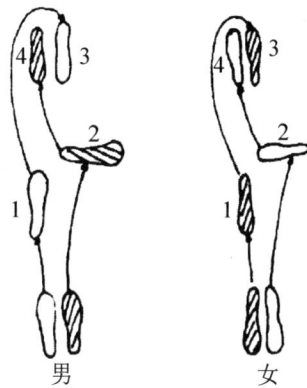

图 22-16　右转体 180°

（十一）原地右转体 180°

准备舞姿：正步，闭式舞姿，面对舞程线。图 22-17 所示步法说明如下。

男步：

第 1 步（慢）左脚向左后方退一步，同时右脚并至左脚，重心移到左脚。

第 2 步（慢）右脚横一小步开始右转，重心移到右脚。

第 3 步（快）左脚横拉一步，重心移到左脚，同时向右转体 180°。

第 4 步（快）右脚向左脚并步成正步，重心移到右脚。

女步：

第 1 步（慢）右脚向右前方进一步，同时左脚并至右脚，重心移到右脚。

第 2 步（慢）左脚横一大步开始右转，重心移到左脚。

第 3 步（快）右脚横拉一步，重心移到右脚，同时向右转体 180°。

第 4 步（快）左脚向右脚并步成正步，重心移到左脚。

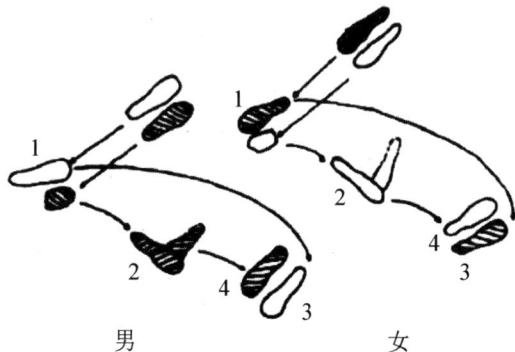

图 22-17　原地右转体 180°

（十二）左右外侧曲线步

准备舞姿：正步，左外侧舞姿，面对舞程线。图 22-18 所示步法说明如下。

男步：

第 1 步（慢）左脚向前进一步，重心移到左脚。

第 2 步（慢）右脚向前进一步，重心移到右脚。

第 3 步（快）左脚向前进一步，重心移到左脚，并以左脚半脚掌为轴向左转体 90°，同时带女伴向左转体 90°，与女伴形成右外侧舞姿。

第 4 步（快）右脚从左脚跟后边绕过来，向左脚并步成正步，重心移到右脚。

第 5 步（慢）左脚向前进一步，重心移到左脚。

第 6 步（慢）右脚向前进一步，重心移到右脚。

第 7 步（快）左脚从右脚跟后边绕过来向旁边横一步，重心移到左脚，同时带女伴向右转体 90°，与女伴形成左外侧舞姿。

第 8 步（快）右脚向左脚并成正步，重心移到右脚。

女步：

第 1 步（慢）右脚向后退一步，重心移到右脚。

第 2 步（慢）左脚向后退一步，重心移到左脚。

第 3 步（快）右脚向后退一步，重心移到右脚，并以右脚半脚掌为轴向左转体 90°，与男伴形成右外侧舞姿。

第 4 步（快）左脚从右脚尖前边绕过来，向右脚并步成正步，重心移到左脚。

第 5 步（慢）右脚向后退一步，重心移到右脚。

第 6 步（慢）左脚向后退一步，重心移到左脚，并以左脚半脚掌为轴向右转体 90°。

第 7 步（快）右脚从左脚尖前边绕过来，向旁边横一步，重心移到右脚，同时与男伴形成左外侧舞姿。

第 8 步（快）左脚向右脚并成正步，重心移到左脚。

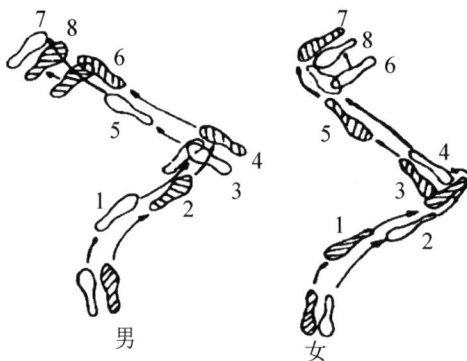

图 22-18　左右外侧曲线步

（十三）直进右转体 180° 直退步

准备舞姿：正步，闭式舞姿，面对舞程线。图 22-19 所示步法说明如下。

男步：

第 1 步（慢）左脚向前进一步，重心移到左脚。

第 2 步（慢）右脚向前进一步，同时向右转体 90°，重心移到右脚。

第 3 步（快）左脚向后退一步，重心移到左脚，同时向左转体 90°。

第 4 步（快）右脚向左脚做一个并步成正步，重心移到右脚。

女步：

第 1 步（慢）右脚向后退一步，重心移到右脚。

第 2 步（慢）左脚向后退一步，同时向右转体 90°，重心移到左脚。

第 3 步（快）右脚向前进一步，重心移到右脚，同时向左转体 90°。

第 4 步（快）左脚向右脚做一个并步成正步，重心移到左脚。

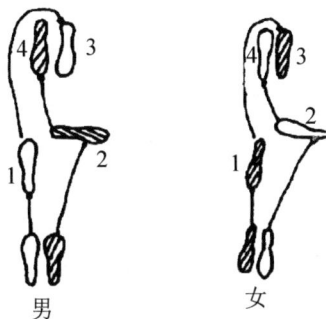

图 22-19　直进右转体 180°直退步

本章小结与思考

1. 简述体育舞蹈的概念和特点。

2. 体育舞蹈是如何分类的？

3. 体育舞蹈的基本位置有哪些？

第二十三章　跳绳运动

第一节　跳绳运动概述

　　跳绳运动是我国优秀的民间传统体育项目，历史悠久。单人跳绳早在我国南北朝时期即已出现，所谓"两手持绳，拂地而欲止"，即今日的单人跳绳。多人跳绳至明代始见记录。唐代称跳绳为"透索"，明清时期，称跳绳为"跳百索"。发展到现代，跳绳成为一种简单又高效的有氧运动，它可以让人同时锻炼骨骼和肌肉，增强耐力；提高身体的灵活性与四肢的协调性；可以改善身体的平衡能力，让身姿更加挺拔。与跑步相比，相同的时间内，跳绳可以消耗更多的热量。许多国家都把跳绳列为体育课的内容，我国把它列为《国家学生体质健康标准》测试项目之一。

一、跳绳运动的功效

（一）全面改善身体素质

　　跳绳是一项全身性运动，不但会用到上肢力量，腰、腿、腹等核心力量组织也都能得到充分锻炼。提升跳绳速度不仅需要依靠手腕的力量，同时还需要手脚的协调配合。练习花式跳绳，除了对跳绳的持续性有一定的要求外，更需要优秀的身体协调能力。此外，无论是速度跳绳还是花式跳绳，为了保持跳绳时的稳定，优秀的核心力量都是不可或缺的。合理有效地进行锻炼，对人的力量、耐力，以及身体的协调与灵活性大有裨益，同时可培养准确性、灵活性、协调性，以及顽强的意志和奋发向上的精神。跳绳不单单是独立的项目，往往还作为其他运动的辅助训练手段。跳绳运动对于人体各个器官和肌肉以及神经系统也有诸多益处，如促进胃肠蠕动以及关节灵活等。

（二）提高心肺功能

　　作为一项中高强度的运动，经过医学和运动生理学验证，长期坚持跳绳运动能够增强心脏收缩能力，改善血液循环，提高心肺供氧能力，使心血管系统得到有效锻炼。

（三）增强神经系统功能

跳绳时需要人的手脚高度协调，尤其是需要提升跳绳速度以及练习花式跳绳的复杂动作时，人的大脑对手脚的精确调控至关重要。跳绳时的自跳自数，可促进大脑思维加快，使判断更准确，从而达到智力、体力、应变能力的协调发展。另外，手握绳柄对拇指穴位产生的刺激也在一定程度上增强脑细胞的活力，强化思维和想象力，因此，跳绳是不错的健脑运动。

（四）塑造形体

从运动量来说，持续跳绳 10 分钟，与慢跑 30 分钟或跳健身舞 20 分钟相差无几，所以，跳绳可谓耗时少、耗能大的有氧运动，它能使人的身体迅速进入消耗脂肪的阶段。跳绳能够有效调动人体全身肌肉，尤其是消除臀部和大腿上的多余脂肪，增强力量，健美形体，并能使人的动作敏捷，使身体的重心更为稳定。

（五）有益于身心健康

跳绳可以预防多种疾病，如糖尿病、肥胖症、骨质疏松、高血压、肌肉萎缩、高血脂等多种病症。跳绳还兼具放松情绪的积极作用，因而也有利于人的心理健康。

二、跳绳运动的注意事项

（一）服装的选择

跳绳时应选择合体舒适的运动服，以轻便、吸汗的运动衫为主，不建议穿过于宽大、笨重的服装；鞋子的选择以质地软、重量轻、减震力强的运动鞋为最佳。

（二）场地的选择

跳绳不受场地大小的限制，但应避免灰尘多或者有沙眼的场地及凹凸不平的水泥场地，最好选择木质地板或具有弹性的塑胶场地，避免受伤。

（三）时间的选择

一般不受任何限制，只要有空闲就可以进行练习，但饭前和饭后半小时内不要跳绳，且跳绳前不可大量饮水，避免引起身体不适。

（四）运动前热身

跳绳属于中高强度的运动，运动前应提前热身，让腕部、足腿部、脚踝处得到充分的活动，热身完毕再进入正式的跳绳练习，则效果更佳。

（五）控制运动强度

初学者在刚开始练习跳绳时，时间不宜过长，应循序渐进由易到难，先从基础的单人跳开始练习，熟练掌握后再进行难度较高的花样跳及多人跳练习。

第二节 跳绳运动的基本技术与组合

一、跳绳运动的基本技术

(一) 握绳

大拇指与食指捏住绳柄后端,其余三指并拢后贴住绳柄,有正握(图 23-1)和反握(图 23-2)两种握法,正握是比较常用,反握一般不常用,在交互绳速度跳中可以使用反握。还有无绳柄的绕手握法,将绳的两端分别绕在手上,用大拇指和食指捏住绳子(图 23-3)。这种握绳方法便于调整绳子的长度,但长时间练习,容易磨伤手指。

图 23-1　正握　　　　　　图 23-2　反握　　　　　　图 23-3　绕手握法

(二) 摇绳

两手握绳,两臂自然屈肘,以肘关节为轴,用两前臂和手腕协调用力,由后向前摇动绳子,熟练后可仅用手腕用力(图 23-4)。

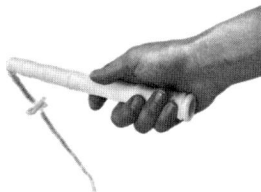

图 23-4　摇绳握法

(三) 单摇跳

摇绳一回环、跳跃一次叫单摇跳。它分前单摇跳与后单摇跳,是最基本、最简单的跳绳技术。

1.单摇双脚跳

(1)前单摇双脚跳

两手握住绳子绳柄,将绳放在体后,向上、向前摇绳,摇绳时应以肘关节为轴,用前臂与腕部力量进行,并与双脚跳跃动作协调配合,在绳将到脚下时,双脚跳跃过绳子,前脚掌着地,同上动作连续跳跃(图 23-5)。

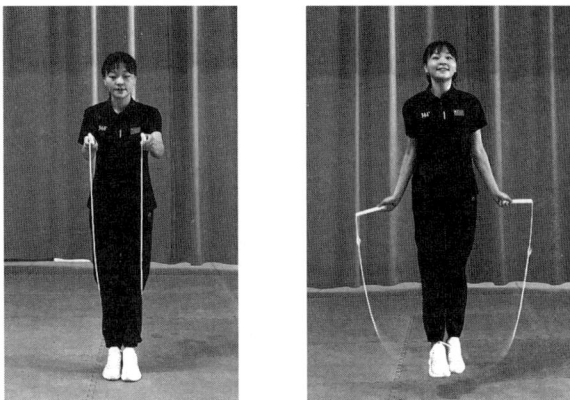

图 23-5　前单摇双脚跳

（2）后单摇双脚跳

双手持绳柄的两端，将绳放在体前，向上、向后摇绳回环，双脚同时跳起让绳从体后向前通过。除摇绳方向相反，其他动作同前单摇双脚跳动作一致。

2. 单摇双脚交换跳

（1）前摇双脚交换跳

由体后向前摇绳一回环，双脚交替单脚跳起，既原地交换腿跳绳，也可以向前方做跳绳跑。原地双脚交换跳时，小腿屈膝上抬，不要后摆，双脚依次蹬地并交替放松休息（图 23-6）。

图 23-6　前摇双脚交换跳

（2）后摇双脚交换跳

由前向后摇绳做双脚交换跳练习，其他动作同前摇双脚交换跳一致。

单摇双脚交换跳的特点：跳得高、跳得快、跳的时间较持久。前后单摇双脚交换快速跳绳常用于个人定时计数比赛。

（3）体前交叉双脚交换跳

两手握住绳子两端绳柄，绳置于身后，由前向后摇动绳子，当绳子摇至头前上方时，两手交叉于腹前，双脚或单脚跳过绳子，绳通过脚下后立即打开，做一个直摇动作，直摇与交叉间隔练习（图23-7）。

图 23-7　体前交叉双脚交换跳

（四）双摇跳

双摇跳又叫两摇跳，也叫双飞跳，即技术动作为身体跳起时，加快摇绳速度，使绳在脚下一次性通过两次，是各种双摇跳的基础技术。技术动作为两手握住绳子两端绳柄，绳置于身后，由前向后摇动绳子，跳起一次，绳越过头顶通过脚下绕身体两周（720°），两周都为直摇（图23-8）。

图 23-8　双摇跳

（五）带人跳

带人跳绳是一种常见的趣味性、娱乐性的跳绳活动。通常是一人摇绳带一人同跳，称双人跳绳。带人跳绳也可以一人带多人齐跳或轮流跳，或两人合跳一条短绳带人跳等，跳法多种多样。

1. 一带一单人跳

一人摇绳，另一人可从摇绳人的背后或体前趁机跑入跳绳中，也可趁绳摇至头顶上方时，由摇绳者的体侧跑至体前或体后，又可以原地或行进间做共同移动的跳跃。带人跳时，要求摇绳者速度均匀，两人面对面距离稍近，相互密切配合、协调动作。可先做两人定位的带跳练习，熟练后被带者再切入跳绳练习。被带者可将手扶在摇绳者的腰部，这样就容易做到同时起跳，默契配合（图 23-9）。

图 23-9　一带一单人跳

2. 钻洞跳

一人持绳带另一人原地单摇跳（两弹一跳节奏）；两人面对面跳跃，钻洞者一边跳绳，一边从摇绳者体侧腋下钻过至摇绳者体后；钻洞者继续跳跃，从摇绳者另一侧腋下钻过至摇绳者体前，重复练习（图 23-10）。

图 23-10　钻洞跳

3. 并排跳（同摇单摇跳）

两人并排站立（同向或异向）各握一绳柄，同时摇动绳子绕体一周，跳跃过绳（图 23-11）。

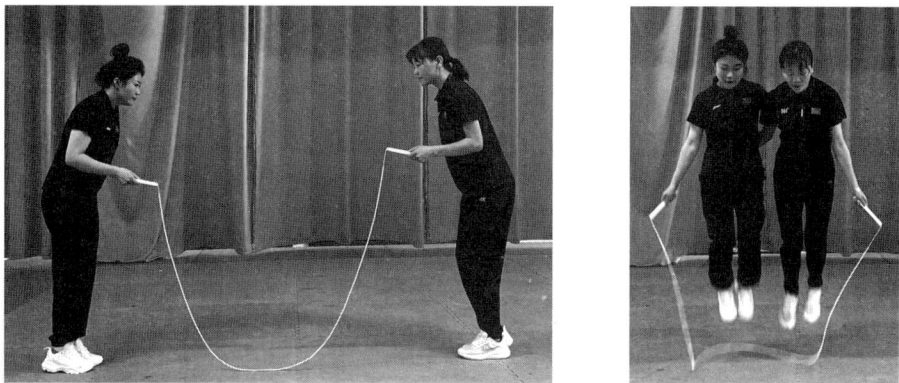
图 23-11　并排跳（同摇单摇跳）

4. 同摇轮流跳

两人并排站立，各握一绳柄，同时摇动，依次轮流跳绳动作（图 23-12）。

图 23-12　同摇轮流跳

5. 胯下换手跳

两人各握一绳柄，侧向站立；统一口令，一起数节奏"一、二、三、换"，两人握绳手臂从胯下穿过，换至另一手握绳；绳子可以从两侧腿下穿过，衍生出胯下换手不同动作（图 23-13）。

图 23-13　胯下换手跳

6. 车轮跳

两人一人持一根绳，将绳放于体后。两人内侧的手交换绳柄，把右手的绳放在左手绳的后面，喊节奏"一"为右手，"二"为左手，先学会踩到绳子，慢慢地跟着节奏"一、二、一、二"练习，然后用自由泳手慢慢连着练习，再进行两人连续车轮跳。熟练之后，还可进行左右换位，前后转身车轮跳练习（图 23-14）。

图 23-14　车轮跳

7. 交互绳跳

两人相对站立，两人异侧手分别持同一条绳，依次交替向内摇绳（左手顺时针画圆，右手逆时针画圆），一人在绳中进行双脚轮换跳的动作。摇绳者手腕要匀速画圆，控制摇绳节奏和摇绳的间距，跳绳者注意抬腿的速度，重心保持平稳，主要看摇绳者的摇绳动作，保持节奏。熟练之后，还可在绳中做其他动作（图 23-15）。

图 23-15　交互绳跳

8. 多人长绳"8"字跳

多人长绳"8"字跳是一项常见的跳长绳比赛项目，普及面非常广。两人持一长绳相对站立，其余跳绳者在一名摇绳者身侧站成一纵队。第一个人进绳，跳跃一次，直线跑出，绕过另一个摇绳者，准备再次进绳跳跃。接着第二个人进绳，同样跳一次后跑出，绕过另一个摇绳者排在第一个跳绳者身后，以此类推，一个接一个进绳、跳绳、跑出(图 23-16)。

图 23-16　多人长绳"8"字跳

二、跳绳运动动作组合范例

预备动作：并脚站立，两膝并拢，两脚踝稍错开；两手握绳柄，将绳置于身后，绳的中央位于脚踝处；两上臂贴紧身体两侧，前臂自然弯曲，前臂与上臂约成120°夹角(图 23-17)。

(一)左右甩绳

两手臂向前摇绳至一边体侧，左手在上右手在上交叉甩绳，绳子不过脚；接着甩绳至另一边体侧，一拍一动，左右两边各四次，完成 1×8 拍左右甩绳动作(图 23-18)。

图 23-17　预备动作

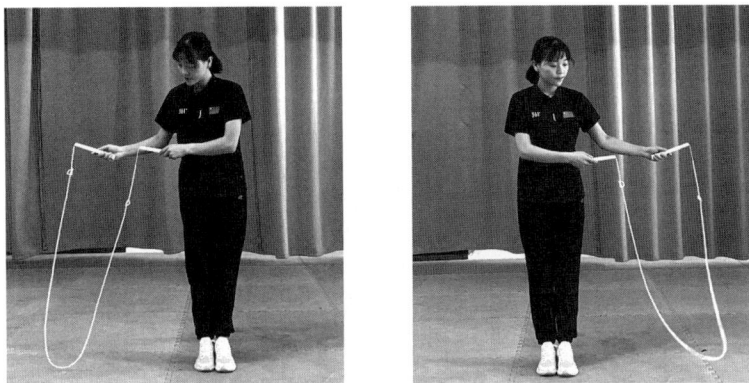

图 23-18　左右甩绳

（二）并脚跳

即单摇双脚跳，两手持绳柄两端，将绳放于体后，向前摇绳，双脚并拢跳跃过绳，绳子绕过身体一周，一摇一跳，完成 2×8 拍并脚跳动作。

（三）双脚交换跳

两手持绳向前摇一次绳，双脚分左右依次向前抬腿跳跃过绳，连续单脚交换跳跃过绳，一摇一跳，左右各四次，完成 3×8 拍双脚交换跳动作(图 23-19)。

（四）开合跳

两手持绳向前摇绳，当绳子过脚至于空中时，双脚跳跃分开成开合，膝盖微弯曲状态，当绳子快速打地快过脚时，双脚合并跳跃过绳，一拍一动，完成 4×8 拍双脚开合跳动作(图 23-20)。

（五）弓步跳

两手持绳向前摇绳，当绳子过脚至于空中时，双脚跳跃分开成前后弓步动作，当绳子快速打地快过脚时，双脚并拢跳过绳，一拍一动，左右各四次，完成 5×8 拍弓步跳动作(图 23-21)。

图 23-19　双脚交换跳

图 23-20　开合跳

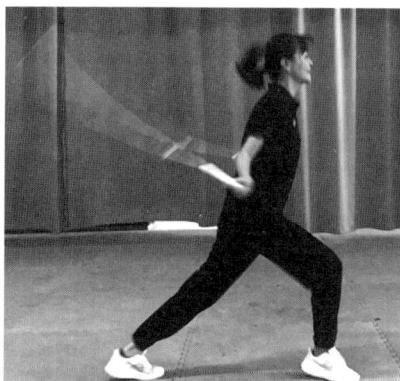

图 23-21　弓步跳

（六）并脚左右跳（滑雪跳）

两手持绳向前摇绳，当绳子过脚至于空中时，双脚并拢向右、向左跳，当绳子快速打地快过脚时，一摇一跳，一左一右，左右各四次，完成 6×8 拍并脚左右跳动作（图 23-22）。

图 23-22　并脚左右跳（滑雪跳）

（七）基本交叉跳

两手持绳向前摇绳，此动作分成两拍完成，第1拍两手为直摇绳跳，第2拍两手为交叉跳，一拍一动，开与合各四次，完成7×8拍交叉跳动作（图23-23）。

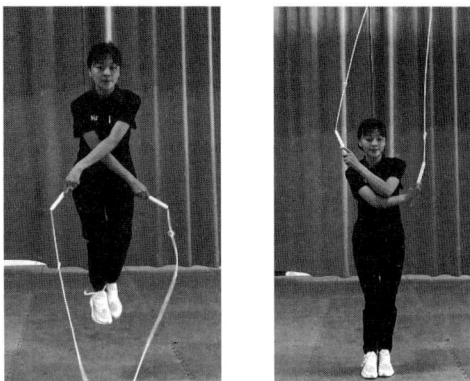

图 23-23　基本交叉跳

（八）勾脚点地跳

两手持绳向前摇绳，其中一只脚勾脚同时用脚跟向前点地，另外一只脚直立跳跃过绳，接着交换另外一只脚做同样动作，一拍一动，左右各四次，完成8×8拍勾脚点地跳动作（图23-24）。

图 23-24　勾脚点地跳

第三节　跳绳运动比赛规则简介

一、比赛场地

计数赛场地：5米×5米。3分钟10人长绳"8"字跳项目要求2名摇绳队员，2

人间距不小于 3.6 米。正式比赛场地的地面须平整光滑，应为优质木地板或塑胶弹性地面，无影响比赛的隐患。比赛场地四周至少有 3 米宽的无障碍区；比赛区上空的无障碍空间，至少与地面保持 4 米的高度。比赛场地的线宽为 5 厘米，线宽不包括在场地内，颜色应与场地有明显区别。裁判席设在裁判区内，裁判区为比赛场地周围 3 米区域，距离观众席至少 2 米。在队员比赛时，教练员及其他参赛人员在指定区域。

二、主要规则简介

（一）失误

1. 轻微失误

轻微失误是指在比赛中出现绳子绊脚、绳子触碰到跳绳者或摇绳者身体、遗忘动作等情况而使动作延迟或停顿不多于 2 秒的失误。

2. 严重失误

严重失误是指在比赛中出现绳子缠住队员的身体、两根或多根绳子缠在一起、绳子把柄掉落、遗忘动作、鞋子脱落、倒地等情况而使动作延迟或停顿多于 2 秒的失误。

（二）犯规

1. 时间犯规——抢跳

所有计数赛项目都不允许抢跳。在比赛开始、口令未下达前，队员的身体和绳子必须保持静止状态，否则视为抢跳。出现抢跳后，比赛将继续进行。在比赛结束后，每抢跳一次，将在最后应得的成绩中扣除 10 个。

2. 踩线或出界犯规

在计数赛中，如果队员踩线或出界（包括 3 分钟 10 人"8"字跳的 3.6 米线），计数暂停，主裁判提醒其回到规定场地继续比赛，再累积计数，时间不间断。

3. 比赛无效

在计数赛中，每名队员在同一场比赛中只能采用一种跳绳姿势，不得变换。否则，由主裁判判罚其比赛成绩无效，并取消其本项目的比赛资格。

（三）比赛细则

1.30 秒个人单摇跳

（1）简介

按照比赛规则，队员在 30 秒内完成尽可能多的单摇跳次数。

（2）口令

"裁判员准备—队员准备—预备—跳（或哨音）—10 秒—20 秒—停（或哨音）"。

（3）技术要求

①队员双手摇绳，双脚以同步跳或轮换跳的方法跳绳每跳起一次，绳体越过头顶并通过脚下绕身体一周（360°）。

②按裁判口令要求，队员和绳都应从静止准备动作开始并在指定的场地内完成比赛才算为有效动作。

③队员如有抢跳行为，将从其最后应得的成绩中扣除10个。

④失误不扣分，但失误次数将被记录。

2.30秒个人双摇跳

（1）简介

按照比赛规则，队员在30秒内完成尽可能多的双摇跳。

（2）口令

"裁判员准备—队员准备—预备—跳（或哨音）—10秒—20秒—停（或哨音）"。

（3）技术要求

①队员双手摇绳，双脚同时起跳，每跳起一次，绳体越过头顶通过脚下绕身体两周（720°）。

②按裁判口令要求，队员和绳都应从静止准备动作开始并在指定的场地内完成比赛才算为有效动作。

③队员如有抢跳行为，将从其最后应得的成绩中扣除10个。

④失误不扣分，但失误次数将被记录。一次失误之后、记录下一个失误之前，绳子必须被至少成功跳过一次。

3.30秒个人交叉单摇跳

（1）简介

按照比赛规则，队员在30秒内完成尽可能多的交叉单摇跳次数。

（2）口令

"裁判员准备—队员准备—预备—跳（或哨音）—10秒—20秒—停（或哨音）"。

（3）技术要求

①队员双手摇绳，双脚以轮换跳或并脚跳的方法跳绳每跳起一次，绳体越过头顶并通过脚下绕身体一周（360°），称作单摇跳。在单摇跳基础上空中做出一次交叉动作，称作交叉跳。单摇跳与交叉跳依次轮换。其他与"30秒个人单摇跳"项目相同。

②按裁判口令要求，队员和绳都应从静止准备动作开始并在指定的场地内完成比赛才算为有效动作。

③队员如有抢跳行为，将从其最后应得的成绩中扣除10个。

④失误不扣分，但失误次数将被记录。一次失误之后、记录下一个失误之前，绳子必须被至少成功跳过一次。

4.3分钟10人长绳"8"字跳

（1）简介

按照比赛规则的要求，2名队员间隔至少3.6米，8名队员进行长绳"8"字跳，在3分钟内完成尽可能多的跳次。

（2）口令

"裁判员准备—队员准备—预备—跳（或哨音）—30秒—1分钟—30秒—2分钟—30秒—45秒—停（哨音）"。

（3）技术要求

①以学院为单位参加比赛，每队10人，其中2人摇绳，其余8人跳绳，每队至少有4名女生。

②2名队员摇绳，其余队员列队从绳的一侧跳至另一侧，每次摇绳只跳过1名队员，跳过的队员在同侧另一端排队，循环接替成"8"字形。若有人在跳的过程中出现失误，致使摇绳中断，则不记为通过，出现失误的队员紧跟上一个队员，比赛继续进行。

③跳长绳比赛规定时间为3分钟，以成功跳过的人次多少判定胜负。

④哨响后才可摇绳，绳起前，内部不可站人。

⊷ 本章小结与思考

1. 简述跳绳运动的作用。

2. 简述跳绳运动的概念、分类。

3. 简述跳绳运动的基本技术与赛事规则。

第二十四章　形体训练

第一节　形体训练概述

一、项目介绍

爱美之心人皆有之，爱美、追求美、创造美是人类永恒的话题。人们按照美的观念和规律塑造个体形象，以此适应当今社会的发展。形体训练是人们塑造优美形体、培养高雅气质的重要手段。形体训练不仅能让人获得形态美，还能获得健康美、姿态美、动作美和气质美。

（一）形体训练的概念

形体是指人在先天遗传变异和后天获得的基础上所表现出的身体形态上的相对稳定特征，人体只有在四肢、躯干、头部及头部五官的合理配合下才能显示出姿态美、体态美、线条美，以及外部形态与内部情感的和谐统一美。通过后天科学的形体训练，可以提高人们的身体素质，塑造更加优美的体态，培养高雅的气质。可以说，形体训练对于人们的生活起着非常重要的作用。

形体训练是一个有目的、有计划、有组织的教育过程，可以分为狭义和广义两种。狭义的形体训练是指运用科学健身的理念和方法，徒手或利用其他器械，通过专门课程的练习，改变学习者的原始体态，提高其形体的灵活性、优美度和艺术表现力。广义的形体训练是指，只要有形体动作的训练都可以称之为形体训练。通过形体训练，既能展示人的气质美，使人的形体与气质有机融合，又能留给人们更加美好、健康、向上的形象。

（二）形体训练的内容

形体训练的内容丰富、形式多样，从形式上可以分为徒手训练和轻器械训练两种方式。

1. 徒手训练

徒手训练是形体训练的主要形式，它包括基本姿态训练、基本动作训练、基本素质训练和动作组合训练。

（1）基本姿态训练。人的基本姿态包括坐、立、行，基本姿态训练就是通过训练进一步提升人的坐姿、立姿和站姿，改变不良体态，使人的行为举止赏心悦目。

（2）基本动作训练。基本动作包括手臂、躯干和腿部的基本动作，是人体最自然、最频繁的动作姿态。通过基本动作训练可以充分锻炼人体的肌肉，改善关节灵活性，培养身体的协调性，提升举手投足的优美性，提高控制身体的能力，促进优美体态的形成。

（3）基本素质训练。身体素质一般包括速度、力量、耐力、柔韧度和灵敏度，身体素质的发展对增强人的体质和健康有重要意义。基本素质训练可以使身体的肌肉群得到有效锻炼，特别是力量、柔韧度和灵敏度能够得到显著提升，在培养优美身体形态的同时提高练习者身体机能，到达健身、健康、健美的目的。

（4）动作组合训练。在进行基础的单项训练后，一般会形成动作组合，对身体进行综合性训练，增强身体的协调度。通过大量的练习，可对人体的肩、胸、腰、腹、腿等部位进行综合训练，改善形体的控制力，塑造良好的体态，逐渐形成高雅、优美的气质。

2. 器械训练

（1）把杆训练。把杆是形体基础训练的一种专业器械，它的作用是帮助练习者完成动作时调整重心、掌握平衡，避免在身体支撑困难的情况下导致错误动作的出现。把杆训练能增强腰部、腿部的力量和柔韧性，是气息、力量、稳定性及柔韧性的结合，是全方位综合训练的基础。

（2）手持轻器械训练。手持轻器械训练一般是对身体某一部位的专门训练，手持轻器械包括哑铃、拉力带等。对于大多数训练者来说，使用轻器械所进行的小负荷、多次数的阻抗练习，可发展肌肉力量和耐力，训练和调节发展不平衡肌群，纠正不良体态，健美形体并使身体机能保持最佳状态。

（3）其他器械训练。形体训练可选择的器械种类多样，如球、踏板等。另外，还可以选择综合器械进行专门练习，全面提高身体素质及机能。但这些练习都需要在专业教师指导下进行，按照周密详细的训练方案和计划进行针对性练习。

（三）形体训练的要求

1. 训练前必须做好准备工作，以免造成肌肉拉伤。

2. 训练时要穿有弹性的紧身服装或宽松的休闲服、运动鞋或舞蹈鞋。

3. 训练时不能携带尖锐物品，不能佩戴饰品，以免发生伤害事故。

4. 训练时要有计划、有步骤，循序渐进。

5. 要保证训练间的充分休息，特别是初学者，以免使肌肉始终处于紧张的工作状态，因过度疲劳而受伤。

6. 要保持训练场地的整洁和安静。

7. 在进行器械练习时，需要专业老师指导和帮助，特别是综合器械的运用，需要注意训练安全。

8. 在训练中和训练后要注意适当补水，同时注意饮食合理搭配。

二、项目特征

形体训练是获得形体美的主要途径，通过形体训练可以塑造最佳的自我形象，增强自信心，增强身体素质，展现生命的美好。形体训练具备以下特征。

（一）艺术性与优美性

形体训练通过上下肢和身体的基础练习，结合芭蕾、舞蹈、艺术体操、健美操、啦啦操等多项目的基本技术进行综合训练，塑造各项目所需的肌肉表现力和舞蹈表现力。各类动作不仅能体现优美性与艺术性，而且能充分展现协调、优美的气质。同时，形体训练是追求人身心美的活动，不仅能提高练习者兴趣，还能发展练习者的想象力和表现力，培养动作节奏感，促进身心全面发展。学习者根据不同音乐节奏与风格，创编出不同风格和形式的形体动作，使形体训练更具感染力，并构成完美的艺术整体。

（二）全面性与普及性

形体训练为练习者提供了丰富的训练内容、方式和科学的方法，受众人群广泛，可以为不同诉求的群体提供选择。不同人群可以根据年龄、锻炼基础、训练目的等，选择适合自己的练习内容，覆盖人群广泛、普及性强。同时，形体训练的动作可以锻炼全身各肌肉群，通过基本动作练习和强度不同的成套动作练习，对身体各关节、韧带、各主要肌群和内在器官施加合理的运动负荷，增强体质，达到全面发展、完善自我的目的。

（三）科学性与合理性

形体训练内容丰富、方式多样，它是在人体解剖学、运动生理学、运动心理学、运动训练学、体育美学、人体艺术造型等学科理论指导下进行的。形体训练动作符合人体的生理和心理特点，各类动作组合严格按照人体解剖学进行编排，具备科学性与合理性，有目的地实现身体匀称、均衡、协调、健康的状态。同时，形体训练不仅能增强身体免疫力，促进身体健康，同时还能消除人的负面情绪、磨炼意志，对人的心理发展也有积极影响。

（四）自然性与节奏性

自然性是指在人体自然状态下的运动规律和人体运动的自然法则。节奏性是指人体按照自然状态下的运动规律，以特定的频率和速度为主要形式的练习。摆动、波浪和弹性动作是节奏运动的基本动作，也是形体训练的基本形式，肌肉紧张与放松是体现形体动作节奏性的关键。因此，形体训练的节奏在于内在节奏（呼吸和对音乐的理解）与外在节奏（动作大小、快慢交替、强弱）的有机统一。

三、形体训练的作用

形体训练对练习者的身心健康发展具有积极的促进作用，特别是在改善身体形态、增强体质健康、促进心理健康、培养审美情趣等方面有显著作用。

（一）改善身体形态

形体训练是一种优美、高雅的健身项目，是提高专项身体素质的有效的手段，是增强身体美感的有效途径。参与者可以根据自己的年龄、性别、爱好、身体状况等进行各种形体训练，形成正确的身体姿势，改变和改善不良的身体形态，有助于提高练习者的气质和高雅风度。

（二）增强体质健康

第一，形体训练能够改善机体的神经系统和大脑功能。形体训练要求做动作要迅速、准确，大脑和脊髓及周围神经要建立迅速、准确的应答式反应，而大脑又要随时纠正错误动作，储存精细动作的信息。经常参加形体训练，可加强肌体神经系统和大脑的工作能力，提高神经活动，使人更加健康和聪明。

第二，形体训练能够提高心血管系统的功能。经常进行形体训练，会刺激心肌纤维增粗，心房、心室壁增厚，心脏体积增大，血容量增多，从而增加心肌的力量。由于心肌力量的增加，每搏射出的血量增多，可减少心跳次数。在平时较为安静的状态下，心脏能得到较长时间的休息，从而减轻心脏的工作负担，让心脏保持健康良好状态。

（三）促进心理健康

学生时代是一个人成长发育的黄金时期。在这一时期，学生的心理和情感有待完善，形体训练可以帮助学生释放压力，稳定情绪，达到心理教育的目的。形体训练的开设不仅可以培养学生的形体和气质，增强学生的自信心，还可以缓解课业繁重带来的身心压力，把学生从紧张的学习中脱离出来，身心得到放松，从而培养学生乐观向上的生活和学习态度，促进学生心理健康发展。

（四）培养审美情趣

形体训练可以满足学生对美的追求，通过形体训练，学生逐渐改善肢体的协调性，在自我练习的过程中，形体的不断发展完善了学生的体验，让学生对形体美产生更加全面的了解，从而提高和完善对美的鉴赏能力和审美观。

第二节 形体训练基本技术

一、上肢基本动作

上肢由肩、上臂、肘、小臂、腕和手等部位组成。优美的上肢姿态可以给人带来艺术美的享受，因此，上肢的艺术性在形体训练中是不可缺少的一部分。

（一）基本手型

芭蕾手型：五指自然放松，大拇指靠近中指，食指微微上翘，中指、无名指、小指自然并拢（图 24-1）。

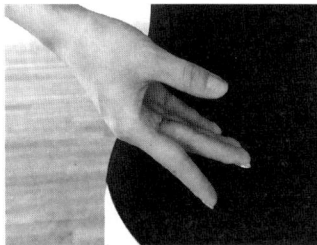

图 24-1 芭蕾手型

（二）基本手位

1. 一位手：手和双肩自然下垂，手臂与手成椭圆状放在身体的前面，胳膊肘和手腕处稍圆一些，两肘略向前，两手的中指相对，并留有一拳的距离（图 24-2）。

2. 二位手：保持一位手姿势，向上抬至与胃部平行，手臂和手成椭圆状，像抱树一样，掌心向内，手指相对（图 24-3）。

图 24-2 一位手　　　　**图 24-3 二位手**

3. 三位手：在二位手的基础上，双手抬至额头的前上方（视线范围内），就像是把头放在圆形的框子里，手心相对，指尖斜向上相对（图24-4）。

图24-4　三位手

4. 四位手：一手臂保持三位手不动，另一手臂回到二位手（图24-5）。

图24-5　四位手

5. 五位手：三位手保持不动，二位手用手背带动向旁打开，手臂弧形侧平举，稍低于肩（图24-6）。

图24-6　五位手

6. 六位手：向旁打开的手保持不动，三位手回到二位手(图24-7)。

7. 七位手：向旁打开的手保持不动，二位手用手背带动向旁打开，两臂弧形侧平举，稍低于肩(图24-8)。

图 24-7　六位手　　　　　　　图 24-8　七位手

（三）手臂波浪

手臂波浪是以肩、肘、腕、指各关节依次在不同的部位做柔和的屈伸动作，其幅度可大可小。

动作做法：从肩部开始带动肘、腕、指依次由屈至伸，多次重复，从而形成连贯的推移动作(图24-9)。

图 24-9　手臂波浪

二、步伐基本动作

1. 一位脚：两脚脚尖向外打开，脚后跟靠拢，形成"一"字，大腿内侧相夹(图24-10)。

2. 二位脚：在一位的基础上，两脚脚后跟分开，相距一只脚距离，脚尖向两侧(图24-11)。

3. 三位脚：在二位的基础上，一脚脚后跟紧贴另一脚的中间，脚尖向两侧(图24-12)。

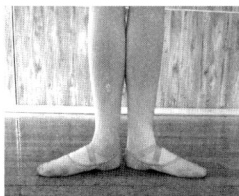

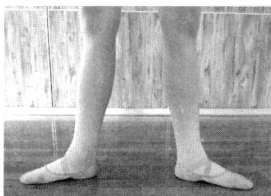

图 24-10　一位脚　　　　　　图 24-11　二位脚　　　　　　图 24-12　三位脚

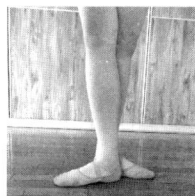

4. 四位脚：两脚前后平行，相距一只脚距离，脚尖向两侧，重心在两脚中间（图 24-13）。

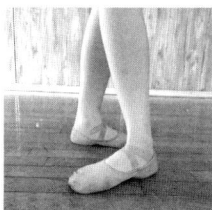

图 24-13　四位脚

5. 五位脚：在四位的基础上，两脚前后平行相靠，脚尖向两侧（图 24-14）。

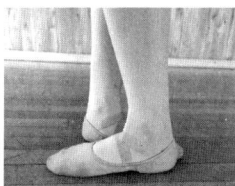

图 24-14　五位脚

6. 小八字步：两脚跟相靠，脚尖朝前方两斜角（图 24-15）。

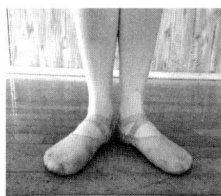

图 24-15　小八字步

7. 点地：一脚站立，另一脚向旁（前、后）擦出至脚尖点地，重心在站立脚上（图 24-16）。

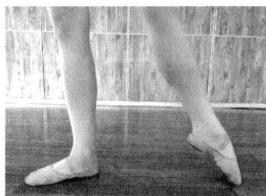

图 24-16　点地

8. 弓箭步

(1)前弓箭步：前腿向前伸出并屈膝成前弓箭步，小腿与地面垂直并与大腿成稍大于90°的钝角，后腿绷直，重心在两腿中间(图24-17)。

(2)侧弓箭步：前腿向侧伸出并屈膝成侧弓箭步，小腿与地面垂直并与大腿成稍大于90°的钝角，后腿绷直，重心在两腿中间(图24-18)。

图 24-17　前弓箭步

图 24-18　侧弓箭步

三、基本组合动作

(一) 组合一

准备姿势：双手叉腰，双脚并拢，身体面向一点方向直立(图24-19)。

图 24-19　准备姿势

1. 第 1 个 8 拍

1—4拍：右腿膝盖弯曲的同时提起半脚掌(图24-20)。5—8拍：保持半脚掌姿势膝盖向外打开(图24-21)。

图 24-20　1—4 拍　　　　　　　　图 24-21　5—8 拍

2. 第 2 个 8 拍

1—4 拍：膝盖转正（图 24-22）。5—8 拍：右脚落下回正步位（图 24-23）。

图 24-22　1—4 拍　　　　　　　　图 24-23　5—8 拍

3. 第 3—4 个 8 拍

相反方向重复第 1—2 个 8 拍的动作。

4. 第 5 个 8 拍

1—4 拍：屈膝半蹲（图 24-24）。5—8 拍：站直（图 24-25）。

图 24-24　1—4 拍　　　　　　　　图 24-25　5—8 拍

5. 第 6 个 8 拍

1—4 拍：双脚立起半脚掌（图 24-26）。5—8 拍：双脚落下（图 24-27）。

图 24-26　1—4 拍

图 24-27　5—8 拍

6. 第 7—8 个 8 拍

重复第 5—6 个 8 拍的动作。

（二）组合二

准备姿势：双手叉腰，双脚并拢，身体面向一点方向直立（图 24-28）。

1. 第 1—2 个 8 拍

1—2 拍：右脚向前擦出到前点地，双手至二位（图 24-29）。3—4 拍：勾右脚，双手打开至七位（图 24-30）。

图 24-28　准备姿势

图 24-29　1—2 拍

图 24-30　3—4 拍

5—6 拍：勾脚向外转开（图 24-31）。7—8 拍：右脚关回正步位（图 24-32）。

图 24-31　5—6 拍

图 24-32　7—8 拍

2. 第 2 个 8 拍

1—2 拍：右脚绷脚点地（图 24-33）。3—4 拍：重心转换至前脚重心，左脚后脚掌点地（图 24-34）。

图 24-33　1—2 拍

图 24-34　3—4 拍

5—6 拍：双腿半蹲的同时后脚收回正步位，双手从两侧落下（图 24-35）。7—8 拍：站直（图 24-36）。

图 24-35　5—6 拍

图 24-36　7—8 拍

3. 第3—4个8拍

相反方向重复第1—2个8拍动作，最后1拍双脚打开到一位。

4. 第5个8拍

1—2拍：右脚向旁擦出到旁点地，双手至二位（图24-37）。3—4拍：旁腿向前转动，腿向前关，双手打开至七位（图24-38）。

图24-37　1—2拍

图24-38　3—4拍

5—6拍：旁腿再转开（图24-39）。7—8拍：右脚落下至二位（图24-40）。

图24-39　5—6拍

图24-40　7—8拍

5. 第 6 个 8 拍

1—2 拍：双脚脚尖向前关成正步位，同时双手叉腰半蹲（图 24-41）。3—4 拍：双腿站直（图 24-42）。

图 24-41　1—2 拍

图 24-42　3—4 拍

5—6 拍：半蹲的同时双手至二位（图 24-43）。7—8 拍：腿站直的同时双脚脚尖向旁打开，双手打开至七位（图 24-44）。

图 24-43　5—6 拍

图 24-44　7—8 拍

6. 第 7—8 个 8 拍

相反方向重复第 5—6 个 8 拍动作。

（三）组合三

准备姿势：双手七位，双脚二位，身体面向一点方向直立（图 24-45）。

图 24-45　准备姿势

1. 第 1 个 8 拍

1—4 拍：脚二位深蹲，双手从旁向下到身体下方交叉（图 24-46）。5—8 拍：慢慢站直，双手打开到七位与肩膀平齐（图 24-47）。

图 24-46　1—4 拍　　　　　　　　　图 24-47　5—8 拍

2. 第 2 个 8 拍

1—4 拍：二位立起半脚掌，双手抬至肩膀斜侧上方（图 24-48）。5—6 拍：落脚跟的同时半蹲，双手向下沉至七位（图 24-49）。7—8 拍：双腿站直，双手至七位（图 24-50）。

图 24-48　1—4 拍　　　　　　　　　图 24-49　5—6 拍

图 24-50　7—8 拍

3. 第 3 个 8 拍

1—4 拍：右脚绷起成旁点地（图 24-51）。5—8 拍：收回一位同时做半蹲，双手呼吸落下至身体两侧（图 24-52）。

 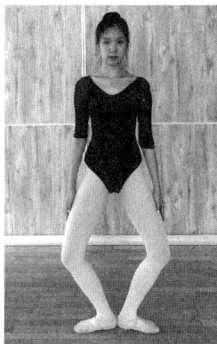

图 24-51　1—4 拍　　　　图 24-52　5—8 拍

4. 第 4 个 8 拍

1—4 拍：站直（图 24-53）。5—8 拍：双脚脚尖收回正步位（图 24-54）。

图 24-53　1—4 拍　　　　图 24-54　5—8 拍

5. 第 5 个 8 拍

1—4 拍：立起半脚掌（图 24-55）。5—8 拍：脚掌慢慢落下（图 24-56）。

图 24-55　1—4 拍　　　　图 24-56　5—8 拍

（四）组合四

准备姿势：双手一位，身体直立，双脚一位站好(图 24-57)。

图 24-57　准备姿势

1. 第 1 个 8 拍

1—4 拍：一位手变二位手(图 24-58)。5—8 拍：保持不动。

图 24-58　1—4 拍

2. 第 2 个 8 拍

1—4 拍：二位手变三位手(图 24-59)。5—8 拍：保持不动。

图 24-59　1—4 拍

3. 第 3 个 8 拍

1—4 拍：三位手变四位手(图 24-60)。5—8 拍：保持不动。

图 24-60　1—4 拍

4. 第 4 个 8 拍

1—4 拍：四位手变五位手(图 24-61)。5—8 拍：保持不动。

图 24-61　1—4 拍

5. 第 5 个 8 拍

1—4 拍：五位手变六位手(图 24-62)。5—8 拍：保持不动。

图 24-62　1—4 拍

6. 第 6 个 8 拍

1—4 拍：六位手变七位手（图 24-63）。5—8 拍：保持不动。

图 24-63　1—4 拍

7. 第 7 个 8 拍

1—4 拍：右脚向旁擦出至旁点地（图 24-64）。5—8 拍：落脚跟至二位（图 24-65）。

图 24-64　1—4 拍　　　　　　图 24-65　5—8 拍

8. 第 8 个 8 拍

1—4 拍：重心在右脚上，左脚旁点地（图 24-66）。5—8 拍：左脚收回至左前五位，双手从旁下落至一位（图 24-67）。

图 24-66　1—4 拍　　　　　　图 24-67　5—8 拍

9. 第 9—16 个 8 拍

重复第 1—8 个 8 拍的动作。

（五）组合五

准备姿势：面向八点方向身体直立，双手斜下打开，左脚小八字步，右脚前点地（图 24-68）。

图 24-68　准备姿势

1. 第 1 个 8 拍

1—4 拍：重心向前落右脚，变左后脚点地（图 24-69）。5—8 拍：左脚迈步向前，变成右后脚点地（图 24-70）。

图 24-69　1—4 拍

图 24-70　5—8 拍

2. 第 2 个 8 拍

重复第 1 个 8 拍的动作。

3. 第 3 个 8 拍

1—4 拍：右脚迈步向后，从八点方向转向两点方向（图 24-71）。5—8 拍：左脚迈步向后（图 24-72）。

图 24-71　1—4 拍

图 24-72　5—8 拍

4. 第 4 个 8 拍

重复第 3 个 8 拍的动作。

5. 第 5—6 个 8 拍

身体面向两点方向,重复第 1—2 个 8 拍的动作(做四个前进步)(图 24-73)。

6. 第 7—8 个 8 拍

转身面向一点方向,重复第 3—4 个 8 拍的动作(做四个后退步)(图 24-74)。

图 24-73　第 5—6 个 8 拍

图 24-74　第 7—8 个 8 拍

(六)组合六

准备姿势:半脚掌立高,双腿夹紧,保持挺拔姿态,双手斜下打开(图 24-75)。

1. 第 1 个 8 拍

1 拍:右脚绷脚擦出(图 24-76)。2 拍:左脚绷脚擦出(图 24-77)。3—8 拍:重复 1—2 拍的动作。

2. 第 2 个 8 拍

重复第 1 个 8 拍的动作。

图 24-75　准备姿势　　　　　图 24-76　1 拍　　　　　　图 24-77　2 拍

3. 第 3 个 8 拍

1—4 拍：双手从下画半圆向上舒展开至五位手，右腿向旁大步擦出成侧弓箭步（图 24-78）。5—8 拍：双手回到一位手，右腿收前，五位脚半脚尖立起（图 24-79）。

图 24-78　1—4 拍　　　　　　　图 24-79　5—8 拍

4. 第 4 个 8 拍

相反方向重复第 3 个 8 拍的动作。

5. 第 5 个 8 拍

1—4 拍：五位脚半脚掌碎步转，双手从一位慢慢经过二位（图 24-80）。5—8 拍：继续五位脚半脚掌碎步转，双手从二位到三位（图 24-81）。

6. 第 6 个 8 拍

1—8 拍：五位脚半脚掌碎步转一圈后面向正后方，双手从旁落至斜下方（图 24-82）。

7. 第 7—12 个 8 拍

重复第 1—6 个 8 拍的动作。

图 24-80　1—4 拍　　　　图 24-81　5—8 拍　　　　图 24-82　1—8 拍

（七）组合七

准备姿势：小八字步，双腿并拢，双手放松至大腿外侧（图 24-83）。

图 24-83　准备姿势

1. 第 1 个 8 拍

1—4 拍：右臂向旁延伸出，左腿向旁迈出成侧弓箭步（图 24-84）。5—8 拍：手臂从旁慢落，左脚收回成小八字步（图 24-85）。

图 24-84　1—4 拍　　　　图 24-85　5—8 拍

2.第2个8拍

相反方向重复第1个8拍的动作。

3.第3个8拍

1—4拍：双臂向前延伸出，右腿向前迈出成前弓箭步（图24-86）。5—8拍：双手臂从前慢落，右脚收回成小八字步（图24-87）。

图 24-86　1—4 拍

图 24-87　5—8 拍

4.第4个8拍

相反方向重复第3个8拍的动作。

5.第5—8个8拍

重复第1—4个8拍的动作。

（八）组合八

准备姿势：身体面向两点方向，小八字步，双腿并拢，双手放松至大腿外侧（图24-88）。

图 24-88　准备姿势

1.第1个8拍

1—2拍：右前左后踏步位，双手从一位到二位（图24-89）。3拍：双手打开至七位

（图 24-90）。4 拍：双手从旁落下（图 24-91）。5—8 拍：重复 1—4 拍动作。

图 24-89　1—2 拍　　　　　图 24-90　3 拍　　　　　图 24-91　4 拍

2. 第 2 个 8 拍

1—4 拍：左前右后踏步位，双手从旁上抬至手腕相贴（图 24-92）。5—8 拍：双手落下（图 24-93）。

图 24-92　1—4 拍　　　　　图 24-93　5—8 拍

3. 第 3—4 个 8 拍

身体面向八点方向，相反方向重复做第 1—2 个 8 拍的动作。

4. 第 5—6 个 8 拍

重复做第 1—2 个 8 拍的动作。

5. 第 7—8 个 8 拍

重复做第 3—4 个 8 拍的动作。

本章小结与思考

1. 什么是形体训练？

2. 形体训练的特征和作用是什么？

3. 学习形体训练后，你打算如何运用学习的知识让自身变得更加完美？

第二十五章　健美运动

第一节　健美运动概述

一、健美运动的起源与发展

在人类社会形成之初，为了生存和繁衍，人们必须学会劳动作业过程中的跑、跳、投掷、攀登等技能，并将之传授给后人。这就是人类体育健身运动产生最为直接的源头之一。随着身体练习不断地系统化和专门化，人们身体更加强壮，肌肉更加发达，体型更加健美。古希腊"赤身运动"的传统，更进一步促使人们追求人体健美的形象，拥有健美身材的人一度成为人们崇拜的偶像，这就是古代健美运动的发端。由此可见，劳动不仅创造了人，创造了人体健美，创造了人体健美造型艺术，也创造了健美运动。

健美运动兴起于19世纪末的德国等欧洲国家，却在美国走向世界舞台。到20世纪30年代中期，加拿大的健美运动创始人乔·韦德和本·韦德兄弟为健美运动作出了卓越的贡献。他们一起创办的《你的体格》《肌肉与健康》《形体》《柔韧》等健身健美杂志是世界上销售量较高的体育杂志。1946年本·韦德和乔·韦德兄弟在加拿大和美国等国家的积极支持下，共同发起并建立了国际健美联合会，本·韦德任主席，为发展国际健美运动作出了巨大的努力和贡献。健美运动自1947年正式成为单项国际性竞赛以来，每年都有一次国际业余健美锦标赛和世界上水平最高的"奥林匹亚先生"（1965年开始）、"奥林匹亚小姐"（1980年开始）职业比赛。

女子健美运动项目于20世纪40年代兴起。美国著名女体育家阿勃依·斯托克登当时经常在《力与健》杂志上发表女子相关的力量训练肌肉发达的文章，引起了各国的重视。20世纪50年代，在男子健美比赛后，往往会安排一些女子健美表演，由此，女子进行肌肉训练被越来越多的人所承认。1980年，国际健美联合会正式成立了妇女委员会，并且开始每年举行"奥林匹亚小姐"职业大赛，这是世界健美运动最高规格的比赛。

我国的健美运动是从 20 世纪 20 年代末逐渐发展起来的。1944 年，我国首次男子健美比赛在上海举办。中华人民共和国成立后，随着中国体育事业的蓬勃发展，健美运动与其他项目一样，开展日益广泛，已成为人们追求健身健美和提高身体素质的一项时尚体育活动。

二、健美运动的锻炼价值

经常参加健美运动，有效地增强人的体质，同时还能促进人体全面协调地发展；经常参加锻炼，能使人体的力量、柔韧、速度和耐力等素质得到提高，为参加其他体育活动打下了良好的基础；通过科学、有计划、有目的的各种姿势和器械的反复练习，能使肌肉粗壮结实，肌红蛋白增多，骨骼坚韧，骨密质增厚，骨的抗弯、抗折能力增强。长期坚持锻炼，能使人的体能、体形和体态都得到较大改善，能使人充满活力，身心愉悦，朝气蓬勃，促进人的身心健康。

第二节 健美运动基本技术

一、身体各部位肌肉锻炼方法

（一）腿部肌肉锻炼法

双腿是人体的基座，承担着整个身体的重量。如果双腿无力，将会给日常生活和工作带来不便，更谈不上健美；双腿无力，行走活动减少，还会导致心肺功能下降，所以应重视腿部肌肉的锻炼。

1. 股四头肌、臀大肌的锻炼方法

（1）负重深蹲

预备姿势：杠铃置于颈后肩上，两手松握横杠、抬头、挺胸、紧腰。

动作过程：屈膝缓慢下蹲至膝关节角度略小于 90°，稍停，再伸膝起立至预备姿势（图 25-1）。

图 25-1 负重深蹲

动作要领：在动作过程中，始终抬头、挺胸、紧腰，使杠铃垂直上升，意念集中在股四头肌、臀大肌上。

（2）跨举

预备姿势：杠铃置于两腿间，两脚平行而立，与肩同宽。屈膝下蹲，一手在身前握杠，另一手在身后握杠。

动作过程：上体正直，目视前方，保持挺胸、紧腰姿势，股四头肌、臀大肌用力使两腿伸直（图 25-2）。

动作要领：下蹲和起立时，腰背要挺直，两臂伸直，不得屈臂和耸肩。起立时完全靠腿部力量，屈膝下蹲时，不可突然下蹲，应以股四头肌、臀大肌的力量控制杠铃缓缓下降，意念集中在股四头肌、臀大肌上。

图 25-2　跨举

（3）坐姿腿屈伸

预备姿势：将哑铃（沙袋）等重物系在踝关节处，坐立于高凳上（也可在专用器械上进行），小腿与地面垂直。

动作过程：用股四头肌收缩的力量，将小腿完全伸直至股四头肌极力收缩绷紧，稍停，而后还原至预备姿势（图 25-3）。

动作要领：动作要有节奏，不可太快，一定要等小腿完全伸直，股四头肌极力收缩稍停一两秒后，再用股四头肌力量，控制小腿缓缓放下，意念集中在股四头肌上。

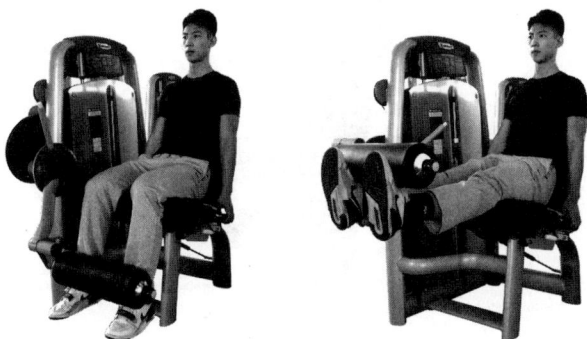

图 25-3　坐姿腿屈伸

2. 股二头肌的锻炼方法

（1）俯卧腿弯举

预备姿势：穿上锻炼专用铁鞋或将哑铃、沙袋等重物牢系在脚上。俯卧在长凳上（也可在专用器械上进行），上身和大腿紧贴凳面，两手扶住凳子。

动作过程：以股二头肌收缩的力量将小腿弯起，至股二头肌极力收缩绷紧，稍停，小腿缓缓下落至完全伸直（图 25-4）。

动作要领：做俯卧腿弯举时，腹部要始终紧贴凳面，臀部不能撅起，意念集中在股二头肌上。

图 25-4　俯卧腿弯举

（2）立姿腿弯举

预备姿势：站立，上体略前倾，穿上锻炼专用铁鞋或将哑铃、沙袋等重物系在脚上。

动作过程：将小腿尽量弯起、尽量靠近臀部（图 25-5）。

动作要领：动作不可太快，待股二头肌极力收缩后，稍停，再缓缓放下，意念始终集中在股二头肌上。

图 25-5　立姿腿弯举

3. 小腿肌群的锻炼方法

（1）立姿提踵

预备姿势：杠铃置于颈后肩上，腰背腿伸直，两手扶住杠面。两脚分开约 20 厘米，脚掌站立于木块上。

动作过程：收缩小腿肌群，使脚跟尽量提起直至不能再提为止。稍停，脚跟下降至最低点（图 25-6）。

动作要领：做动作时要保持重心稳定，下降时，脚跟要低于垫木面。意念集中在小腿肌群上。

图 25-6　立姿提踵

（2）坐姿提踵

预备姿势：坐在凳子上，脚掌踏在厚木板上，脚跟需在垫木外，杠铃置于腿上。

动作过程：尽量向上提踵至脚跟不能再高为止，小腿肌群极力收缩绷紧，稍停，脚跟下降至最低点（图 25-7）。

动作要领：在动作过程中，杠铃横杠的位置要正对脚跟，脚跟下降时，要低于垫木面。意念集中在小腿肌群上。

图 25-7　坐姿提踵

（二）胸部肌肉锻炼法

胸部肌肉包括位于胸前皮下的胸大肌、位于胸廓上部前外侧胸大肌深层的胸小肌和于胸廓外侧面的前锯肌。在锻炼胸肌时，需要不同的动作从不同的角度来对胸肌进行不同的刺激，才能使胸部肌肉练得既发达又有线条。发展胸部肌群的锻炼方法如下。

1. 杠铃平卧推举

预备姿势：仰卧于卧推凳上，两手握距稍宽于肩，杠铃横杠置于胸部乳头上方，两脚平踏地面。

动作过程：将杠铃垂直上举至两臂完全伸直，稍停，缓缓将杠铃还原成预备姿势（也可用哑铃做）（图 25-8）。

动作要领：上推路线要垂直。意念集中在胸大肌上。

图 25-8　铃平卧推举

2. 仰卧飞鸟

预备姿势：仰卧在长凳上，两脚踏实地面，躯干成"桥形"，上背部和臀部触及凳面，胸部和躯干用力向上挺起。两臂自然伸直，两手对握哑铃于肩关节的正上方，两手间握距小于肩宽。

动作过程：两手持铃向体侧缓缓屈肘落下，伴随着哑铃下降，肘关节角度逐渐变小。下降到极限时，肘关节成 $100°\sim120°$。以胸大肌主动收缩将哑铃沿原路线升起，上升路线成弧形，肘关节角度逐渐加大，最后还原成预备姿势，肘关节角度成 $170°$（图 25-9）。

动作要领：肩、肘、腕始终在同一垂面内。意念集中在胸大肌和三角肌前束上。

图 25-9　仰卧飞鸟

3. 仰卧臂上拉

预备姿势：上背部仰卧在凳面上，头部稍露出凳端，两腿弯曲，两脚分开比肩稍宽，腰部放松，臀部尽量下沉，挺胸收腹。两臂屈，肘关节成100°~120°，并与地面成水平位。两手于头下方用虎口托住哑铃一端，哑铃自然下垂。

动作过程：以胸大肌的收缩力量将两胸向前夹拢，肘关节角度逐渐加大，至垂直于地面时，两臂基本伸直，停留一两秒，沿原路线返回成预备姿势（图 25-10）。

动作要领：始终保持挺胸收腹，沉臂松腰，动作过程中注意夹胸。意念集中在胸大肌上。

图 25-10　仰卧臂上拉

（三）背部肌肉锻炼法

背部肌肉主要由上背部斜方肌、中背部背阔肌和下背部骶棘肌三部分组成。强壮发达的背部肌肉，使上体呈"V"字形，并能使腰背挺直，塑造良好的体型。发展背部肌群的锻炼方法如下。

1. 直立耸肩

预备姿势：直立，两脚自然分开，两手与肩同宽握杠，掌心向后，两臂自然下垂于体前。

动作过程：肩部尽量前倾下垂，两臂伸直不动，然后以斜方肌的收缩力量，使两肩耸起尽量接近两耳。稍停，缓缓还原成预备姿势（图 25-11）。

图 25-11　直立耸肩

动作要领：在做动作的过程中，两臂不得上提杠铃，臂部和两手仅起固定杠铃的作用，耸肩时，不得弯腰、弯背。意念集中在斜方肌上。

2. 单杠引体向上

预备姿势：两手正握单杠，握距与肩同宽，身体自然下垂。

动作过程：用背阔肌收缩的力量，将身体拉起，直至下颌超过杠面。稍停，而后身体缓缓下降至两臂完全伸直(图25-12)。

动作要领：在做动作的过程中，身体不能摆动，向上拉时不能用蹬腿力量，拉得越高越好。意念始终集中在背阔肌上。

图 25-12 单杠引体向上

3. 重锤下拉

预备姿势：正坐凳上，横杠位于头部正上方。两腿自然分开着地支撑，两手握住横杆，两臂完全伸直。

动作过程：以背阔肌的收缩力量将拉杆垂直拉下，可分为向前拉和向后拉。向前拉至胸前第三、四肋骨处，同时上体稍后仰，尽量抬头挺胸，两肩胛骨向脊柱靠拢，停留一两秒，然后沿原路线返回成预备姿势；向后拉至极限，尽量低头，停留一两秒，然后原路还原成预备姿势(图 25-13)。

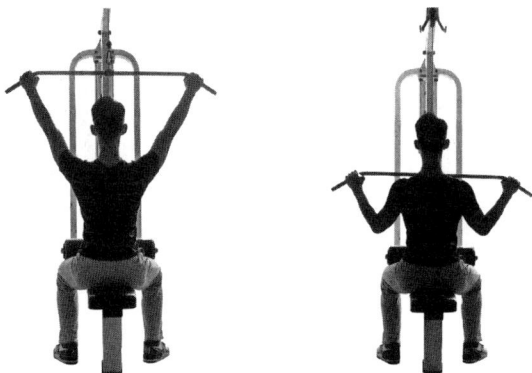

图 25-13 重锤下拉

动作要领：臀部始终不能离开凳面，防止利用体重降低练习难度；还原时速度要慢并注意背部肌群的退让做功，控制还原动作。意念集中在背阔肌上。

4. 俯身划船

预备姿势：俯立、两脚开立与肩同宽，两腿微屈，上背部与地面平行，挺胸、收腹紧腰、稍抬头，两手持杠铃自然下垂于肩关节下方。

动作过程：以背阔肌收缩的力量，将杠铃沿腿前提起至小腹前，同时抬头挺胸，背阔肌尽量收缩绷紧，停留一两秒，而后还原成预备姿势（图 25-14）。

动作要领：杠铃拉至小腹，抬头挺胸，上体上抬 $15°\sim20°$。意念集中在背阔肌上。

图 25-14　俯身划船

（四）肩部三角肌锻炼法

肩部是否健美，主要看三角肌发达与否。三角肌位于肩部皮下，为三角形，上端宽大、下端尖细，从前后外侧包裹着肩关节，其最前部和最后部的肌纤维为梭形，而中部肌纤维为多羽状，这种结构使三角肌具有较大力量。三角肌的锻炼方法如下。

1. 颈前推举

预备姿势：直立或正坐凳上，两手采用自然握杠，握距略宽于肩，两手握住杠铃，停于胸前锁骨处。

动作过程：以三角肌的收缩力量，垂直向上推起杠铃，直至手臂完全伸直，停留一两秒，而后沿原路线返回成预备姿势（图 25-15）。

图 25-15　颈前推举

动作要领：上体保持正直，不得借助腰腿力量，意念集中在三角肌前束上。

2. 颈后推举

预备姿势：直立或坐在凳上，两手握住杠铃，置于颈后肩上，握距宽于肩。

动作过程：以三角肌的力量，将杠铃垂直向上推到两臂完全伸直，停留一两秒，而后沿原路线返回（图25-16）。

动作要领：两肘始终保持外展，杠铃垂直向上推。意念集中在三角肌后束上。

图 25-16　颈后推举

3. 侧平举

预备姿势：直立，两手持铃，虎口向前，双臂自然下垂于体前。

动作过程：以三角肌收缩的力量，将哑铃由身体两侧向上提起，保持肘关节 $100°\sim 120°$ 的夹角。当提至肘高于肩时，停留一两秒，而后沿原路线返回（图25-17）。

动作要领：身体保持正直，不得借助腰臀摆动的力量。意念集于三角肌中束。

图 25-17　侧平举

（五）臂部肌肉锻炼法

臂部肌群分上臂肌和前臂肌。上臂肌主要是肱肌、肱二头肌和肱三头肌。前臂肌主要是旋前圆肌、屈手肌、伸手肌和手肌。

1. 上臂肌群锻炼法

(1)铃弯举

预备姿势：两脚自然而立，两臂反握铃下垂于体前，握距与肩同宽。

动作过程：上臂保持固定不动，以肘关节为轴弯起前臂，至杠铃几乎触及胸部为止，停留一两秒，再还原成预备姿势(图 25-18)。

动作要领：弯臂时，上体切忌前后摆动，意念集中在肱肌、肱二头肌上。

图 25-18　铃弯举

(2)反握引体向上

预备姿势：两大拇指向外反握单杠，握距与肩同宽，两脚成交叉状，身体成悬垂状。

动作过程：以肱二头肌收缩的力量，拉引身体至横杠与胸部靠近，停留一两秒，再循原路线下落成预备姿势(图 25-19)。

动作要领：在上拉过程中，不得借助腰腹的振摆来做动作。意念集中在肱二头肌上。

图 25-19　反握引体向上

（3）俯立臂屈伸

预备姿势：俯立，上体与地面平行，一手拳眼向前屈肘持铃，上臂紧贴于体侧，前臂与上臂成 90°，另一手扶膝或扶凳。

动作过程：以肱三头肌收缩的力量，将前臂向后上方抬起，直至前臂与上臂成一直线，停留一两秒，再循原路线缓缓下落成预备姿势（图 25-20）。

动作要领：上体始终平行于地面，上臂紧贴于体侧，意念集中在肱三头肌上。

图 25-20　俯立臂屈伸

（4）重锤下压

预备姿势：略含胸收腹，两腿微屈，两臂完全弯曲反握，重垂把位于胸前乳头上方，上臂紧贴于体侧。

动作过程：以肱三头肌伸展的力量，以肘关节为轴向下伸小臂，直至两臂完全伸直停留一两秒，再循原路线返回成预备姿势（图 25-21）。

动作要领：上臂始终紧贴于体侧，意念集中在肱三头肌上。

图 25-21　重锤下压

2. 前臂肌群锻炼法

（1）反握腕弯举

预备姿势：坐在板凳上，大腿与小腿约成 90°，两手掌心向上反握杠铃，前臂放于大腿上，腕部下垂于膝外。

动作过程：以前臂肌收缩的力量，使手腕向上弯曲，直至不能再弯曲为止，停留一两秒，再循原路线返回成预备姿势(图 25-22)。

动作要领：手腕向上弯曲时，要尽量收缩前臂肌。意念集中在前臂屈肌群上。

图 25-22　反握腕弯举

(2)正握腕屈伸

预备姿势：坐在板凳上，大腿与小腿约成 90°，两手掌心向上正握杠铃，前臂放于大腿上，腕部下垂于膝外。

动作过程：以前臂肌伸展的力量，使手腕向上弯曲，直至不能再屈为止，停留一两秒，再循原路线返回成预备姿势(图 25-23)。

动作要领：手腕向上伸时，尽力收缩前臂肌。意念集中在前臂伸肌群上。

图 25-23　正握腕屈伸

（六）腹部肌肉锻炼法

腹部肌肉由腹直肌、腹外斜肌和腹内斜肌构成。腹部肌群的锻炼方法如下。

1. 单杠悬垂举腿

预备姿势：两手与肩同宽正握单杠，身体下垂与地面垂直。

动作过程：以腹直肌收缩的力量，屈膝或直腿上举，超过水平面，停留一两秒，再慢慢还原成预备姿势(图 25-24)。

动作要领：不得借助身体摆动的助力，意念集中在下腹部。

图 25-24　单杠悬垂举腿

2. 仰卧起坐

预备姿势：屈膝仰卧在练习垫上，两手扶于两耳侧。

动作过程：以腹直肌收缩的力量，使上体前屈，直至两肘尖触及膝部。停留一两秒，再慢慢还原成预备姿势（图 25-25）。

动作要领：上体前屈时动作要慢，不得后仰助力，意念集中在腹直肌上。

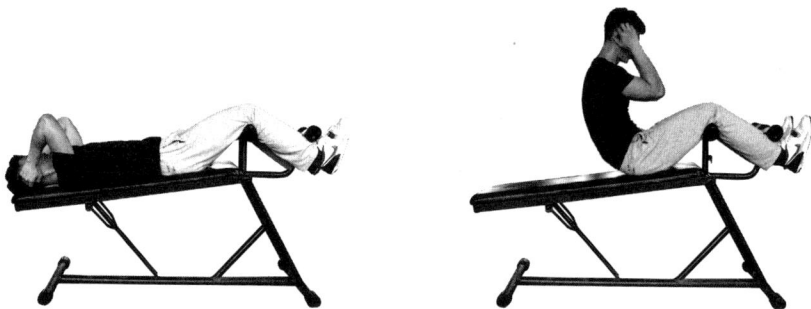

图 25-25　仰卧起坐

3. 哑铃体侧屈

预备姿势：两脚直立分开，稍宽于肩，右手掌扶后脑勺，左手拳眼向前持哑铃下垂于体侧。

动作过程：上体尽量向左侧屈体至不能屈为止，而后再用力向右侧屈体至不能屈为止。做 15～20 次为一组，休息 40～50 秒后换另一侧做（图 25-26）。

动作要领：向左右侧屈体时，主要以腹外斜肌的收缩力将上体拉向一侧。不论向哪一侧屈体，均应屈至极限，不得有转体动作，意念集中在腹外斜肌上。

图 25-26　哑铃体侧屈

二、测量体重的方法

BMI 指数是目前国际上常用的衡量人体胖瘦程度以及是否健康体重的一个标准，主要用于统计。当我们需要比较及分析一个人的体重对于不同高度的人所带来的健康影响时，BMI 指数是一个中立且可靠的指标。

BMI 指数的计算公式：$BMI(kg/m^2)$＝体重(kg)/身高的平方(m^2)

亚洲成年人 BMI 指数分类标准见表 25-1：

表 25-1　亚洲成年人 BMI 指数分类标准

轻体重 BMI	健康体重 BMI	超重 BMI	肥胖 BMI
BMI＜18.5	18.5≤BMI＜24	24≤BMI＜28	28≤BMI

三、减脂训练方法

减脂是一个漫长艰苦的过程，不是通过一两次运动就可以达到所期望的效果的。运动减脂是目前最健康、最安全的方法。采用多种方法与手段的综合训练法是减脂的有效训练方法。综合训练法主要是指通过有氧训练、抗阻训练和柔韧训练，来促进脂肪的消耗，达到减脂、修身塑形的目的。

（一）有氧运动

有氧运动也叫作有氧代谢运动，是指人体在氧气充分供应的情况下进行的体育锻炼。有氧运动的好处是，可以提升氧气的摄取量，能更好地消耗体内多余的热量。也就是说，在运动过程中，人体吸入的氧气与需求相等，达到生理平衡状态。它的特点是强度低、有节奏、持续时间较长。通过这种运动方式，氧气能充分酵解体内的糖分，还可消耗体内脂肪，增强和改善心肺功能，预防骨质疏松，调节心理和精神状态。

（二）抗阻训练

抗阻训练主要是培养和发展力量素质，即人体肌肉工作时克服阻力的能力。人体运动时，会受到身体重力、空气或水的阻力、重物负荷、竞技对手的对抗等各种外力，以及肌肉的黏滞性、对抗肌的牵引等内力的阻碍，这就需要依靠人体的肌肉收缩产生力量，克服各种阻力，完成预定的体育活动。抗阻训练给肌肉所带来的训练效益，不仅可以增加肌肉的生理横断面，还能减少肌纤维中的脂肪含量。抗阻训练的基本要求如下。

1. 注意不同肌肉力量的对应发展

健美训练在发展主要大肌肉群力量的同时，也要十分重视小肌肉群、远端肌肉群和深部肌肉群的力量训练。

2. 选择有效的训练手段

应根据完成训练的任务和需要，正确地选择有效的训练手段，规范、明确动作要求。如初学者或力量较差的人，想要发展背阔肌力量，可选择划船类动作。

3. 处理好负荷与恢复的关系

在一个训练阶段中，应循序渐进地提高负荷量度，同时注意发展各种不同性质的力量训练。此外，在抗阻训练中应注意每组训练间的间隙与休息时间，及力量训练后的积极性肌肉放松。

（三）柔韧训练

柔韧素质是指人体各个关节的活动幅度以及肌肉、肌腱和韧带等软组织的伸展能力，它是身体素质的重要组成部分。柔韧素质的训练是积极促进加速减脂的训练。

1. 腿髋部柔韧性的训练方法

（1）正压腿

正压腿主要用来发展腿部后侧肌肉的柔韧性。面对横木或一定高度的物体站立，一腿提起，把脚跟放在横木上，脚尖勾紧；两手扶按在膝关节上，两腿伸直，腰背挺直关节摆正，上体前屈并向前、向下做压振动作。两腿交替进行。

动作要点：两腿都要伸直；上体向前、向下压振时腰背要直。压振时幅度由小到大，直到能用下颏触及脚尖。

（2）后压腿

后压腿主要用来发展腿部前侧肌肉的柔韧性。背对横木或有一定高度的物体，一腿支撑，另一腿后举起，脚背放在横木上，腿和脚背都要伸直，上体直立、髋关节正对前方，上体向后仰并做压振动作，左右腿交替进行。

动作要点：两腿挺膝，支撑腿直立且全脚着地站稳；挺胸、展髋、腰后屈；后压振幅度逐渐加大。

（3）仆步压腿

仆步压腿主要用来练习大腿内侧和关节柔韧性。

具体方法：两脚左右开立，左腿屈膝全蹲，全脚着地；右腿挺膝伸直，脚尖内扣，尽量远伸。然后，将身体重心从左脚移至右脚，成另一侧的仆步。可一手扶，另一手按另一膝，向下压振。亦可两手分别抓住左右脚，做向下压振和左右移换身体重心的动作。

动作要点：挺胸塌腰，下振时逐渐用力，左右移动时要低稳缓慢。开胯沉髋，挺胸下压，使臀部和大腿内侧尽量贴近地面移动。

（4）竖叉

竖叉主要用来练习大腿前后侧和髋部柔韧性。

具体方法：两腿前后分开成一条直线，前腿的脚后跟、小腿腓肠肌和大腿后侧肌群压紧地面，脚尖勾紧上翘，正对上方；后腿的脚背、膝盖和股四头肌压紧地面，脚尖指向正后方；关节摆正与两腿垂直，臀部压紧地面，上体正直。可做上体前俯，压紧前面腿的前俯压振动作，亦可做上体后屈的向后压振动作，增大动作难度和拉伸幅度，动作幅度由小到大，逐渐用力。

动作要点：挺腰直背，沉髋挺膝；前俯勾脚，后屈伸踝。

（5）横叉

横叉主要用来练习大腿内后侧和髋关节柔韧性。

具体方法：两腿左右一字伸开，两手可辅助支撑；两腿的后侧着地，压紧地面，两脚的脚跟着地，两脚尖向左右侧伸展或勾紧胯充分打开成一字形。可上体前俯拉长腿后侧肌肉并充分开胯，亦可上体向左右侧倒，充分拉长大腿内后侧肌肉并增大胯的活动幅度。

动作要点：挺腰立背，开胯沉髋；挺膝勾脚，前俯倾倒。

2. 腰部柔韧性的练习方法

（1）前俯腰

前俯腰主要用来练习腰部向前运动的能力和柔韧性。

具体方法：并步站立，两腿挺膝，夹紧两手，十指交叉，两臂伸直上举，手心向上。然后上体亢腰前俯，两手心尽量向下贴紧地面，两膝挺直，髋关节屈紧，腰背部充分伸展。两手松开，引用双手从脚两侧屈肘抱紧脚后跟，使胸部贴紧双腿，充分伸展腰背部。持续一定时间后再放松起立。还可以在双手触地时向左右侧转腰，用两手心触及两脚外侧的地面，增大腰部伸展时左右转动的柔韧性。

动作要点：两腿挺膝直立，挺胸塌腰，充分伸展腰背部，胸部与双腿贴紧。

（2）后甩腰

后甩腰主要用来练习腰部向后运动的柔韧性。

具体方法：并步站立练习时一腿支撑，另一腿向后上直腿摆动，同时两臂伸直，随上体向后屈做同步摆振动作，使腰背部被充分压紧，腰椎前面充分伸展。

动作要点：后摆腿和上体后屈振摆同时进行，支撑腿、膝伸直。头部和双臂体后屈做协调性后摆助力动作。

（3）腰旋转

腰旋转主要用来练习腰部的左右旋转幅度。

具体方法：两脚左右开立略宽于肩，两臂自然下垂于两侧以髋关节为轴体前俯，然后以腰为轴，使上体自前向右、向上再向左做顺时针或逆时针旋转，同时双臂随上体做顺时针或逆时针的环绕动作，以增加腰部旋转的幅度和力度。

动作要点：尽量增大绕环幅度，速度由慢到快，使腰椎关节完全得到活动、伸展。

3. 肩关节柔韧性练习

(1)正(反)压肩

正(反)手扶一定高度的物体，正压时体前屈直臂压肩，反压时下蹲直臂压肩。

(2)悬垂

正(反)手握单杠或其他物体，人体保持悬垂姿态。

(3)牵引

可利用社区健身点的上肢牵引器械两臂交替练习。

(4)转肩

双手握住 1 米左右的棍、绳、毛巾等物的两端，直臂或屈臂做体前和体后的转肩。

四、健美运动常见运动损伤及预防

(一) 常见损伤

在诸多竞技体育运动中，健美运动受伤的概率是相对较低的，但是体育运动的损伤也是健美锻炼获得成功的最大障碍，而受伤又往往是在训练(锻炼)者不注意或不了解时突然发生的。因此，重视、预防运动损伤，是每个健美锻炼者应注意的。健美运动中常见的运动损伤如下。

1. 皮肤擦伤。

2. 软组织损伤，包括轻度撞伤、扭伤等。

3. 外伤出血，包括体表的切伤、刺伤和撕裂伤。

4. 骨折、脱臼。

5. 意外事故造成的损伤，主要是器械脱落所致。

(二) 损伤的原因

1. 对预防运动损伤重视度不高

对预防运动损伤的危害性和预防运动损伤的重要性认识不足，未能积极地采取有效的预防措施。

2. 未做准备活动或准备活动不充分

在肌肉关节、韧带没有活动开，身体协调性和肌腱的拉力差，各器官、系统机能未动员起来的情况下就进行较大强度的训练，很容易发生软组织拉伤和关节扭伤。

3. 准备活动与训练内容脱节

准备活动分为一般准备活动与专项准备活动两种。有的人虽然做了准备活动，但针对性不强，没有针对运动的部位进行准备活动，导致主要的部位没有活动开，从而导致拉伤或扭伤。

4.技术不正确

技术不正确指对健美锻炼的技术动作不了解，在肌肉练习中出现违反肌肉收缩的动作轨迹。

5.器械方面的原因

器械过重，锻炼中不遵循循序渐进原则，不量力而为；锻炼前未仔细检查器械，如果活动哑铃螺丝松动，做飞鸟练习时会脱落；器械放置不稳易倾倒，造成人员伤害。

6.锻炼过于频繁

在健美锻炼中，对同一块肌肉的练习必须间隔48小时。

7.注意力不集中

健美锻炼要求"想"与"练"结合，锻炼某块肌肉时脑子应想着对应的那块肌肉。如果边练边说笑，易造成运动损伤。

8.带伤、带病训练

带伤、带病时身体生理功能和运动能力下降，此时训练很容易因肌力较弱、反应迟钝、身体协调性差而受伤。

（三）常见运动损伤的预防

1.提高预防运动损伤认识

在平时锻炼中认真贯彻"预防为主"的方针，加强对伤害的预防。

2.认真做好准备活动

根据当天的锻炼部位，有针对性地做好准备活动，使各器官系统适应运动需要。

3.合理安排运动量

根据自己当时的身体状况，合理地选择运动负荷。

4.掌握正确的技术

认识正确姿势在锻炼中的重要性，了解并掌握正确姿势要领。姿势正确可以避免损伤，并能取得良好的锻炼效果。

5.做好放松整理活动

锻炼后做一些伸展性的放松练习，可以加速运动部位恢复促进肌肉的增长。

6.加强医务监督

增强自我保健意识，定期进行体格检查，以便及早发现隐患，采取措施。

五、健美运动员的饮食与健康

"吃"加"练"是肌肉健美的两只翅膀，缺一不可。这里指的"吃"是科学地吃，"练"也是科学地练习。只有坚持科学地"吃"和"练"，才能达到健美肌肉的效果。

健美运动员如果摄入的热量多于消耗，则不论其来源是碳水化合物，还是脂肪或蛋白质，最终将成为脂肪积存于皮下，从而影响肌肉线条的清晰度。那么，健美运动员需要哪些营养素，需要量是多少，这些都因人而异。

人体生长和维持生命所需的营养素有 50 多种，在众多的营养素中，蛋白质、脂肪、碳水化合物是能量的主要来源。均衡地摄取这些营养素很重要，因为它们之间具有互相影响的作用。例如，人体需要一定的碳水化合物，才能使脂肪的代谢正常；有些维生素，只有同其他维生素一起才能在人体内较好地发挥作用。营养学家建议，在常人的均衡食谱中，三种主要营养素的比例是蛋白质 10～15％、碳水化合物 55～65％、脂肪 20～25％。不过对健美运动员来说，特别对训练有素的健美运动员来说，他们理想的营养摄入比例应该在此基础上有所调整。

蛋白质是肌纤维以及人体细胞、组织的主要构成成分，科学配比蛋白质与碳水化合物对于提供足够的能量非常重要。若没有碳水化合物作为能量的来源，苦练的结果就难以保证。摄入碳水化合物会促进胰岛素的分泌，而胰岛素又是一种能够促进蛋白质吸收、防止蛋白质损失的激素，这对增长肌肉是非常重要的。

根据健美运动的特点和增长肌肉的需要，健美运动员在饮食方面的注意事项如下。

1. 如果正在进行增大肌肉、增加体重的重点锻炼，最好每天吃五六餐而不是三餐。蛋白质的摄入量，每餐不可多于 30 克。摄入量过多，会加重肝、肾的负担，从而损伤其功能。

2. 如果正在进行减肥或使肌肉线条变清晰的重点锻炼，除了不吃或少吃脂肪、糖果和糕点之外，还要少喝含糖饮料和少吃盐。盐虽然没有产生能量的作用，但若吃盐过多会使人体内积存多于常量的水，从而使肌肉内的水分增多而降低其结实性和线条的明显度。

3. 进餐时细嚼慢咽，精神放松。若上顿未消化，可停吃一餐。

4. 参加比赛之前的一餐，不吃或少吃脂肪和蛋白质，而多吃碳水化合物，在比赛中可适量补充一些快速供能饮料。

第三节　健美运动比赛规则简介

一、比赛场地

健美比赛要求在舞台上举行。如果在体育馆或四面看台的场地内举行，必须挂有背幕和相应的舞台装置。比赛台是健美比赛时主要的舞台装置，比赛台的一般要求是长 8～9 米、宽 1.5 米和高 30 厘米。

二、比赛规则简介

（一）分组

1. 按性别分组

健美竞赛按性别可分为男子个人、女子个人、男女混合双人，还可增设男子集体造型和女子双人的表演赛。

2. 按年龄分组

不论男子和女子都分为青年组和成年组。青年组年龄为 21 周岁以下（以出生日期为准），成年组为 21 周岁以上。男女成对的比赛，对运动员没有年龄限制。

（二）分级

1. 男子体重分级

男子按体重分为 8 个等级。

(1)羽量级：体重在 60 千克以下。

(2)雏量级：体重在 60.01～65 千克。

(3)轻量级：体重在 65.01～70 千克。

(4)轻中量级：体重在 70.01～75 千克。

(5)次中量级：体重在 75.01～80 千克。

(6)中量级：体重在 80.01～85 千克。

(7)轻重量级：体重在 85.01～90 千克。

(8)重量级：体重在 90 千克以上。

2. 女子体重分级

女子按体重分为 3 个等级。

(1)轻量级：体重不超过 52 千克。

(2)中量级：体重在 52.01～57 千克。

(3)重量级：体重在 57 千克以上。

男女混合双人和元老组不分体重级别。

（三）比赛服装

1. 男运动员必须穿规定式样的比赛三角裤。

2. 女运动员必须穿单色、不耀眼的、能完全显露出腹部和背部肌肉的比基尼赛服，不能带有花纹图案、商标和任何附加的装饰品，也不能带有金、银闪光色。

3. 运动员的号码牌须牢固地挂在或缝在比赛裤的左前侧。

4. 运动员在比赛中不准穿鞋、袜，不准戴手表、戒指、手镯、脚镯、项链、耳环、假发和其他装饰品；不准吃糖和吸烟；身上不准贴胶布或裹绷带；身上不准有人工刺花；女运动员的头发披下不能超过肩部。

（四）称重

称量体重是在预赛前一天进行。称体重时，运动员必须穿比赛服，女运动员须有性别证明，以接受裁判组检查。称体重后，须交自选动作录音带。

（五）比赛时间

男子个人为 60 秒；女子个人为 90 秒；男女混合双人为 120 秒；集体造型为 60 秒；女子双人为 90 秒。

（六）比赛方法

1. 预赛的评选方法

预赛采取不评分方法，只根据规定人数挑选。每一级别参加的复赛运动员不得超过 15 人。如参加该级别运动员不足 15 人时，其复赛人选数量最多不超过参赛人数的 2/3；若不足 6 人，可不经预赛，直接进入复赛，打两次分，从中选出 3 人参加决赛。

2. 复赛(半决赛)的评分方法

复赛分第一轮和第二轮。经两轮复赛，并通过比较评分评出每个运动员的名次分。把运动员中间最好的排为第一（即 1 分），次于第一的列为第二（即 2 分），一直排到最后一位。须把 9 位裁判员评分中两个最高分和两个最低分去掉，将其余 5 位裁判员的评分相加，即为每一位运动员的复赛得分。

3. 决赛的评分方法

裁判员根据预赛和复赛两个赛程的综合观察，对参加决赛的 6 名运动员，分别评出第一至六名的名次分。计算方法同复赛。

4. 决赛的总分计算方法

把参赛运动员的复赛得分和决赛得分相加即为该运动员的决赛总分。分值小者名次列前。如遇决赛总分相等时，应以复赛和决赛评分中小分值多者名次列前。全场冠军的计分方法与其他级别决赛计分相同。

▸▸ 本章小结与思考

1. 简述健美运动的概念与特点。

2. 简述身体各部位肌肉锻炼法。

3. 减脂训练方法有哪些？

第二十六章　轮滑运动

第一节　轮滑运动概述

一、轮滑运动的起源与发展

轮滑运动诞生于 19 世纪初期，由速度滑冰运动演变而来。后来，由于轮滑运动受场地、器材等外界因素制约性较小，逐渐发展成为一项独立的体育运动项目，深受大众喜爱。1892 年，国际轮滑联盟成立，使得轮滑运动向正规化、国际化发展迈出了坚实的一步。1940 年，在第 43 届国际奥林匹克委员会会议上，轮滑项目的国际联合会正式成立。1997 年，国际轮滑联合会正式成为国际奥委会成员。

轮滑运动于 19 世纪末传入我国。1998 年，《轮滑运动员技术等级标准》正式颁布，使我国轮滑运动的发展向科学化、正规化管理方向实现关键跨越，对提高轮滑运动水平、调动人们参与轮滑运动的积极性、促进全民健身，起到了推动作用。

二、轮滑运动的特点

如今，在追求时尚的人们眼中，轮滑运动已成为时尚运动中的宠儿。它让参与者以自己梦想的速度穿越城市，获取心灵上的充实与自由。为什么轮滑能够带给人们如此大的享受呢？轮滑运动之所以能够如此飞速地、健康地发展，是与其自身的特点密不可分的。

1. 趣味性和娱乐性

集趣味性和娱乐性于一体是轮滑运动内在固有的特性，是传统体育项目所无法比拟的，这一特性使其具备独特吸引力，注定成为极具大众普及潜力的运动项目。轮滑运动具有很高的观赏性，选手们在运动中相互追赶、超越，不时做出急转、急停、跳跃、转身等让人眼花缭乱的动作，场面精彩异常。运动员在展现自我的同时又给观众带来了无限的快乐，使人们从紧张繁重的生活与工作压力中解脱出来，获得心灵与健康的双丰收。

2. 全面健身性

轮滑运动之所以能够在很短的时间内迅速发展和普及，与它本身具有的较高的健身运动价值及其本身的特点有着密切的关系。健身是大多数人参与轮滑运动的主要目的，在轮滑运动的训练和比赛过程中，对参与者意志、体能有明显的锻炼价值，特别是对人体的平衡机能、协调性、耐力素质及各感受器官的敏感度作用更为突出，它是一项能使参与者身体得到全面发展的运动项目。

3. 强烈的刺激性

轮滑运动最吸引人的地方就是其强烈的刺激性。在我国，专业的轮滑选手 300 米场的个人计时赛成绩在 28 秒左右，远远高于短跑运动员的成绩。由于滑行的速度如此之快，吸引了大批追求刺激、勇于挑战自我的年轻人的目光。在这项运动中，选手们不断地超越自身极限，充分体验轮滑高速、自由的刺激感。

4. 竞赛的多样性

轮滑运动的竞赛形式可谓是多种多样，仅轮滑就分为场地赛和公路赛两大类，其中分别有个人计时赛、群滑赛、接力赛、计时赛、淘汰赛、耐力赛、积分赛、分段赛、追逐赛等多个小项的比赛。同时轮滑运动竞赛项目还有给人以美的享受的花样轮滑赛，扣人心弦、刺激异常的极限轮滑赛，场面激烈、对抗性强的轮滑球赛，让人眼花缭乱、目不暇接的自由式轮滑赛等赛事，给参赛者与观众带来了无穷的欢乐。

5. 广泛的普及性

轮滑运动具有较大的吸引力，其重要原因是它没有严格的年龄限制和较高的身体要求，无论是两鬓斑白的老人还是学龄前的儿童，都可以尽情享受轮滑带给他们的乐趣。同时，轮滑运动在器材和场地方面也没有严格要求，使用一般的器材，在普通的柏油路面上便能够进行活动。这些都为轮滑运动的广泛开展创造了有利的条件。

第二节　轮滑运动基本技术

轮滑运动是一项在运动中灵活变换重心、维持动态平衡的运动。因此，在练习时应认识到大胆、灵活、及时地移动重心对掌握这项技术的重要性，并通过多种练习手段提高移动重心的灵活性和掌握平衡的能力。轮滑运动具有侧蹬用力的特点。穿着轮子前后转动的轮滑鞋滑行时，因无法在身体后面形成有效的支撑，只能在体侧建立动力支撑点，只有通过向侧后方蹬伸，才能产生前进的动力。因此，学习轮滑必须克服在陆地上走或跑时蹬地用力的习惯，建立向侧后方用力的习惯。轮滑滑行时一般都采用蹲或半蹲的姿势滑行，因此要求初学者要时刻注意腿的蹲姿，培养良好的习惯。

一、直道滑行技术

速度轮滑滑行技术，是指在规定的距离内，以最快的速度完成速度轮滑动作的有效方法。良好的技术能充分体现出合理分配体力，发挥最大速度，创造优异成绩的效果。速度轮滑技术主要由直道滑跑、弯道滑跑和起跑等技术构成。速度轮滑运动的滑跑动作带有明显的周期性特征，它由蹬地—收腿—着地—支撑滑行等循环动作阶段所组成，完成这些动作涉及动作速度、力量、方向、角度、路线、轨迹、频率、节奏、时机、幅度等技术细节，这些细节是构成良好技术的关键。

直道滑行技术包括身体姿势、蹬地技术、收腿技术、着地技术、惯性滑行技术、摆臂技术及技术配合等。

1. 身体姿势

正确的滑跑姿势，能够减少空气阻力达到快速滑跑的目的，并有效地增加滑跑前进中的推动力，节省体能的消耗。身体姿势的正确与否对完成正确的动作、有效地使用技术及发挥身体潜能都有重要的影响。因此，正确的滑跑姿势是滑行技术的基础。速度轮滑直道滑跑采用上体前倾的半蹲式姿势，髋、膝、踝三关节成弯曲状态。上体放松，两手握于背后，头微抬起目视前进方向 30～40 米处。在滑行中重心落在脚心处为宜(图 26-1)。

图 26-1 身体姿势

根据三关节弯曲角度的不同，可将身体姿势分为高低两种。高姿势的特点：容易破坏平衡、蹬地距离短有利于提高滑跑频率、减轻内脏器官压力、体能消耗较小。低姿势的特点：易于控制平衡、蹬地距离长、易形成良好的蹬地角、有助于发力、体力消耗大。

采用滑跑姿势要因个人水平、条件、参加项目、技术及自然条件等因素来决定，在一般情况下，力量强的选手或短距离项目采用低姿势，力量差的选手或长距离项目采用高姿势。

2. 蹬地技术

蹬地力是推动运动员向前滑进的唯一动力来源。蹬地效果的好坏，取决于蹬地用力的方式、角度、方向、力量、速度及体重的运用等技术细节协调程度。蹬地技术是速度轮滑的核心技术。蹬地动作是由开始蹬地、蹬地最大用力和蹬地结束三个阶段构成的，合理的蹬伸顺序是展髋的同时伸髋，再伸膝，最后伸踝(图 26-2)。

图 26-2 蹬地动作三个阶段

(1)蹬地动作用力方式

速度轮滑运动的蹬地方式具有快速用力的形式和逐渐加速度的特点。在蹬地的开始阶段，由于身体重心位置，蹬地角都未成熟，蹬地腿所处的关节角度也不利，因此蹬地开始阶段的蹬地速度稍慢。在蹬地的最大用力阶段，由于形成良好的蹬地角和蹬地腿的各关节角度都处在最有利的状态下，此时需要加速度用力蹬地，同时力值也达到最高水平。

(2)蹬地角

蹬地角是指蹬地腿的纵轴线与水平面之间的内侧夹角(图 26-3)。

图 26-3 蹬地角

在速度轮滑运动中，蹬地角可以决定蹬地的力量效果，但前提必须是全力蹬地，轮滑运动理想的蹬地角为 40°～50°，此时蹬地力量最大。在滑行的过程中，蹬地角并非一定值，从蹬地动作开始到蹬地动作结束，蹬地角是在不断变化的，其趋势是逐渐减小，到结束蹬地时是一定值，平均变化值为 80°～40°(轮着地至蹬地结束)(图 26-4)。

蹬地角度一般根据滑跑的项目和滑跑的区域所决定，长距离项目角度较大，短距离项目角度较小，直道的蹬地角较大，而弯道的蹬地角较小。

图 26-4　蹬地角比较

（3）蹬地力量、速度和幅度

滑行的速度依赖于蹬伸动作对地面产生作用力的大小，作用力与滑行速度成正比例关系，而作用力的大小又取决于肌肉收缩所做的功和功率（除利用体重蹬地等其他因素外）。功率的大小与蹬地力量，蹬伸速度及做功的距离有关，在蹬地过程中想获得较大的功率，只有加大蹬地的力量和提高蹬伸的速度。在轮滑运动中，由于轮与地面咬合有脱滑现象，因此要求动作幅度不要过大，膝关节不要求完全伸直。

（4）蹬地方向

在相对静止的条件下，凡是向前的滑进动作，运动员只有向支点后方施以作用力才能产生推动身体向前的反作用力。速度轮滑运动中的起跑阶段是向后蹬地的，在疾跑阶段由于速度逐渐增加，蹬地的方向就要由后方逐渐转向侧方，当达到一定的滑跑速度时，蹬地的方向要向侧方，这时蹬地方向应与滑行方向相垂直。在滑速较快时，必须向侧蹬地的重要原因，一方面是向前滑行速度大于蹬伸速度，另一方面是人体下肢形态结构与单排轮的几何形状特点，即轮架较长，不便向后蹬地。

（5）利用体重蹬地

蹬地是将身体重心控制在蹬地腿上，借助身体重量对地面的作用力，来增加蹬地的力量。速度轮滑运动的用力很讲究利用体重，在破坏平衡后的蹬地过程中，蹬地的力量大约是体重的 30％。

（6）蹬地的用力顺序及时机

蹬地的用力顺序是指下肢各关节伸展的顺序，它对提高滑速有很大的作用。先伸展髋关节、然后迅速伸膝、伸踝的动作顺序易形成快速有力的蹬地动作。蹬地时机，是指蹬地腿开始蹬地动作与浮腿着地动作之间的时间关系。较好的蹬地时机应该是在蹬地腿蹬地过程中，达到最大用力阶段时，浮腿轮刚刚着地。

3. 收腿技术

当蹬地腿完成蹬地动作后，浮腿抬离地面至再次着地前的过程称之为收腿。收腿的任务是连接蹬地与着地动作、配合身体重心的移动、保持平衡及放松等。另外，浮腿积极地摆动也有助于蹬地腿发挥蹬地力量。收腿的动作方法是浮腿的大腿带动小腿以最短的路线拉回，使浮腿的膝关节靠近支撑腿。收腿时髋关节内收，膝关节屈，形成自然的钟摆动作(图 26-5)。

图 26-5 收腿动作

4. 着地技术

着地动作是指从收腿动作结束后至轮落地的动作阶段(图 26-6)。

图 26-6 浮腿着地动作阶段

着地包括两个动作阶段:一是向前摆腿动作阶段,二是轮着地动作阶段。着地的动作方法是以大腿屈的动作为主,从后向前提拉,以后轮领先在靠近蹬地腿内侧的前方着地。着地技术很重要,它直接影响惯性滑进和蹬地质量。着地时小腿有明显的积极前送下落动作并使浮腿充分放松,浮腿轮着地的开角不要过大,浮腿轮在着地的瞬间浮腿暂不承担体重,当蹬地腿蹬地结束的刹那才迅速地承担体重。

5. 惯性滑行技术

惯性滑行是指一条腿从轮着地后的支撑滑行至开始蹬地的动作阶段(图 26-7)。

图 26-7 惯性滑行动作阶段

惯性滑行时,除了尽量保持已获得的速度外,重要的是为下次蹬地做好准备。惯性滑行动作持续的时间与不同的项目有关,其技术动作也有区别。长距离滑跑时,滑行持续时间比短距离长，一般占一个单步幅的二分之一长，而短距离滑跑则占一个单步幅的三分之一或四分之一左右。在支撑滑行过程中，最好利用轮正面支撑，减少对轴承压过大造成速度损失。

6. 摆臂技术

摆臂是配合蹬地获得速度的重要因素，它可有效地提高蹬地的力量和加快重心的移动而提高频率。从短距离到长距离滑行都采用摆臂。

通过摆臂可以调节身体平衡、加强蹬地和有利于整个身体的协调运动及达到战术目的等。摆臂的动作结构与方法是，短距离项目采用双摆臂，长距离项目采用单摆臂较多，单摆臂通常摆动右臂、有时在长距离滑行的后程也采用双摆臂。摆臂动作的幅度相对较小，摆动时，两臂以肩关节为轴，辅以屈伸肘关节的动作完成前后自然摆动动作。手可以半握拳或保持微屈状态，前摆到下颌下方，后摆至与躯干平行。摆臂的方向应与躯干的纵轴线成 40°为宜。摆臂动作的节奏要与蹬地腿保持一致，臂腿的配合动作是蹬地腿的同侧臂向前，异侧臂向后摆动（图 26-8）。

图 26-8 摆臂动作阶段

7. 技术配合

轮滑配合技术在滑跑过程中起着动作之间相互协调、促进、带动和节能的重要作用，同时配合技术也有利于完成战术意图。配合动作大体由两个方面构成，即两腿之间的动作配合及臂与腿部动作的配合。

（1）两腿之间的动作配合结构与方法

在保持正确滑行姿势的基础上，两腿交替完成蹬地、收腿、着地、支撑滑行的动作。以下以一侧腿的动作为例，说明其周期动作顺序（图 26-9）。

图 26-9 两腿之间的动作配合

（2）摆臂动作与腿部动作配合

配合动作结构与方法，摆臂动作与腿部动作配合是蹬地腿的同侧臂向前摆动，异侧臂向后摆动，两肩前后交替摆臂配合下肢蹬地、收腿、着地动作，构成完整的直道滑行动作（图26-10）。

图26-10　摆臂动作与腿部动作配合

二、弯道滑行技术

弯道滑行是轮滑运动最重要的技术部分，它是由高速直线滑跑运动急剧改变滑跑运动方向转入圆周上的运动，既要保持高速滑行，又要保持平衡。在弯道滑行的阶段也是体现战术意图的重点区域。弯道滑行的基本动作也是由弯道滑行基本姿势、蹬地技术、收腿技术、着地技术、摆臂技术及全身动作配合构成的，但没有单脚支撑自由滑行阶段。

1. 基本姿势

弯道滑行基本姿势的外观结构：上体前倾，支撑腿髋、膝、踝三关节保持弯曲状态（图26-11）。

图26-11　弯道滑行身体倾斜姿势

在弯道滑行过程中，身体始终向圆心倾斜，并保持鼻与支撑腿的膝关节、前轮都处在同一纵轴平面上。倾斜的幅度较大，蹬地角成40°～45°。单臂或双臂前后摆动，身体重心的位置要落在轮的中部位为宜。

2. 蹬地技术

在弯道滑行过程中，根据克服人体向前做直线运动的惯性需要一定向心力的要求，使得弯道技术动作与直道技术动作相比有明显的不同。由于身体重心投影点始终在身体的左侧，并在离心力与向心力的作用下，形成了维持身体平衡，使身体重心沿弧线方向运动的规律。这样也自然形成了左脚外侧轮和右脚内侧轮交替、连续、快频率向右侧蹬地的动作技术。

在弯道滑行过程中，两腿的蹬地动作有所不同，参与蹬地动作做功的肌群也不同。右腿蹬地动作是以伸髋、展髋、伸膝的动作为主，伸踝动作为辅（图 26-12），左腿的蹬地动作是以伸髋、内收髋关节、伸膝的动作为主完成（图 26-13）。

图 26-12 弯道滑行右腿蹬地

图 26-13 弯道滑行左腿蹬地

3. 收腿技术

弯道收腿动作是弯道滑行周期动作的一个阶段，是指从蹬地腿轮离开地面起，将浮腿收至支撑腿左侧的某一点的过程。它在滑行过程中起到放松肌肉、调节身体平衡及协调配合蹬地腿的蹬伸等作用。

为适应弯道滑行的特性，两腿的收腿动作也不一致。右腿的收腿动作内收，以屈髋、屈膝关节的动作为主，以背屈踝关节动作为辅，膝关节领先，轮贴近地面向左侧平移，跨过左腿和左脚轮至左脚轮左侧稍偏前的适宜位置（图 26-14）。

左腿的收腿动作是以外展髋、屈髋和屈膝动作为主，以背屈踝关节动作为辅，膝关节领先，使左踝保持放松状态，轮贴近地面向左上方做提拉腿的动作，将左腿收至支撑腿的左侧较适宜的位置（图 26-15）。

图 26-14 弯道右腿收腿动作

图 26-15 弯道左腿收腿动作

4. 着地技术

弯道滑行的轮着地动作过程只是滑轮着地的瞬间动作，着地技术由着地方向、着地时机、着地部位和位置等组成。在滑行中起到确定滑行方向，调节蹬地时机，协调配合蹬地动作，建立和保持平衡等作用。

右腿的着地动作是在右腿收腿动作结束后，利用右脚踝关节的背屈动作使轮的正面后轮在支撑腿（左脚）的前内侧较适宜的位置轻轻着地（图26-16）。左腿轮着地动作是在左腿的收腿动作结束后，左脚踝关节背屈，使前轮稍稍翘起，利用轮外侧后部在右脚轮的前内侧较适宜的位置轻轻着地（图26-17）。

5. 摆臂技术

速度轮滑的摆臂动作多以单摆臂动作为主。弯道滑行摆臂重要任务是调节身体平衡，配合并加强蹬地，提高蹬伸频率，有利于在滑行过程中使整个身体处在协调状态中，并对战术发挥起到积极作用。

双摆臂时，右臂的摆动幅度与直道摆动基本相同，摆动的方向可稍向侧，摆动的动作是以肩关节屈伸摆动动作为主，配合蹬地动作（图26-18）。

图 26-16　弯道右腿着地动作　　　　图 26-17　弯道左腿着地动作

图 26-18　弯道滑行时摆臂动作

6. 配合技术

配合技术在弯道滑行过程中起着相互协调、带动促进作用，有利于滑行的节能，发挥各环节的技术和战术意图等。弯道配合动作由两腿动作配合及臂腿配合构成。

（1）两腿动作配合

以一侧腿的动作为例，其动作顺序是蹬地—收腿—着地。右腿开始蹬地，左腿开始收腿；右腿蹬地最大用力后，左腿着地；左腿开始蹬地，右腿开始收腿；左腿蹬地最大用力后，右腿着地（图 26-19）。

图 26-19 两腿动作配合

（2）臂与腿动作配合

蹬地腿的同侧臂向前摆动，异侧臂向后摆动，两臂摆至前后最高点时，蹬地腿蹬地动作结束，浮腿轮着地，两臂前后交替摆动配合下肢蹬地、收腿、着地，构成完整的弯道滑行动作（图 26-20）。

图 26-20 臂与腿动作配合

三、速度轮滑起跑与冲刺技术

1. 起跑

起跑是速度轮滑运动全程滑跑的组成部分，是获得滑跑速度及发挥战术的重要因素，特别是在短距离比赛中显得更为重要。起跑是使运动员在最短的时间内，完成从静止到移动并获得较高速度的过程。起跑的质量直接关系到全程滑跑的速度，较理想的起跑效果应该是启动快、在瞬间能达到较高的速度。

起跑一般包括三个动作阶段，即起跑预备姿势、启动和疾跑。

（1）起跑预备姿势

起跑预备姿势的主要任务是为快速地启动和疾跑做好准备及创造有利的条件。速度轮滑常用的起跑预备姿势是侧向开立式、丁字式和正面 V 字式等。现以侧向开立式起跑预备姿势为例，对其动作技术进行阐述。

运动员参加比赛时，要根据竞赛规则的规定进行起跑，当运动员听到发令员发出"预备"口令时，运动员要滑至起跑线后面，按起跑位置顺序站好，完成预备姿势。两腿开立侧对前进方向；前腿轮位于起跑线后沿并与起跑线成平行状态；后腿轮位于起跑预备线后并用内侧支撑压住地面。两腿慢慢下蹲成微屈状态，重心投影点落在两脚之间稍偏前的位置；靠近起跑线一侧臂屈肘或自然下垂；异侧臂肩关节外展，适度屈肘，在体侧抬起；保持两脚轮相对静止不动，等待发令员的枪声（图 26-21）。

（2）启动

起跑的第一步为启动，也就是从起跑前的静到动的过程。启动的主要任务是，在最短的时间内做出反应，完成启动动作，并为疾跑阶段奠定基础。

以侧跨式启动为例，当发令员鸣枪后，运动员在起跑预备姿势的基础上，重心向前移动。后腿抬起跨过前脚，前腿用力蹬伸；蹬地腿的同侧臂向前屈肘快速摆动，异侧臂快速向后摆动，完成起跑的启动动作（图 26-22）。

图 26-21　侧向开立式起跑预备姿势　　图 26-22　侧跨式启动动作

（3）疾跑

疾跑是在启动后至滑跑之间的段落，任务是在较短的时间内获得较快的速度，并为滑跑打好基础。常见的疾跑方式有踏切式和滑跑式等。这两种疾跑的方式在轮接触地面的部位，用力形式及与上体配合动作等方面都有不同的特点，由于踏切式疾跑动作比较简单，易于掌握，启动速度也较快，因此我们选择这种疾跑方式作为主要介绍内容（图 26-23）。

2. 冲刺

冲刺与起跑的技术动作目的，都是以最少的时间到达终点。依据轮滑竞赛规则规定，轮子到终点线时表停，要求轮子不能离开地面。两腿前后分开，前轮触线成弓箭步（图 26-24）。

图 26-23 踏切式疾跑动作

图 26-24 弓箭步冲刺动作

四、速度轮滑接力技术分析

速度轮滑的接力比赛采用明显身体接触的方式进行。接力方法有几种，但一般采用推进式，在固定的接力区进行交接。接力包括接替者（交棒人）和被接替者（接棒人）的接替前、接替中和接替后三个动作技术阶段，现就推进式为例阐述接替技术。

1. 接替前的动作过程与方法

被接替者要根据接替者滑行速度情况，在接力区内做启动滑行。当滑行速度与接替者相近时，被接替者借助向前冲滑的惯性做好接触前的蹲屈姿势，静力性支撑自由滑行，准备接力。

接替者在接替前，除完成正常的滑行外，要时刻注视被接替者的滑行速度变化和滑行路线，及对手的行为和场上情况等。当被接替者进入接力区时，接替者要对其目标做追逐滑行，在接近被接替者时，停止蹬地动作，两脚开立同肩宽，上体抬起，两臂前伸，准备接触。

2. 接替中的动作过程与方法

被接替者保持适度的流线型蹲屈姿势，两臂靠近躯干屈肘，双手扶于大腿或膝处，两腿靠近，两轮保持平行并适度开立，重心落于轮的后半部，抬头目视前方等待接力者的推动，并做好启动滑行的准备。

接替者以双手掌对准并接触被接替者的臀部，屈臂缓冲至接近自己胸部时，接替者重心前移，两脚轮外展用力蹬地，伸臂将被接替者推出。

3. 接替后的动作过程与方法

被接替者被推动后，借助接替者推力的惯性速度，占据有利位置向前加速滑行。

接替者在完成推进动作后，浮腿着地，重心落在轮中部，保持平衡向前自由滑行。

4. 接替的技术要点

缩短接力时间，提高接替速度。在接力过程中，接替者和被接替者速度变化的一般规律为：接力前，被接替者的速度呈上升趋势，接替者的速度呈下降趋势，在接触前和接触的阶段，两者速度基本相等；接替后，被接替者的速度继续上升，而接替者的速度继续下降，因此在接替前不仅要尽快提高被接替者的滑速，而且更重要的是缩短接力过程的时间，提高接力速度。接替过程中推动的部位和方向要正确，接替者双手掌要正对被接替者臀大肌中部（正对身体重心部位）向前推动，要以两脚用力蹲屈踝、伸膝、自下而上地相继发力。当踝、膝关节达到最有利的肌肉收缩的关节角度时，两臂在下肢提供能量的作用下，两臂由最大屈位开始全力伸肘、甩腕，完成爆发用力的全部推进动作。

5. 常见错误及纠正

接替者与被接替者在接替过程中配合不协调，主要原因是两者滑行速度掌握不好，可能出现被接替者滑速过快、接替者滑行路线判断不准确，或场上干扰造成滑行路线改变等，导致两者接替失误。纠正时，要加强配合练习，注意提示接替时两者滑行速度的配合和滑行路线的判断。

推进动作只用伸臂完成而导致推进力小，往往是接替者身体姿势错误，使关节屈的角度过大、蹲屈太深等造成的。纠正时，提示练习者在推动之前保持上体抬起挺胸送髋的动作，以便下肢发力。

推进的方向和部位错误，会造成被接替者失重摔倒，如接替者双臂用力不均，推动时下压力量过大或推动方向偏离被接替者滑行方向等。纠正时，要注意提示练习者双手接触的部位、用力方向等。

►► 本章小结与思考

1. 简述轮滑运动的起源与发展。

2. 轮滑运动的特点是什么？

3. 轮滑运动的基本技术都有哪些？

参考文献

一、论文

1. 刘波、黄璐、王松：《新时代大学体育的时代使命、维度生成与发展路径》，载《北京体育大学学报》，2022(07)。

2. 马德浩：《具身德育：学校体育落实"立德树人"根本任务的一个理论视角》，载《体育学刊》，2020(04)。

3. 明平芳：《大学体育课程思政建设的价值与实现路径》，载《学校党建与思想教育》，2021(10)。

4. 邵天逸、栗家玉、李启迪：《"全面发展"视域下学校体育理念的要旨论绎、问题审思与时代推进》，载《武汉体育学院学报》，2023(01)。

5. 汪映川、郑国祥、成守允：《大学生体育运动自律行为培养研究》，载《高教学刊》，2021(7)。

二、专著

1. 陈宝珠主编：《形体训练与形象塑造》，北京，清华大学出版社，2008。

2. 陈泽泓：《潮汕文化》，广州，广东人民出版社，2006。

3. 黄韬主编：《大学体育》，北京，中国传媒大学出版社，2022。

4. 何祖新主编：《大学体育与健康教程》，西安，西安交通大学出版社，2019。

5. 洪锡均主编：《大学体育实践教程》，北京，北京师范大学出版社，2019。

6. 黄彦军、陈浩庆主编：《大学体育——健康体适能的理论与实践》，北京，北京体育大学出版社，2010。

7. 海丰县地方志编纂委员会：《海丰县志(1988—2004)》，北京，方志出版社，2012。

8. 胡世君、王智慧：《跆拳道》，北京，北京体育大学出版社，2009。

9. 黄茂烈：《南枝拳》，北京，中国文联出版社，2001。

10. 匡小红主编：《健美操(第2版)》，北京，高等教育出版社，2019。

11. 李文靖：《体育舞蹈教学与创新研究》，北京，北京工业大学出版社，2021。

12. 李梅、周俊、王莉主编：《大学生体育与健康教育》，成都，电子科技大学出版社，2020。

13. 刘智华、刘海涛、尹焱主编：《大学生体育与健康》，青岛，中国海洋大学出版社，2019。

14. 李朝旭、陈少锋、黄烈楷主编：《南枝拳》，广州，广东科技出版社，2010。

15. 马桂霞主编：《形体训练》，北京，高等教育出版社，2016。

16. 单亚萍主编：《形体与舞蹈》，杭州，浙江大学出版社，2016。

17. 单亚萍编著：《形体艺术训练》，杭州，浙江大学出版社，2004。

18. 王翔、朱建清、缪柯等主编：《定向运动（第 3 版）》，北京，高等教育出版社，2023。

19. 吴咏梅、徐素华、王涛主编：《新编大学体育与健康教程》，天津，南开大学出版社，2018。

20. 吴东方主编：《体育舞蹈》，北京，高等教育出版社，2016。

21. 吴东方：《交谊舞现代理论与流行跳法》，长沙，湖南文艺出版社，2005。

22. 熊辉、许恒正、张燕妮主编：《大学生体育与健康》，成都，电子科技大学出版社，2018。

23. 张潇云、盛丹丹主编：《形体实训教程》，重庆，西南大学出版社，2022。

24. 郑志强主编：《大学体育与健康生活》，北京，科学出版社，2019。

25. 张强主编：《形体训练》，北京，中国商业出版社，2012。

26. 曾于久：《竞技跆拳道训练》，北京，人民体育出版社，2014。

27. 赵顺科、符明珠编著：《大众交谊舞》，成都，成都时代出版社，2010。

28. 张鑫华编著：《交谊舞》，北京，中国社会出版社，2008。

29. 中国武术大辞典编辑委员会编著：《中国武术大辞典》，北京，人民体育出版社，1990。